ROBIN LANE FOX

Der
ENGLISCHE
GÄRTNER

*Leben und Arbeiten
im Garten*

Aus dem Englischen
von Susanne Held

KLETT-COTTA

Klett-Cotta
www.klett-cotta.de
Die Originalausgabe erschien unter dem Titel
»Thoughtful Gardening« im Verlag Basic Books, New York
© Robin Lane Fox, 2010
Erweiterte Ausgabe © Robin Lane Fox, 2018
Für die deutsche Ausgabe
© 2018, 2020 by J. G. Cotta'sche Buchhandlung
Nachfolger GmbH, gegr. 1659, Stuttgart
Alle deutschsprachigen Rechte vorbehalten
Printed in Germany
Cover: Rothfos & Gabler, Hamburg
unter Verwendung von Illustrationen von © Niklas Sagebiel
Illustrationen im Innenteil: © Niklas Sagebiel
Gesetzt von Dörlemann Satz, Lemförde
Gedruckt und gebunden von Friedrich Pustet GmbH & Co. KG, Regensburg
ISBN 978-3-608-96452-3

Bibliografische Information der Deutschen Nationalbibliothek
Die Deutsche Nationalbibliothek verzeichnet diese Publikation in der
Deutschen Nationalbibliografie; detaillierte bibliografische
Daten sind im Internet über http://dnb.d-nb.de abrufbar.

Inhalt

Vorwort 11
Einleitende Bemerkungen 17

27 *Erster Teil*
Winter

Gute Vorsätze zum neuen Jahr 35
»Tresco on Teesside« 40
Glaube, Hoffnung, Liebe 46
Mein deutsches Idol 50
Nancy im Paradies 59
Wintergerüche 67
Eine Jägerhand 70
Reiseführer für ein Jahr 75
Die Hyänen-Hypothese 82
Auf holländischem Handelsparkett 87
Ein englischer Gärtner in der Reiterei
Alexanders des Großen 92
Der Salatfarm-Palast 96
Christopher Lloyd 100
Jardin Majorelle 110
»Ach, wie ich doch Gärten liebe!« 115
Schneeglöckchen 120
Rüsslerinnen an der Macht 125
Lady-Killing 129
Frühe Kirschblüten 132
Sollen sie doch Eichhörnchen essen 138

143 Zweiter Teil
Frühling

Ein Garten auf der Ziegenbock-Insel 153
Spezielle Frühlingssträucher 157
»Gepeinigt von anhaltendem Überdruss« 161
Die Tränen der Kaiserkrone 165
Man gebe ihnen Prozac 169
Pflügen und säen 173
Harmonische Rhododendren 178
Nimmermüder Mohn 183
Als Connie Oliver traf 186
Schätze aus China 191
Coronas Gepräge 196
Wühlarbeiten 201
Valerie Finnis 205
Ableger ziehen 212
Die Aussaat zweijähriger Pflanzen 217
Mansfield-Quark 220
Vom Kasten ins Beet 225
Tierische Tunichtgute 229
Getrennte Betten 233
Glyzinien-Wege 237
Der himmlische Hermannshof 241

247 *Dritter Teil*
Sommer

Iris auf Drogen 253
Sechs der Besten 258
Besuchen Sie Herterton 262
Foxit nach Kirgisien 267
Rosen für trockene Standorte 273
Auf der Schynigen Platte 278
Robuster Rittersporn 282
Der Ätna-Ginster 287
Kränkelnde Kastanienbäume 291
Seerosen und Lotosblumen 295
Gesellige Deutzien 300
Blauer Flachs 304
Die Gärten der Villa d'Este in Tivoli 307
Kegelblumen 312
»Asphodelien der Neger« 315
Das Entfernen verwelkter Blüten 319
Gegenderte Landschaft 323
Hortensien unter Bäumen 330
Le Jardin Plume 336
Was tun mit trockenen, schattigen Plätzen? 342
Wiedersehen mit Rosemary 347
Die Bezwingung der Natur 355
Späte Clematis 360

365 *Vierter Teil*
Herbst

Umschwärmter Schmetterlingsflieder 373
Sauerampfer-Suppe 377
Auf Liebe gegründet 381
Formidable Fuchsien 385
Das botanische Palermo 388
Der Hort des Friedens alter Zeiten 394
Unerwünschte Eindringlinge 399
Odyssee in Odessa 404
Begehrenswerte Dahlien 408
Anmutige Astern 414
Brillante Beeren 420
Zierapfelblüten 424
Krisenfreier Chrysanthemen-Start 428
Noble Nadelbäume 433
Bei Hellyer zu Hause 438
Welche Sorte Salbei? 442
Gute Nacht in Gamberaia 444

Weiterführende Literatur 449
Ausgewählte Hinweise 452
Dank 456
Bildnachweis 457

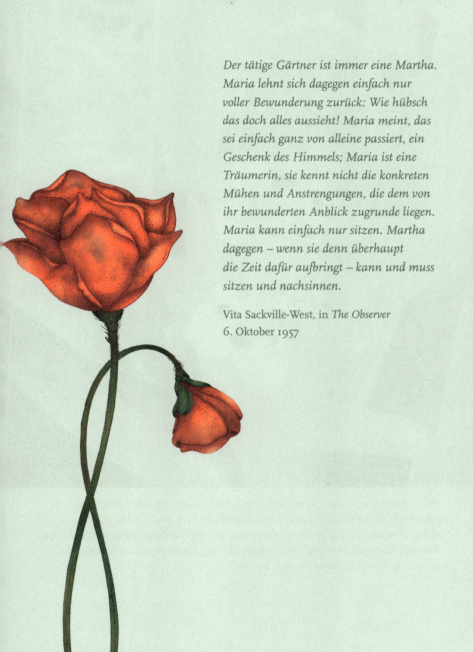

Der tätige Gärtner ist immer eine Martha. Maria lehnt sich dagegen einfach nur voller Bewunderung zurück: Wie hübsch das doch alles aussieht! Maria meint, das sei einfach ganz von alleine passiert, ein Geschenk des Himmels; Maria ist eine Träumerin, sie kennt nicht die konkreten Mühen und Anstrengungen, die dem von ihr bewunderten Anblick zugrunde liegen. Maria kann einfach nur sitzen. Martha dagegen – wenn sie denn überhaupt die Zeit dafür aufbringt – kann und muss sitzen und nachsinnen.

Vita Sackville-West, in *The Observer* 6. Oktober 1957

Abb. 1: Arnebia echioides, mittlerweile eine Seltenheit. Sie wird auch »Prophetenblume« genannt: Satan hinterließ auf den jungen Blütenblättern Abdrücke seiner fünf Finger, Mohammed aber stellte dann sicher, dass Satan der Welt auf Dauer nichts anhaben kann. Wenn die Blütenblätter älter werden, würden die Fingerabdrücke Satans verschwinden. In meinem Garten geschieht das nach wie vor.

Vorwort

Die meisten Menschen beginnen erst dann mit dem Gärtnern, wenn sie einen eigenen Garten haben – einige sogar erst, wenn ihre wichtigsten Sprösslinge, die eigenen Kinder, ausgewachsen sind. Einige wenige hingegen fangen schon im Elternhaus, also sehr viel früher an. Meine Tätigkeit als Gärtner begann, als ich zehn Jahre alt war, und mit zwölf war ich ein eifriger Anbauer von Alpenpflanzen. Seit damals habe ich damit nicht mehr aufgehört und das Spektrum der mir bekannten Pflanzen, die ich selbst gezogen – und teilweise auch selbst umgebracht – habe, ständig erweitert. Inwiefern die Tätigkeit als Gärtner mein Leben erweitert hat, kann ich nicht adäquat zum Ausdruck bringen – diese Arbeit ist mir im Geiste und zunehmend in meinen Muskeln immer gegenwärtig und fügt dem, was ich tagaus, tagein wahrnehme, ständig etwas hinzu. Außerdem hat sie mich mit vielen bemerkenswerten Menschen in Kontakt gebracht, von denen ich einige wenige in diesem Buch ehrend erwähnen möchte. Das Gärtnern hat vertieft, was ich in Büchern und Gedichten und bedeutenden Gemälden finde, wobei die Eigenart der dort dargestellten Pflanzen von Kuratoren und Historikern nur selten mit bedacht wird.

Dieses Buch möchte die Arbeit mit Pflanzen – kaleidoskopartig, in schnellen Wechseln – aus vielen verschiedenen Blickwinkeln beleuchten. Es hätte noch sehr viel mehr aufgenommen werden können, doch mir persönlich gefällt die Vielfalt und die Ausgewogenheit seines Inhalts. Sämtliche erwähnten Pflanzen meine ich selbst angepflanzt zu haben, wenn es sich um Freilandpflanzen handelt, die auf alkalischem Boden wachsen. Als ich mit der Schule fertig war, arbeitete ich einige Monate lang im großen Botanischen Garten in München, wo ich dem wunderbaren Alpinum zugeteilt wurde mit seiner nach geographischen Gesichtspunkten angeordneten Gebirgsflora und seinen ausgedehnten Flächen mit importierten Felsen, die im ersten Jahrzehnt des 20. Jahrhunderts mit der Eisenbahn herbeigeschafft worden waren. Nie habe ich vergessen, was ich dort gelernt habe, oder auch die menschlichen Dramen jener Tage – allerdings bin ich heute nicht mehr ganz so bereit, vor sieben Uhr morgens mit der Arbeit anzufangen, und ich stelle mich auch nicht mehr mit siebenundsiebzig vor andere hin, um vom *Gruppenführer* des Gartens in einem erfreulich erdigen Samenraum auf einer Anwesenheitsliste abgehakt zu werden. Was ich aber bedaure, ist der Verlust meiner mit Edelweiß gezierten Hosenträger, doch dieses Buch hier handelt von späteren Lektionen, die ich in herrlichen englischen Gärten gelernt habe, in denen ich selbst lebte oder die ich häufig aufsuchte. Vor allem verdanken sich die folgenden Seiten dem glücklichen Umstand, dass ich für zwei ganz verschieden geartete Gärten verantwortlich bin: für den großen Garten um mein College in Oxford herum und für den knapp einen Hektar großen Garten um mein Haus in der kargen, steinigen Erde der Cotswolds.

Viele der folgenden Kapitel haben sich aus Artikeln entwickelt, die ich ursprünglich für die *Financial Times* geschrieben hatte. Ich verfasste für diese Zeitung über nicht weniger als vierzig Jahre in Folge eine wöchentliche Kolumne. Es fing damit an, dass mir im Januar des Jahres 1970 von Gordon Newton, dem legendären Herausgeber der Zeitung, angeboten wurde, einen Probetext zu verfassen – er war der Meinung, die *FT* bedürfe für die Mittwochsausgabe einer gewissen Auffrischung. Erstaunlicherweise überlebte ich nicht nur meine Eingangsbemerkung, dass die Blumen auf dem Schreibtisch des großen Mannes aus Plastik waren, er mauserte sich darüber hinaus – was ich nie erwartet hätte – zu einem zunehmend begeisterten Gärtner, der in den Jahren seines Ruhestands phantastische Fuchsien und vieles andere kultivierte.

Manchmal frage ich mich, woher der Impuls stammt, allwöchentlich – und eigentlich immer ganz vergnügt – zu schreiben. Ich glaube, er wurzelt in meinen Tagen im Internat in Eton, wo ich unter der Bettdecke im Licht meiner Taschenlampe das grandiose Buch von E. B. Anderson über Steingärten las und wo man wusste, dass meine Bitte, die Chelsea Flower Show aufsuchen zu dürfen, nicht irgendein Vorwand war. Dieser Bitte wurde allerdings nur unter der Voraussetzung stattgegeben, dass eine weibliche

Aufsichtsperson – die Gattin meines Tutors – mich begleitete, auf dass ich, überwältigt von den diversen Reizen Londons, nicht verlorenging. Dabei hätte ich nicht einmal gewusst, wo diese Reize zu finden sind. In der nahezu öffentlichen Windsor's Library entdeckte ich dann die Bücher mit den Gartenartikeln von Vita Sackville-West, die sie für den *Observer* zwischen 1946 und 1961 verfasst hatte. Nach wie vor sind das (nicht nur) meiner Meinung nach die besten Gartenartikel, die ich kenne, und nie hätte ich gedacht, dass man mich eines Tages bitten würde, sie alle zu lesen und in einer neuen Auswahl zu präsentieren. Nachdem ich diese kurzen Meisterwerke entdeckt hatte, die die Autorin selbst eher mit Geringschätzung abtat, wurde ich Mitherausgeber der Schulzeitung, der *Eton Chronicle*, und schon damals ging mir auf, dass das Verfassen beiläufiger Kolumnen und Leitartikel etwas war, was ich gut konnte – auch mit den Deadlines kam ich ohne Weiteres klar.

Es folgten die Jahre als Undergraduate-Student in Oxford, in denen ich mich nicht aktiv als Gärtner betätigen konnte, allerdings entschädigte mich gewissermaßen die zu meinem damaligen College gehörende Anlage des Addison's Walk, die damals die am schönsten gestaltete Landschaft in ganz England war. Frühe christliche Wüstenväter lassen manchmal die Faszination erkennen, die bei ihrer asketischen Entscheidung, der von Menschen bevölkerten Welt zu entsagen, die Wüste auf sie ausübte. Der Addison's Walk mit seinen herrlichen Auen und den wild wachsenden Schachblumen trug mit zu der Erkenntnis bei, dass auch ich mich der alltäglichen Gegenwartsgesellschaft nie ganz anschließen würde. Damals schrieb ich zweimal in der Woche Essays für meine Tutoren, und ich hatte den Eindruck, wenn ich zwei verfassen konnte, dürfte es ja eigentlich kein Problem sein, nur einen zu schreiben, dieses Mal über das von mir so geliebte Thema Gärten. Nie hätte ich mir damals jedoch träumen lassen, dass ich einmal über zweitausend Artikel in Folge verfassen würde.

Das entscheidende Gespräch mit dem Herausgeber ging auf das dankenswerte Interesse von Pat Gibson, außerdem auf den Instinkt von Lord Drogheda zurück – beides wichtige Personen im Leben der *Financial-Times*-Gemeinschaft, die beispielhaft vorleben, wie man junge Kandidaten dazu ermutigt zu zeigen, was in ihnen steckt. Viel verdanke ich mittlerweile auch der geschickten Laissez-faire-Methode späterer Herausgeber, vor allem Geoffrey Owen, Richard Lambert und heute Lionel Barber. Jahrelang habe ich meine Beiträge in handschriftlicher Fassung oder über das Telefon abgeliefert, und ich danke besonders Mary Dorwald und den diversen Typistinnen-Teams der *Financial Times*, angeführt von der unerschütterlichen Mandy, mit der ich – wie so viele andere auch – eine ideale Ferngesprächsbeziehung unterhielt, bevor sie auswanderte, ohne mich je persönlich getroffen zu haben; während die ihr zur Seite gestanden hatten, neue Lebenswege über das Mittelmeer einschlugen.

Meine Gärtnerarbeit führe ich in Zeiten durch, die ich anderen Arbeiten stehle, da geht es mir nicht anders als vielen Lesern der *Financial Times*. Besonderen Dank schulde ich den vielen Personen, die mir mit Rat und Tat im Garten zur Seite standen, vor allem meinen Eltern und unserem geliebten Gärtner Leslie Aris in längst vergangenen Jahren – Jahren, von denen ich den Eindruck habe, sie lägen erst wenige Tage zurück; und ich danke denen, die mir heute regelmäßig zur Hand gehen: Marius Hardiman und Jim Marriott und ihre jeweiligen Teams in Oxford; Marcia Little und Terry Wheeler in meinem heimischen Garten. Nicht alle herrlichen Momente beim Gärtnern genießt man als Einzelgänger, und ich selbst und mein gegenwärtiger Garten verdanken viel dem Umstand, dass ich in einer kritischen Phase im Duett mit Caroline Badger arbeiten konnte.

Was nun dieses Buch betrifft, so hat mich Stuart Proffitt dazu bewegt, es zu schreiben – eine weitaus anspruchsvollere Aufgabe, als ich zunächst gedacht hatte. Viele haben mich in den vergangenen Jahren aufgefordert, ein Buch zu schreiben, und ein oder zwei Leute haben sogar versucht, es im Buchladen käuflich zu erwerben, noch bevor überhaupt der Auftrag vergeben war. Ich bin Tatjana Mitevska enorm dankbar für ihre Fähigkeit, lang verloren geglaubte Textstücke wieder aufzutreiben, sowie für ihre unverdrossene vielfältige Unterstützung. Neil O'Sullivan verdient besonderen Dank für seine intelligente redaktionelle Bearbeitung in all diesen Jahren und für die Geduld, mit der er mir den Übergang in eine digitale Zukunft eröffnete. Nicholas Spencer und Raphael Abraham sind würdige Nachfolger im wöchentlichen Trubel von *Financial Times*. Meine Schüler Robert Colborn und Henry Mason entschlüsselten und tippten meine Texte, die mit ihren eigenen Themen so wenig zu tun hatten, dass sie bei ihnen amüsierte Verwunderung auslösten. Jane Birdsell, sowohl Korrektorin als auch Gärtnerin, bewahrte mich mit ihren unbarmherzigen Fragen vor diversen Irrtümern. Besonders dankbar bin ich für die freundlichen Hinweise der vielen Bibliotheken, Fotografen, Gärtnereien und von Dr. Jane Lightfoot, die mich dabei unterstützte, wichtige Bilder aufzufinden oder selbst zu knipsen. Dr. Claudia Wagner war der Herausforderung vollauf gewachsen, zahlreiche Informationen aufzustöbern, die von ihrem Sachwissen auf den Gebieten der klassischen Kunst und der Gemmen weit entfernt waren. Ich erinnere mich, wie mich meine bemerkenswerte Großmutter Enid einmal fragte, warum ich nach Oxford wollte; die weise alte Dame machte sich Sorgen, ich könne »womöglich ein Professor oder sonst etwas Fürchterliches« werden. Die Tätigkeit eines Gärtners hingegen war für sie immer etwas, für das sich der Einsatz lohnte. Ich hoffe nun also, dass ich ganz in ihrem Sinn das eine kompensiere, indem ich es mit dem anderen kombiniere.

Abb. 2: Gedankenversunken schreitet der Autor Mitte Juli durch seinen Garten in Oxfordshire

Einleitende Bemerkungen

Gärtnern hat viel mit Denken zu tun, aber Denker schauen darauf gerne geringschätzig von oben herab. Sie meinen, es handle sich um eine einerseits praktische, andererseits repetitive Tätigkeit; außerdem macht man sich dabei ja die Hände schmutzig. Einige wenige Universitäten bieten Abschlüsse in Landschaftsdesign und professionellem Gartenbau an, ihr Schwerpunkt liegt allerdings auf Unkrautvernichtung und Massenvermehrung. Sie erteilen keine Noten in praktischer Gartenarbeit und deren Verhältnis zu Kunst und Wissenschaft. Ich habe Profidenker sagen hören, die Liebe der Engländer zum Gärtnern sei für das Scheitern von England als Industrienation verantwortlich. Ich habe sogar gehört, dass sie Gartenarbeit als Ersatz für ernstzunehmende Studien abqualifizierten – ein Grund, so nehmen sie an, weshalb Frauen so gern im Garten tätig sind, denn viele Frauen im mittlerweile reiferen Alter hätten angeblich nie »stattdessen« eine richtige Ausbildung genossen. Als ich vor über fünfzig Jahren mit dem Gärtnern anfing, erzählte ein renommierter Medizinprofessor in Oxford den angehenden jungen Ärzten in seiner Abteilung, dass es zwei wichtige Regeln im Leben gebe. Sie sollten ihren Wohnsitz so wählen, dass sie das Krankenhaus zu Fuß erreichen konnten, und sie sollten ein Haus mit einem Garten kaufen, der gerade so groß war, dass die Gattin ihn allein bewältigen konnte.

Doch wie überall gibt es auch auf dem Feld der Denker Ausnahmen. Bevor ich mit achtzehn Jahren nach Oxford kam, hatte ich – in einer 78 Personen umfassenden Belegschaft – mehrere Monate lang im großen Alpingarten des Botanischen Gartens in München gearbeitet. Im zweiten Jahr meines Studiums in Oxford wechselte ich zur Philosophie und stieß auf einen Helden in einer Welt des Denkens, die mir in jeder Hinsicht so vorkam, als gehe sie weit über meinen Horizont hinaus. Der berühmte Denker Ludwig Wittgenstein wurde von meinem klugen Tutor in neugierig machender Weise als »ein entschieden komischer Kauz« bezeichnet. Ich stöberte daraufhin einen Vortrag auf, den der »komische Kauz« Wittgenstein in Cambridge im Jahr 1929 gehalten hatte. Zu meiner Verwunderung hatte er gesagt, dass er manchmal »über die Existenz der Welt staunte« und dass er andererseits »die Erfahrung kannte, sich absolut sicher zu fühlen«. Auf meinen erdverbundenen Geist machte das einen ziemlich neurotischen Eindruck. Seinen Gedanken »Wie außerordentlich es doch ist, dass überhaupt irgendetwas existiert« fand ich auf interessante Weise sonderbar. Noch sonderbarer wirkte sein Gedanke »Ich bin in Sicherheit, ganz gleich, was geschieht – nichts kann mir etwas anhaben« – und er war der Meinung, dass auch andere so dachten. Man konnte sich kaum vorstellen, dass er unter Geschwistern aufgewachsen war – ja dass er sogar das Jüngste von acht Kindern war. Ganz offensichtlich hatte er nicht ein Leben gelebt wie meines, mit Pferden, und ganz bestimmt hatte er nie Brennesseln gejätet.

Ich fand dann heraus, dass er im Ersten Weltkrieg gekämpft hatte, ein Umstand, der sein Interesse am »Gefühl absoluter Sicherheit« erklärte. Außerdem fand ich heraus, dass er über »gedankenvolle« Tätigkeit nachgedacht hatte. »Denken wir uns«, so schrieb er, »dass einer eine Arbeit verrichtet, in der es ein Vergleichen, Versuchen, Wählen gibt«, etwas aus »gewissen Materialstücken mit gegebenen Werkzeugen ... Immer wieder entsteht das Problem: ›Soll ich *dies* Stück dazu nehmen?‹ – Das Stück wird verworfen, ein anderes versucht ...« Wittgenstein dachte an die Herstellung eines Geräts, aber er hätte ebenso gut meine Arbeit im Münchner Alpinum beschreiben können, wo ich mit der spitzen deutschen Version eines englischen, geradkantigen Spatens die Erde aufgrub und zitronengelbe Butterblumen neben blauen bayerischen Enzian pflanzte, in der Hoffnung, dass sie sich in saurem Boden gut nebeneinander machen würden. Wittgenstein stellt sich dann vor, die »ganze Prozedur« werde gefilmt. »Der Arbeiter gibt vielleicht auch einige akustische Signale von sich wie ›hm‹ oder ›ha‹«: In meinem deutschen Garten entsprach dem das Rülpsen von Herrn Strauß und das notorische Furzen des Herrn Schmidt. Weder in München noch in Wittgensteins Notizbuch äußerte der Arbeiter »auch nur ein einziges Wort«. Was aber nicht heißt, dass er nicht nachdachte: »Wir könnten natürlich sein ›Denken‹ von der Tätigkeit nicht trennen. Denn das Denken ist eben keine Begleitung der Arbeit; so wenig wie der gedankenvollen Rede.« In meinem ersten Jahr in Oxford war ich überzeugt, dass ich während meiner Tätigkeit als Gärtner in München mehr nachgedacht hatte als bislang im Zusammenhang mit dem, was mir mein Altgriechisch-Tutor an Stoff geboten hatte. Und jetzt wurde mein Eindruck durch diesen großen Denker, den mein Lehrer so »kauzig« fand, bestätigt.

Gedankenvolles Gärtnern wurde zu meinem Glaubensbekenntnis. Es gab da jedoch immer noch eine Kluft zwischen der Vorstellung des Philosophen und meiner eigenen. Sein Arbeiter arbeitet zwar denkend, doch denkt er nicht, bevor er anfängt, lange und gründlich nach, und er fasst seine Gedanken auch nicht in Worte. Sein Denken ist rudimentär; als ich dann aber meine Lektüre erweiterte, verstand ich das Ganze besser. Ich fand heraus, dass Wittgenstein zweimal in seinem Leben mehrere Monate lang als Gärtner tätig gewesen war. Damit wurde mein Held zu einem Halbgott, und obwohl ich so wenig verstand, las ich alles, was ich von seinen Schriften bekommen konnte. Im Sommer 1920 hatte er in Österreich die Ausbildung zum Volksschullehrer absolviert, die Ferien aber verbrachte er mit der Arbeit in den Gärten des Stifts Klosterneuburg in der Nähe von Wien am Ufer der Donau. Während er – zweifellos intensiv denkend – gärtnerte, kam der Abt des Klosters am Beet vorbei und bemerkte: »Ah, ich sehe, dass auch für die Arbeit als Gärtner Intelligenz eine Rolle spielt.«

Es ist zu schade, dass jener Abt dieses Buch nicht lesen kann. Seit dreißig Jahren habe ich die Ehre, für die Gärten in meinem Oxforder College, dem New College, verantwortlich zu sein, in einer Welt von Denkern, für die ich außerdem neun weitere, auswärtige Gärten betreue, unter anderem auch solche, in denen diese Denker denken, wenn auch nicht arbeiten. Ich gebe die Anweisungen für die wackeren Gartenfirmen-Teams, die von März bis Dezember an drei Tagen pro Woche für uns arbeiten, und ich tausche mich mit dem Mann, der für das Mähen verantwortlich ist, über die Rasenflächen aus, wenn er von seiner Arbeit auf den Grasflächen der College-eigenen Sportplätze freigestellt wird. Ebenso wie Wittgensteins denkender Arbeiter wähle ich, vergleiche, probiere aus, und wahrscheinlich äußere ich auch so manches »hm« und »ha!«. Nichts wird ohne meine Anweisung angepflanzt oder verändert. Die Gärtner machen die Arbeit, doch in den arbeits-

Einleitende Bemerkungen 19

reichsten Monaten, und wenn mein eigener Cotswold-Garten mir solche Treulosigkeit erlaubt, packe ich an Wochenenden oder abends auch selbst mit an. Um mich herum gehen die Studenten ihrem Denk-Geschäft nach und haben keine Zeit, sich mit dem Staunen darüber aufzuhalten, dass die Welt existiert, oder mit der Kühnheit, sich in absoluter Sicherheit zu wiegen. Meine Kollegen werden dafür bezahlt, täglich zu denken, aber ich erfahre nur selten, was sie eigentlich über den Garten denken, der sich um sie herum erstreckt, außer der Verwunderung über seine Existenz. Einige haben die sonderbarsten Vorstellungen vom Geschäft des Gärtnerns. Unser akademisches Jahr beginnt im Oktober, und einmal lud mich ein Kollege aus diesem Anlass zu einem Umtrunk ein, quasi einer akademischen Neujahrsfeier. Einer der denkenden Gäste war gerade von seinem Sommeraufenthalt in einer auswärtigen Forschungseinrichtung zurückgekehrt, wo er in einem Labor Ratten getestet hatte, und er stellte mir eine Frage, die mich regelrecht erschütterte: »Und Sie hatten auch einen guten Sommer, Robin? Hatten die Blumen alle die richtige Farbe?«

Wenn die Arbeit im Garten etwas mit Intelligenz zu tun hat, dann stellt sich mir im Blick auf meine Kollegen manchmal allerdings die Frage, wo Intelligenz zu verorten wäre. Die klugen Gärtner in diesem Buch sind keine anerkannten, bejubelten Geistesgrößen. Es zählen zu ihnen Lady Chatterleys Liebhaber und der leitende Gärtner eines bedeutenden Anwesens in Northamptonshire in der Nähe des Dichters John Clare. Und dann gab es mehr als vierzig Jahre lang in meinen College-Gärten einen weiteren bemerkenswerten Gärtner, einen ehemaligen Kriegsgefangenen aus Polen, der nach dem Ende des Zweiten Weltkriegs beschlossen hatte, in England zu bleiben. Er arbeitete auf dem Land und war dann zuständig für das Unkrautjäten auf dem College-Gelände. Sein ergrauendes Haar wurde immer länger, von seinen Zähnen waren nur noch die nötigsten übrig, und die obere Hälfte seiner Gummistiefel blieb grundsätzlich heruntergeklappt, egal, wie das Wetter war. In den Wintermonaten arbeitete er unermüdlich an der Herstellung eines Gartenkarrens aus Holzbrettern, und als dieser fertiggestellt war, kutschierten ihn seine Gärtnerkollegen in einer Ehrenrunde über die Gartenwege. Stolz stand er in der Mitte des Karrens, mit seiner Gärtnersense in der Hand, in einer Pose, die italienische Künstler in ihren Darstellungen dem Tod zuschreiben, dem erbarmungslosen, triumphal alles besiegenden Sensenmann.

20 *Einleitende Bemerkungen*

Dann kam für ihn die Zeit, sich in dem Holzhaus zur Ruhe zu setzen, das er sich auf einem der Kleingärten in Oxford gebaut hatte und das ihm, nachdem er viele Jahre unbehelligt darin gewohnt hatte, nun gehörte. Ich schlug die übliche Verabschiedungsfeier vor, was bei einigen der Organisatoren auf eine gewisse Skepsis stieß. Am vereinbarten Tag war der Ehrengast jedoch anwesend, gekleidet in einen überraschend eleganten grauen Nadelstreifenanzug. Eine kleine Gruppe von Kollegen wartete auf den College-Präsidenten, der die einleitenden Worte sprechen sollte. Wir warteten, und irgendwann tauchte unser Chef auf, allerdings nur um sich an das im Raum befindliche Klavier zu setzen und eine gestelzte Version einer Ragtime-Nummer von Scott Joplin zum Besten zu geben. Nach einer abrupten Unterbrechung gönnte er seinem Publikum ein strahlendes Lächeln und verkündete beifallheischend:»Ich liebe Boogie-Woogie, und Sie doch sicher auch!« Das Schweigen wurde durch unseren Ehrengast gebrochen, der in der hinteren Reihe saß und uns dann mit seiner Äußerung noch einmal zum Schweigen brachte:»Ich persönlich bevorzuge Donizetti.«

Und mittlerweile tummeln sich die denkenden Studenten bei sonnigem Wetter knutschend auf den Rasenflächen und versuchen, Bücher mit Titeln wie *The Constant Flux* zu lesen. Sie verhalten sich den Pflanzen gegenüber rücksichtsvoll und nehmen auch die Veränderungen in den Blumenrabatten wahr, ohne zu meinen, Gärtnern sei nichts weiter als die Suche nach Blumen in der richtigen Farbe. Wenn es dann allerdings auf den Studienabschluss zugeht, weisen alle Anzeichen darauf hin, dass sie die Vorurteile ihrer denkenden Tutoren übernommen haben. Sie teilen mir mit, dass sie hoffen, ich werde anwesend sein, um ihre Eltern kennenzulernen, denn ihre Mütter würden sich so gern Gartenratschläge von mir geben lassen. Wenn ich dann allerdings tatsächlich mit den Eltern zusammentreffe, wollen die Mütter doch nichts weiter hören als lobende Worte über ihre Sprösslinge.

Die Studenten verlassen die Universität, allerdings mit einem alarmierenden Loch in ihrem Weltwissen. In den über fünfunddreißig Jahren, die ich jetzt als Dozent tätig bin, habe ich hin und wieder mal in der einen oder anderen Lehrveranstaltung gefragt, ob einer der Anwesenden wisse, wie eine Primel aussieht. Die Studenten haben möglicherweise Gedichte von Milton oder Herrick gelesen – womöglich haben sie sogar Seminarscheine in Pflanzenkunde erworben. Doch nicht einer von ihnen wusste, was eine Primel ist. Kürzlich glänzte im Gespräch mit einem Jungen aus Irland ein

Einleitende Bemerkungen 21

leiser Hoffnungsschimmer auf; der Junge sagte, natürlich wisse er das – es sei eine hübsche Blume, die im Frühjahr blüht. Erwartungsvoll schaute ich ihn an, aber dann fuhr er fort mit der Auskunft, eine Primel sei »irgendwie rund und violett, wie ein Becher«, und er machte mit seinen großen Händen eine entsprechende Bewegung.

Ich hätte die Frage fallen lassen sollen, doch einen Versuch wagte ich noch, bei einer scharfsichtigen jungen Dame, die mich vielleicht durch die Wahl ihres Parfums provoziert hatte. Anfang März, während sie mir ihren Essay über gesellschaftliche Veränderungen im antiken Sparta vorlas, schwebte ein billiger Glockenblumenduft durch die Luft. Nachdem die Unterrichtsstunde beendet war, fragte ich sie nach ihren Ferienplänen, ihrer Themenwahl für das kommende Semester und – fatal angespornt durch die Glockenblumen – ob sie wisse, wie eine Primel aussieht. Verächtlich ließ sie sich auf dem Sofa zurücksinken und fixierte mich mit einem Blick, in dem schon deutlich die Zukunft in der Hochfinanz erkennbar war. »Das ist eine unglaublich pedantische Frage«, antwortete sie. »Ich sehe genau dieselben Blumen wie Sie, und Sie versehen sie eben einfach nur mit akademischen Bezeichnungen.«

Ich machte mich zum Lunch auf, völlig niedergeschmettert von dieser jungen Nihilistin, die mich zu einer »überflüssigen Person« reduziert hatte, ähnlich dem naturliebenden Vater Nikolai in Turgenjews *Väter und Söhne.* Ich setzte mich neben den Oxforder Logik-Professor und erzählte ihm von diesem Austausch. Unter anderem brachte ich meine Überzeugung zum Ausdruck, dass Benennungen Wissen vertiefen können und uns anspornen, das, was wir sehen, deutlicher wahrzunehmen und zu unterscheiden. Es drohten sich philosophische Tiefen aufzutun, der Professor wurde ganz still und schob das, was von seinem Mittagessen noch übrig war, auf seinem Teller herum; er machte einen so zutiefst verstörten Eindruck, dass ich schon fürchtete, ich hätte eine logische Grundregel zertrampelt. Irgendwann gab er dann freiwillig zu, dass er mir etwas gestehen müsse: »Ich weiß auch nicht, wie eine Primel aussieht.«

Zwei Wochen später packte ich ihn am Ärmel seines ausgebleichten, beigen Regenmantels und nahm ihn mit hinaus in den Garten, wo im strahlenden Sonnenschein Primeln und blaue Anemonen im frischgrünen Gras prangten. Ich pflückte sogar eine Primel ab und reichte sie ihm, was er mit der Bemerkung quittierte: »Aha, so sieht sie also aus.« Wittgenstein hätte

22   *Einleitende Bemerkungen*

es kaum prägnanter formulieren können. Die Freundin meines Kollegen erzählte mir wenig später, er hätte die Blume in eine kleine Vase gestellt und die Vase auf seinem Schreibtisch plaziert. Da dachte ich: Noch besteht also Hoffnung. Zwei Tage später bekam ich allerdings eine Dankeschön-Karte und die Kopie eines berühmten philosophischen Aufsatzes über Bedeutung und Referenz. Einer der Punkte, um die es dem Autor geht, ist der Umstand, dass ein Wort offenbar unterschiedliche Geltungsbereiche haben kann, wenn es von Sprechern verwendet wird, die über unterschiedliche Grade von Wissen bezüglich der Referenz verfügen. Der Autor versuchte, sein Argument mit einem Beispiel zu belegen.»Nehmen wir an, Sie sind ähnlich veranlagt wie ich und können eine Ulme nicht von einer Buche unterscheiden ...« Da hatte ich mich offenbar auf einen schweren Kampf eingelassen. Ich kann Logik-Professoren eine Primel zeigen, mit einer Ulme ist mir das leider nicht mehr möglich. Außer einer kleinen Gruppe in Sussex wurden sämtliche Ulmen von Käfern gekillt.

Ich kehrte dann zu Wittgenstein zurück – in der Hoffnung, dass die Monate, die er hinter einem Schubkarren verbrachte, einen prägenderen Einfluss auf sein Denken hinterlassen hatten. In seinem *Blauen Buch* denkt er über das Aussetzen von Pflanzen nach. Er schreibt:»Ein Freund und ich sahen uns einmal Beete mit Stiefmütterchen an. Jedes Beet zeigte eine andere Art. Sie haben uns alle nacheinander beeindruckt. Wir sprachen darüber, und mein Freund sagte:›Was für eine Vielfalt von Farbenmustern, und ein jedes sagt etwas.‹ Und das war es genau, was auch ich sagen wollte.« Allerdings entsprach das so ganz und gar nicht dem, was ich selbst gern gesagt hätte.»Wie hübsch« oder»wie hässlich« hätte ich gesagt oder»so ein typisch deutscher Bepflanzungs-Stil«. Schade, dass Wittgenstein nicht solche Gedanken hegte. Er fährt vielmehr fort:»Wenn man gefragt hätte, was das Farbmuster des Stiefmütterchens sagte, dann wäre die richtige Antwort, so schien es, dass es sich selbst sagte.« Für mich schien die offenkundig richtige Antwort, dass Farbmuster von Stiefmütterchen überhaupt nichts »sagen«.

Ich habe dieses Buch nicht »Unterredungen mit Stiefmütterchen« genannt, und sogar aus Wittgensteins Beispiel muss ich schließen, dass es noch größerer Mühen bedarf, um den Denkern um mich herum den Zusammenhang zwischen dem Gärtnern und dem Denken wirklich nahezubringen. Mein Text und und mein Titel [*Thoughtful Gardening* im englischen

Einleitende Bemerkungen 23

Original] dienen diesem Ziel, und sie sollen eine Antwort auf die Aussagen der jungen Schlange auf meinem Sofa bieten. Denken und Wissen führen nicht zu pedantischer Etikettierung durch ein hyperakademisches Gehirn: Sie erweitern vielmehr, was wir sehen. Umsichtige Gärtner denken, bevor sie wählen und pflanzen, daher möchte ich hier Gedanken über einzelne Pflanzen und ihre Vorlieben mitteilen, die ich durch eigenes Ausprobieren bestätigt gefunden habe. Hin und wieder gebe ich Lektionen weiter, die mich professionelle Gärtner gelehrt haben, denn ich glaube, diejenigen, die mit der Anzucht und Pflege von Pflanzen ihren Lebensunterhalt verdienen, wissen sehr wahrscheinlich, wie man es am besten macht – wobei sie allerdings normalerweise zu beschäftigt sind, um ihr Wissen niederzuschreiben. Manches habe ich auf meinen Reisen gelernt, man denkt dann weniger beschränkt, ich schreibe also auch meine Gedanken über Gärten auf, die geographisch weit entfernt von meinen eigenen Gärten liegen. Ich hoffe, diese Gärten werden auch aufschlussreiche Anziehungspunkte für Gärtner sein, die wie ich gerne reisen. Am meisten habe ich gelernt von schreibenden Gärtnern, wie ich selbst einer bin; einigen möchte ich für den Einfluss ihres Lebenswerks auf mein Denken und Tun einen postumen Tribut zollen.

Bei den Gärten in diesem Buch handelt es sich um Ziergärten, und mein Text ist zwar hauptsächlich praktisch ausgerichtet, doch knüpft er stellenweise auch an Romane oder Gedichte an. Das sind keine Umwege, denn auch Literatur kann dem Gärtner helfen, mehr zu sehen. Diese Art assoziativen Betrachtens geht auf die gelehrten Gärtner Chinas zurück, deren Lektüre und Dichtung die Namen und Anlagen ihrer Gärten wesentlich prägten. Im Westen setzte Ähnliches später mit Erasmus ein, der einen Garten des 16. Jahrhunderts vermittels von Assoziationen beschrieb und betrachtete, die durch seine Lektüren ausgelöst wurden. Dieser Aspekt besonnenen Gärtnerns begann also mit einem berühmten Denker, allerdings war Erasmus nicht selbst als Gärtner aktiv. Die Assoziationen vertieften, was der Garten für ihn bedeutete, und mir geschieht auch heute noch dasselbe.

Zunächst einmal kann Besonnenheit Gärtnern dabei helfen zu realisieren, worum es bei der Anlage und Pflege von Gärten eigentlich geht. Gartenarbeit wurde mit zahlreichen anderen Zielen vermischt: »Rettung des Planeten«, »Unterstützung der Biodiversität«, »Wiederbelebung einer verlorenen Welt« oder »Erschaffung einer Matrix vernetzter Biotope«. Mit all dem hat Gärtnern nichts zu tun. Gärtnern bedeutet vielmehr: Pflanzen ungeachtet ihrer Herkunft gut heranziehen und sie in eine Umgebung setzen, die zu ihnen und zu uns passt. Wenn man darauf hinarbeitet, dann ist es nicht verwerflich, Chemie einzusetzen, im Gegenteil: Es ist unpraktisch und wirkungslos, lediglich mit »organischen« Methoden zu arbeiten. Es gibt keinen »organischen« Killer, mit dem man der Ackerwinde oder Breitmaulrüsslern wirksam zu Leibe rücken könnte. Und es ist auch nicht verwerflich, kurzlebige, exotische Pflanzen vorzuziehen oder Dahlien und Chrysanthemen in leuchtenden Farben zu mögen, obwohl »natürliche« Gärtner all das angeblich verschmähen. Sämtliche Gärtner arbeiten in einer künstlichen Landschaft, auch wenn sie sich vorstellen, sie hätten ihren Garten nach »natürlichen« Prinzipien oder als »Wildblumenlandschaft« angelegt. Kunstvolle Vortäuschung ist sämtlichen Gärten eigen, aber besonnenes Gärtnern praktiziert diese Artifizialität bewusst und unabhängig. Es lässt sich nicht von rechthaberischen Moden beherrschen. Eine klassische Staudenrabatte ist nicht arbeitsaufwendiger als ein modischer Bestand an Rudbeckien und Ziergräsern, der vorspiegelt, eine Prärie zu sein. Gärten sind keine »sicheren Wildlife-Häfen«; das wahre, echte »Wildlife« wird schon beizeiten von alleine eingreifen und die Pflanzen entwurzeln. Und Gärtner sind auch nicht die »Hüter« des Bestands einer bedrohten Schmetterlingsart. Im Großen und Ganzen spielt die Hilfe von Gärtnern für bedrohte Arten eine unendlich kleine Rolle und ist nur von kurzer Dauer im größeren Kontext der Landwirtschaft und des Klimawandels, mit dem Schmetterlinge jenseits des Gartenzauns klarkommen müssen. Die Arbeit im Garten wird dumpf und beschränkt, wenn sie über moralische Zwecke definiert wird, die von anderen Interessen geleitet sind.

Dem nachdenklichen Gärtner werden sich neue Erkenntnisse erschließen – ein Vorzug, der mit den allerersten Wurzeln des Gärtnerns ursächlich verknüpft ist. Im ersten Garten stand ein Baum der Erkenntnis, und der Moment, da unsere Stammeseltern von dessen Frucht aßen, zuerst die Frau, dann der Mann, war die Geburtsstunde des gedankenvollen Gärtnerns. Ihnen ging auf, dass der Garten nicht mehr die ganze Welt war. Nach ihrer Vertreibung mussten sie feststellen, dass Pflanzen nicht grundsätzlich in göttlicher Überfülle wachsen. Seit jener Zeit mussten sie fortan denken, während sie im Schweiße ihres Angesichts gruben und ackerten, dachten und »Vergleiche anstellten, Versuche machten, Auswahlen trafen«.

Einleitende Bemerkungen 25

Vor allem mussten sie an den Garten denken, den sie verloren hatten, so wie auch besonnene Gärtner immer wieder an die Gärten in ihrer eigenen Vergangenheit denken müssen. Auch diesem Gedanken soll in diesem Buch nachgegangen werden.

Erster Teil
WINTER

Beschneiden der Haselnusssträucher und Lambertshaseln. Hasel-
nusssträucher und Lambertshaseln müssen beschnitten werden,
sobald die kleinen roten Blüten sichtbar werden. Sie sind ziemlich
unscheinbar, man muss also genau hinsehen, um sie zu finden.
Die männlichen Blütenkätzchen sind es, die Eindruck machen.
Die Haupttriebe von Büschen, die ihren Platz ausfüllen, werden
jeweils auf einige Knospen zurückgekürzt. Wenn die Büsche noch
Platz haben, um sich weiter auszubreiten, muss man diese Haupt-
triebe nicht beschneiden oder höchstens ihre Spitzen wegnehmen.
Seitentriebe werden bis auf das erste Kätzchen, von der Spitze
gerechnet, zurückgeschnitten, oder, wenn keine Kätzchen da sind,
bis auf die erste weibliche Blüte. Einige Triebe haben vielleicht
nur Kätzchen. Diese lasse man unbeschnitten, bis die Kätzchen
verwelken, dann schneidet man sie auf zwei Knospen zurück. Sie
sind entbehrlich, da sie keine Nüsse produzieren werden. Schlecht
plazierte Äste, die sich in der Mitte des Buschs zusammendrängen,
sollte man vollständig entfernen, auch wenn das den Einsatz einer
Säge erforderlich macht. Der ideale Haselnussstrauch hat ungefähr
die Form eines Kelchs.

Arthur Hellyer, »February: Fourth Week«, in seinem Buch *Your Garden*
Week by Week (1936), 6. Auflage, 1992

Der Winter ist für besonnene Gärtner eine willkommene Jahreszeit. Die Wintermonate mit ihren kurzen, heftigen Kälteperioden begrenzen außerhalb von Städten, die normalerweise wärmer sind, die Tätigkeitsmöglichkeiten im Garten; und es gibt die dunklen, verregneten Tage und die Sturmwarnungen, von denen einige dann auch tatsächlich wahr werden. Diese Grenzen werden allerdings durch die wärmeren Durchschnittstemperaturen der vergangenen zwanzig Jahre ausgeweitet; wir haben in einem heutigen Februar sehr viel mehr Tage mit klarem, überraschendem Sonnenschein als früher. Bedeutende Gärtner haben mich hin und wieder eingeladen, um ihre Gärten im Spätwinter zu besichtigen – sie haben sich der Meinung von Valerie Finnis angeschlossen, der ich in meinem Frühlingsteil ein Kapitel widmen werde, dass der Garten im Februar am besten aussieht. Ich verstehe mittlerweile, was sie meinen. Frühe Kamelien, der himmlische Geruch der aufrecht wachsenden *Daphne bholua* oder ›Jacqueline Postill‹ (Seidelbast), Dutzende *Helleborus orientalis* (Orientalische Nieswurz) und so viele Krokusse, wie die Tierwelt vor Ort übrig gelassen hat: All diese Blumen und Blüten entfalten sich im ersten Sonnenschein des Jahres wunderschön vor dem kahlen Astwerk der Bäume, der weißen Rinde einer guten Birke (*Betula jacquemontii* ist eine der hochwertigsten) und einem unerschütterlichen, immergrünen Rahmen aus Buchs, *Osmarea* und glänzendem *Pittosporum* (Klebsamen).

Ich habe gelernt, Ende Januar die Narzissen-Saison vorzeitig anbrechen zu lassen, indem ich die ausgezeichnete Narcissus ›Rijnveld's Early Sensation‹ anpflanze, die auch als Schellkraut-Krokus *(Crocus korolkowii)* oder Gold-Krokus und ›January Gold‹ angeboten wird. Die gelben Trompeten-Narzissen werden nur rund dreißig Zentimeter hoch, aber sie halten sich wochenlang, selbst dann, wenn ein scharfer Frost die Pflanzen eine Zeitlang in die Knie zwingt. Häufig, in kälteren Regionen Englands, lässt sich der Gold-Krokus bis Anfang Februar Zeit, aber insgesamt ist er eine grandiose Varietät und absolut winterhart. Er ist eine zauberhafte Vorwegnahme des Frühlings, immun gegen Kaninchen und Dachse, und ganz einfach anzupflanzen. Bald folgt die kleinere Narzisse ›February Gold‹ *(Narcissus cyclamineus)*, ebenfalls ein Favorit, allerdings blüht sie bei mir erst im März, und dann begleitet von ihren strahlenden Artgenossen ›Jack Snipe‹ und ›Tête-à-Tête‹. Ich verwende diese kleineren Narzissen in Gruppen, die vor Tieren sicher sind, für die Flecken nackter Erde in den Sommerbeeten. Sie sind zum Winterende hin wichtige Begleiter.

An anderen Tagen hat man Zeit zum Nachdenken und für Erinnerungen, vielleicht sogar für Besuche in Sommergärten im Ausland. Ich komme auf diesen Aspekt des Winters mit meinen Erinnerungen an den ersten Garten zu sprechen, in dem ich als Erwachsener gelebt habe, und an die bemerkenswerte Lady, der er gehörte. Und ich beschreibe andere kluge Gärtner, die in Marokko, in Deutschland und nicht zuletzt in Great Dixter in Sussex wirkten.

Im Winter hat man Zeit zu reisen, und ich habe bei einem Besuch der exzellenten Hillier Gardens in der Nähe von Ampfield in Hampshire viel gelernt über das Spektrum an Sträuchern, die von Januar bis März blühen. Die Gärten wurden von dem Fachmann Harold Hillier angelegt und vom Hampshire County Council nach seinem Tod großartig weiter betreut. Da ich auf alkalischem Boden lebe, interessiere ich mich besonders für Sträucher, die Kalk vertragen. Eigens hervorzuheben wären hier die frühblühenden Varietäten von *Viburnum bodnantense* – ›Dawn and Deben‹ sind die beliebtesten, ›Charles Lamont‹ ist ebenso gut. Wenn sie ins Haus genommen werden, verströmen die Blüten einen süßen, starken Pfefferduft. Sie sind als Rückgrat sämtlicher klug angelegten Gärten nicht wegzudenken. Die phantastische Zaubernuss *(Hamamelis)* ist ebenfalls ein wichtiger Strauch, sie kommt in den Hillier Gardens schön zur Geltung, allerdings ist sie nichts für mich, da sie keinen kalkhaltigen Boden verträgt. Gärtner auf saurem Boden haben in der ersten Jahreshälfte eine größere Auswahl.

Zwischen Lesen, Nachdenken und der Freude an frühen Narzissen wähle ich die bedingt winterharten einjährigen Pflanzen aus, deren Saatgut ich gewöhnlich per Post bestelle, da die Auswahl in Gartenzentren naturgemäß begrenzt ist. Einige dieser Samen müssen sofort in ein beheiztes Gewächshaus gepflanzt werden, vor allem die hochwachsende *Nicotiana sylvestris* (Waldtabak, Bergtabak) mit ihren weißen Blüten, die Tabakpflanzen-Varie-

Abb. 3: Gartenparterre in Brécy im Winter

tät, die nicht von Mehltau befallen wird, allerdings einen frühen Start und das ganze Jahr hindurch viel Wasser braucht, wenn sie ihre großen Blätter entfalten und ihr frisches Grün behalten soll. Man setzt die Pflanzen am besten in einzelne Töpfe von zehn Zentimeter Durchmesser, bevor sie dann Ende Mai, beschützt durch Schneckenkorn, ins Freie kommen. Zusammen mit ihnen säe ich Gazanien aus, die sich in Töpfen und an den Ecken von Beeten so gut machen, vor allem die Varietät ›Tiger Stripe‹, deren gelb-orangene Blütenblätter braun gestreift sind. Gazanien profitieren von einem frühen Start, weil auch sie einzeln in Töpfe gepflanzt und schon früher im Mai ins Freie gesetzt werden können. Sie überleben auch leichten Frost. Damit sich ihre Blüten ganz öffnen, brauchen sie volle Sonne.

In der zweiten Februarhälfte säe ich das phantastische *Antirrhinum* ›Royal Bride‹ von Thompson and Morgan, eine hohe Varietät mit langen Trauben duftender weißer Blüten, die, wenn welke Blüten entfernt werden, auch gut wiederkommen. Sie übertrifft alle anderen aus dieser Familie, die ich ausprobiert habe. Außerdem beginne ich mit der Aussaat der Hauptstütze meiner Außenbeete, hohen, weißblühenden Kosmeen. Die verbreitetsten

Samenpäckchen enthalten ›Cosmos Sonata‹, eine kürzere, langweiligere Varietät; ›Purity‹ hingegen wächst höher und hat größere Blüten, und die beste ist ›Cosmonaut‹ mit ihren halbgefüllten Blüten. Auch sie können einzeln eingetopft werden. Empfehlenswert ist es, den Hauptstengel zu beschneiden, um die Entwicklung von Seitenstengeln und weiteren Blüten anzuregen. Sie reagieren ausgezeichnet auf regelmäßiges Gießen, wenn sie ausgepflanzt werden, sowie auf konstantes Entfernen der welken Blüten – damit lässt sich die Blütezeit bis in den Oktoberfrost hinein verlängern. Gleichzeitig säe ich die unverzichtbaren Rudbeckien (Sonnenhüte), auf die man, egal wie der Sommer ausfällt, sich immer verlassen kann. ›Rustic Dwarf‹ (*Rudbeckia hirta*, auch ›Schwarzäugige Susanne‹) ist nach wie vor die robusteste Mischung; die besten Einzelblüten erhält man jedoch von der neuen Hybride ›Prairie Sun‹, einer ganz ausgezeichneten, sechzig Zentimeter hohen Varietät mit flachen, sonnengelben Blüten und einem erstaunlichen Durchhaltevermögen: Sie blüht bis Ende Oktober. Rudbeckien sind meine Antwort auf die Unberechenbarkeit heutiger Sommer, denn sie gedeihen sowohl in feuchten wie in trockenen Verhältnissen. Und schließlich kommen Ende März noch meine Zinnien-Samen an die Reihe. Die Setzlinge wachsen sehr schnell und mögen es nicht, wenn es zu lange dauert, bis sie dann Ende Mai ins Freie gesetzt werden können. Auch sie werden am besten in einzelne Töpfe gesetzt. Die besten Zinnien erhält man aus traditionellen Mischungen großblütiger Pflanzen in Rot- und Gelbtönen. Wenn sie in Höhe oder Blütengröße zurückgestutzt werden, verlieren sie ihren spezifischen Reiz. Keine dieser Pflanzen bekommt man im Frühsommer zu einigermaßen bezahlbaren Preisen auf dem Markt.

Mitte Februar erweitert sich die Aktivität des Gärtners dann über das Gewächshaus hinaus in den Garten selbst. Ich wende mich dem ersten unliebsamen Trippeln tierischer Pfoten zu – nicht weil ich Tiere nicht leiden kann, sondern weil ich ihre Anwesenheit in einem empfindlichen Blumengarten nicht schätze. Die meisten dürfen sich von mir aus gerne jenseits des Gartenzauns tummeln und vermehren, aber ebenso wie Unkraut eine Pflanze am falschen Ort ist, so ist ein Wildtier in einem Ziergarten ein Schädling. Der Februar bewirkt einiges an tierischen Umtrieben: Er treibt alternde Dachse ins Exil und männliche Füchse weit hinaus auf der Suche nach Partnerinnen. Wenn man das überleben will, muss man als Gärtner sehr wachsam sein.

32 *Winter*

Abb. 4 und 5: Antirrhinum ›*Royal Bride*‹ *(links) und* Rudbeckia hirta ›*Prairie Sun*‹ *(rechts)*

Die Tage mit gutem Wetter sollte man nutzen, um insgesamt früh im Jahr mit den wichtigen Dingen anzufangen. Früh genutzte Zeit bedeutet Zeitgewinn in der Frühjahrshektik. Ich versuche, die Beete Anfang März von Unkraut zu befreien und aufzulockern, so dass sie an den Stellen für Mulch aufnahmebereit sind, wo ich Laubkompostschichten auf der Oberfläche ausbringen möchte. Es handelt sich dabei nicht um »organische« Nahrung. Als Quelle der für die Pflanzenwurzeln entscheidenden Chemikalien ziehe ich Kunstdünger dem ineffizienten Naturkompost vor. Der Sinn einer »organischen« Oberflächenschicht besteht darin, dass sie die Struktur des Erdreichs öffnet und verbessert, was den Wurzeln das Leben erleichtert. Eine dicke Mulchschicht trägt außerdem dazu bei, die natürliche Feuchtigkeit zu speichern, weshalb man sie am besten nach einem nassen Winter oder einer Feuchtigkeitsperiode im Frühjahr aufträgt. »Organisch« ist nichts weiter als ein verführerisches Schlagwort; im Zusammenhang mit Natur wurde es, soweit ich weiß, zuerst von D. H. Lawrence verwendet. Seinen Beitrag zum leidenschaftlichen Gärtnern werde ich im Frühlingsteil meines

Buches vorstellen, allerdings bin ich nicht seiner Auffassung, was das Ideal des »Organischen« betrifft. Es handelt sich dabei auch bestimmt nicht um einen universellen Imperativ. Einige Blumenbeete verschont man besser mit einer organischen Mulchdecke, vor allem wenn es sich um gut entwässernde Erde handelt, auf der Pflanzen aus steinigen, kargen Biotopen wachsen sollen. Nicht alles, was die Anpflanzung lohnt, wächst am besten auf schwammigem, verrottendem Kompost, der heutigen Gärtnern mit solcher Penetranz aufgedrängt wird. Es bedeutet eine ziemliche Einschränkung, ein ausschließlich »organischer« Gärtner zu sein, und ich habe im Lauf der Zeit gelernt, eklektisch vorzugehen: Gegen Schädlinge und Unkraut benutze ich anorganische Substrate, ebenso für Pflanzen, die zusätzliche Chemikalien brauchen; organische Materialien setze ich nur dort ein, wo der Boden zu karg oder zu schwer für die Pflanzen ist, die darin wachsen sollen. Beide Gruppen, sowohl organische wie anorganische Präparate, versorgen die Wurzeln der Pflanzen mit gleichartigen Chemikalien. Als »Nahrung« unterscheiden sie sich lediglich hinsichtlich ihrer Effizienz. Entscheidend ist, dass Pflanzen nicht »essen«: Sie trinken, und sie trinken das, was durch »organische Nahrung« abgeschwemmt wird.

Was für den Garten gilt, ist auf Innenräume übertragbar: Es ist nützlich, früh und systematisch anzufangen. Im Frühlingsteil dieses Buches werde ich noch auf die Neigung von Johannisbeersträuchern *(Ribes)* eingehen, früh Blüten zu entwickeln, wenn Zweige geschnitten und in warme Innenräume genommen werden, sobald sich die ersten Knospen zeigen. Dasselbe gilt bereits Mitte Februar für die gelbblütigen Forsythien, die als Zweige in der Wärme gut fünf oder sechs Wochen früher anfangen zu blühen und die Räume eines Hauses mit ihrem Licht erfüllen.

Gute Vorsätze zum neuen Jahr

Mein neues Jahr wimmelt von guten Absichten – sie Vorsätze zu nennen, wäre allerdings zu optimistisch. Ich nehme mir vor, die Dinge, die im Garten anfallen, pünktlicher zu erledigen. Ich nehme mir vor, daran zu denken, die Pflanzen in den Töpfen zu gießen, auch wenn sie mitten in der Wachstumsphase sind. Ich fasse den Entschluss, keine Blumenzwiebeln in braunen Papiersäcken ungepflanzt herumliegen zu lassen. Ich möchte versuchen, Pflanzen, die es brauchen, rechtzeitig hochzubinden und nicht erst am Morgen, nachdem sie umgeknickt sind. Vielleicht schaffe ich es ja sogar, auf Ohrwürmer Jagd zu machen. Ich nehme mir vor, während strenger Frostperioden nicht auf den Rasenflächen herumzuspazieren. Ich möchte daran denken, die Bartnelken-Samen auszusäen, damit sie im Jahr darauf blühen, und das in der ersten Juniwoche zu erledigen. Ich nehme mir vor, nicht mit Steinen nach Eichhörnchen zu werfen. Stattdessen werde ich eine neue Eichhörnchen-Falle kaufen und Erdnussbutter als Lockmittel benutzen. Wenn ich ein Eichhörnchen gefangen habe, packe ich es ins Auto und lasse es im Garten des am nächsten wohnenden Parlamentsmitglieds frei, das für ein Verbot der Fuchsjagd votiert.

Außerdem möchte ich mich mit den Bedürfnissen eines Gartens auseinandersetzen, der bereits einige Jahre hinter sich hat. Es ist erstaunlich, in welchem Ausmaß sich vieles ganz anders entwickelt hat, als ich es ursprünglich geplant hatte. Die Kletterpflanzen an den Mauern sind größtenteils zu mächtig. Ich hätte mir nie vorstellen können, dass die Hainbuchen und *Pyrus calleryana* ›Chanticleer‹, die meine Wege säumen, so groß werden und einen solchen Aufwand an Formschnitt brauchen würden. Ich habe nicht erwartet, dass so viele Beetpflanzen in einem derartigen Ausmaß

Abb. 6: Rote Crocosmia coccinea *zusammen mit* Achillea ptarmica ›Perry's White‹

ins Kraut schießen würden. In Bodennähe sind einige der besten kleinen mehrjährigen Pflanzen an Altersschwäche eingegangen, ein Risiko, auf das Gartenbücher nur selten hinweisen. Sämtliche Nelken haben nicht einmal abgewartet, bis sie mittelalt waren, und ich kann kaum fassen, wie viele ich schon ersetzt habe. Ich hatte immer angenommen, Besitzer von Hochbeeten hätten den Überblick verloren, wenn ihre Beete im Herbst über und über mit feuerroten Zauschnerien-(Weideröschen-)Blüten bedeckt waren. Im vergangenen Herbst bildeten meine eigenen Hochbeete eine flammend rote Zauschnerien-Zone. Die alten Matten niedrigwachsender Phloxpflanzen haben in der Mitte braune Flecken. Ameisen haben einen kleinen Reiherschnabel *(Erodium)* mit rotäugigen Blüten umgebracht, und irgendetwas hat sich offenbar in der Mitte meines im Herbst blühenden Enzians niedergelassen. Gar nicht denken möchte ich an die herrliche kleine Campanula ›Lynchmere‹, die sich in einem ganz prächtigen Zustand befand, als ich sie letztes Jahr ausgrub und versuchte, sie zu teilen. Aufgrund der

Form ihrer Wurzeln kann sie nicht geteilt werden – und ist eingegangen. Offenbar bin ich nicht der Einzige, dem es nicht gelingt, sie zu vermehren, denn sie ist jetzt aus dem Angebot vieler Pflanzschulen im *Plant Finder* verschwunden, dem Führer der »Royal Horticultural Society« zu »über 70 000 Pflanzen und 640 Stellen, von denen man sie beziehen kann«.

Die bequemste Methode, mit bereits älteren Gärten umzugehen, ist, sie einfach in Ruhe weiterwachsen zu lassen, bis sie senil werden. Das erste Anzeichen reiferen Alters ist gegeben, wenn die Besitzer solcher Gärten verkünden, sie würden nur anpflanzen, was zu ihren Gärten passt. Diese Pflanzen gewinnen dann die Oberhand, und die Besitzer bezeichnen ihren Pflanzstil als »Wiesen-Look«. Der »Look« besteht aus zu vielen winterharten Geranien und Baldrianpflanzen sowie aus zu vielen Vergissmeinnicht des Vorjahres, die sich selbst ausgesät haben. Wenn ich in diesem Jahr den Sonnenhut *Rudbeckia* ›Goldsturm‹ nicht unter Kontrolle bekomme, werde ich behaupten müssen, dass das Beet, in dem er steht, schon vor Jahren als Wiese geplant worden war.

Darüber hinaus muss ich mich der Tatsache stellen, dass viele der schlimmsten Eindringlinge Pflanzen sind, für die ich gutes Geld bezahlt und die ich selbst eingeschleppt habe. Lassen Sie sich nie eine nicht näher bestimmte im Herbst blühende Sonnenblume aufschwatzen. Zu dieser Familie gehört unter anderem die zügellose Jerusalem-Artischocke (Topinambur), deren Knollen entsetzlich schwer auszurotten sind. Pflanzen Sie nie eine weißblühende *Achillea ptarmica* ›The Pearl‹ oder ›Perry's White‹ in einem Beet, das einen zivilisierten Eindruck machen soll. Als Schnittblumen sind sie hübsch anzusehen, aber die wuchernden weißen Wurzeln widersetzen sich sogar einem Spaten.

Am wichtigsten ist in solchen Situationen Entschlusskraft. Anfänger und Besitzer von neuen Gärten haben, wenn sie mit dem Gärtnern beginnen, ihre Fehler noch vor sich, wohingegen Gärtner mittleren Alters mit den Fehlern leben müssen, die sie selbst verschuldet haben. Versuchen Sie, auf Ihre alternden Kreationen mit dem Auge eines gerade neu eingetroffenen Besitzers zu schauen. Nachdem ich mich auf dieses Wagnis eingelassen hatte, gab ich mehrere skrupellose Schnitt- und Fällungsmaßnahmen in Auftrag. Weg mit den faden, staubigen Platanen und einem mittelalten Walnussbaum, der in zu großer Nähe zum Haus stand und den ich übernommen hatte. Die Hälfte meiner Bäume hätte schon vor Jahren verschwinden

Gute Vorsätze zum neuen Jahr 37

Abb. 7: Agapanthus ›Slieve Donard‹ *in meinem Garten*

können, doch ich hatte vergessen, wie ich mir meinen Garten zu Beginn zurichten musste, indem ich einen ganzen Wald vernichtete. Unterstützt von der Ladeschaufel eines Baggers entwurzelte ich, als ich das Gelände übernahm und erst einmal für Durchblick sorgen und Platz für Wiesen schaffen musste, über einhundert riesige Leyland-Zypressen. Und es ist nie zu spät, das Licht hereinzulassen.

Dass Gärten in Schönheit altern und im Lauf der Zeit einen friedvollen Zustand der Reife erlangen, ist nichts als Wunschdenken. Stillstand gibt es in Gärten nicht, und wir dürfen uns nicht darauf verlassen, dass wir eine Dauerkarte für den Weg des geringsten Widerstands haben. Gärten brauchen in ihrem fünfundzwanzigsten Jahr genauso viel Kontrolle, Strukturierung und Umdenken wie in ihrem dritten Jahr. Die letzten zehn Jahre, in denen im Fernsehen und in umwerfend gut gemachten Zeitschriften das Gärtnern in leuchtendsten Farben dargestellt wurde, haben viele Men-

schen dazu verlockt, Gärtnern als eine Art ins Freie versetzte Innendeko-
rations-Aufgabe anzusehen, als handle es sich um eine neue Lampe oder
einen Sofabezug. Erst wenn einige Pflanzen sterben und andere anfangen
zu wuchern, lernen Gärtner, dass der eigentliche Reiz des Gärtnerns darin
besteht, dass man nie etwas festnageln kann.

Ich selbst werde mich jedenfalls nie festnageln lassen. Ich habe gelernt,
meiner Experimentierfähigkeit zu vertrauen, meinem Vermögen, mich
auf Versuche einzulassen, die der Realität mindestens zwei Schritte voraus
sind. Ich bin so veranlagt, dass ich in meinem Garten mit viel Aufwand
einen neuen Swimming Pool anlegen ließ und prompt jegliches Interesse
am Schwimmen verlor. Jahrelang stand der Pool Mutter Natur zur freien
Verfügung, und er verwandelte sich in eine dramatische Wildnis aus selbst
ausgesätem Sommerflieder und Binsengras. Ernährt werden die Pflanzen
mit einer Diät aus den ertrunkenen Igeln, die während der Wintermonate
auf dem Wasser treiben. Jahrelang hoffte ich, das Wasser würde spontan
menschliches Leben hervorbringen. Oder noch besser: Es würde der Beweis gelingen, dass die Bibel recht hat, und aus dem Wasser entstiege mir
eine Gehilfin, ein muskulöser Eva-Klon. Jedenfalls würde sie keine Arbeits-
erlaubnis brauchen.

Bis jetzt hat der Pool allerdings lediglich eine Generation Molche zustande gebracht. Meine aktuelle Vision sieht momentan so aus, dass ich das
vormals flache Ende mit klarem, grasfreiem Wasser fülle und in alten Auto-
reifen weißblühende Wasserrosen darin anpflanze. Sie wissen ja, wie das so
ist mit Vorsätzen – mir gefällt die Vorstellung, mich in einen »Künstler der
fließenden Welt« zu verwandeln. Aber wahrscheinlicher ist wohl, dass sich
die Wasserrosen zu den nächsten Eindringlingen auswachsen werden, die
ich selbst eingeladen habe.

Gute Vorsätze zum neuen Jahr

»Tresco on Teesside«

Wie ernsthaft müssen Gärtner sich auf den Klimawandel einstellen? Für die faulen Tage nach dem Festessen am Neujahrstag ist das keine müßige Frage. Es wird eine Menge Geld dafür ausgegeben, und die Angst vor heißem Klima vervielfacht die Ausstoßmenge an heißer Luft anderer Art. In England hat sich die »Royal Horticultural Society« (RHS) auf ein Problem gestürzt, das sie als »Gardening in the Global Greenhouse« [Gärtnern im Globalen Treibhaus] umschreibt. Der »National Trust« veranstaltete Konferenzen über die Marschroute für die kommenden achtzig Jahre. Es gibt ein »UK Climate Impact Programme«, und schon erreichen uns die ersten Ausläufer einer Flut von Literatur, die uns sagt, was wir zu tun haben.

Die »Royal Horticultural Society« klärt uns auf, dass es in englischen Gärten in Zukunft mehr Loquat-Früchte, Granatäpfel, Guadalupe-Palmen und eine niedrig wachsende nordafrikanische Convolvulus-Art geben wird, die man von Seiten der RHS »blue rock bindweed« zu nennen beschlossen hat [im Deutschen: Kriechende Winde oder Blaue Mauritius]. Im Hinblick auf Hecken wird »gutes Gartenmanagement« so aussehen, dass Oleander angepflanzt wird, diese entsetzlichen Stauden, die um italienische Tankstellen herum wachsen. Wir sollen Myrte in unsere Gärten aufnehmen, so wird uns empfohlen, und Seidenbäume, die ich in Bestform in Delhi gesehen habe. Ob die Experten an diese Empfehlungen wohl tatsächlich glauben? Haben sie je versucht, sich um einen Garten im Umkreis von Chipping Norton zu kümmern, vom erbarmungslosen Derbyshire ganz zu schweigen? Ihr von zwei Professoren verfasster zusammenfassender Bericht bringt die abgehobene Formulierung hervor, Tresco habe sich nach Tunbridge Wells ausgebreitet und sei auf dem Vormarsch nach Teesside (was

40 Winter

in Deutschland ungefähr einer Verschiebung der klimatischen Verhältnisse in der Bodenseeregion auf die Nordseeinsel Borkum entspräche). Sollte das tatsächlich der Fall sein, dann geht dieser Prozess an vielen Gärtnern unbemerkt vorüber. Erst kürzlich hatten wir drei Frosttage in den Cotswolds, die in meinem Garten mehrere Kletterrosen umbrachten, die immergrünen Säckelblumen vernichteten und mehrere Exemplare der bewährten, als robust geltenden Zistrose mit dem passenden Namen ›Snow White‹ eliminierten.

Zwei Jahre vor dieser Frostperiode erwachten wir in einem vierundzwanzig Stunden anhaltenden wunderschönen, tief verschneiten »Winter-Wunderland« um die verträumten Türme von Oxford. In diesem Zeitraum wurden die Bartfadenpflanzen und die Ehrenpreisgewächse hinweggerafft. Wenn der »National Trust« schon über den »Einfluss«, also gar nicht mehr über die Realität des Klimawandels spricht, dann gehen die Experten offenbar davon aus, dass das Klima bereits auf einer anderen Ebene angekommen ist. Allerdings können sie nur aus dem Grund an diese Ebene glauben, weil sie von statistischen Durchschnittswerten ausgehen. Sie verkennen völlig die tödliche Potenz immer wiederkehrender kurzer, heftiger Unterbrechungen des größeren Musters. Mutter Natur ist unbeständig, und ich weigere mich, ihr zu trauen, auch wenn sie sich im Winterbikini präsentiert.

Wir haben keine genaue Vorstellung, wie in Großbritannien der Einfluss einer möglichen globalen Erwärmung im Lauf der nächsten achtzig Jahre aussehen würde. Einige der angesehensten Experten warnen, es könne hier zu heftigeren Kälteperioden kommen. Wir wissen lediglich, dass es in den vergangenen fünfzehn Jahren in den meisten Wintern weniger Frostperioden gab, dass wir einige wenige sehr nasse, aber noch mehr sehr trockene Winter hatten und einige richtig heftige Unwetter. Was bedeutet diese Unterschiedlichkeit? Wenn Gärtner anfangen, über »Klimawandel« zu reden, greife ich zu einer Quelle mit meisterhaften Beobachtungen, dem in den Jahren zwischen 1751 und 1773 in Hampshire geführten *Garden Calendar*, angelegt von dem akribischen Naturforscher Gilbert White. Zwischen 1757 und 1760 waren die Winter so mild wie unsere Winter im neuen Jahrtausend. Am 26. Dezember 1757: »Sehr mildes Wetter: Bislang fast kein Frost.« 1758: Es »ging sehr mild weiter, ausgenommen nur ein kurzer Frost zum Jahresende«. Am 19. Januar 1759 beobachtete er, dass »viele Blumenarten einige Wochen vor der erwarteten Zeit aus dem Boden kommen: Die Schneeglöckchen und einige Krokusse blühten bereits, noch bevor der alte

Dezember sich verabschiedet hatte«. Am 18. Dezember 1760 gab es »schon sehr mildes Wachstumswetter: Das Gras auf den Wiesen hörte all die Monate nicht auf zu wachsen«, und »milde, sonnige Tage wie im April lockten die Fliegen und andere Insekten aus ihren Schlupflöchern«. Am 1. Januar 1761 verpflanzte er eine vielköpfige Narzisse in voller Blüte und nahm sie ins Haus. Es gab damals keinen »National Trust«, der ihm empfohlen hätte, Bananenbäume zu pflanzen, und das war ein Glück – denn im Dezember 1762 herrschte elf Tage lang anhaltender Frost, und am 31. Dezember 1766 »war der Boden unter den Betten gefroren«. Das Wetter schwankte genau wie in unserer Gegenwart zwischen ungewöhnlicher Milde und plötzlichen monate- oder tagelangen Frostperioden. Ich möchte Gärtnern in den 2010er Jahren nachdrücklich den einfachen Rat geben: Tun Sie nichts. Ich weigere mich zu glauben, dass man damit rechnen darf, *Sabal mexicana* (die kleine Texas-Palme) und zarte Mimosenhecken würden innerhalb der nächsten vierzig Jahre in englischen Gärten überleben. Die englischen Eis-Dämonen müssen sich nur eine einzige Nacht lang so verhalten, wie sie es seit Jahrhunderten gewöhnt sind, und es wäre vorbei mit der Pracht.

Wie immer können Ängste noch vermehrt werden, vor allem, wenn es um Gartenpraktiken geht, die die Angstmacher tief in ihrem Inneren ablehnen. Der »National Trust« und die RHS gingen so weit, mir warnende Dokumente über die Ausbreitung neuer Insekten und Schädlinge »aufgrund wärmerer Durchschnittstemperaturen« zukommen zu lassen. Ich habe so meine Zweifel, ob daran tatsächlich das Zickzack-Muster auf unserer Wetterkarte schuld ist. Man klärt uns auf, Berberitzensträucher seien nun durch eine neue Sägewespen-Art bedroht, die aus Südeuropa stammt. Kamelien sind einer in England neu aufgetretenen Japanischen Blattpest ausgesetzt.

Der eigentliche Grund dafür ist meiner Meinung nach die Zunahme von Importpflanzen, die in unseren Gartenzentren zum Verkauf angeboten werden. Die Sägewespe kam nach Holland, und da unsere weltberühmten englischen Gärten stark davon abhängig sind, dass die Niederlande die englischen Gartenzentren mit Pflanzen beliefern, kann es kaum überraschen, dass dieser Schädling jetzt auch in England zuschlägt. Dasselbe gilt für das Insekt, das unsere Kastanienbäume befallen hat, allerdings würde es in Kälteperioden genauso zuschlagen. Es überlebt auch noch kältere Temperaturen als minus zwanzig Grad.

Die Drohkeule Klimawandel ist ein willkommenes Schreckgespenst, wenn man tief in seinem Inneren Rasenflächen und großzügig angelegte Blumengärten hasst. Ist das Wetter im Sommer wirklich so schrecklich geworden, dass der englische Rasen zum Untergang verurteilt ist und die einzige Antwort St.-Augustine-Gras lautet? Viele Gärtner dürften stattdessen in Versenk-Regner investieren, die sie aus ihren umfangreichen Regenwasserbehältern speisen. Die Professoren der RHS behaupten in ihrer Studie: »Mit fortschreitender Klimaveränderung wird die sehr viel größere Herausforderung für die Gärtner darin bestehen, den traditionellen englischen Cottage Garden anzulegen.« Sie deuten sogar an, dass die Anpflanzung von Lupinen problematischer werden wird. Meine Lupinen gediehen nie prächtiger als in den heißen Sommern der letzten Jahre, und was den »traditionellen« Cottage Garden angeht – was soll das überhaupt sein, und welche Pflanzen wuchsen darin?

Es gab zwar Unwetterkatastrophen, aber Katastrophen sind kein sicherer Hinweis auf kontinuierlichen Wandel. Die Wind- und Sturmphasen der jüngsten Zeit schlugen 1987 zu, dann wieder 1990, als sie traditionsreiche Gärten beschädigten, vor allem im Süden Englands. Der »National Trust« kann auf den Verlust von Bäumen im Sheffield Park in Sussex verweisen, andere denken an die Stürme, die in Tresco Verheerungen anrichteten oder in Leonardslee so erfreuliche neue Sichtschneisen eröffneten. Hatten diese Stürme etwas mit einer Erwärmung des englischen Klimas und einer steigenden Wahrscheinlichkeit von Sturmfluten zu tun? Mit Gilbert White lassen sich auch diese Befürchtungen in einen größeren Kontext stellen. »Das Jahr 1751 war eines der nassesten Jahre seit Menschengedenken. Vom 20. Februar bis zum 20. Mai kamen immer neue Stürme und sintflutartige Regenfälle.« Das Jahr 1755 hatte »einen schrecklichen Winter mit Erdbeben, Überschwemmungen und Unwettern und Dauerregen, der Frost war kaum erwähnenswert«. Im Dezember 1761 »fielen während der gesamten Herbst- und Wintermonate große Mengen Regen«, und am 23. und 24. Dezember gab es »gewaltige Regenfälle und Überflutungen«. Das »Hochwasserklima« ist keine moderne Neuerfindung. Es zauste und überflutete bereits die Mitte des 18. Jahrhunderts.

Und was sollen wir nun nach Meinung der globalen Erwärmer tun? Ihr Vorschlag, im eisigen Moreton-in-Marsh oder in Much Wenlock Myrtenhecken anzulegen, ist ein schlechter Witz. Die RHS empfiehlt uns außer-

»Tresco on Teesside« 43

dem allen Ernstes, »in Wässerungsanlagen und Teiche zu investieren – sie werden der Tierwelt guttun«. Gleichzeitig lassen sich diejenigen, die effiziente, von Menschenhand hergestellte Düngemittel hassen, keine Gelegenheit entgehen, uns zu erzählen, die erhöhte Überschwemmungsgefahr würde das Risiko erhöhen, dass solche Kunstdünger aus der Erde ausgewaschen werden, und wir sollten stattdessen haufenweise Kies und organische Materie benutzen. Aber wie organisch sind diese Haufen in Wahrheit? Im Garten der RHS in Hyde Hall wurden für einen neu eingerichteten »Trockengarten« bereits »260 Tonnen Gabbro« verarbeitet. Falls Sie nicht wissen, worum es sich dabei handelt: Gabbro ist ein vulkanisches Gletschergestein, das von Schottland nach Essex transportiert werden musste. Das gesamte Projekt kommt meines Erachtens einer ökologischen Vergewaltigung gleich: 800 Tonnen Mineralgemisch wurden verarbeitet, 460 Kubikmeter importierter Erde und aberwitzige Mengen »zerstoßener roter Granit«.

Besonnene Gärtner werden auch weiterhin Regentonnen kaufen, um überschüssiges Regenwasser zu speichern, und ihre Gärten mit einem Grundbestand an Pflanzen ausstatten, die zuverlässig winterhart und in der Lage sind, auch mit Trockenperioden klarzukommen. Absolut winterharte, im Winter blühende Schneeball-Sträucher sind und bleiben eine klügere Wahl als Mimosen. Die im Frühjahr blühende Nieswurz ist durch Minustemperaturen und Stürme nicht umzubringen. Frühblühende Kirschbäume überleben Trockenphasen, Kälte und Wind. Viele Narzissensorten blühen wild im glazialen Russland und seinen Nachbarregionen. Im Sommer kann ich mich auf Beetpflanzen mit stämmigen, wasserspeichernden Wurzeln verlassen, die besten Varietäten der Taglilien, viele der gelbblühenden Alanten-Arten und die ausgezeichnete *Campanula lactiflora* (Riesenglockenblume), vor allem die tiefblaue Prichard's-Varietät, die aus der großartigen Pflanzschule von Alan Bloom in Norfolk stammt. An den Rändern dieses Grundbestands hat es eine leichte Verschiebung gegeben, was garantierte Winterfestigkeit betrifft: Viele rot- und gelbblühende Montbretien, immergrüne Abelien mit rosa- und pinkfarbenen Blüten und neue Agapanthus-Arten haben das Spektrum möglicher Pflanzen erweitert. Zurückzuführen ist das auf bessere Aufzuchtbedingungen und größere Experimentierfreudigkeit unter den Gärtnern, nicht auf einen faktischen Sprung auf ein neues, wärmeres Klima-Niveau. Dieser Grundbestand an Pflanzen ist so zuverlässig und vielfältig, dass sich keiner nach einer unpassenden Palme sehnen muss, die oberhalb ihres dicken, hässlichen Stamms braun und zunehmend struppig aussieht. Es gibt Tausende von Pflanzen, die im englischen Klima gedeihen, das schon seit eh und je ein Klima der Extreme ist.

Dieses vielfältige Spektrum ist noch lange nicht ausgeschöpft, also machen wir es uns doch einfach zunutze.

Glaube, Hoffnung, Liebe

Während Experten sich über die Auswirkungen eines Klimawandels austauschen, können Gärtner von einem eindeutigen Vorteil profitieren. Die milden Winter in England meinen es gut mit den im Winter blühenden Pflanzen, und ich empfehle sie jedem, der damit beginnt, sich einen Garten anzulegen, oder der versucht, einen bereits in die Jahre gekommenen Garten zu verbessern. Die überlieferte Weisheit von Gartenplanern lautet, Sträucher und Pflanzen, die im Winter blühen, vorzugsweise dorthin zu setzen, wo sie vom Haus aus gut zu sehen und schnell zugänglich sind. Dem kann ich nur zustimmen. Mitten im Winter haben wir sehr viel weniger den Drang, uns weiter hinauszubegeben, und es ist einfach herzerwärmend, wenn man einen Schneeballstrauch mit rosafarbenen Blüten, einen im Winter blühenden Kirschbaum oder einen Strauch der wohlriechenden Winterheckenkirsche von der Vordertür oder den Fenstern aus erblickt. Die Winterheckenkirsche ist bemerkenswert robust und blüht sogar in ungemütlichen Ecken neben den Mülleimern.

Die Blütengirlanden am gelbblühenden Winterjasmin *(Jasminum nudiflorum)* gehören in jeden Garten. Die Pflanze sieht zwar im Sommer eher unscheinbar aus, trotzdem verdient sie einen sonnigen Platz, an dem ihre Farbe im Winter am besten zur Geltung kommen kann. Ihr zur Seite zu stellen sind viele Mahonien-Arten, eine weitere wichtige Pflanze für Anfänger oder hoffnungsfrohe Gartenverbesserer, die Letzteren vielleicht auch helfen kann, ihr Denken und ihre Vorstellungen aus alten Bahnen zu befreien. Unser heutzutage mildes Wetter ermöglicht den strahlendsten Mahonien, üppig Blüten zu entwickeln, und auch Regen vertragen sie gut. Die meisten Mitglieder dieser Familie mögen eher feuchte Wetterverhältnisse, weshalb auch in Irland so viele ausgezeichnete Mahonien gedeihen. Die bekannteste ist *Mahonia japonica*, die Mitte Dezember zu blühen beginnt, wenn der Frost es zulässt. Die Blüten verströmen einen Maiglöckchenduft und öffnen sich zu einem sehr ansprechenden strahlenden Hellgelb. Die Blätter sind häufig weniger glänzend grün als diejenige ihrer nahen Verwandten und können außerhalb der Saison oder in trockenem Schatten relativ trist wirken, doch unter leichtem Schatten von hohen Bäumen wachsen und blühen sie durchaus. Als Unterpflanzung in einem Hain oder als Begrenzung eines kleinen Weges unter Bäumen sind die Sträucher hervorragend geeignet, vor allem dort, wo die Erde für Azaleen nicht geeignet ist. *Mahonia japonica* ist auch nach wie vor erste Wahl für ungünstige Ecken in der Nähe von halbschattigen Seiten des Hauses. Es macht Freude, einige wohlriechende Blütenzweige zu pflücken und sich an ihnen im Januar für kurze Zeit in einem geheizten Zimmer zu erfreuen.

In vielen Gartenzentren rückt *japonica* zugunsten der reineren, glänzenderen Hybride *Mahonia x media* ›Charity‹ in den Hintergrund. Dieser exzellente Strauch hat entlang seiner Äste mehr Blätter und blüht in etwas hellerem Gelb als *japonica*. ›Charity‹ ist extrem winterhart und wächst sich später zu einem Busch von zweieinhalb Meter Höhe und Breite aus. Bedeutende Autoritäten rühmen ihren Duft, doch dieser ist nicht annähernd so stark wie derjenige von *japonica*. ›Charitys‹ Vorzug ist ihre adrette Reinlichkeit, was sie für Spontankäufer attraktiv macht. ›Charity‹ wurde erstmals als Hybride in den Savill Gardens in der Nähe von Windsor vorgestellt, damals war sie noch begleitet von zwei anderen gelungenen Kreuzungen, ›Faith‹ und ›Hope‹. ›Hope‹ verschwand im Jahr 1964 nach der Wahl der Labour-Regierung vollständig, und ›Faith‹ wurde mittlerweile aus dem *RHS Plant Finder* gestrichen.

›Charity‹ gedeiht nach wie vor fast überall und bringt nach fünf Jahren eine Fülle an Blüten und lange, glänzende Blätter hervor. Ich empfehle sie nachdrücklich, und die traditionelle Kombination in London mit den großfingrigen Blättern der immergrünen ›Fastia‹ ist eine phantastische Zusammenstellung. Man verlängert die Mahonia-Saison auf einfache Weise dadurch, dass man eine der jüngeren Kreuzungen wählt, die der große Pflanzenspezialist Lionel Fortescue in seiner Gartenanlage in Devon anbietet. Die beste ist *Mahonia x media* ›Buckland‹, deren spektakulär große, hellgelbe Blütentrauben aufrecht stehen und sich normalerweise Anfang

Glaube, Hoffnung, Liebe 47

Abb. 8: Mahonia x media ›Charity‹

Februar öffnen. Der Duft der Buckland-Blüten ist kaum wahrnehmbar, doch einige Bewunderer spüren ihn ihn sogar hier auf. Auf jeden Fall ist diese Varietät eine ausgezeichnete Begleiterin für *japonica* und ›Charity‹, da sie später zu blühen beginnt.

    Zwei spezifische Mahonia-Weisheiten hätte ich noch, die eine betrifft eine Seltenheit, die andere war eine Überraschung für mich, als ich darauf stieß. Die Seltenheit ist eine Zwerg-Mahonie namens *pumila*, die man kaum einmal findet und die sich von den erwähnten im Winter blühenden Exemplaren unterscheidet. Sie ist in den kalifornischen Bergen beheimatet und wird nicht einmal dreißig Zentimeter groß. Ihre Blätter sind entweder grau-grün oder von einem Grün, das leicht mit einer blassen Braun-Schattierung gemischt ist. Ich erstand diese ungewöhnliche Varietät vor ungefähr zwanzig Jahren und habe sie in ein trockenes Beet gepflanzt, eine Umgebung, die sie, wie Kenner uns versichern, auch in der Natur schätzt. Ganz offenbar

Abb. 9: Mahonia pumila *vor der Außenwand der New College Chapel*

gefällt ihr der Standort in Oxford am Fuß einer mittelalterlichen Mauer, sie hat sich prächtig ausgebreitet und blüht in einem kräftigen Gelb. Sie ist ungewöhnlich und nützlich gegen Unkraut.

Das Überraschende: Man kann hohe, im Winter blühende Mahonien im alten Holz sehr stark zurückschneiden und ihnen damit einen guten Dienst erweisen. In höherem Alter tendieren Mahonien dazu, lang und dürr zu werden und nackte Äste zu zeigen, wenn man sie aber Anfang April kräftig zurückschneidet, danken sie es Ihnen mit der Überraschung, dass junge, spitze Blätter neben der Schnittstelle hervortreiben und den gesamten Sommer hindurch weiterwachsen, um dann im Winter wieder reichlich zu blühen. Wenn Sie nicht vorgewarnt sind, würden Sie wahrscheinlich bei einem Strauch, der aussieht, als würde er eine solche Behandlung übelnehmen, davor eher zurückschrecken.

Glaube, Hoffnung, Liebe 49

Mein deutsches Idol

Im Februar genieße ich bereits das wärmere Wetter der englischen Wintermonate und beschäftige mich eingehend mit meinen Anpflanzungen, den gegenwärtigen, vergangenen und zukünftigen. Jedes Jahr denke ich zwischen Krokus und Nieswurz an zwei meiner Mentoren: einen Deutschen und eine Amerikanerin. Der Deutsche vertiefte und erweiterte meine Liebe zu Gebirgspflanzen und lehrte mich, nie zu vergessen, dass jede gute Gartenpflanze ihre Ursprünge in freier Natur hat; und dass viele Pflanzen in der Natur übersehen werden, obwohl sie besser sind als diejenigen in den Listen der Pflanzschulen. Bei der Amerikanerin lernte ich, was Geschmack und Stil dem Gärtnern hinzufügen können – wie aus Handwerk Kunst wird.

Mein deutscher Mentor Wilhelm Schacht war mein erster Arbeitgeber, der erste von lediglich dreien in meinem Leben. Ich hatte ihn angeschrieben, nachdem meine Schulzeit in Eton beendet war, und gefragt, ob ich im grandiosen Alpengarten des Münchner Botanischen Gartens arbeiten dürfe, über den er als Leiter der Freilandabteilung die Oberaufsicht hatte. Eine solche Anfrage eines Eton-Sprösslings war ihm sicher vorher noch nie untergekommen. Er erklärte sich in der für ihn typischen Kürze einverstanden, allerdings nur aufgrund eines Irrtums. Ich verdanke nämlich meine erste Stelle dem Umstand, dass er den Buchstaben »i« nicht von »y« unterschied. Meine Eltern lebten in Middleton House in Northamptonshire; diese Adresse war auf dem Briefpapier aufgedruckt, das ich verwendete. Ein bedeutender englischer Pflanzenkundler und Gärtner, E. A. Bowles, hatte im meilenweit entfernten Myddleton House bei Enfield in Middlesex gelebt. Schacht nahm an, dass ich im Anwesen von Bowles lebte, einem Garten, der durch Bowles' Trilogie – *My Garden in Spring, in Summer and*

50 Winter

in Autumn – Berühmtheit erlangt hatte. Er dachte, ich würde wichtige neue Einsichten mitbringen.

Es war äußerst unwahrscheinlich, Schacht neue Einsichten zu bringen. An einem sonnigen Vormittag im Spätwinter drückte ich auf den Klingelknopf unterhalb des gelben Briefkastens an seinem Haus in der Münchner Menzingerstraße. Alles war so, wie er es in seinem Brief beschrieben hatte. Ich trug englische Gummistiefel und einen unpassenden Panamahut mit einem pinkfarbenen Band – Sachen, die nicht mehr in mein bereits übervolles Gepäck hineingepasst hatten. Davon ließ sich Schacht – er war damals 61 Jahre alt – nicht abschrecken, er bat mich ins Haus und servierte mir ein Glas Apfelsaft. Sogleich erklärte er mir, dass er mich an den Leiter der Gewächshäuser, Herrn Seidl, übergeben würde, der mich herumführen und mir weitere Anweisungen geben sollte. Jetzt aber wolle er wissen, wie es den Krokussen in Myddleton House ging. Krokusse waren die Pflanzenfamilie, auf die Bowles sich spezialisiert hatte, und Schacht fragte, wie es um *Crocus imperati* (Teufelskrokus) stehe.

»Das pflanzen wir nicht an«, antwortete ich, und auch nicht *Crocus laevigatus* (Glatter Krokus), seine nächste Frage, und nicht einmal den echten gelben Ankara-Krokus *(Crocus ancyrensis)* aus der Zentraltürkei. Schachts Miene verzog sich schmerzlich: War das Vermächtnis von Bowles etwa verlorengegangen? Die einzigen Personen mit Namen Bowles, die ich kannte, waren Verwandte einer Seitenlinie des großen E. A., und ich kannte sie, weil sie uns immer wieder einmal besuchten, um mit meinem Onkel Fasanen zu schießen. Einer von ihnen hatte eine Affäre mit einer meiner Tanten, wohingegen seine Frau eine Affäre mit dem Gatten dieser Tante hatte, einem meiner Onkel. Ich nahm nicht an, dass Schacht an dieser Art gegenseitiger Befruchtung interessiert war. Als ich ihm gestand, dass wir lediglich holländische Hybrid-Krokusse für Farbe im Frühjahr und den gemeinen *Crocus speciosus* im Herbst im Garten hatten, ging ihm auf, dass da wohl ein Irrtum vorliegen musste. »Aber jetzt sind Sie da, Herr Fuchs«, schloss er gütig, »also bleiben Sie hier und lernen. Morgen fangen Sie mit der Arbeit an. Ihre erste Aufgabe besteht darin, die Bretter von den Frühbeeten der Alpenpflanzen bei der Pfefferhütte abzunehmen. Finden Sie sich dort um Viertel vor sieben ein.«

In keinem meiner englischen Gartenhandbücher hatte ich je etwas von »Bretter abnehmen« gelesen, der Aufgabe, mit der allmorgendlich die Ar-

Mein deutsches Idol 51

beit des Alpinum-Teams begann. An jedem Winterabend mussten diese Bretter dann wieder zurückgelegt werden, lange, schwere Holzbretter, die als Abdeckung der Glasoberflächen der Frühbeete lückenlos nebeneinander zu legen waren. Wenn es in der Nacht gefroren hatte, klebten sie an unseren Händen, wenn wir sie vom Glas nahmen – immer ängstlich besorgt, dass nicht einer von uns sein Brettende losließ und den Glasrahmen darunter zerstörte. Jahre später stieß ich in Solschenizyns *Ein Tag im Leben des Iwan Denissowitsch* auf etwas Ähnliches und konnte mich nun leicht mit der Aufgabe der Gefangenen identifizieren, einen Holzschuppen in klirrender sibirischer Kälte um seiner Bretter willen zu demontieren. Ich nehme an, die Bretter in München sollten verhindern, dass nächtlicher Schneefall die Glasabdeckungen beschädigte. Keiner erklärte, warum man nicht mit Decken einen ähnlichen Effekt hätte erzielen können.

Unter den Glasrahmen wuchsen die kostbaren Jungpflanzen von Herrn Knobelspieß, die dieser aus Samen oder Ablegern gezogen und auf Sand und Kies eingetopft hatte. Der höchst kompetente Herr Knobelspieß half uns beim Entfernen der Bretter; er trug Cord-Bundhosen und einen spitzen bayerischen Hut. Offensichtlich konnte er alles vermehren, angefangen bei Bayerischem Enzian bis hin zu Himalaya-Primeln. Solche Pflanzen geruhen nicht für jeden zu wachsen, und ich schreibe sein Glück mit ihnen seinem ruhigen, geduldigen Charakter zu, Eigenschaften, von denen auch ich profitierte.

Immer wieder einmal kam Schacht an das andere Ende des Gartens und besprach mit Herrn Herrle, dem Sektionsleiter, Pläne und Arbeitsabläufe. Auch er trug Bundhosen, und gerippte Strümpfe bedeckten seine außerordentlich muskulösen Waden – ausgebildet während vierzig Jahren unermüdlicher Gärtnertätigkeit und anspruchsvollen Wanderungen und Klettertouren in den Gebirgsregionen Europas. Er pflegte zu mir herüberzukommen, um mich anzuspornen und mir allerlei Geschichten zu den Pflanzen zu erzählen, mit denen ich arbeitete: etwa die kurzlebige *Primula vialii* (Orchideenprimel) am Rand des Fernost-Beetes mit ihren purpurfarbenen Blütenähren; die gelbe *Adonis vernalis* (Frühlings-Adonisröschen) zwischen europäischer Nieswurz und *Daphne mezereum* (Gewöhnlicher Seidelbast), zu denen sie ganz vortrefflich passte; und im Juni *Ramonda myconi* (Pyrenäen-Felsenteller) mit ihren blass lila-blauen Blüten, die zwischen großen Gesteinsbrocken im höchsten Ausläufer des Gartens wuchs. Bald sollte ich erfahren, dass Schacht alle diese Pflanzen in freier Natur gesehen und studiert hatte. Eines Tages, als ich in der Balkangruppe beschäftigt war, fragte er mich, ob mir die Nelkenart *Dianthus simulans* aufgefallen war. Ich verneinte, und daraufhin lud er mich für den Freitag nach der Arbeit ein, um mir Bilder von dieser Pflanze in ihrem natürlichen Umfeld zu zeigen. *Dianthus simulans* ist eine Polsterpflanze mit kräftig pinkfarbenen Blüten. In England ist sie nur selten käuflich zu erwerben, und heutige Fotografien zeigen Blüten, die farblich sehr viel blasser sind als diejenigen in München, die Abkömmlinge der Pflanzen waren, die Schacht als Wildpflanzen mitgenommen hatte. Noch wichtiger war für ihn ihr Ursprung. Er erklärte mir, dass sie in Bulgarien beheimatet sind, und dann begann er, mir von einer ganz erstaunlichen früheren Phase seines Berufswegs zu erzählen.

In den 1930er und frühen 1940er Jahren war er als Leiter der königlichen Park- und Gartenanlagen von König Boris III. von Bulgarien tätig gewesen. Im Jahr 1927 war er von einer Anstellung im Alpengarten des Berliner Botanischen Gartens dorthin berufen worden; 1936 folgte er dem ausgezeichneten Botaniker Johann Kellerer nach und wurde der königliche Verantwortliche für die Anlage. In Eton hatte ich einmal in meiner Freizeit etwas über die Reaktionen der europäischen Länder auf die Befehle der Nationalsozialisten gelesen, ihre Juden zu deportieren oder auszurotten. Mir war der bulgarische Boris in positiver Erinnerung geblieben, weil er sich geweigert hatte, in Bulgarien lebende Juden zu deportieren, was, wie ich gelesen hatte, seine Ermordung im August 1943 nach sich zog. Schacht freute sich über mein rudimentäres Wissen, allerdings korrigierte er mich auch sofort. Er beschrieb, wie er in dessen letzten Tagen am Bett des Königs gesessen hatte, und schloss aus, dass ein langsam wirkendes Gift für seinen Tod verantwortlich gewesen war. Er versicherte mit Nachdruck, dass Boris eines natürlichen Todes gestorben war.

Schacht erinnerte sich gerne an ihn, und an den Freitagen nach diesem Gespräch durfte ich, der niedrigste aller Gärtner, als Belohnung für mein Wissensschnipselchen königliche Wissensfortschritte machen, die durch grandiose Dias illustriert wurden. Obwohl er König war, liebte es Boris, Zug zu fahren. Außerdem liebte er die Natur und vor allem Pflanzen. Trotz dieser eher unpolitischen Interessen war er durchaus dazu in der Lage, seine Macht zu sichern und nicht aus der Hand zu geben. Schacht traf 1927 in Sofia ein und lebte zu der Zeit dort, als Boris Mitte der 1930er Jahre zum

Mein deutsches Idol 53

Gegenschlag ausholte und einen Versuch der politischen Linken unterband, seine königlichen Befugnisse einzuschränken. Die darauf folgenden fünf Jahre der Monarchie waren geprägt von wachsendem Wohlstand und Erfolg. Schacht war der richtige Mann am richtigen Ort zur richtigen Zeit. Während der 1930er Jahre begleitete er Boris in die Berge, und gemeinsam machten sie sich auf die Suche nach Pflanzen. Sie besuchten *Dianthus simulans* an seinem felsigen Standort. Auf einer ihrer ersten Reisen fanden sie eine wilde Nelkenwurz und nahmen sie mit zu Kellerer nach Sofia, der sie als natürliche Kreuzung identifizierte und ihr – zu Ehren des Königs – den Namen *Geum x borisii* verlieh. Schacht wusste darüber eine lehrreiche Geschichte zu erzählen. *Geum x borisii* sei botanisch interessant, allerdings lohne es sich nicht, sie als Gartenpflanze zu verwenden, was er mit einem Bild veranschaulichte. Aber der Name war aussagekräftig und konnte sich halten. Bald gab es noch ein weiteres *Geum Borisii*, nicht diese Hybride, sondern eine Form von *Geum coccineum*, die der große Georg Arends entdeckt hatte und die als Gartenpflanze sehr viel erfolgreicher war. Sie ist auch nach achtzig Jahren im englischen Gartenfachhandel ohne Weiteres erhältlich. Zu Schachts Ehren zolle ich diesen Tribut an König Boris immer in meinem Garten, und ich habe dabei zwei Dinge über sie gelernt, die Schacht zweifellos bereits wusste. *Geum Borisii* wächst am besten auf nicht zu trockener Erde, und die Pflanze ist zwar absolut winterhart, doch gedeiht sie und blüht auch am schönsten, wenn sie alle zwei oder drei Jahre nach der Blüte geteilt wird. Sie bringt Anfang Juni orangefarbene Blüten an kurzen Stielen hervor, ein Tribut an König Boris, obwohl es sich dabei nicht um die wilde Hybridform handelt, die er zusammen mit Schacht entdeckt hatte.

Schacht legte für König Boris einen Alpengarten an und tauschte sich regelmäßig mit ihm über die dort wachsenden Pflanzen aus. Er fragte, was mir in letzter Zeit im Münchner Alpengarten besonders aufgefallen war, und als ich »*Erodium guttatum*« (Reiherschnabel) sagte, meinte er, dass auch Boris diese Pflanze geschätzt habe. Sie ist eine nahe Verwandte winterharter Geranien und bringt üppige Matten weißer, schokoladenbraun gefleckter Blüten hervor. An Freitagen lud Schacht mich in sein Wohnzimmer ein und unternahm mit mir anhand von Fotografien Touren durch die Wildblumenwelt Europas, die, als der Sommer wärmer wurde, von eisgekühltem Johannisbeersaft begleitet waren. Jede Pflanze hatte er persönlich in freier Natur fotografiert.

Nur kurze Zeit, nachdem König Boris 1943 gestorben war, wurden seine Erben von den Russen ermordet. Schacht und seine Familie konnten schon vorher nach Coburg fliehen, wo Ferdinand I., der bereits betagte Vater des Königs, im Exil lebte. 1918 war Ferdinand zur Abdankung gezwungen worden und musste Boris den Thron überlassen. Man erzählte sich jede Menge Geschichten über Ferdinands verschwenderischen, zügellosen Lebenswandel. Er hatte eine ganze Heerschar unehelicher Kinder gezeugt. Auf Capri hielt er Geselligkeiten ab, zu denen auch hübsche junge Männer eingeladen wurden; diese Partys hätten dem römischen Kaiser Tiberius alle Ehre gemacht. Trotz alledem war Ferdinand für Schacht der Mann mit den richtigen Prioritäten. Auch er liebte Pflanzen und die Natur; Schacht erinnerte sich, wie er einmal in seinem Beisein vor einem mächtigen Baum ehrfürchtig auf die Knie fiel. Seine Königliche Hoheit, so Schacht, verbeugte sich ansonsten vor keinem, nicht einmal vor seiner italienischen Gemahlin.

Meine Horizonte wurden weiter, ganz wie Schacht es beabsichtigt hatte, und bald kamen wir erneut auf die herrliche, rosafarbene Strauchrose ›Fritz Nobis‹ zurück. In Verbindung mit ihr konnte Schacht mir erzählen, was er Fritz Nobis verdankte, einem ausgezeichneten Gärtner in Hamburg. ›Fritz Nobis‹ – eine der zauberhaftesten Rosen, auch wenn sie nur einmal blüht – habe ich nach wie vor in meinem Garten. Wir gingen weiter zu *Erigeron x cultorum* ›Foersters Liebling‹ mit seinen gänseblümchenförmigen Blüten, einem Tribut an Karl Foerster, einen der Fürsten der Staudengewächse, der in Potsdam tätig und ein wichtiger Förderer seines Angestellten, des jungen Schacht, gewesen war. Wir besuchten Flieder, fotografiert im Garten, nicht in freier Natur, und Schacht verweilte beim Gemeinen Flieder *(Syringa vulgaris)* im Andenken an Ludwig Spaeth, eine Varietät, so seine Auskunft, die in Frankreich einen falschen Namen trug. Schacht hatte in der berühmten Pflanzschule von Spaeth in Berlin gearbeitet, und hier hatte er Käthe getroffen, seine geliebte Frau – jene Dame, die zwischen Bildern und Berichten immer wieder für Johannisbeersaft-Nachschub sorgte.

Als Schacht sich Anfang der 1920er Jahre um eine Stelle im Münchner Botanischen Garten bewarb, wurde er abgelehnt. Erst 1947 bot man ihm eine Stelle in diesem Garten an, in dem man sich noch immer am dankbarsten seiner erinnert. 1965 verdankte ihm das Alpinum seine exzeptionelle Ausstattung, dasselbe gilt für den Frühlingsspaziergang, den er einführte, und während dem ich erstmals dem Zauber des wohlriechenden

Viburnum carlesii (koreanischer Schneeball) verfiel, der seitdem eine meiner wichtigsten Pflanzen geblieben ist. Schachts Sohn Dieter war später dann ebenfalls hier beschäftigt und wurde zum gegebenen Zeitpunkt Leiter der Abteilung für Freilandpflanzen.

Schacht war eine wandelnde Landkarte der europäischen Gebirgsflora, die er sich seit den 1920er Jahren durch regelmäßige Besuche der Höhen und Triften erwandert hatte. In den frühen 1960er Jahren hatte er die Londoner Kreise der Alpingärtner in Staunen versetzt, als er zum ersten Mal seine überragenden Fotos zeigte, die ich allwöchentlich hatte genießen dürfen. Seine Reichweite schien grenzenlos, wenn er auch nie die Möglichkeit gehabt hatte, China zu besuchen. Er tauschte Pflanzen mit der renommierten englischen Pflanzenkundlerin Margery Fish in Somerset aus. Er bewunderte die große Pflanzenkundlerin Valerie Finnis, der ich im weiteren Verlauf des Buches noch ein Kapitel widmen werde. Der bedeutende Experte E. B. Anderson kam regelmäßig, um von Schacht und dem Münchner Alpinum zu lernen, und ich erinnere mich, wie ich einmal mit ihm zusammenprallte, als er sich fotografierend über einen herrlichen gelben Lampenschirm-Mohn *(meconopsis)* beugte, eine von Schachts Paradepflanzen, auf die er Anderson an einem Tag im Mai aufmerksam gemacht hatte. Nachdem Schacht die Villa Hruska in der Nähe des Gardasees besucht hatte, trafen kistenweise neue Pflanzen vom Monte Baldo bei uns ein. Herr Hruska war ein in Tschechien gebürtiger Zahnarzt, der in seinem Garten eine Berglandschaft hatte anlegen lassen, um die Abreise seiner zweiten Frau zu feiern. Er hatte in Nachahmung des Münchner Alpinums seine Miniaturberge geographisch bepflanzt, was auf Schachts erfreute Zustimmung stieß. Jahre später besuchte ich die Villa Hruska und traf dort noch Angelo, den Gärtner, an, den Hruska selbst als jungen Mann angestellt hatte, auf dass er ihm seine Berge in Nachahmung derjenigen von München baute und mit Gebirgspflanzen aus der ganzen Welt bepflanzte.

Schacht starb 97-jährig im Jahr 2001. In Filmen war es eine Zeitlang üblich, als Figur einen »guten Deutschen« inmitten des Horrors der nationalsozialistischen und der kommunistischen Ära auftreten zu lassen. Schacht war zu jung, um im Ersten Weltkrieg zu kämpfen, und zu alt – außerdem weilte er in Bulgarien –, um mit den Nazis in Konflikt zu kommen und im Zweiten Weltkrieg kämpfen zu müssen. Ich sehe in ihm den besten Deutschen. Sein unbestechliches Wissen und seine praktischen Fähigkeiten gingen einher mit der Bescheidenheit und freundlichen Offenheit des echten Experten, der gerne andere an seinem Wissen teilhaben lässt. Er war nicht derjenige, der meine Liebe zu Alpinpflanzen geweckt hat; diese war zuvor schon dagewesen und hatte mich überhaupt dazu bewegt, ihn aufzusuchen. Doch hat er diese Liebe entscheidend erweitert und verwandelt. Als ich seinen Garten verließ, um mein Studium in Oxford aufzunehmen, erlaubte er mir, zwei Kisten mit Pflanzen aus den mit Brettern bedeckten Frühbeeten von Knobelspieß mitzunehmen – das Einverständnis von Knobelspieß selbstverständlich vorausgesetzt. Gelbblühende *Onosma tauricum, Erinacea pungens* mit ihren langen spitzen Blättern, die lang vergessene *Androsace foliosa, Gentiana dinarica* und, mit Sondergenehmigung, eine *Dianthus simulans* begleiteten mich nach Hause und lebten noch fast zehn Jahre, bis sie, altersschwach, eingingen. Heute erinnert an ihn eine wohlriechende, zart rosafarbene Form von Seidelbast, *Daphne x rollsdorfii* ›Wilhelm Schacht‹. Ich habe eine andere Seidelbast-Varietät, *mezereum alba* ›Bowles‹, in Gedenken an jenen E. A. Bowles, dem ich ahnungslos meine Arbeitsstelle in München verdankte.

Schachts bedeutendstes Buch ist *Die Freilandschmuckstauden*, verfasst zusammen mit C. R. Jelitto, einem seiner ersten Förderer und häufigem Begleiter auf Reisen in Europas Hochgebirgsregionen. Jelittos Sohn sandte mir freundlicherweise seine glänzende Denkschrift für Schacht, als ich in der *Financial Times* nach dem Tod des großen Mannes einen Artikel über ihn veröffentlichte. Der Samenkatalog der Familie Jelitto listet deren grandioses Sortiment in Schwarmstedt auf und ist eine erste Anlaufstelle für Leser, die die Samen der Pflanzen, die ich besprechen möchte, in einem deutschen Katalog zu finden wünschen. Eine Bezugsquelle für mehrjährige Pflanzen ist Anya Arends-Maubachs Staudengärtnerei in Wuppertal, das Lebenswerk einer direkten Nachfahrin von Georg Arends, dem Züchter von Nelkenwurz-Pflanzen (unter sehr viel anderem); er war derjenige, der *Geum Borisii* entdeckt hatte. In Berlin, wo Schacht mehrere Jahre arbeitete, bevor er nach Bulgarien und dann nach München ging, wird die Gartenkunst in hervorragender Weise weiterentwickelt und unterrichtet von Isabelle van Groeningen an ihrer Königlichen Gartenakademie, einer erstklassigen Ausbildungseinrichtung, die sicher Schachts uneingeschränkte Zustimmung gefunden hätte. Eine mögliche Reaktion auf ein Gartenbuch von einem Gärtner, dessen Gärten sich in England und nicht in Deutschland befinden,

Mein deutsches Idol 57

könnte darin bestehen, seine Ratschläge zu Pflanzen, die in Deutschland nicht erhältlich sind, und die mit ihnen verbundenen Ratschläge zu streichen. Doch die drei genannten Einrichtungen, wahre Erben des Vermächtnisses von Wilhelm Schacht, bieten die Pflanzen und darüber hinaus auch Kurse an.

Während ich sinnend in meinem Garten arbeite, sehe ich im Geiste noch, wie Schacht auf mich zukommt: immer zu freundlich, um mich zu korrigieren, doch hocherfreut, wenn ich in diesem Buch Ausflüge in die freie Natur unternehme, auf die Schynige Platte oder vor allem nach Kirgisien, zu einer Pflanzenwelt, die er selbst nie zu Gesicht bekam. Ich würde mich genieren, wenn ich ihm meinen Garten in allen Einzelheiten vorführen müsste, aber er hätte mit Sicherheit die Freundlichkeit, etwas Interessantes zu finden, sei es nun eine Rarität oder auch nicht. Wenn ich vom Schreiben aufblicke, aus dem Fenster schaue und an ihn denke, meine ich immer noch seine strengen Worte zu hören, die er auf Englisch bei seinen morgendlichen Besuchen jener Alpinpflanzenbeete zu äußern pflegte, in denen ich gerade Ordnung zu schaffen versuchte: »Mister Lane Fox, get on the ball.« [Mr. Lane Fox, hängen Sie sich rein.]

Genau das habe ich im Folgenden vor.

58 *Winter*

Nancy im Paradies

Schacht war der Sohn eines Künstlers und bewies im Umgang mit Pflanzen und in der Art, wie er sie fotografierte, auch selbst eine angeborene Künstlernatur. Ich möchte jetzt von einer weiteren Persönlichkeit berichten, die mich tief geprägt hat: eine Amerikanerin mit einem völlig einzigartigen Stilempfinden. Sie verfügte nicht über ein so profundes Wissen wie Schacht, aber sie hatte ein Auge für Pflanzen, mit denen sich erlesene Gärten anlegen ließen; in einem dieser Gärten war sie auch unermüdlich selbst tätig. Möglicherweise fragen Sie sich ja vielleicht manchmal tief im Innern selbst, ob Sie eigentlich überhaupt so etwas wie Stil haben. Wenige Menschen haben Stil, sehr viel mehr werden nie welchen haben. Ich weiß das, weil ich die Beste von allen kannte, die zu Recht als die überzeugendste Repräsentantin des englischen Country-House-Stils verehrt wird. Sie hätte diese Kennzeichnung mit einzigartiger Beiläufigkeit von sich gewiesen, doch das Auge, der Witz und die Eleganz von Nancy Lancaster leben weiter, auch wenn Geschmack mittlerweile schwerer zu fassen ist und es sogar Leute gibt, die allen Ernstes glauben, sie könnten ihn von der Stange kaufen.

Die in Amerika geborene Nancy Lancaster entwarf und dekorierte zwischen den 1920er und den 1970er Jahren einige der zauberhaftesten Häuser und Räume in England. Sie lebte in ihnen mit einer Abfolge von Ehemännern – nicht zu Unrecht meinte sie, auf Dauer verstehe sie sich besser auf die Auswahl von Butlern. Geboren wurde sie in Virginia, das für sie immer die Ideallandschaft blieb, doch war der »englische« Stil häufig am erfolgreichsten, wenn er von Menschen umgesetzt wurde, die nicht aus England stammten. Nancy kombinierte Geschäftstüchtigkeit mit Behaglichkeit; Alltäglichkeit mit Scharfsinn und Witz. Sie hatte eine Begabung, wie der elegante Cecil Beaton bemerkte, für »beiläufige Perfektion«. Das kam in ihren Häusern zum Ausdruck, doch auch in ihren Gärten, und in den kleinsten Details ihrer Kleidung und ihres Vokabulars.

Glücklicherweise haben Fotografien ihrer Häuser überlebt – es sind Klassiker für Ausstatter oder Besitzer von niveauvollen Häusern. Diese Bilder umfassen einen Zeitraum von 1897 bis in die frühen 1990er Jahre, also das gesamte Leben Nancys, durch das so viele besondere Räume verschönert wurden. Ihr Stil wertete die Londoner Firma Colefax and Fowler auf, die sie im Jahr 1944 erwarb und die noch heute existiert. Sie verband sich darin mit John Fowler, einem ihr ebenbürtigen Ausstattungsgenie, und die beiden wurden nicht zu Unrecht als das unglücklichste unverheiratete Paar in ganz England bezeichnet. Aus ihren fruchtbaren Meinungsverschiedenheiten entstand eine grandiose Verbindung aus Talent und Stil.

Nancys Großvater in Virginia pflegte zu sagen, Etikette sei für diejenigen, die nicht in gute Familien hineingeboren sind, und Mode für diejenigen, die keinen Geschmack haben. Nancy bestätigte diese Meinung. Ihr erster Ehemann war der immens reiche und attraktive Henry Field, ein Enkel des Gründers der Kaufhauskette Marshall Field and Company. Henry starb tragischerweise innerhalb eines halben Jahres, und Nancy heiratete dann den reichen und kultivierten Ronnie Tree. Er war der ideale Mann für ihre Talente, und gemeinsam schufen sie Interieurs, die als Meisterwerke des Zwischenkriegsgeschmacks galten und gelten, vor allem das grandiose Haus in Ditchley in Oxfordshire, wo man noch Spuren von Nancys Ausstattung findet. Nancy erzählte mir, wie sie nach ihrer Trennung in das Haus zurückkehrte, um ihre restlichen Möbel zu holen. Ihr früherer Mann unterhielt sich – zusammen mit der jungen Dame, die er dann später auch heiratete – mit Wochenendgästen. In der Eingangshalle lag ein aufgeschlagenes Gästebuch, und als Nancy ging, ohne dass sie sich zu den Besuchern gesellt hätte, schrieb sie mit großen Buchstaben in das Buch: »Na, wie macht sich Puss [das Püppchen] in meinen Stiefeln?« Das Püppchen war überrascht, die Botschaft zu entdecken, als sie die ersten Gäste bat, ihre Namen nach dem Lunch in das Buch zu schreiben. Nancy war dann noch einmal kurz – sowohl wegen des Mannes als auch wegen seines Anwesens – mit dem Besitzer von Kelmarsh in Northamptonshire verheiratet. Als sie ihn verließ, zog sie 1954 endgültig nach Haseley Court in der Nähe von Oxford, wo sie ein Haus aus dem 18. Jahrhundert in ein weiteres Meisterwerk verwandelte, ihr letztes, glückliches Heim. Dort legte sie auch Gärten an, die auf faszinierende Weise Zeugnis für ihre gestalterischen Fähigkeiten und ihr sicheres Auge geben.

Über Nancy und diesen letzten Garten gibt es noch einiges mehr zu erzählen. Ich kenne diesen Garten gut, da ich in den letzten beiden Jahren, als Nancy noch das gesamte Anwesen besaß, in Haseley Court lebte, und ich verbrachte dort in meinen ersten Jahren als Verfasser von Gartenkolumnen viele glückliche Tage mit ihr. Als sie das Haupthaus verkaufte, überließ sie mir viele Bücher über Blumen und die Praxis des Gärtnerns. Sie pflegte zu sagen: »Gartenarbeit macht man am besten auf dem Bauch und Unkrautbeseitigung mit den Zähnen.« Auch als sie schon 75 Jahre alt war, krochen wir noch auf der Erde herum und bissen uns am Unkraut die Zähne aus, und ich erinnere mich daher genau an fast jede Pflanze in Nancys Garten, ihren Standort und ihre Umgebung.

Als ich sie kennenlernte, hatte Nancy das mondäne Leben hinter sich und gab Geld so freigiebig aus wie das Wasser aus ihrem Gartenschlauch. Und sie arbeitete draußen, wann immer sie konnte – sie weckte meine Frau und mich, indem sie den Schlauch durch das Erdgeschoss des Cottages zog, das wir von ihr gemietet hatten, und rief um sechs Uhr: »Wann kriegt ihr denn nun endlich Babys – oder soll ich hochkommen und euch zeigen, wie man's macht?« »Ich gieße frühmorgens«, klärte sie mich auf, »wenn ich nicht schlafen kann, und wenn ihr aufgestanden seid, ist es eure Aufgabe, nachzusehen, ob ich mir keine Lungenentzündung geholt habe.« Als wir dann die Babys hatten, verglich sie die Farbe und Beschaffenheit ihrer Bäckchen bei kaltem Wetter mit reifenden Nektarinen. Meine Aufgabe bestand darin, sie, ausgestattet mit den langstieligen Gartenscheren, zu begleiten und ihren Erinnerungen, Kommentaren und Fragen zuzuhören, die mich aus der Mitte einer zu groß gewordenen Deutzie erreichten oder aus einem besonders geliebten Fliederbusch, dessen welke Blüten entfernt werden mussten.

»Ich habe das Beste aus meinem Leben gemacht«, pflegte sie zu sagen, »als das Beste noch seinen Wert hatte.« Auf mich machte ihr Leben immer noch einen ziemlich guten Eindruck, und ich muss den in der Öffentlichkeit verbreiteten Eindruck richtigstellen, der angesehene Berater Graham Thomas habe einen bleibenden Einfluss auf Haseleys berühmten umfriedeten Garten ausgeübt. Nancy respektierte sein Wissen, war allerdings

Nancy im Paradies 61

eher skeptisch, was seinen Geschmack betraf. Es war auf jeden Fall nicht Graham Thomas, der den Bestand an Rosen beeinflusste, die sie für ihren Garten auswählte, von ›Mme. Sancy de Parabère‹ über die ›gestreifte Leda‹ bis zur weißen Kletterrose ›Sombreuil‹. Sie schenkte mir ein ramponiertes Buch, The Charm of Old Roses von Nancy Steen, das sie mit zahlreichen Anstreichungen und Anmerkungen versehen hatte. Aus diesem Buch bezog sie ihre Anregungen, wohingegen in ihren Exemplaren der klassischen Werke von Graham Thomas über alte Rosen, die sie mir ebenfalls überließ, wesentlich weniger Markierungen vorkommen.

Leichtgläubige Leser von gartenhistorischen Werken könnten denken, ihr Garten sei von zwei Farbschemata beherrscht gewesen: einmal dem Bereich der pinkfarbenen Rosen und jenseits einer kreuzenden Allee dem Bereich der gelben Rosen. Natürlich schloss sie diese Farben nicht aus, und als ihre Schwester sich beklagte, dass Pink und Orange nicht zusammenpassen, gab Nancy ihr die für sie typische Antwort: »Im Lauf der Zeit wird dir alles in Kombination mit allem gefallen.« Sie wusste, dass sich mit Grün ein Übergang zwischen grellen Farben schaffen ließ, doch ich kannte den Garten in der Zeit, da er in Bestform war, und damals war diese krude Kombination schon lang verschwunden. Sie war ersetzt worden durch eine sehr viel breitere Palette, die Nancy selbst angelegt hatte.

Ich habe unendlich viel von ihr gelernt, sehr viel mehr sogar als in der Phase davor, die ich als Praktikant im Botanischen Garten in München verbracht hatte. Manchmal lasse ich an Winterabenden im Geiste Einzelheiten noch einmal Revue passieren, die sich meiner Erinnerung eingeprägt haben: die italienischen Zypressen, deren Blätter nach dem Papier in alten Büchern rochen; die kanadischen Fliedersträucher, die zur Form einer Laube gebogen waren; die als Bäume wachsenden Heckenkirschen; die Muster aus silbernen Artemisia splendens und der goldenen ›Creeping Jenny‹ (Lysimachia nummularia), die an das Muster auf einem Mosaikboden in Torcello an der Lagune von Venedig erinnerten. Sie hatte das Inszenierungsgespür einer Dekorateurin und einen Wagemut, der fest in ihrem ausgezeichneten Geschmack verwurzelt war. Sie pflanzte riesige Bäume der empfindlichen Kapländischen Zimmerlinde und setzte sie in geschickt geformte Kästen, die in ihrem Lieblingsfarbton – dem Grau der Konföderierten – bemalt waren. Sie erzählte mir, sie habe die Pflanzen aus Ablegern gezogen, die ihr Laurence Olivier überlassen hatte. Sie zog riesige

Abb. 10: Nancy Lancaster mit Gartenschlauch in Haseley Court

Abb. 11: »Beiläufige Perfektion«: Nancy Lancaster von Cecil Beaton

Exemplare graublättriger *Helichrysum petiolatum* (Lakritz-Strohblumen) an Drähten in Töpfen hoch. In anderen Töpfen hielt sie Glyzinien wie Bäume, und noch Jahre danach hütete ich die Standard-Glyzinien, die sie mir überlassen hatte. Überall wuchsen seltene Rosen, die sie mit sicherem Blick als passende Ergänzungen zu den Sandsteinmauern von Haseley ausgewählt hatte. Durch sie lernte ich die ungewöhnliche Rose ›Aschermittwoch‹ kennen, die in Nancys geliebtem Grauton blüht. Sie mochte auch moderne Varietäten: die stärker pinkfarbene ›Aloha‹ als Kletterrose, die Kaskaden der gelben Kletterrose ›Golden Showers‹, die nach Puder duftende Strauchrose ›Constance Spry‹. Den Hauptweg ihres Gartens säumte eine niedrige Hecke aus Buchs, den sie seit ihrer Jugend in Virginia so schätzte. Einen Großteil erwarb sie kostenlos, als der »National Trust« bei einer trostlosen Arbeitseinsparungsmaßnahme Buchs aus anderen Gärten verbannte. Sie war diejenige, die wusste, dass alte, dürre Buchssträucher wieder buschig werden können, wenn die nackten Teile unter der Erde eingegraben werden. Sie hatte ein ausgesprochenes Gespür für praktische Weisheit.

Ihr amerikanischer Landsmann, der bewundernswerte Lanning Roper, war in den frühen Jahren des Gartens eine wichtige Informationsquelle. Nancy hatte immer die Natur einer Elster:»Ich bin keine Dekorateurin, ich bin eine Perkolatorin.« Lanning Roper steuerte Ideen bei zur Bepflanzung ihres umfriedeten Gartens nach einem ersten unproduktiven Jahr, das sie zur Reinigung des Bodens nutzte, indem sie überall Kartoffeln anpflanzte. Er regte an, graublättrige *Phlomis* (Brandkräuter) vor den Hauswänden zu pflanzen oder *Campanula persicifolia* (Pfirsichblättrige Glockenblume) zwischen Schwertlilien. Später brachte sie mich dazu, die gestreifte Edelfliedersorte *Syringa vulgaris* ›Sensation‹ zu mögen, ›Rosa Mundi‹-Rosen nach der Blüte bis auf Bodenhöhe herunterzuschneiden oder Alstroemerien (Inkalilien) mit der silberblättrigen *Senecio vira vira* zu mischen. Und ich kann Ihnen versichern, dass sie uns immer wieder zum Lachen brachte. Eines Nachmittags kamen zwei gelehrte Professoren der römischen Geschichte auf Besuch: Sie fragte diese eingefleischten Junggesellen, wie Grundbesitzer die bäuerliche Depressionsphase der 1880er Jahre überlebt hätten. Der Gelehrtere der beiden antwortete:»Das ist nicht meine Periode«, mit jener Vorsicht, die junge Anfänger so verabscheuen. Nancy gab zurück:»Und ich dachte immer, dass Perioden etwas sind, was Professoren wie Sie nie haben.«

Im heißen Juli des Jahres 1971 pflegte ich in der Abendkühle durch ihren himmlischen Garten zu spazieren, als überall die Rosen blühten und sie im Begriff war, den größten Teil des Terrains zu verkaufen, das sie so sehr liebte. Damals schrieb sie:»Jetzt ist es weg, aber das Leben ist eine Aufeinanderfolge von Hindernisrennen auf der Galopprennbahn beim Grand National. Es ist wie das Ende einer Party.« Mit Mitte siebzig zog sie in die Remise neben ihrem ehemaligen Heim um und legte einen weiteren hinreißenden Garten an, so als hätte sich lediglich das Ausmaß der Party verändert. Sie pflanzte immergrüne Eiben und beschnitt sie grandios zu einem runden Sofa mit grünen Armlehnen. Damit kontrastierte sie eine goldenblättrige Robinie und vermehrte die Königslilien, die sie an Stützstäben in Töpfen hielt. Ihre Bemerkung, sie verstehe sich »besser auf die Auswahl von Butlern«, bewahrheitete sich auch bei ihrem letzten Butler, Fred, der lernte, wie man ihren Whiskey mit dem Saft frischer Limonen herb machte und wie man sie daran erinnerte, wen sie alles zum Lunch eingeladen hatte. Als ihre Kräfte nachließen, ging er mit dem Aufnahmegerät nach draußen,

Nancy im Paradies 65

nahm den Chor der Vögel auf, die am frühen Morgen in ihrem umfriedeten Garten sangen, und spielte es ihr vor, während sie noch im Bett lag.

Für mich fühlte sich der Auszug aus ihrem Haus wie eine Vertreibung aus dem Paradies an. Andere empfanden ähnlich. In den 1920er Jahren meinte einer ihrer Diener:»Das Bild, wie Nancy vor Beginn der Jagd im Damensattel auf ihrem Pferd sitzt, makellos in Zylinder und Schleier, nehme ich mit mir ins Grab, und wenn ich sie dann später genau so wiedersehe, dann weiß ich, dass ich im Himmel bin.« Mir wird es auch so gehen, doch in der Zwischenzeit schaue ich mit detailgenauer Erinnerung auf den Garten zurück, der sich hinter uns geschlossen hat. Darüber steht ein Engel mit Flammenschwert, der in diese und in jene Richtung schaut – allerdings nicht aus dem Grund, dass die Dame, der der Garten einst gehörte, je von seinen verbotenen Früchten gegessen hätte. Nancy schickte einmal eine fotografische Aufnahme nach Hause nach Amerika, auf der sie in einem umwerfenden Abendkleid zu sehen war. Auf die Rückseite schrieb sie mit ihrem typischen Virginia-Witz [in Anspielung auf Äsops Fabel mit den Pferdeäpfeln]:»Schaut nur, wie schön wir Äpfel schwimmen ...«

66 *Winter*

Wintergerüche

In wärmeren Wintern ist mein bester Strauch in Hausnähe die ausgezeichnete *Sarcococca* (Fleischbeere). Sie wächst als adrette, immergrüne Randbepflanzung, die sich je nach Form unterscheidet. Die Blätter glänzen, die Pflanzen wachsen überall, sie blühen reichlich, und die Blüten versorgen den gesamten Zugang zum Haus mit einem angenehmen Duft. Ich preise den Tag vor zwölf Jahren, als ich sie gleich dutzendweise anpflanzte. Jetzt habe ich eine dichte, ungefähr einen Meter hohe Hecke, über und über bedeckt mit wohlriechenden Blüten, die sich ideal dafür anbieten, gepflückt und nach drinnen genommen zu werden. Über den Wert dieser frühen, winterharten Sträucher als Zimmerdekoration ist noch zu wenig bekannt. In Amerika werden sie aufgrund ihrer glänzenden grünen Blätter und der kleinen Blüten auch als »Christmas Box« (Weihnachtsbuchs) bezeichnet. Eine Vase mit *Sarcococca* erfüllt einen ganzen Raum mit Wohlgeruch, die Ausgabe für Wegwerf-Lilien kann man sich also sparen.

Ich bin auch zufrieden mit der Form, für die ich mich entschieden habe. *Sarcococca confusa* zeichnet sich aus durch ihre moderate Höhe, spitze Blätter und schwarze Beeren. Sie kann bis zu 1,20 Meter hoch werden, doch ich schneide meine Pflanzen nach der Blüte stark zurück und habe festgestellt, dass sie durch diese Höhenbegrenzung breiter werden. Die kleinste *Sarcococca* ist *hookeriana humilis*, sie wird rund dreißig Zentimeter groß und breitet sich über eigene Ausläufer aus. Allerdings hat sie nicht die Beeren der anderen Varietäten – schwarze Beeren bei *confusa* oder rote bei *ruscifolia*. Da diese beiden Varietäten durch Beschneiden in Form gehalten werden können, sind sie die erste Wahl für eine schwierige Ecke im Garten. In Städten gedeihen sie prächtig.

Besser bekannt unter Gärtnern ist der süßere, widerliche Geruch der Skimmie. Wenn man damit umzugehen weiß, ist auch sie ein hübscher Strauch, allerdings muss man gewisse Dinge hinsichtlich ihres Sexlebens beachten. Wenn man nicht ein männliches Exemplar mit weiblichen Pflanzen zusammenbringt, bekommt man von den besten Formen nicht die besten Beeren. Ein männlicher Strauch reicht aus für bis zu fünf weibliche Sträucher in seiner Nachbarschaft; ich pflanze eher kleinere Gruppen von einem männlichen und zwei weiblichen Exemplaren. Die ergiebigste Ernte an großen roten Beeren liefert von den weiblichen Formen *japonica* ›Nymans‹, unmittelbar gefolgt von ›Veitchii‹. Ich paare sie mit einer männlichen *japonica fragrans*, die kleiner ist und vorne stehen sollte. Es gibt auch andere Möglichkeiten, doch die Varietäten mit rot-violetten Knospen oder Blättern, die gelblich-grün werden, schätze ich nicht so sehr. Sämtliche Skimmien wachsen fast überall und reagieren gut auf Zurückschneiden und Formschnitt. Überraschenderweise bilden sich an Ablegern, die im Frühjahr nach der Blüte abgenommen werden, extrem schnell Wurzeln. Sie eignen sich vorzüglich als grüne Erhebungen in schwierigen, schattigen Situationen. Außerdem sind sie gute Pflückpflanzen, vor allem dann, wenn sie Beeren tragen.

Die großartige Winter-Heckenkirsche kommt in jeder Hinsicht der Skimmie gleich. Sie ist einfach zu halten, blüht üppig und verströmt einen so wundervoll starken Geruch, dass ich mir ein Leben ohne sie gar nicht mehr vorstellen mag. Sie versteckt die umweltfreundliche Art von Mülleimern auf Rädern, die uns Steuerzahlern von der Stadtverwaltung aufgedrängt wurden, als ob das an der uns umgebenden Umwelt irgendetwas verbessern würde. Meine Winter-Heckenkirsche hat dazu weitaus mehr beigetragen als diese grünen Plastikmonster. Es gibt zwei Varietäten, von denen die frühere *Lonicera x purpusii* ›Winter Beauty‹ die bessere ist. Sie behält in den meisten Wintern viele ihrer Blätter und bringt kleine, cremeweiße Blüten hervor, deren süßer Duft eine leicht scharfe Note hat. Im Umgang mit ihr habe ich noch zwei Besonderheiten gelernt. Sie können ›Winter Beauty‹ nach Belieben stark zurückschneiden, ihre mögliche Wuchshöhe von 1,50 bis 1,80 Metern wird dann nie zu einem Problem. Und wenn Sie sie beschneiden, können Sie ganze Äste nach drinnen nehmen; sie sind ein erfreulicher Anblick und halten sich in Innenräumen wochenlang. *Fragrantissima*, die andere Varietät, ist fast so gut wie ›Winter Beauty‹, allerdings blüht sie später, zu einem nicht ganz so günstigen Zeitpunkt.

Der beste aller frühen Düfte ist derjenige der Mimose, und bei dieser Blume sind die in Städten tätigen Gärtner klar im Vorteil. In den kälteren Teilen Englands haben Mimosen nie lange überlebt, in London hingegen haben sie sich zu einem spektakulären Anblick entwickelt. Botanisch gelten sie als Akazien, und zwei der zugleich schönsten und winterhärtesten sind die hübsche *Acacia Baileyana* mit ihren blau-grünen Blättern und *Acacia pravissima* mit gelben Blütenbüscheln, deren Triebe die Tendenz haben, sich nach vorne zu neigen. Wenn Sie Mimosen mit kugelförmigen Blütenpompons in gelben Büscheln bevorzugen, fragen Sie nach *Acacia dealbata*. Selbst in modernen milden Wintern würde ich sie mit der Rückseite gegen eine Süd- oder Westwand pflanzen, denn sie wachsen sehr bald zu einer beträchtlichen Höhe heran. Schnell haben sie eine Höhe von dreieinhalb Metern und mehr erreicht, sie sind also auch eine ausgezeichnete Wahl für ungeduldige Hausbesitzer. Und die Schönheit, die sie im Garten entfalten, ist nur ein Teil ihres Reizes. Mimosen gehören zu den besten duftenden Pflanzen für Innenräume.

Der einzige Rivale für diese herrlichen Gerüche ist die exzeptionelle Chinesische Winterblüte *Chimonanthus praecox*. Die meisten im Handel erhältlichen Formen brauchen lang, bis sie Blüten hervorbringen, mindestens fünf Jahre ab dem Zeitpunkt ihrer Pflanzung, doch Sie sollten sich davon nicht abschrecken lassen. Ich finde, Winterblüten machen sich am besten als freistehende Büsche, die sich zu einer Höhe und Breite von gut zwei Metern auswachsen können, wenn sie eine unterstützende Mauer in ihrer Nähe haben. Wenn Sie sie direkt an die Mauer pflanzen, beschränken Sie sie in ihrer Wirkung, denn der Eindruck der blassen, strohgelben Blüten, die sich von den meisten Mauerfarben nicht deutlich genug abheben, geht verloren. Eine Wartezeit von bis zu sieben Jahren zahlt sich absolut aus. Die Blüten, die die nackten Zweige über und über bedecken, strömen einen so schweren, würzigen Duft aus, dass nicht einmal ein französischer Parfumhersteller mithalten kann. Die helle, wasserfarbenartige Tönung übersteht auch bemerkenswert gut leichte Frosteinbrüche. Wenn Sie sich für den Einkauf Zeit lassen, ergattern Sie womöglich sogar eine der schnellblühenden Formen. Ein solcher Frühblüher war kürzlich über die Pflanzschule in Great Dixter in Sussex erhältlich, der Heimat des Gartenschriftstellers Christopher Lloyd. Man hört auch immer wieder von anderen, doch ist das Angebot nach wie vor knapp, und in den üblichen Pflanzschullisten tauchen sie nicht auf.

Wintergerüche 69

Eine Jägerhand

Abgesehen von den *Sarcococcas* habe ich endlich ein Ziel erreicht, das ich vor knapp dreißig Jahren in jugendlichem Übermut angekündigt hatte. Im unteren Teil meines Gartens, wo sich das Gelände leicht zu einem Gewirr unordentlichen Grünbewuchses absenkt, nahm ich mir vor, ein bestimmtes, aus französischen Gärten kopiertes Wegemuster zu übernehmen, für das vor vier Jahrhunderten der Begriff *patte d'oie* – »Gänsefuß« – geprägt wurde. Damals lieferte der Illustrator meiner Gartenkolumne in der *Financial Times* ein Bild von Gänsen, die mit Schnüren im Schnabel auseinanderstreben. Sind die Gänse dreiundzwanzig Jahre später durchgegangen und ins Chaos entfleucht? Ich kann das, wenn auch mit Einschränkungen, verneinen.

Ich habe heute fünf klar definierte Alleen mit einer Höhe von mehr als siebeneinhalb Metern und einer Länge von über fünfundfünfzig Metern. Man könnte sie als Gänsefuß bezeichnen, sie könnten aber auch mit den fünf Fingern meiner rechten Hand verglichen werden, deren äußerer Rand sich nach einem Zusammenstoß mit dem Erdboden in Leicestershire während einer grandiosen Fuchsjagd nach außen verformt hat. Daher bezeichne ich das, was ich gepflanzt habe, lieber als Jägerhand. Sie ist eindrucksvoll, doch jede Eindrucksfülle hat ihren Preis.

Die Komposition war eher zufallsbedingt. Andere hätten sich vielleicht für sauber beschnittene Rosskastanien entschieden, Bäume, die damals noch von David Hicks als grandiose Formhecke eingesetzt worden waren, als er seine Begabung von Innenräumen nach außen verlegte. Hätte ich das getan, dann wären die Hecken jetzt braun, denn sie wären im Sommer von den Fressfeinden der Rosskastanien vernichtet worden. Für meine äußeren Finger oder Alleen dachte ich zunächst an Ebereschenbäume, von denen einer als Denkmal noch überlebt. Er ist eindrucksvoll, doch bei den anderen beiden Alleen überlegte ich es mir dann doch anders, nachdem ich einen Vortrag von einem Experten gehört hatte: Er prophezeite eine Feuerbrand-Epidemie aus Südwestengland, die genau die Varietät treffen würde, die ich dutzendweise angepflanzt hatte. Der Rückzieher war klug, wenn auch aus dem falschen Grund. Die besagte Ebereschen-Familie wartet immer noch auf diesen angeblichen Angriff aus dem Westen, allerdings sollte jeder, der eine Gänsefuß-Struktur umsetzen möchte, nicht mehr als zwei Baumvarietäten in Erwägung ziehen. Und ich hatte schon zwei. Ich hatte mich für eine zentrale Allee aus Hainbuchen entschieden und äußere Allen aus einem immergrünen Birnbaum, *Pyrus calleryana* ›Chanticleer‹, den ich mir aus einem Buch eher zufällig gewählt hatte. Wenn ein bekanntes Gartenzentrum mir nicht zwei Exemplare der falschen Varietät geliefert hätte, wären die äußeren Chanticleer-Alleen – insgesamt vier – perfekt. Ihre Kombination mit der Hainbuchenallee in der Mitte ist ebenfalls gelungen, allerdings entwickelten sich die Hainbuchen in unerwarteter Richtung. Ich hatte die Bäume mit einem Zwischenraum von knapp drei Metern gepflanzt und dazwischen als zeitweilige Füllung den wohlriechenden *Philadelphus* ›Belle Étoile‹ gesetzt. Nach zweiundzwanzig Jahren ist der *Philadelphus* immer noch lediglich einen Meter hoch – er kommt mit dem kargen Boden nicht zurecht und damit, dass er sich das Wasser mit den Baumwurzeln teilen muss. Letztes Jahr waren die Pflanzen in Hochform, sie blühten üppig in niedriger Höhe, bevor dann die Bäume im August mit dem Wachstum zulegten und fast kein Licht mehr durchließen.

Die Kehrseite ist etwas, womit ich nicht gerechnet hatte. Ende April öffnen sich die jungen Blätter an all diesen Bäumen zu Tausenden und Abertausenden in frischen, lebhaften Grünschattierungen. Bevor sie älter und in der Farbtönung maßvoller geworden sind, machen sie aus mittlerer Distanz einen inakzeptabel unruhigen Eindruck. Ich hatte nie erwartet, dass der Garten dermaßen übergrünt wirken könnte. Das optische Gegengewicht wären Blumen in einem kräftigen Rot, wie es sich am besten an Türkischem Mohn oder einer starken Darwintulpe namens ›Oxford‹ zeigt, allerdings haben die Blumen es an diesem Standort besonders schwer, da die mittlerweile erwachsenen Bäume die Erde austrocknen und kaum Sonnenlicht durchlassen.

Vor dieser exzessiven Grünphase blühen die Birnbäume zu Beginn des Frühlings so üppig, dass sie nachts dem matten Mondlicht noch eine eigene Dimension an Fahlheit hinzufügen. Das Leben mit Birnbäumen der Familie ›Chanticleer‹ wird nie langweilig. Im Herbst verfärben sich die Blätter zu einem brillanten Rubinrot, das an alternde Professoren nach dem Dinner erinnert, und sie verlieren ihre Blätter häufig erst Anfang Dezember. Als einzelstehende Exemplare sind diese Bäume steif und aufrecht, in Gruppen reagieren sie jedoch ganz ausgezeichnet auf leichtes Beschneiden und werden nach beiden Seiten zu einer ununterbrochenen Allee Zweige treiben, wenn sie in Intervallen von drei Metern gepflanzt werden. Ihre beste Phase ist die Zeit zwischen Ende Juli und November, wenn sich das Grün etwas abgemildert hat und die einheitlich grünen Blätter einen schönen Schimmer entwickeln. Geben Sie sich nicht mit irgendwelchem Ersatz für die Chanticleer-Form von Birnbäumen zufrieden und freuen Sie sich daran, wie der untere Teil des Stammes im Lauf der Jahre dicker wird, wie bei einem hart arbeitenden Pferd der untere Teil des Beins.

Als Hainbuche habe ich den normalen *Carpinus betulus fastigiata*, von dem es in Büchern heißt, er habe einen aufrechten, aufwärtsgerichteten Wuchs. Das stimmt in gewisser Hinsicht, allerdings erst nachdem er sich in mittlerem Alter zu weit seitwärts ausgebreitet hat. Ich hatte viel mit Stutzen und Beschneiden zu tun, damit die aufrechte Form der Bäume erhalten blieb und das Übermaß an Wucherungen gestoppt wurde, das sich an alten Exemplaren bildet, die man an Straßenrändern sieht. Mittlerweile gibt es eine wirklich aufrechte Hainbuche, *Carpinus betulus columnaris*, die langsamer wächst und einfacher zu kontrollieren ist.

Die Struktur dieser Alleen wirkt am besten auf Gelände, das sich vom Betrachter aus leicht abwärts neigt, damit die Wege von einem etwas erhöhten Standpunkt aus überblickt werden können. In den Anfangsjahren war die Pflege einfach. Da ich nicht an die Fiktion von organischem Gärtnern glaube, machte ich großzügigen, gesunden Gebrauch von auf Glyphosat basierenden Unkrautvertilgungsmitteln, die zwischen jungen Bäumen problemlos ausgebracht werden können, da sie unschädlich sind, wenn sie auf die Erde und nicht direkt auf die Blätter fallen. Am wichtigsten waren Geduld und Beständigkeit. Es dauert mindestens zehn Jahre, bis sich der Allee-Effekt entwickelt – und dann müssen Sie sich die Zeit nehmen, mit diesem Effekt klarzukommen. Ich fürchte mittlerweile, dass ich ein

Abb. 12: Meine »Jägerhand«-Alleen nach einem Juli-Schnitt

Monster geschaffen habe, das ich nicht mehr kontrollieren kann. Ich bin nämlich nicht bereit, eine Leiter hochzuklettern, die an einem fragilen Birnbaum lehnt, um für jede Allee in einer Höhe von über sechs Metern eine gleichmäßige Kontur zu schneiden. Je stärker die Bäume aber seitwärts beschnitten werden, desto stärker wachsen sie nach oben. Der Versuch, sie auf eine gleichmäßige Höhe zu bringen, war ein anhaltendes Drama, das die beiden vergangenen Sommer prägte, und fast jede Ausrüstung, die es zu mieten gibt, hat in dieser Situation ihre Nachteile. Entweder sind die Geräte so groß, dass sie das umliegende Gartenterritorium zerquetschen, oder sie funktionieren in Hanglage nicht. Jetzt habe ich zu zwei professionellen Baumpflegern Zuflucht genommen, deren Jeep eine ansteigende, motorbetriebene Plattform zwischen die Hainbuchen in der Mittelallee schiebt.

Auf Papier hört sich das vielleicht einfach an, doch bei Regenwetter hat die Hubarbeitsbühne die Tendenz, in die Erde einzusinken, und die Aktion, die alle achtzehn Monate wiederholt werden muss, nimmt eine ganze Woche in Anspruch. Sie ist nicht billig und für die Arbeiter schwierig. Aber ich gebe nicht auf, denn eine *patte d'oie* (Gänsefuß-Allee) beziehungsweise Jägerhand bedeutet eine über Monate anhaltende Freude an einer sich allmählich entfaltenden Schönheit nach lediglich einem kurzen Anfall von überschäumendem Frühlingserwachen. Als Bereicherung in fortgeschrittenem Alter ist eine solche Anlage sicher nicht für jeden geeignet, und ich frage mich ja, wie unsere Vorfahren im georgianischen Zeitalter ohne Maschinen die hohen Hecken in ihren Alleen so sauber beschnitten haben. Auf Chiswick House oder in Versailles hatten sie keine Hubarbeitsbühnen, aber sie hatten auch keine Beamten, die für Gesundheit und Sicherheit zuständig waren. Als die Arbeit noch billig war, waren verhängnisvollerweise auch die Risiko- und Erweiterungsstandards billiger.

Reiseführer für ein Jahr

Während ich darauf warte, dass die ersten Blütenknospen an meinen Birnbaumalleen erscheinen, frage ich mich an nasskalten Tagen, wie ein guter Reiseführer für Gartenenthusiasten mit Tipps für jeden Monat aussehen könnte. Glücklicherweise kann ich mir sogar mehrere unterschiedliche Varianten ausdenken. Im Januar und Februar würde ich anfangen mit den subtropischen Gärten von Abbotsbury in der Nähe von Weymouth, Dorset, wo während dieser frühen Monate schöne Sträucher blühen. Der Garten wird vom Ilchester Estate verwaltet und blickt auf über hundert Jahre intelligenter Pflanzplanungen zurück – wobei wir für unsere Gärten in kälteren Regionen von diesen Pflanzen nur wenige übernehmen können. Außerdem würde ich die Eric Young Orchid Foundation auf Jersey besuchen, die sich ihren Ehrenplatz auf einer Briefmarke der Insel wahrhaftig verdient hat. Die Blüten- und Züchtungsstandards in dieser Sammlung sind weltweit einzigartig, und wenn man Anfang Februar den leichten Duft einatmet, der von den unter Glas gehaltenen Paphiopedila-Orchideen (Venusschuh) ausgeht, dann wähnt man sich im Paradies.

Der nächste Halt wäre dann Cornwall. In wärmeren Wintern präsentieren sich bereits Mitte März die Gärten von Caerhays in der Nähe von St. Austell in Höchstform. Sie bieten nach wie vor den großartigsten Anblick der exotischen Welt der Magnolien, Kamelien und Rhododendren, da sie so viele der ursprünglichen Sammlungen aus dem Fernen Osten enthalten. Außerdem sind sie die Heimat zahlreicher Hybrid-Kamelien der Sorte *williamsii*, die die Frühjahrssaison geschützter Stadtgärten so grundlegend verwandelt hat. Trotz der heftigen Winde vom Meer ist ein Besuch unvergesslich. Auf dem Rückweg können Sie einen Abstecher nach Trewithen machen, den

Abb. 13: Die Doppelbeete in Kiftsgate Court im Juni

meisterhaften cornischen Garten des verstorbenen George Johnstone, an dessen zentralen Fußwegen sich die entzückendsten Kamelien und ausgewachsenen Rhododendren präsentieren.

Im April müssen Sie Sissinghurst Castle in Kent aufsuchen. Auch bei wiederholtem Besuch verliert der Eindruck der Frühjahrsbepflanzung in dem Garten, den Harold Nicolson als sein »Lebenswerk« bezeichnete, nichts von seinem Reiz. Mitte April können Sie die Vielfalt zahlreicher zierlicher Frühlings-Zwiebelgewächse in den kleinen Beeten unterhalb des langen Wegs zwischen Weidenflechtzäunen bewundern. Dann könnten Sie zu den phantastischen Gruppen weißer Waldlilien in der Nähe der Haselbäume weitergehen, einem Bereich, wo üblicherweise Primeln ausgepflanzt wurden. Im April gibt es dort auch weniger Busreisegruppen.

In größerer Ferne würde ich den zauberhaften Garten von Castello in Florenz aufsuchen, der von der Stadt aus mit der Buslinie 28 zu erreichen ist. Er ist nur vormittags geöffnet und montags geschlossen. Ein Großteil des ausgedehnten Grundrisses wurde im 16. Jahrhundert von der Familie Medici angelegt, ist heute allerdings nicht mehr erkennbar, doch das Buchs-Parterre hat Charme, und die lange Reihe von Zitronenbäumchen in ihren Terrakotta-Töpfen, die im April noch nicht im Freien stehen, ist ein umwerfender Anblick. Im warmen Gewächshaus im östlichen Teil des Gartens wurde erstmals die am süßesten duftende Varietät des zarten weißen Jasmin gezüchtet. Heutzutage bereichern auch Azaleen und einige prunkvolle Pfingstrosen den atmosphärisch dichten Ort, trotzdem ist er nach wie vor zu wenig beachtet.

Für den Mai ist meine erste Wahl der Botanische Garten in München, zu dem man mit der Straßenbahnlinie 2 in Richtung Nymphenburg gelangt. Mitte Mai quillt sein ausgedehnter Alpingarten auf fast jedem freien Felsfleckchen von Blumen über, und im Hauptteil des Gartens zeigen die zentralen Beete eine phantastische Mischung aus Tulpen in Farbzusammenstellungen, die wir in England nicht unbedingt riskieren würden. München ist nach wie vor der großartigste botanische Garten auf dem Kontinent. Denjenigen, die es gern wilder haben möchte, empfehle ich den einzigartigen Garten von Ninfa, zwei Autostunden südwestlich von Rom gelegen, wenn er von Glyzinien und den purpur-blauen Blüten der Paulownien-Bäume überquillt. Amerikanischer, englischer und italienischer Geschmack begegneten sich hier in der Verbindung der Familien Caetani und Howard auf einzigartige Weise. Sie fand vor fast hundert Jahren statt, und daraus entstand ein Garten in den Ruinen einer mittelalterlichen italienischen Stadt. Unterstützt von den dortigen Wasserquellen ist der Ort immer noch Italiens Juwel.

In der dritten Maiwoche beginnt sich bei englischen Gärtnern womöglich das Grauen vor einer weiteren ›Chelsea Flower Show‹ auszubreiten. Wenn das der Fall ist, können Sie sich darauf in dem exquisiten Bagatelle-Garten in Paris innerlich wappnen. Er ist vom Stadtzentrum und vom Bois de Boulogne aus leicht mit der Metro erreichbar, dann steigt man um in die Buslinie 246. Ab dem 20. Mai ist der dortige Irisgarten eine Pracht, auch die frühen Rosen werden bereits anfangen zu blühen, und auf der rückwärtigen Seite des Hauses, die zum See hinunterschaut, haben sich auch die herrlichen japanischen Pfingstrosen geöffnet.

Ich empfehle Ihnen, im Juni Orte in England zu besuchen und vielleicht

Reiseführer für ein Jahr 77

den eindrucksvollen langen Beeten des New College in Oxford einen Besuch abzustatten. Sie sind jeden Nachmittag geöffnet. Während ich sie anpflanze und beaufsichtige, hoffe ich, dass sie für die in Abschlussprüfungen geplagten Seelen im College ein Trost sein mögen. Ende Juni könnten Sie dann nach Hampshire weiterreisen, wo die beiden langen Blumenrabatten bei Bramdean House in der Nähe von Alresford sich gegenseitig in Farben und Inhalt spiegeln. Sie sind ein Beweis dafür, dass ein Großteil des »modernistischen« Gärtnerns hässlicher und langweiliger ist als die Bepflanzung im klassischen Stil. Ab Mitte Juni könnten Sie auch Kiftsgate Court in Gloucestershire aufsuchen, den grandiosen Garten am Rand der Cotswolds. Er ist mittlerweile in dritter Generation im Besitz derselben Familie und wurde durch die kluge Bepflanzung von Anne und Johnny Chambers noch einmal aufgewertet. Die Inkalilien blühen, während sich bei den Chinesischen Deutzien im formellen Teichgarten erste Knospen zeigen. Die Varietät *Campanula latiloba* ›Highcliffe‹ gedeiht unverdrossen unter hohen Bäumen, die Rosenhecke aus ›Rosa Mundi‹ ist umwerfend, und die ungestüme ›Kiftsgate‹-Rose steht an kräftigen Zweigen in voller weißer Blüte, die sich hoch in die Bäume hinauf winden und ein Areal von Hunderten von Quadratmetern bedecken. Diese Rose bietet hier einen umwerfenden Anblick, man sollte das Arrangement allerdings wegen ihrer aggressiven Vitalität in kleineren Gärten nicht zu imitieren versuchen.

Für den Juli empfehle ich meinen Favoriten unter den kleinen Gärten, Helen Dillons ummauerten Garten in der Sandford Road im Dubliner Distrikt Ranelagh. In diesen Wochen sind ihre hängenden Dieramen auf dem Höhepunkt ihrer Entwicklung, und ihre beiden in unterschiedlichen Farben gehaltenen Beete ergänzen sich gegenseitig entlang des Bereichs, der Dillons' perfekter Rasen zu sein pflegte. Fahren Sie hin und sehen Sie selbst, was die anerkannte Königin der kleinen winterharten Pflanzen aus der Rasenachse ihres Gartens gemacht hat. Die kleinen Pflanzengruppierungen, denen man hier auf Schritt und Tritt begegnet, sind jede für sich genommen Meisterwerke, mit viel Verstand entzückend angepflanzt.

Im August würde ich mich für die friedliche Atmosphäre und elegante Formstrenge von Iford Manor in der Nähe von Bradford-on-Avon in Wiltshire entscheiden, den italienisch inspirierten Garten des klugen edwardianischen Architekten Harold Peto, auf den ich in der Herbstabteilung meines Buches genauer eingehen werde. In der dritten Septemberwoche würde

Abb. 14: Die Doppelbeete von Bramdean House im Juni

ich das große Heiligtum der Michaeli-Astern aufsuchen, den Picton Garden der Old Court Nurseries in Colwall südlich von Great Malvern. Seine gut einen halben Hektar umfassende Fläche ist dicht bepflanzt mit Herbstblumen, und am Michaelstag erregen die wogenden Massen aus Astern und Rudbeckien spontane Neidgefühle. Sie sind ein brillantes Beispiel für einen wilden Pflanzstil, der sich nicht auf kurzlebige englische Wildblumen oder auf fade Rosa- und Mauvetöne beschränkt.

Im Oktober sollte man sich im Prinzip hinüber ins amerikanische Vermont begeben, ich kenne allerdings die dortigen Ahornwälder nur aus dem Fernsehen und kann lediglich eine Fahrt auf den dortigen Highways empfehlen, die im Herbst den grandiosesten Eindruck bieten. In England gebe ich mich derweil mit den Farbwechseln im Westonbirt Arboretum in Gloucestershire zufrieden. Im November führt mich mein Weg wieder zurück zum RHS-Garten in Wisley in Surrey, um im Treibhaus die Ausstellung von Chrysanthemen zu bewundern, die sich an Drahtgestellen in Form von Fontänen und Sträußen hochwinden. Sie geben einen Standard für alle Gärtner vor, die die Energie haben, sich in einem kühlen Chrysanthemen-Treibhaus gegen die Weißfliege zu behaupten.

Der Dezember ist in keinster Weise nur ein Postskript. In den Wochen vor und nach Weihnachten bieten die spektakulären Gärten in Longwood in Pennsylvania immer noch die weltweit großartigste Ausstellung von Zimmerpflanzen und Außenbeleuchtung. Longwood liegt zwanzig Kilometer nördlich von Wilmington, Delaware, und es verfügt zwar über die Mittel aus der Du-Pont-Stiftung, allerdings erbringt es auch Jahr für Jahr wieder eine Leistung, die jeden Cent der Aufwendungen in Höhe von 20 Millionen Dollar rechtfertigt. Die Anlage erinnert uns daran, dass in der Gartenwelt im Winter nicht ausschließlich Dunkelheit herrscht. Die Weihnachtsbepflanzung in seinem östlichen und in seinem zentralen Gewächshaus ist eine klug durchdachte Offenbarung. Alpenveilchen und Weihnachtssterne in vielen ungewöhnlichen Farben stehen neben brillant jahreszeituntypischen weißen Löwenmäulchen, der seltenen federblütigen weißen *Euphorbia fulgens* (Wolfsmilch) und einem bezaubernden Heidekraut, *Erica caniculata*, mit kleinen weißen Blüten. Dazwischen wächst eine der Pflanzen, für die der Garten berühmt ist, die entzückende *Plectranthus thyrsoides* mit ihren blauen Blütenrispen, die in englischen botanischen Gärten nicht vorkommt. Von den Blütenmeeren wilder Orchideen bis zu den brasiliani-

Abb. 15: Weihnachtsstern-Muster in einem Raum der Longwood Garden's Weihnachtsausstellung

schen Pflanzungen des phantastischen Roberto Burle Marx ist Longwood der Inbegriff praktischen, künstlerisch inspirierten Gärtnerns.

Wenn Sie sich an diesem Plan orientieren, werden Ihre gärtnerischen Kenntnisse mit Sicherheit erweitert, Ihre Finanzen hingegen vielleicht auch etwas überbeansprucht sein. Sie könnten diese Besuche natürlich auch über die nächsten paar Jahre verteilt unternehmen. In der Zwischenzeit werde ich mir dann neue Kombinationen ausgedacht haben und Ihnen weitere zwölf Vorschläge machen können, die ebenso unwiderstehlich sind.

Die Hyänen-Hypothese

Heftige, anhaltende Schneefälle spielen in der Wintererfahrung englischer Gärtner mittlerweile kaum mehr eine Rolle. Als jedoch kürzlich doch eine längere Schneeperiode über meinen Garten kam, bescherte mir diese Phase zwei Wochen Nachtsicht, gewissermaßen ein umgekehrtes Röntgenbild. Zum ersten Mal konnte ich beobachten, was in meinem Garten nach Mitternacht vor sich geht. Was ich da entdecken musste, gefiel mir überhaupt nicht.

Alles begann ganz harmlos, und an den ersten beiden Tagen wurde ich direkt rührselig. Im Schnee auf dem Rasen hinterließen zwei unidentifizierte, mit Sicherheit aber flauschige, pelzige Tierchen ihre ungebetenen Spuren. Von entgegengesetzten Seiten des Gartens her wurden sie unwiderstehlich zueinander hingezogen. Sie beschrieben zwei kleine Kreise und trafen sich unter einem der Gartenbögen, an denen im Mai weiße Glyzinien blühen. Ich stellte mir zwei glückliche Kaninchen vor, die sich freigenommen hatten, weil der Schnee die gewohnte Strecke zu ihren Futterplätzen blockiert hatte. Ich ging sogar so weit, mir die Glyzinie als ein Mistelzweig-Äquivalent für Tiere vorzustellen, unter dem die beiden anhielten und zärtlich ihre Schnurrhaare aneinander rieben.

Am dritten Tag wurden die Zeichen dieser Besucher zahlreicher. Obwohl draußen dichter Schnee lag, zog ich mir meine Gummistiefel über, um mir die Sache genauer anzuschauen, und ich brauche hier nichts weiter zu sagen, als dass sie offenbar nicht beim Küssen haltgemacht hatten. Etwas neiderfüllt stapfte ich zurück ins Haus. Ich erwartete für den Abend eine Schneeschmelze, die unschönen Spuren meiner Gummistiefel über den Pfotenabdrücken der Liebenden würden also bis zum nächsten Morgen verschwunden sein. Stattdessen aber fiel der Schnee so dicht, dass in den Schneewehen sogar einem Rammler die Freude am Sex vergehen musste.

Der frisch gefallene Schnee glänzte am Tag darauf so gefährlich, dass ich eigentlich hätte hinausgehen und meine Säckelblumen-Sträucher befreien müssen. Ich tat es nicht, weil ich ein weiteres Abbild des Liebeslebens sehen wollte, das sich in meinem Garten abspielte – ohne menschliche Fußspuren, die den Eindruck verderben. Mir fiel der Hitchcock-Klassiker *Fenster zum Hof* ein. Hinweise auf beunruhigende Unregelmäßigkeiten im Garten ließen den Beobachter auf ein Verbrechen in seinem Hinterhof schließen. Bei mir ging es am Morgen danach um den Vorgarten.

In der Nacht war einiges passiert, allerdings waren es keine Aktionen der Art, die ich erwartet hatte. Aus allen Richtungen kamen zahlreiche Spuren, die Liebe hingegen hatte offensichtlich das Feld geräumt. Zwei Hasen waren da gewesen, drei Kaninchen, einige freche Füchse, und man sah die hin und her verlaufenden Spuren eines Dachses. Über Blutspuren und ausgerissenen Federn, wo die Leiche einer Taube aufgerissen worden war, liefen zahlreiche Pfotenspuren zusammen. Den Blumenbeeten war keinerlei Respekt gezollt worden. Eine Bande von Bestien war quer durch meine Michaeli-Astern gelaufen und hatte sich auf meinem geliebten *Cistus x laxus* ›Snow White‹ erleichtert. Werden unsere Gärten jede Nacht, während die Gärtner den Schlaf der Gerechten schlafen, in dieser Art und Weise misshandelt? Angesichts solcher Spuren kann man im Zusammenhang mit dem Schlagwort unserer »Royal Horticultural Society« vom Garten als einem »Zufluchtsort« für Wildtiere nur in Hohngelächter ausbrechen. Ich möchte Pflanzen in meinem Garten, keine blutrünstigen Dachse, und ich kann nicht nachvollziehen, wie man einen Ort, an dem Wildtiere ihresgleichen in Stücke reißen, als »Zufluchtsort« bezeichnen kann.

Mein Argwohn verdichtete sich, als ich mich auf ein Knie niederließ und mich daranmachte, die Spuren zu analysieren. Dachse sind unverkennbar, und nach fünfzig Jahren praktizierten Fuchsjagens mache ich auch hier keine Fehler mehr. Problematisch war ein tiefer Klauenabdruck. Von einem knuffigen Eichhörnchen stammte er ganz bestimmt nicht. Der Urheber dieser Abdrücke hatte offensichtlich den Angriff auf die Taube angeführt und die Leiche vom Tatort weggeschleift. Ich zeichnete eine Skizze des Abdrucks auf ein altes Saattütchen und begab mich zurück ins Haus, um in einem Buch nachzuschlagen.

Die Hyänen-Hypothese

Es war sinnlos, in den Büchern über Pu den Bären nachzuschlagen. Ein Wischel war es bestimmt nicht, und aufgrund der Klauen konnte man auch ein Wuschel ausschließen. Aus meiner Kindheit habe ich mir ein Schaubild mit dem Titel »I Spy Tracks« [Spuren entdecken und identifizieren] aufbewahrt, ein Relikt aus jenen historischen Tagen des Zeitungswesens, als Big Chief I-Spy von seinem Wigwam in Central London aus Preisausschreiben veranstaltete und junge Zeitungsleser wie mich aufforderte, seine Rätsel zu lösen. Big Chief I-Spy war sich mit mir darin einig, dass die Klauen nicht zu einem Dachs gehörten. Am ähnlichsten waren sie denen einer Hyäne.

Natürlich glauben Sie nicht an Hyänen in den Cotswolds. Aber dürfen wir da wirklich so sicher sein? Gelbäugige gewaltige Katzen wurden in Wales in der Nähe von Lampeter gesichtet, und keiner weiß, um was für Tiere es sich dabei handelt. Durchgeknallte Enthusiasten versuchen, im Norden Englands Biber heimisch zu machen. Sadisten sähen es gern, wenn es in Northumberland wieder Wölfe gäbe. Einer meiner Kollegen in Oxford möchte sogar Luchse auswildern, um in den an London angrenzenden Grafschaften Konkurrenten auszuschalten. Hat womöglich bereits ein Wissenschaftler eine Hyäne losgelassen? Säbelzahn-Hyänen waren im prähistorischen Somerset nur allzu aktiv – man hat in den Wookey-Hole-Höhlen ihre Knochen gefunden. In den 1820er Jahren pflegte William Buckland, Dozent für Geologie in Oxford, seine jungen Studenten in den Vorlesungen damit zu beeindrucken, dass er den Knochen einer Hyäne schwenkte, um seine Ausführungen anschaulicher zu machen. Damals hatte man gerade erst die Kirkdale-Höhle in Yorkshire geöffnet, und dort war man auf Zähne und Knochen gestoßen, die Buckland als Überreste von Elefanten, Nashörnern, Flusspferden und Hyänen identifizierte. Bibeltreue Christen argumentierten, die Tiere hätten Zuflucht vor der Sintflut gesucht, Buckland jedoch verwies auf die Bissspuren auf vielen Knochen. Diese stammten, so seine Argumentation, von einem Rudel vorsintflutlicher Hyänen, die sich an den Tieren in der Höhle gütlich getan hätten. Wo sind diese Hyänen heute abgeblieben? Lediglich die durch seltene Schneefälle entstandenen Abdrücke ermöglichen uns einen Eindruck von den Spielchen, denen sich die Tiere nach Mitternacht hingeben. Hyänen verstecken sich womöglich untertags und verlassen ihren Unterschlupf nur nachts, wenn Dachse sie zu einer Cocktailparty einladen, bei der in Blut getunkte Schnittchen gereicht werden. Bei allem Respekt für die RHS – ich will wirklich keinen

Zufluchtsort für Hyänen. Ich will glückliche Enziane und meinen eigenen Spinat.

Als es Abend wurde, kam bei mir im Innern meines verbarrikadierten Hauses eine gewisse Nervosität auf. Ich lauschte der *Prime Minister's Question Time* im Radio und nehme an, dass die Wortwechsel im Londoner Parlament in meine Träume hinübergelappt sind. Nach Anbruch der Dämmerung wachte ich auf und musste feststellen, dass sich die Zahl der Klauenspuren noch einmal vermehrt hatte und der Schnee noch stärker aufgewühlt war – es lagen zwei weitere kopflose Tauben im Garten, und über meinen besten *Agapanthus* (Schmucklilie) verlief ein Trampelpfad aus Abdrücken von gespaltenen Hufen. Sie traten in der Woche auf, als die englische Regierung sich für ein Förderpaket für gescheiterte Banker entschied. Offensichtlich hatten sich die Tiere ihr Förderpaket selbst beschafft. Ich fragte mich: Welche politischen Implikationen haben diese tierischen Angreifer? Möglicherweise hatten die Fragen des Premierministers mich dazu bewegt, dieses Problem zu formulieren, aber dann fiel mir ein klassischer Schlagabtausch in der ersten dieser parlamentarischen Debatten über das Thema »Jagen mit Hunden« ein. Nicholas Ridley hatte damit angefangen, indem er dem House of Commons eine gruslige Beschreibung eines Hermelins in seinem Wahlkreis Tewkesbury gab. Ridley hatte selbst gesehen, wie das Hermelin ein Kaninchen hypnotisiert und dann kaltblütig in Stücke gerissen hatte. Seine Schlussfolgerung lautete: Es müsse erlaubt sein, dermaßen brutale Tiere skrupellos zu jagen. Die Antwort darauf kam von Tony Benn, der Ridley – einem Thatcher-Anhänger und Befürworter des Dschungelrechts im Wirtschaftswesen – dazu gratulierte, dass er endlich gemerkt habe, wie wichtig Reglementierung für den Dschungel sei.

In meinem Garten gibt es jedenfalls nach Mitternacht keine Reglementierung, und offensichtlich setzt sich das Gesetz des Dschungels gnadenlos durch. Meine Kollegen an der Universität verglichen Margaret Thatcher gern mit der Weißen Königin von C. S. Lewis, die in Narnia über ein Reich aus Schnee und Eis herrschte. Wenn Sie sich gefragt haben, wohin die Thatcher-Anhänger in den jüngsten Wirtschaftskrisen verschwunden sind – die Antwort lautet: Sie sind da draußen in der Wildnis und feiern Feste in unseren Gärten alias »Zufluchtsorten«, wenn Schneefall sie an die alten Tage unter ihrer Königin erinnert. Ich weiß, es fällt Ihnen immer noch schwer, die Hyänen-Hypothese zu übernehmen. Und das Schaubild des Großen Häuptlings I-Spy wurde gedruckt, bevor man in englischen Gärten erfuhr, dass es Muntjaks gibt. Deren Hufabdrücke könnten auch in Frage kommen. Aber ich bleibe vorerst bei meiner Hyänen-Theorie – und dabei, dass es sich um rechtsgerichtete Hyänen handelt. Und natürlich hört man sie auf ihrem Weg zur nächstgelegenen unreglementierten Bank höhnisch lachen.

Auf holländischem Handelsparkett

Während des tierischen Unwesens Anfang Februar brachten mich Schnittblumen auf eine ganz andere Spur. Nachdem sie nach Weihnachten erstaunliche vier Wochen lang geblüht hatten, machten die Blütenblätter meiner zartrosafarbenen Lilien schließlich schlapp und wanderten von ihrer Vase in einen wohlverdienten Tod. Woher stammen diese Durchhaltekünstler? Ich fragte diskret den Lieferanten und verfolgte sie dann zu ihrer Quelle zurück.

Die Spur führte mich um 6 Uhr 30 morgens durch strömenden Regen ins Herz der Blumenindustrie Europas, die Gartenschuppen im holländischen Aalsmeer. Sie liegen direkt an der Straße vom Amsterdamer Flughafen Schiphol und sind bestimmt kein typisches Ziel für einen Dozenten aus Oxford, der noch kein warmes Frühstück zu sich genommen hat. Aalsmeer ist die größte Lagerhalle in Holland, mit einer Grundfläche von über einer Million Quadratmeter, durchzogen von sechzehn Kilometern überdachten Eisenbahnschienen. Von hier kommen viele der Schnittblumen, die wir in England für frisch halten. Londons Covent Garden Market sieht daneben wie ein sekundärer Parasit aus.

Da ich ja bekanntermaßen immer ein Augenmerk auf die Probleme meiner Leserinnen habe, möchte ich heute meine – wie ich glaube perfekte – Lösung für murrende Ehegatten vorstellen. Nehmen wir an, Sie sind mit einem in die Jahre gekommenen Börsenmakler verheiratet, jener Art von Mann, die immer noch nicht dazu in der Lage ist, den Big Bang zu akzeptieren, also jene Schockwelle, die im Jahr 1986 den Face-to-face-Handel in der alten Londoner Börse eliminierte und damit auch die sich daran anschließenden stundenlangen Mittagessen mit Freunden. Was können Sie ihm bieten, wenn er tief in seinem Innersten immer noch von Ihnen erwartet, dass Sie ihm mit der Grazilität der Debütantinnen, die sein Londoner Büro aufheiterten, ein dreigängiges Mittagessen servieren? Hier kommt die Antwort. Belegen Sie für ihn einen Crash-Kurs in holländischer Sprache und schicken Sie ihn nach Aalsmeer.

Nicht in seinen wildesten Träumen könnte er sich ausmalen, welch ein Himmel ihn hier erwartet. Es gibt acht altmodische Handelsräume, in jedem halten sich zweihundert Händler auf, die danach lechzen, gegenüber Neuankömmlingen ihren Sachverstand zu beweisen. Sie werden ihm seinen eigenen persönlichen Rot-Gelb-Drucktaster geben und erwarten, dass er seine Kopfrechenkapazität wiederbelebt, ohne Hinzuziehung des entsetzlichen Computers. Jede Pflanze, jede Blume im Angebot wird auf einer Art übergroßer Modelleisenbahn durch den Handelsraum befördert. Er kann für jeden einzelnen Anhänger bieten, wobei er seine Angebote an einer sich schnell bewegenden Uhr orientiert, die so groß ist, dass sogar etwas bejahrtere Augen hinter Brillengläsern die Zahlen erkennen können. Zuerst sieht das alles eher befremdlich aus, doch bald wird er feststellen, dass die Zahlen unten rechts sich auf die Qualität der Blumen und die Länge der Stiele beziehen. Die mittleren Spalten zeigen die Anzahl der Pflanzen in jeder Charge an und ein sich schnell bewegendes Licht markiert den Angebotspreis, indem es rund um das Ziffernblatt flitzt.

Es gibt noch einen weiteren Vorteil. Die Preise ergeben sich wie die Preise von Finanzanlagen, wenn man versucht, sie telefonisch zu verkaufen. Sie bewegen sich nach unten, nicht nach oben. Und wenn er in Aalsmeer den ersten Knopfdruck verpasst, bekommt er eine zweite Chance. Recht häufig fällt der Preis noch weiter, und er wird davon profitieren, dass er einen Fehler gemacht hat. Dann wird ihn kein Jungspund von einem Börsenhändler überbieten, um ihm eine Lektion zu erteilen. Wenn er den falschen Knopf drückt und eine Ladung Blumen kauft, die er eigentlich gar nicht wollte, dann hat er einen riesigen Strauß an Valentinsgaben, die er für die Frauen und Freundinnen in seinem Leben nach Hause mitnehmen kann.

Und jetzt komme ich zu dem Punkt, den er unwiderstehlich finden wird. In den Uhrenräumen gibt es ausschließlich Händler, nicht eine einzige Händlerin. Zwei Frauen, sagen wir Riet und Anya, stehen unten auf der Bühne und stellen den über ihnen sitzenden Männern die Ladungen im Angebot vor. Die meisten Bieter sind junge bis mittelalte Holländer, die an-

Abb. 16: Die Preisanzeiger-Uhren im Handelsraum von Aalsmeer

scheinend fast nichts tun. Nachdem das erledigt ist, gehen sie nach draußen in den Warteraum und rauchen wie die Schlote.

Die Preise stabilisieren sich tendenziell nach der ersten Stunde, und zwischen acht und elf Uhr vormittags pendeln sich die Handelsgeschäfte mit Schnittblumen in einem festgesetzten Tageshandels-Spielraum ein, zwischen Grenzen, für die neue Bieter nicht zur Gänze verantwortlich sind. Man darf das Ausmaß der dort abgewickelten Geschäfte nicht unterschätzen, wobei ausschließlich Händler zugelassen sind. Diese bezahlen 650 Euro für eine Jahreskarte, nachdem sie nachgewiesen haben, dass sie auf ihren Bankkonten über ausreichend finanzielle Mittel verfügen, und sie verhelfen an einem einzigen Vormittag rund 21 Millionen Blumen und Topfpflanzen zu neuen Besitzern. Der Aalsmeer-Markt fusionierte mit »Flora Holland«, seinem einzigen ebenbürtigen Gegenstück. Die Fusion begann im Jahr 2008, und das Gemeinschaftsunternehmen setzt jetzt die immense Summe von vier Milliarden Euro für verderbliche Ware um.

Natürlich gibt es auch abscheuliche Pflanzen darunter. Während ich zusah, wurden Wagenladungen meiner übelsten floralen Feinde zu Preisen zwischen 0,29 und 0,24 Euro pro Stiel verkauft. Wenn Sie in Tausendermengen einkaufen, summieren sich solche kleinen Unterschiede zu Riesenbeträgen auf. Auf der Bühne zeigen Anya und Riet auf ladungenweise Meerlavendel und eine hübsche Sonnenblumensorte namens *Helianthus* ›Sunrich‹. Sie sind in zwanzig Sekunden verkauft, es folgt eine Fuhre *Solidago* ›Tara Gold‹. Aus den Niederlanden importieren die Engländer pro Jahr Schnittblumen im Wert von ungefähr 650 Millionen Euro, allerdings liegen die unersättlichen Schweizer, Norweger und Österreicher noch vor ihnen. Vielleicht müsste man den englischen Gesamtumfang um all jene Blumen erweitern, die unsere Supermarktketten direkt aus Kenia, Uganda und Israel einfliegen. Aber selbst dort entkommt man den Holländern nicht. Die Blumen, die nach Aalsmeer kommen, stammen aus denselben Quellen, nicht zuletzt, weil holländische Züchter dort vor Ort sind, die den Handel organisieren. Über 16 000 Varietäten rollen jährlich durch die holländischen Schuppen, und es ist eindrucksvoll, wie vieles aus dem Angebot aus den Niederlanden selbst stammt, wo über sechstausend Züchter sich darauf spezialisiert haben, unter Glas anzubauen.

1997 entstand der phantastische Plan, den Blumenmarkt und den Flughafen Schiphol durch einen Tunnel zu verbinden, so dass die Blumen noch schneller hin- und hertransportiert werden konnten. Diese holländische Tunnelvision wurde allerdings nie umgesetzt. Ich hoffe – ebenso wie die Holländer –, dass dieses hochrationalisierte Unternehmen weiterhin blüht und gedeiht. Es wird als Kooperative betrieben, was normalerweise Außenstehende mit Skepsis erfüllen würde, doch entspricht diese Struktur dem holländischen Temperament. Sie kommt den Bedürfnissen von Mitgliedern entgegen, die bereit sind, jährliche Profitschwankungen und die Wahrscheinlichkeit eines kleinen Ertrags aus den meisten Jahresumsätzen zu akzeptieren. Ungefähr 3000 Mitglieder unterwerfen sich sorgfältigen Qualitätskontrollen und zahlen Transaktionskosten von ungefähr fünf Prozent auf den Wert der Ladungen, die sie mit ihren Summern einkaufen. Dieser Blumenmarkt ist das am wenigsten Erfolg versprechende Geschäftsmodell für eine Übernahme mit privatem Eigenkapital, ich entdeckte allerdings in für die Öffentlichkeit nicht zugänglichen Räumen die Geheimnisse, die dafür sorgen, dass der Markt im Vergleich zu den Rivalen in China oder

Dubai die Nase vorne behält. Siebzig Qualitäts-Inspektoren bewerten und garantieren die Klassifizierung sämtlicher Waren, die dann später auf der Uhr erscheinen. Jede neue Varietät muss von ihrem Züchter zur Prüfung eingereicht werden, bevor sie in die Auktion aufgenommen wird. Auf langen Bänken sah ich Testvasen, in denen die Schnittblumen der Zukunft standen, die bei Raumtemperatur kontrolliert und auf Haltbarkeit hin beobachtet wurden. Ich erfuhr mit Bedauern, dass heutzutage Rosen, die als Schnittblumen angeboten werden, so gezüchtet werden müssen, dass sie keinen Duft mehr haben; nur dann genügen sie dem Anspruch der Kunden, dass sie im Zimmer lange genug halten. Jetzt verstehe ich, warum meine aus einer holländischen Auktion stammenden Lilien vier lange Wochen in der Vase überlebten. Züchter und Sachverständige haben sich bemüht, solche lang haltbaren Varietäten auf dem Markt zu etablieren.

Würde ich eine vorgezogene Pensionierung in Erwägung ziehen, um auf dem Blumenmarkt tätig zu werden? Ich hasse es, wenn ich morgens früh anfangen muss, und ich hasse Zigarettenrauch. Ich bleibe, wo ich bin, weil ich das Gemisch männlichen und weiblichen Lächelns der Studenten und Studentinnen unter der unkommerziellen Uhr eines Bibliotheks-Lesesaales in Oxford vorziehe.

Ein englischer Gärtner in der Reiterei
Alexanders des Großen

Es erinnert an die Händler auf dem holländischen Markt, wie wir alle unser Leben in unterschiedliche, voneinander getrennte Sparten aufteilen. In unseren Biographieschränken gibt es eine Schublade für die Familie, eine andere für Freunde, eine für Fakten, die mittlerweile teilweise vergessen sind, andere für Phantasien – womöglich mehr, als wir wissen. Was passiert, wenn wir die Grenzen einreißen, die die Abteilungen voneinander abtrennen? Wir haben so viel von vernetztem Regierungsstil gehört, die Resultate hingegen scheinen von der Realität weiter entfernt zu sein denn je. Wie wäre es mit einem Versuch, vernetzt zu leben?

2003 vernetzte ich drei der am wenigsten zusammenhängenden Abteilungen in meinem persönlichen Bereich. Sie bilden beileibe keine offensichtliche Einheit. Der eine Bereich ist Gärtnern und das Interesse an botanischen Gärten. Ein zweiter Bereich sind Pferde, vorzugsweise mit Steigbügeln, und der dritte Bereich ist mein lebenslanges fasziniertes Interesse für Alexander den Großen. Im stickigen Thailand galoppierte ich für Alexander durch einen großen botanischen Garten, der von der englischen »Royal Horticultural Society« weder gelistet noch anerkannt ist. Ich habe meinen Realitätsbezug durchaus nicht verloren. All das ist wirklich passiert, und zwar dank der Filmindustrie, der Königin der Illusionen: einem Kinofilm fürs breite Publikum. Zuerst in Marokko und dann in Thailand übernahm ich eine Rolle in Alexanders Reiterei, meinem Superstar Colin Farrell treu ergeben und geführt und angeleitet von unserem Gott Dionysos, dem unnachahmlichen Oliver Stone, Regisseur des Monumentalfilms *Alexander*.

Ich bezweifle, dass es noch einen zweiten Gartenkolumnisten gibt, der zwischen den Bäumen eines zu einem botanischen Garten gehörenden Waldes Hufspuren hinterlassen hat. Und falls doch, dann hat er das sicherlich nicht vor laufender Kamera getan, umgeben von der Kavallerie des Königs von Thailand. Der Drehort wurde in meinem Skript als »Dschungel« bezeichnet, wobei ich von Dionysos zuvor nicht erfahren hatte, dass es sich um einen von Menschenhand angelegten Dschungel handeln würde und dass er von mir verlangte, einen Feind anzugreifen, der sich im Werk von 150 Gärtnern verbarg, die den Schauplatz über drei Monate hinweg angepflanzt und bewässert hatten. Ich nahm am Angriff auf dem Rücken eines Pferdes teil, zuerst einem schwarzen, dann einem kastanienbraunen Tier, vollständig ausgerüstet mit Pferdedecken aus Rindslederfell. Unser Angriff fand im Botanischen Garten Phukae statt, einem riesigen Park gut hundert Kilometer außerhalb von Bangkok.

An Diensttagen galoppierte ich für Hephaistion, den Anführer meines Trupps, in die Schlacht, während sein geliebter Alexander uns um des unsterblichen Ruhmes willen vorantrieb. Ich hasse fast jede Form von Ziergras, doch während unsere Abteilung auf das Startsignal für den Ritt durch den Wald wartete, pflanzten Arbeiter mit Hacken und Heugabeln Klumpen stämmiger Gräser entlang unserer Route ein, damit der Weg noch rauher und natürlicher wirkte. Während Stuntmänner gegen Baumstämme prallten, hatte ich Zeit, die botanischen Kennzeichnungen zu studieren, die an den nahen Ästen angebracht waren und am Zaumzeug meines Pferdes vorbeistreiften. In Thailand ist der Januar die trockene Jahreszeit, doch der Umfang und die botanische Auswahl des Phukae-Gartens bringt mein Expertenwissen ins Schleudern. Arten mit Namen wie *Spondias* und *Diospyros* sagen dem beschränkten englischen Verstand gar nichts. Selbst wenn Sie schon einmal eine belaubte *Schleichera* gesehen haben sollten, mache ich jede Wette, dass Sie nicht unter ihr hindurchgaloppiert sind, so dass die Zweigspitzen Ihren silbernen Kavallerie-Helm streiften.

Westliche Gärtner haben keine Ahnung von diesem außerordentlichen botanischen Garten. Er liegt in der Provinz Saraburi und umfasst ein ausgedehntes Gelände vom Staat unterhaltener Grünflächen, das durch eine stark befahrene Ausfallstraße zweigeteilt ist. Auf der einen Seite erkundete ich zu Fuß eine immense Fläche, bestanden von in Form geschnittenen Buchshecken, zwischen denen graue Felsblöcke wie Einheiten in einem

Ein englischer Gärtner in der Reiterei Alexanders des Großen 93

orientalischen Heer angeordnet waren. In den Zwischenräumen gab es nur Kiefern und strahlend blühende Bougainvilleen. An einer anderen Stelle erkannte ich eine Tamarinde, doch der Rest der Pflanzen blieb mir unerschlossen, nicht zuletzt aus dem Grund, dass eine Gruppe eifriger Thai-Damen nicht aufhörte, mit Gartenschläuchen das Gelände zu wässern, und es ihnen nicht gelang, meine in Gebärdensprache gestellten Fragen zu verstehen. Der einzige Führer für diese Seite des Gartens ist ein großes grünes Modell des Geländes am Eingang, das flächendeckend aus unbenannten Baumspitzen besteht. Auf der anderen Seite der Straße hingegen sind die Bäume in ordentlichen botanischen Familien gepflanzt, von Ebenholzbäumen über *Guttiferae* bis hin zu den Hülsenfrüchtlern. Das Basislager unseres Heeres befand sich neben der Abteilung der Euphorbien, jener Wolfsmilchpflanzen, die damals in der iranischen Wüste den Pferden Alexanders ihren Milchsaft in die Augen spritzten und sie erblinden ließen. Mein schwarzes Kavallerie-Streitross behielt den Kopf oben, und ich meine aus der Karte schließen zu können, dass wir in den Teil des Parks galoppieren mussten, den das Gartenmodell als *Dilleniaceae* (Rosenapfelgewächse) bezeichnete.

Womöglich wird man mich nun bitten, den »Broad Walk« in den Kew Gardens herunterzureiten. Ich bin nicht sicher, ob ich die Erkundung eines Dschungels empfehlen soll, der für Hollywood importiert wurde. Ich sehe davon eher ab – nicht weil die Gefahr besteht, dass die grünen Bananen und der mitgelieferte Bambus, wenn die Temperaturen steigen, braun werden, sondern vielmehr aus dem Grund, dass ihr Dschungel als Deckung für eine Reihe Elefanten mit aufgerüsteten Stoßzähnen diente, die von grausamen Elefantentreiberinnen gelenkt wurden. Die Pflanzen in dem vorfabrizierten Dschungel hatte man so ausgewählt, dass sie elefantenkompatibel waren und die Tiere sie nicht bei ihrem ersten Kampfeinsatz entwurzeln und auffressen würden. Stattdessen hielten sich die Elefanten unter dem lebhaft grünen Laubdach verborgen, bis sie in Richtung unserer Pferde hervorbrachen und uns dazu bewegten, auf sie loszugehen.

Der Film zeigt einige der Folgen, allerdings keine botanischen Beschriftungen. Er zeigt auch nicht, dass ein Pferd in dem Moment, da ein Elefant auf es losgeht, nach links ausschert. Außerdem zeigt er nicht die Kampfeswut eines pfiffigen englischen Gärtners. Auf Flügen nach Thailand haben die Fluglinien für ihre Passagiere einen Film über Tiere in Filmen im

Angebot, er hat den Titel *Wild on Set*. Dieser Film ist mittlerweile überholt, bringt er doch nichts über das aktuellste wild gewordene Lebewesen, einen Historiker hoch zu Ross, der unter Bäumen dahinstürmt, die er trotz fünfzigjähriger Erfahrung der Arbeit in Gärten nicht zu identifizieren vermag.

Der Salatfarm-Palast

Über dreißig Jahre vor diesem Kavallerie-Einsatz in einem thailändischen botanischen Wald hatte ich Thailand schon einmal besucht und Reportagen über meine Besuche in privaten Gärten Bangkoks verfasst. Ich traf mich mit deren Spiritus rector, dem aus den USA ausgewanderten Amerikaner William Warren, der bei der Zeitung *Bangkok World* die ehrenvolle Stelle des Gartenkolumnisten innehatte und von dem ich viel lernte. Mein Besuch fiel in die Regenzeit, und einen Großteil des Tages saßen meine Frau und ich in einem kleinen Hotelzimmer fest, an dessen nacktem Holztisch ich das Kapitel über den grandiosen Sieg gegen die Elefanten verfasste, den Alexander der Große im Nordwesten Indiens errungen hatte. An den Nachmittagen traf ich mich mit der kenntnisreichsten Gärtnerpersönlichkeit Thailands, Pimsai Amranand, die später schrecklicherweise von einem bewaffneten Eindringling umgebracht wurde, der ihr Haus überfiel. Meinem Text über Alexander war ein besseres Schicksal beschert. Er wurde in die Verfilmung von *Alexander* aufgenommen, wofür ich nach Bangkok zurückkehrte, um eben die Elefantenschlacht nachzuspielen, die ich vor Jahren dort beschrieben hatte.

Ich erinnere mich noch genau, wie während meines ersten Besuchs die Leute, die ich wegen ihrer Gärten aufsuchte, bedauerten, dass es mir nicht möglich war, Thailands vornehmste Gärtnerin kennenzulernen, eine Prinzessin aus dem königlichen Hause. Bei meiner Rückkehr ergab sich im Zeitplan der Dreharbeiten zu *Alexander* an einem Sonntag eine Pause, und die Männer von der Reiterei durften ihr eigenes Programm machen. Ich entschied mich für einen Ausflug zu einem Garten, den mein Bangkokführer als »beschaulichen Rückzugsort« beschrieb. Der Name des Ortes

96 ❧ *Winter*

war Wang Suan Phakkat: Salatfarm-Palast. Es gab in der Filmcrew einen weiteren begeisterten Gärtner, den Bühnenbildner. Er hatte davor bei *Sieben Jahre in Tibet* mitgearbeitet. Gemeinsam machten wir uns also auf zu einem dreistündigen Aufenthalt auf einer Salatfarm.

Wenn ich an die Götter glauben würde, könnte ich fast von Fügung sprechen. Hierher war ich zurückgekehrt und kämpfte in einem Filmheer in eben jener Schlacht, deren Geschichte ich vor Jahren in Thailand aufgeschrieben hatte. Und außerdem war ich nun hier und öffnete das Tor zu einem Bereich, der sich als der liebevoll gepflegte Garten der verstorbenen Prinzessin Chumbhot entpuppte: jener Prinzessin, die ich während meines vorherigen Besuchs nicht hatte kennenlernen können. Der Salatfarm-Palast hat einen entzückend-rührenden Ursprung. Im Jahr 1932 wurde die königliche Familie von Thailand entmachtet, und die Familienmitglieder mussten ins Exil. Unter ihnen war auch die junge Prinzessin Chumbhot, die mit ihren Eltern nach England ging und dort die folgenden fünf Jahre verbrachte. Die meisten Grundstücke der Familie waren enteignet worden, und als die überlebenden Familienmitglieder nach Bangkok zurückkehrten, beschlossen sie, sich auf einem Grundstück niederzulassen, das von einfachen Kleingärten umgeben war, einem unbelasteten Stück Land. Sie kauften einige der benachbarten Parzellen und sie errichteten im Lauf der Jahre in ihrer banalen Umgebung diverse Häuser, die jetzt um die Salatfarm-Residenz herum gruppiert sind. Ihrem Grundstück wurde ein Pavillon von einem ländlichen Tempelgelände hinzugefügt, und darum herum wurden vier Gruppen traditioneller Häuser mit Gegenständen aus der königlichen Sammlung und Stücken angefüllt, die mit der Musikleidenschaft des Prinzen zusammenhingen. Außerdem nahm sich Prinzessin Chumbhot vor, einen der Gärten eigenhändig zu versorgen.

Den Kleingärten an einer Straße in Bangkok hat der englische Gartenstil einen überraschenden Stempel aufgeprägt. Während des Exils in England hatte die Prinzessin gelernt, dass englische Gärtner gerne mit ihren Blumen und Bäumen prahlen. Ihre Liebe zu Blumen wuchs und gedieh, und in den folgenden vierzig Jahren stellte sie in Bangkok eine Vielzahl von Bäumen, Sträuchern und Hofgärten zusammen, die ihren sicheren Geschmack bezeugen. Sie hatte eine typisch fernöstliche Liebe zu Felsen und künstlerisch arrangierten Steinen. Sie pflanzte in Kübeln exzellente Seerosen. Sie importierte Blumensorten, die thailändischen Gärtnern zu-

Der Salatfarm-Palast ✷ 97

Abb. 17: Tabebuia chrysotricha, *Prinzessin Chumbhots ganzer Stolz*

vor völlig unbekannt gewesen waren. Von jedem ihrer Auslandsbesuche brachte sie Neuheiten für ihre Gartensammlung mit. Ich selbst war ratlos angesichts einiger botanischer Familien, die ich nie zuvor gesehen hatte. *Quassia* ist eine eindrucksvolle Pflanze mit scharlachroten Blütenähren, und wenn es in Oxford wärmer wäre, hätte ich zu gern eine *Ochua* mit kugeligen creme-gelben Blüten.

Auf einem weiten Umweg kehrte ich dann schließlich auch noch zu dem einen fehlenden Element meines früheren Bangkok-Besuchs zurück. Wie war die Prinzessin gewesen? In dem kleinen benachbarten Museum fand ich das noch fehlende, letzte Teil des Puzzles, eine Würdigung ihrer Person aus der Feder meines früheren Gastgebers in Thailand, dem Gartenkolumnisten der *Bangkok World*. William Warren schilderte, wie die Prinzessin selbst im Garten arbeitete, alles darin kannte und eigenhändig gepflanzt hatte. Sie bezeichnete sich selbst lachend als einfache Hausfrau: Missis Wigg vom Krautfeld. Um sie herum herrschte keine Castle-of-Mey-Atmosphäre, und die distanzierte Extravaganz der englischen Queen Mother ging ihr völlig ab. William Warren ist der Meinung, sie sei unglücklich darüber gewesen, dass sie als Prinzessin von Thailand nie eine richtige Erziehung genossen hatte. Sie glich das durch ständiges Lesen, Reisen und Gespräche mit anderen Menschen aus. 1976 wurde Bangkok von einer Studentenrevolte erschüttert, die durch die Polizei brutal niedergeknüppelt wurde. William Warren beschrieb, wie er die Prinzessin an jenem Nachmittag in ihrem Gartenhaus besucht hatte und sie bei einer Dose iranischen Kaviars in Tränen aufgelöst fand. Sie verfolgte die Ereignisse im Fernsehen und rief unter Tränen aus: »Idioten, törichte Idioten.« Es dauerte eine Weile, bis er begriff, dass sie die Polizisten meinte.

Vom Palast zum Krautfeld – der Weg der Prinzessin war ein Weg der Aufklärung. Das Exil erschloss ihr das Gärtnern, England inspirierte sie, und als sie zurückkehrte, legte sie – in einem Umfeld, das einen weniger flexiblen Geist zur Verzweiflung getrieben hätte – den hübschesten Stadtgarten in Bangkok an. Wenn wir uns dreißig Jahre früher getroffen hätten, hätte ich vielleicht Orchideen wie *Cymbidium simulans* erkannt, die noch immer in ihren Bäumen wachsen. Es wäre schön gewesen, etwas über das blaublühende *Eranthemum* zu erfahren und sich über die ganz andere Ästhetik zu unterhalten, mit der sie ihren Steingarten angelegt hatte und die sich so eklatant von der englischen Tradition unterscheidet.

Gut dreißig Jahre nach ihrem Tod sind die Gärten noch immer täglich zwischen neun Uhr morgens und vier Uhr nachmittags geöffnet. Wenn Sie die Busnummer 3 entziffern können, bringt diese Linie Sie direkt vor das Tor. Man trifft zu jeder Jahreszeit auf schöne blühende Pflanzen, doch ich bezweifle, dass Sie mehr erkennen als ich damals. Mit Sicherheit werden Sie nicht eine wundervoll gelb blühende Varietät des rosafarbenen Trompetenbaums erkennen, den man auch unter dem Namen *Tabebuia* kennt. Nur eine Woche vor ihrem Tod freute sich Prinzessin Chumbhot darüber, dass sich bei dieser gelben Schönheit die Blüten öffneten. Es war das einzige bekannte Exemplar in gärtnerischer Obhut. Als sich so meine beiden Reisen nach Bangkok miteinander verbanden und ein Kreis sich schloss, ehrte ich in Gedanken eine gedankenreiche Gärtnerin, die von einem Thronsaal in einen einfachen Kleingarten übergewechselt war und ihrer Welt ein bleibendes Zeichen der Schönheit hinterlassen hat.

Der Salatfarm-Palast   99

Christopher Lloyd

Über noch längere Zeit als Bangkok und seine faszinierende Prinzessin war ein großartiger Gartenschriftsteller ein Leitstern in meinem Leben. Seit er nicht mehr unter uns weilt, teile ich mit vielen Gärtnern den Eindruck, dass im gemischten Blumenbeet unseres Lebens eine Lücke klafft. Christopher Lloyd starb im Februar 2006 nach nahezu achtzig Jahren gärtnerischen Wirkens. Er war anerkanntermaßen der König der Gartenschriftsteller und einer der einflussreichsten Meister der besonnenen Gartenpraxis in all ihren Ausprägungen. Er war der klügste aller klugen Gärtner und Letzteren häufig eine Nasenlänge voraus.

Lloyds Garten bei Great Dixter in Sussex gibt ein lebendiges Zeugnis für seinen exzellenten Blick und seinen nimmermüden Geist ab. Er war ein produktiver Schriftsteller und erfreute über mehr als vierzig Jahre Woche für Woche die Leser des *Country Life Magazine*. In den letzten zwanzig Jahren seines Lebens nahm die Zahl der Bewunderer noch weiter zu, da er ein inspirierendes Beispiel dafür gab, wie irrelevant so etwas wie »Ruhestand« für ernstzunehmende menschliche Wesen ist. Wie Solon, der große weise Mann der Antike, wurde Christopher alt, ohne aufzuhören, »immer viel zu lernen«. Er genoss die Gesellschaft junger Menschen und öffnete sein Haus für junge Besucher aus allen Schichten; wichtig war nur, dass sie Pflanzen und die Natur liebten. Er wurde sogar zu einer Ikone in Amerika, was durch seine Besuche in den Staaten und seine brillanten, immer überraschenden Vorträge noch verstärkt wurde.

Er war eine markante Person, geprägt durch eine markante Zeit, und sein Tod gab mir das Gefühl, dass einer der letzten Titanen seines Gebiets gegangen war. Ein jüngerer Kollege tröstete mich: Das würden die Leute immer meinen, wenn wichtige Lehrer aus ihrer Vergangenheit sterben. Ich glaube nicht, dass das stimmt. Es gab unwiederbringliche Gründe, warum Christopher ein überragendes Beispiel war. Sein urteilssicherer Blick und Stil schlugen sich in zahlreichen unverkennbaren Anekdoten nieder. Ich thematisierte eine Menge davon in meinen Jahren als Gartenschriftsteller – und bin auch selbst am Ursprung der einen oder anderen.

Christopher Lloyds Leben begann mit einem Vorteil, von dem heutzutage nur noch wenige Gärtner profitieren können: Er verbrachte sein gesamtes Leben in dem grandiosen Haus, in dem er zur Welt gekommen war, musste also nie einen Garten neu anlegen. Eines der Anliegen in seinen späteren Jahren war der Wunsch, seinen Besitz zusammenzuhalten und ihn durch ein komplexes Netz an familiären Eigentumsrechten weiterzureichen. Am meisten profitierte davon seine Nichte, die dann ihren Anteil an eine Stiftung verkaufte, welche durch eine umfangreiche Subvention des »Heritage Lottery Fund« gedeckt war. Dazu kamen noch Gelder aus anderen Quellen. Die nahegelegene Dixter Farm war für Lehrzwecke und die Unterbringung von Studenten erworben worden, und mittlerweile gibt es auch einen eigenen Parkplatz. Christopher wäre darüber erfreut, da er selbst seine eigene Berühmtheit – ebenso kokett wie amüsiert – für den Erhalt des Gartens ausgenutzt hat. In höherem Lebensalter veranstaltete er eine Auktion mit Dingen, die in Dixter nicht mehr gebraucht wurden, und hielt sich in seiner Gartenkluft unauffällig während des Verkaufs im Garten auf. Aber es freute ihn dann doch, dass sogar seine fast nicht mehr brauchbare Pflanzschaufel für zweihundert Pfund an einen amerikanischen Käufer ging.

Christopher kam 1921 zur Welt und wurde als jüngstes von sechs Kindern in einem strengen Haushalt erzogen. Er fand bald heraus, dass er am liebsten draußen aktiv war. Nathaniel, sein Vater, war ein fähiger Architekt, der Sir Edwin Lutyens nahestand, dessen Entwürfe für das Haus in Dixter maßgeblich waren. Seine Mutter, die bemerkenswerte Daisy, kommt hin und wieder in Christophers Gartenbüchern vor, sie übte einen bleibenden Einfluss auf seinen Geschmack und seine Einstellung aus. Er war zwölf Jahre alt, als sein Vater starb, und er blieb bei seiner Mutter wohnen, bis diese im Jahr 1972 starb: Es gab komplizierte Phasen, doch die Beziehung blieb sehr eng, ein zentraler Bestandteil im Leben beider. Daisy hatte ebenfalls einen unabhängigen Geist. Nach einem Besuch in Österreich in jungen Jahren überraschte sie die benachbarte Gesellschaft in Sussex damit, dass sie ein österreichisches Dirndl trug, was sie für den größten Teil ihres weiteren Lebens beibehielt. Daisy war eine außerordentlich begeisterte Gärtnerin, und sie erinnerte sich daran, wie ihr Sohn damit anfing, mit ihr im Freien zu arbeiten, und bereits im zarten Alter von sieben Jahren die Namen vieler Gartenpflanzen kannte. Sie und ihr Mann waren mit der grandiosen Miss Jekyll befreundet und besuchten sie häufig in ihrem berühmten Garten in Surrey, wo Christopher ihr als eifriger Gärtnerjunge vorgestellt wurde. Ohne die Folgen zu ahnen, bevollmächtigte Miss Jekyll ihn, indem sie ihn anwies, »mit der guten Arbeit weiterzumachen«. Sie schenkte Dixter vier schöne Exemplare der spitzblättrigen *Yucca gloriosa*, die Christophers Mutter jedoch nicht pflanzte, aus Angst, dass ihre Kinder sich an den spitzen Blättern verletzen könnten.

Christopher war dann auch als Erwachsener extrem scharfsinnig. Er hatte eine Erziehung in Cambridge genossen und verband einen durchdringenden Verstand mit hingebungsvoller Liebe zum Handwerk des Gärtnerns, einer Liebe, die über das Betrachten von Gärten weit hinausging. Sein Klassiker ist *The Well-Tempered Garden* [Der wohltemperierte Garten], nach wie vor einer der grundlegenden Texte für Gärtner. Der herrische Gartengestalter Russell Page gehörte zu jenen Personen, die mir gegenüber bemerkten, es sei doch schade, dass ein solches Buch von einem so »ill-tempered« [unschön temperierten – übellaunigen] Gärtner stammte. Nichts könnte weniger zutreffen. Christopher war nicht übellaunig. Er war zwar respektlos und boshaft, aber auch jederzeit bereit, Leistung anzuerkennen, wo er darauf stieß. Als Gegenschlag bezeichnete er dessen bewundertes Buch *The Education of a Gardener* [Die Erziehung eines Gärtners] als Erziehung in Arroganz, aber nicht im Gärtnern.

Wenn Christopher auf Besuch in die Gärten anderer kam, war das immer unvorhersehbar, und häufig blieb ein Stachel zurück. Einmal besuchte er in Dublin Helen Dillon, eine der wenigen praktizierenden Gärtnerpersönlichkeiten, die ihm das Wasser reichen konnten. Sie ließ ihn allein einen Rundgang durch ihren umwerfenden Garten hinter ihrem Stadthaus in der Sandford Road machen und beobachtete ihn, wie er sich auf ein Knie niederließ, ihre brillante Bepflanzung ignorierte und lediglich über das Gartenmäuerchen in den benachbarten Garten hinüberschielte. Als er ins Haus zurückkam, sagte er zu ihr: »Helen, Ihr Nachbar hat eine sehr interessante Steineiche.« Helen war völlig unbeeindruckt: »Christopher«, antwortete sie,

Abb. 18: Christopher Lloyd mit farblich abgestimmter Verbena bonariensis *in* Dixter

»ich habe einen Freund in Amerika, der zwei Dackel besitzt. Den einen hat er ›Christopher‹ genannt, den anderen ›Lloyd‹.« Christopher liebte Dackel und verhalf seinem heißgeliebten Dackel Tulip zu Bekanntheit, indem er ihn in seinen Texten immer wieder zärtlich erwähnte. »Das ehrt mich«, antwortete er. »Ja, das sollte es wirklich«, gab sie zurück. »Es sind beides Dackeldamen.« Ich hörte die Geschichte in ähnlichen Worten von beiden. Es war der Beginn ihrer von beiden Seiten hochgeschätzten Freundschaft.

Christopher hatte keine Toleranz für Gartenbesitzer, die sich als große Gärtner darstellten, obwohl sie einer anderen Hauptbeschäftigung nachgingen und Angestellte die Gartenarbeit machen ließen. Immer wieder beschrieb er in pointierten Artikeln seine Besuche in Gärten prominenter Besitzer, die er dann aber lediglich en passant, wenn überhaupt, erwähnte. Stattdessen ging er im Detail auf die jeweils vor Ort arbeitenden Gärtner ein, die die eigentliche Verantwortung hatten. Und er nahm die Leser auf einen Rundgang durch den jeweiligen Garten in Gesellschaft des besagten Gärtners mit, als hätte der Besitzer rein gar nichts damit zu tun. Es kam auch vor, dass er das Engagement der Besitzer unterschätzte, dass er nicht sah, wie viel diese trotz ihrer außergärtnerischen Aktivitäten zur Gestalt ihrer Gärten beitrugen. Einmal beschrieb er in trocken-detailliertem Stil einen Besuch in dem exzellenten Garten eines ehemaligen Generaldirektors der Verlagsgruppe Pearson, den Besitzern der *Financial Times*, in dessen Verlauf sein Gastgeber kurz zur Seite ging, um eine welke Blüte von einer rosafarbenen ›Frau Dagmar‹-Rose (›Fru Dagmar Hastrup‹) abzuschneiden und in einen danebenstehenden Korb zu legen. »Netter Versuch«, schrieb Christopher – zu Unrecht. Noch zehn Jahre später erinnerte man sich irritiert an diesen Kommentar.

Unter diesen Stacheln aber war er ein Gärtner, der an die Tätigkeit des Gärtnerns glaubte, und das zu einer Zeit, da Gärten zwar als schick galten, die praktische konkrete Arbeit darin jedoch im Bewusstsein der Öffentlichkeit keine große Rolle mehr spielte. Aufgrund seiner Einstellung schätzte Christopher Texte, bei denen er merkte, dass sie auf Beobachtung beruhten. Ich war daher hocherfreut, als ich lediglich zwei Monate, nachdem ich angefangen hatte, für die *Financial Times* zu schreiben, einen ermutigenden Brief von ihm bekam. Ich war ein junger Nobody und er der bereits erfahrene Meister. Was ihn beeindruckt hatte, war mein von Herzen kommender Angriff auf die englische Heidekraut-Vorliebe – ich fand Heidekraut in

Gärten einfach scheußlich. Er fügte hinzu, dass wir beide unsere Jobs als Journalisten der Unterstützung von Arthur Hellyer verdankten, dem Maestro des praxisorientierten Journalismus, der sowohl für die *FT* als auch für *Country Life* schrieb, wo er mit dazu beigetragen hatte, dass Christopher als Kolumnist eingestellt wurde.

Im Lauf der Zeit machte sich dann jedoch zwischen Christopher und mir zunehmend eine gewisse Gereiztheit breit. Es gab sogar eine Phase, während der ich in der *FT* schreiben konnte, was ich wollte – ich konnte in jedem Fall sicher sein, dass es von Christopher in der nächsten Ausgabe von *Country Life* aufgespießt und niedergemacht wurde. Nach wie vor kann ich die dornige Berberitze mit dunkelrotem Laub nicht leiden, doch einen bislang unbesungenen Vorteil hat sie immerhin. Ich hatte geschrieben, dass es sich dabei um eine trostlose Pflanze handle, die am besten zu den Gärten von Provinzhotels passe, woraufhin Christopher einen langen Artikel zur Verteidigung von Hotelgärten und dunkelroten Blättern verfasste sowie gegen Leute, die andere Gärtner niedermachen. Ich hatte gerade ein Haus gekauft, auf dessen Grundstück eine hochgezüchtete Berberitze der dunkelroten Art wuchs. Ich grub sie daraufhin aus und schickte sie ihm per Post zu, mit der Bemerkung, dass ich hoffte, er werde die Dornen zu schätzen wissen. Daraufhin kam von ihm ein Brief, in dem er mir mitteilte, er werde den Bau von Nasszellen beantragen und Great Dixter in ein Hotel verwandeln.

Das Scharmützel, das lediglich von ihm am Leben gehalten wurde, nahm dann noch einmal an Intensität zu, als ich meine Vorliebe für eine niedrig wachsende Bodendeckerpflanze namens *Phuopsis stylosa* zum Ausdruck brachte. Christopher protestierte in seinem *Country-Life*-Artikel der darauffolgenden Woche: Ich hätte vergessen darauf hinzuweisen, dass diese Pflanze nach Fuchs riecht, was ihn aber nicht überrasche, schließlich sei ich lediglich Universitätsdozent in Oxford, hätte also nicht die leiseste Ahnung, wie Füchse riechen. Das war nun allerdings ein spektakulärer Fehlschuss, denn mein Leben besteht praktisch aus Gärtnern und der Fuchsjagd, und ich habe sehr viel mehr dieser pelzigen Gegner gerochen, als Christopher in seinem ganzen Leben auf Abbildungen gesehen hat. Daraufhin wurde ein Waffenstillstand vereinbart, und zehn Jahre später nahm ich seine großzügige Einladung nach Dixter an.

Mein Besuch Ende August fiel zusammen mit den letzten Stunden seines berühmten Dackels Tulip, der, in eine Decke gewickelt, ebenso traurig dreinschaute wie sein Herrchen. Trotzdem waren die Tage nicht nur von Melancholie geprägt. In höherem Alter schwelgte Christopher in Duos mit seinen Gärtnergehilfen; einer dieser Männer, Romke, entwickelte sich zu einem neuen Leitmotiv in Christophers Texten, einer Hintergrundfolie zu Christophers Wortgefechten. Als Romke ging, folgten ein trostloser Winter und eine leichte Flaute, da der alternde Christopher allein, ohne leitende Kraft, mit einem stark lehmhaltigen Garten fertigwerden musste. 1988 wurde die Lücke dann wundervoll von dem jungen Fergus Garrett gefüllt. Christopher erzählte mir, Fergus sei ihm zuerst aufgefallen, als dieser eine Studentengruppe um sein gemischtes Beet herum geführt habe. Christopher hatte eine seiner typischen neckischen Bemerkungen über die Haarfarbe des jungen Mannes gemacht. Fergus gab darauf eine clevere Antwort, und da er sein Talent erkannte, überredete Christopher Fergus dazu, für ihn in Dixter zu arbeiten. Es war eine inspirierende Kombination, die ebenfalls Eingang in die wöchentlichen Artikel fand, in denen Fergus eine immer größere Rolle spielte. Er verwandelte die letzten Jahre, die seinem Arbeitgeber noch blieben.

Gleich nach meiner Ankunft in Dixter wurde ich auf einen Rundgang durch den Garten mitgenommen. Dass ich mit Testfragen rechnen musste, war mir natürlich klar. Christopher war zu einer Zeit großgeworden, als der gute Geschmack hinsichtlich der für Gärten möglichen Farben von einer Landhausbesitzer-Klasse geprägt war, die viele Schattierungen als minderwertig und lediglich unterschichtentauglich aussortierte. Gegen diese Engstirnigkeit hatte er grundsätzliche Einwände, die er mit seinem intelligenten Krieg gegen Konventionalität verband. Die Farben an den längsten Beeten in Dixter konnten durchaus provozierend wirken: Das war ein Grund dafür, dass sein erstes Buch, *The Mixed Border*, veröffentlicht im Jahr 1957, einige Jahre brauchte, bis es sich durchsetzte.

Während unseres Rundgangs ließ ich mich nicht unterkriegen, war aber doch erstaunt von den präzisen, kurzen Antworten, die er auf sämtliche Fragen geben konnte, die ihm oder mir in den Sinn kamen. Er hatte das Auge eines praxisgestählten Naturforschers, der auf die Wanzen auf den jungen Trieben einer Aralie ebenso hinwies wie auf die Gründe, warum es bei einigen, aber nicht allen strauchartigen Hebes-Züchtungen eine widerstandsfähige Art gibt. Dixters alter Obstgarten war ein frühes Beispiel für natürliches Gärtnern im »Wiesenstil«, lange bevor uns »Wildblumen-Gärtnern« als modischer Trend aufgedrängt wurde. Christophers überragende Stärke lag in seiner intensiven Auseinandersetzung mit der Grenze zwischen Gartenpflanzen und Pflanzen, die als »wildwachsend« oder lediglich in freier Natur vorkommend galten. Auf diesem Gebiet verfügte er über ein wahrhaft enzyklopädisches Wissen. Er konnte hochdifferenzierte Bemerkungen über vernachlässigte Familien wie Waldmeister oder die hübschen, niedrigwüchsigen *Paris* (Einbeeren) formulieren. Er war der Meinung – die ich teile –, dass jegliche Form von Gärtnern, selbst »wildes« Gärtnern, grundsätzlich etwas von Fälschung an sich hat. Wir simulieren »Natur«, unsere menschliche Vorstellung davon. Wir unterwerfen uns ihr nicht.

Der Tag in Dixter fing früh um sieben Uhr vor dem Frühstück mit einem Rundgang durch den Garten an. Bei meinem Besuch blieben wir vor einer grandiosen Clematis stehen – ich glaube, es war die Sorte *flammula* –, und Christopher erzählte mir in seiner typisch boshaft-ironischen Art, dass Graham Thomas diese Pflanze als zweitklassige Varietät abgetan habe. Sie sah phantastisch aus, und dann gesellte sich Fergus zu uns, der schon dabei war, fachmännisch Unkraut zu jäten. Wir unterhielten uns eine Weile, doch als wir uns dann anschickten weiterzugehen, bemerkte Christopher noch, dass die Spitzen der linken Seite dieser enormen Blütenwand erste Anzeichen von Welke zeigten und in den nächsten Stunden eingesprüht werden müssten. Mir war das überhaupt nicht aufgefallen. Christopher war ein lebendes Beispiel für den Grundsatz, dass man von einem Garten genauso viel erhält, wie man selbst zu investieren bereit ist. Als Junge hatte er die große Miss Jekyll gefragt, warum ihr blauer Mohn so enorme Blüten hatte. »Weil ich ihn zweimal pro Tag gieße«, gab sie zur Antwort. Exemplare dieses Mohns lebten in seinen Gärten in Dixter noch jahrelang weiter.

Das Mittagessen wurde wie immer auf einem alten, verkratzten Herd zubereitet. Christopher entwickelte zunehmend eine Leidenschaft fürs Kochen, häufig mit Zutaten aus dem Garten. Während Tulip seine letzten Stunden unter seiner Hundedecke verbrachte, nahm mich sein Herrchen zur Seite und erklärte mir, warum Frauen sich nicht als Gartengestalter eignen. Er behauptete, sie hätten kein Auge für den Mittelgrund. Das habe ein formloses Durcheinander von Blumen im Vordergrund zur Folge. Offensichtlich konnte das Elend seines Hundes seine Geradlinigkeit nicht im Geringsten beeinträchtigen.

Christopher Lloyd

Es kam immer wieder vor, dass andere Menschen Christopher Steilvorlagen lieferten. Ich liebe den Artikel, in welchem er Miss Jekyll korrigierte, die sich damals auf dem Höhepunkt ihres Ruhms befand. Sie beschrieb, wie sie jedes Jahr in ihren Wald hinausging und Gott dankte, weil »der Juni gekommen ist, der herrliche Juni«. Christopher bemerkte zu Recht, dass der Juni im Wald eine eher armselige Angelegenheit ist, da es dort dann hauptsächlich Fliegen gibt. Die Stauden des zu Ende gehenden Frühjahrs sind verblüht, und sie wäre besser beraten gewesen, wenn sie im Mai dorthin gegangen wäre. Allerdings sind Frauen auch durchaus dazu in der Lage, sich zu rächen. Einmal kam ich mit einer begeisterten amerikanischen Dame nach Dixter, die Christopher bei den Blumentopfregalen antraf und ihn überschwenglich begrüßte. »Mr. Lloyd, als ich letztes Mal hier war, habe ich bei Ihrer wunderbaren Gattin eine phantastische Bienenwachs-Politur für meine Treppengeländer gekauft: Kann ich Ihre liebe Frau sehen und wieder eine Dose davon erstehen?« »Sie ist nicht da«, antwortete Christopher freundlich. Dass sie existierte, stand außer Frage.

Im selben Sommer kam mir zu Ohren, wie Christopher, damals Ende siebzig, mit einer ausgesuchten Gruppe von Gartenfachleuten in Kew unterwegs war, die einige der dortigen Beete begutachteten. Ein junger Gärtner mit nacktem Oberkörper war in der Nähe mit Graben beschäftigt, und Christopher entfernte sich kurz von der Gruppe und küsste ihn leidenschaftlich. Er kehrte dann zu der Gruppe zurück und gab, als sei nichts geschehen, eine durchschlagende Bemerkung über die Einschätzung von Ziergräsern von sich. Kurz danach wurden die Schwanzfedern seiner in Form von Pfauen geschnittenen Zierhecken von einem Eindringling kupiert. Viele von uns gaben sich gern Spekulationen darüber hin, wer das wohl gewesen sein mochte.

Christopher liebte die *Financial Times*, vor allem, wenn Musik- und Opernkritiken von namhaften Verfassern stammten. Während einer Phase der Umgestaltung der Samstagsausgabe fragte ich ihn, ob er eventuell geneigt wäre, auf derselben Seite zu schreiben wie ich. Die dunkelrote Berberitze pikste nicht mehr. Er sagte, das würde er gerne tun, doch der damals für diesen Zeitungsteil verantwortliche Redakteur hatte noch nie von Christopher gehört und beschloss, dass ein Autor mit über siebzig Jahren seine beste Zeit hinter sich haben musste, was er Christopher sogar direkt rundheraus schriftlich mitteilte. Christopher widerlegte ihn in den darauf folgenden fünfzehn Jahren, indem er besser als je zuvor für *Country Life* schrieb. Ich bedaure diese verpasste Gelegenheit, denn jede Woche hätte für mich neue Sticheleien, Korrekturen und beträchtliche Horizonterweiterungen mit sich gebracht. Und Christopher hätte gelernt, sich nicht mehr zum Thema Füchse zu äußern.

Christopher Lloyd

Jardin Majorelle

Ebenso wie der Verkauf von Great Dixter und der Gartengerätschaften seines Besitzers war der Verkauf der Hinterlassenschaften des Modeschöpfers Yves Saint Laurent in Paris ein wahrhaft historisches Ereignis. Die Höhen, die die erzielten Preise erreichten, ließen Banalitäten wie eine Weltwirtschaftskrise weit hinter sich. Damals stritten sich die Chinesen über den rechtlichen Anspruch auf Objekte, die einst im Kaiserpalast des alten Peking gestanden hatten. Ich musste an einen Eigentumsbestandteil denken, der nie unter den Hammer kam: der Garten in Marokko.

Die Villa Oasis in Marrakesch wurde von Saint Laurent und seinem Partner Pierre Bergé in den frühen 1980er Jahren gekauft. Sie befand sich im sogenannten Serenity-Viertel der Stadt, und es gehörten knapp drei Hektar Land dazu. Im Jahr 2008 starb Saint Laurent, nachdem er über ein Jahrzehnt vornehmlich in der Stille dieses Anwesens verbracht hatte. 2006 schätzte Bergé, dass der kleine Teil des Gartens, der für Publikum geöffnet ist, pro Jahr 660000 Besucher anziehen würde. Majorelle wurde zu einem der meistbesuchten Gärten weltweit.

Als ich den Garten fünf Jahre vor dem Tod von Yves Saint Laurent aufsuchte, war ich fast allein bei seltenen Kakteen und Bambuspflanzen, Feigen, Palmfarmen und Pflanzgefäßen, die in dem berühmten Blauton gehalten waren. Die Wege neben Kanälen und Teichen waren zurückhaltend beschriftet, und der vergitterte Gartenpavillon, auf den sie zuliefen, hatte einen gewissen Charme. Es war eine erfreuliche Erfahrung, in der sengenden Hitze Marokkos einen Garten zu finden, den eine derart berühmte Persönlichkeit mit so intelligent ausgewählten Pflanzen angelegt hatte. Nie wäre es mir in den Sinn gekommen, Kleidungsstücke zu tragen, die auch nur entfernt etwas mit Saint Laurent zu tun hatten, doch veränderte sich meine Meinung von seinem Geschmack durchaus, als ich seinen Garten kennenlernte. Bei meinem Besuch wusste ich noch nicht, dass die Anlage des Gartens nicht »all about Yves« ist. Der Garten gehört zwar zu einer bestimmten Phase seines Lebens, doch hängt er auch mit der Geschichte eines früheren französischen Auswanderers zusammen, nämlich mit der des Künstlers Jacques Majorelle. Bemerkenswerterweise ist der Garten bei beiden mit ihrem Knabenalter verbunden, einer Zeit, in der viele der am innigsten geliebten Gärten ihre Wurzeln haben. Majorelle war in seiner Jugend damit beschäftigt, seinem dominanten Vater zu entkommen, während dies Saint Laurent mit seiner ihn vergötternden Mutter nie ganz gelang. Der Garten in Marokko ist auch von den Jahren der Traurigkeit und Abhängigkeit geprägt, die beide hier durchleben mussten.

Bergé sagte einmal, dass Saint Laurent, seit langen Jahren sein Geliebter, »ein Mann von außerordentlicher Intelligenz war, der das Gewerbe eines Idioten ausübte«. Falls das zutrifft, dann ist die Idiotie bemerkenswert aufschlussreich. Vieles von dem, was ich über Yves Saint Laurent weiß, stammt aus der großartigen Biographie von Alice Rawsthorn, ehemals Korrespondentin der *Financial Times* in Paris. 1996 veröffentlichte sie die Geschichte vom Leben Saint Laurents und seiner finanziellen Beziehung zu Bergé, seinem ergebenen Förderer. Für mich besonders wertvoll ist die Chronik, mit der das Buch schließt. Dergleichen gehört zwar nicht zur üblichen Lektüre eines Gärtners, doch sie informiert mich darüber, dass der Garten in Marrakesch dreizehn Jahre nach Saint Laurents Entwicklung des Safari-Looks und seiner Designer-Dufflecoats zu Ehren der Pariser Studentenaufstände (1968) erworben wurde; zehn Jahre, nachdem er nackt – abgesehen von seiner Brille – posiert hatte (1971); und sechs Jahre nach dem Fehlschlag mit seiner »geschlechtsneutralen Duftkreation« *Eau Libre* (1975). Er kaufte die Villa, als »Le Smoking«, der Abendanzug für Männer, ein zentrales Thema seiner Frauenkollektion war. In jenem Jahr (1981) zeigte Yohji Yamamoto erstmals eine Prêt-à-porter-Kollektion in Paris, und Bergé stimmte für Giscard d'Estaing, bevor er dann schnell die Seiten wechselte. 1989 ging das Unternehmen Saint Laurents an die Börse, und Mitte der 1990er Jahre wurde Bergé wegen Insiderhandels mit einer Geldstrafe belegt.

Rawsthorns Thema war nicht das Gärtnern, und erst seit dem Jahr 2007 können wir in einem Buch die Spuren der frühen Jahre dieses Gartens ver-

Jardin Majorelle

Abb. 19: *Kakteen und der blaue Pavillon im Jardin Majorelle*

folgen. Damals veröffentlichte Alain Leygonie, ein Philosophiedozent in Toulouse, eine Studie über den Garten und seinen ersten Schöpfer Jacques Majorelle, der im Jahr 1962 mit Mitte siebzig starb. Für sein Buch suchte Leygonie das Gespräch mit noch lebenden Familienmitgliedern sowie mit dem ausgezeichneten Obergärtner Abderrazak Benchaâbane. Von den Gärtnern der Villa hatte ich damals erfahren, dass sie zu einem Kernteam von mindestens acht Angestellten gehörten. Der kleine, geschlossene Bereich, der heute für Publikum zugänglich ist, ist ausgezeichnet gepflegt, allerdings bin ich außerstande, viele der dortigen Kakteen genauer zu bestimmen, da einige von ihnen nur alle dreißig Jahre blühen, und es gibt keine Hinweisschildchen.

Majorelle kam 1886 im französischen Nancy als Sohn eines künstlerischen Vaters zur Welt, dessen großes Haus mitsamt Garten als Erinnerung in seinem Geist lebendig blieb. 1919 wanderte er nach Marokko aus, vier Jahre später begann er mit dem Erwerb des Lands, auf dem sich jetzt auch der Garten erstreckt. Um die Haus- und Gartenanlage zu vervollständigen, waren im Lauf der folgenden neun Jahre noch drei weitere Grundstücks-Zukäufe nötig. Der Stil des Ortes geht auf Majorelles Vision zurück: eine Kombination des kongenial begriffenen einheimischen marokkanischen Stils, moderner Architektur und traditioneller Details und Fassaden. Majorelle war häufig im Atlasgebirge unterwegs und bewunderte schon früh den Stil der Häuser in den dortigen Dörfern, von denen er das strahlende Berber-Blau übernahm, das heute die Pflanzgefäße und Mauern seines Gartens schmückt. 1931 weitete er die Thematik seiner Gemälde auf das Sujet der von ihm so genannten »nackten Negerinnen« aus. Die Mädchen pflegten damals vor ihm im heutigen Garten der Villa Oasis ihre Hüften und Brüste zu schwingen.

Als der Romancier Anthony Burgess in den 1970er Jahren Yves Saint Laurent interviewte, fragte er ihn, was er von Frauen hielt. Er missverstand die Antwort zunächst als »dolls« [Puppen], jedenfalls bis Saint Laurent sich für sein »Franglais« entschuldigte und erklärte, er habe in Wahrheit »idols« [Abgöttinnen] gesagt. Saint Laurent mochte Frauen und zwang ihnen nie die homoerotischen Kleidungs- und Körperlinien auf, die bei seinen Rivalen so hoch im Kurs standen. Er pflegte sogar zu sagen, dass Frauen erst dann wirklich attraktiv sind, wenn sie älter werden und sich ihr Wesen in ihrem Gesicht ausdrückt. Allerdings erinnert sich eines seiner Mannequins an eine Szene, wo er auf ihre Brüste gezeigt und missbilligend gefragt habe: »Was soll das denn sein?« Ich glaube kaum, dass er es geschätzt hätte, wenn sich in seinem Garten Majorelles »nackte Negerinnen« wieder eingefunden hätten.

Majorelle hatte ein genaues Auge für die Pflanzenwelt vor Ort, die sich in einem marokkanischen Garten gut entwickeln würde. Und er liebte die Farben der Häuser in Marokko. Majorelle-Blau ist nach wie vor eine anerkannte Farbe in modernen Farbpaletten, und von Leygonie erfährt man, dass das berühmte Blau des Gartens zur Zeit Majorelles eingeführt wurde. Saint Laurent und Bergé kauften das Haus, als ein französisches Unternehmen bereits plante, es zu einem Hotel mit Swimming Pool umzubauen. Unterstützt von zwei Designer-Freunden, Bill Willis und Jacques Grange, statteten sie das Gebäude liebevoll aus – neun Monate dauerte es, bis die richtige Rotschattierung gemischt war. Saint Laurent betonte immer wieder: »Ich will auf gar keinen Fall einen Palast. Ich bin gegen übertriebene Prachtentfaltung.« Er kaufte Stühle für fünf Pfund das Stück und Teppiche

Jardin Majorelle 113

aus der Region, die aus den 1930er Jahren stammten. Er ließ sich von seinem Wunsch leiten, Majorelles Träume für den Garten umzusetzen, die er von Majorelles Witwe und seinen Dienern in Erfahrung gebracht hatte.

Für Majorelle war der Garten Schauplatz einer schmerzlichen Scheidung, anschließend, in der Zeit zwischen seinem sechzigsten und siebzigsten Lebensjahr, der neuen Liebe zu Maithé Hamman, halb Haitianerin und halb Deutsche, die er später heiratete. Leider plagten ihn Geldsorgen, erschwert durch einen nicht durch eine Versicherung abgedeckten Autounfall auf einer marokkanischen Straße, durch den er ein Bein verlor. Yves Saint Laurents Zeit in Marokko hatte einen glücklicheren Anfang. Er war in Algerien aufgewachsen, und Marrakesch erweckte Kindheitserinnerungen wieder zum Leben, die er durch die Rauschmittel Sex und Drogen erweiterte. Sein erstes Haus in Marrakesch in den 1960er Jahren kannte man als Schlangen-Villa; zu den Besuchern der dort stattfindenden wilden Partys zählten auch die jungen Gettys und der Rockstar Mick Jagger. Dann zog er in die Glücks-Villa um, unmittelbar neben Majorelles Garten, doch mittlerweile war sein Leben eher von Verzweiflung, Alkohol und Drogen überschattet. Bergé gab Majorelles Haus nach einem Lieblingsroman von Eugène Dabit den neuen Namen »Villa Oasis«. In dieser Oase lebte Saint Laurent in trauriger Abgeschiedenheit. Am wohlsten fühlte er sich in Gesellschaft seiner französischen Bulldoggen.

Während Majorelle sehr stürmisch veranlagt war, wirkte Saint Laurent auf viele seiner Freunde eher kindlich, bevor er – schon im Alter zwischen vierzig und fünfzig – plötzlich ins Greisenalter gewechselt zu haben schien. Beide Künstler verdienen es, dass man sich wegen des Gartens, in dem sie, erst der eine, dann der andere, Trost gefunden haben, ihrer erinnert. Als die Schauspielerin Lauren Bacall bei einer Premiere in Manhattan in einem eleganten schwarzen Hosenanzug erschien, fertigte sie die neugierigen Journalisten brüsk mit der Antwort ab: »If it's pants, it's Yves.« [Wenn Hosen, dann nur von Yves.] Im Hinblick auf die Villa Oasis müsste man hingegen sagen: »If it's plants, it's Yves – and Jacques.«

»Ach, wie ich doch Gärten liebe!«

Der Jardin Majorelle bringt deutlich zum Ausdruck, dass Blumen und Gärten unseren Häuptern nicht ohne Geschichte entspringen. Wir alle tragen Erinnerungen mit uns herum: Erinnerungen an Blumen, die wir vor langer Zeit gesehen haben, oder an ideale Gärten aus einer Kindheit, die uns für immer verschlossen bleibt. Ich ringe mit meinen eigenen Träumen und bin mir schmerzlich der Tatsache bewusst, dass die zugrunde liegenden Bilder sich im harten Licht des Tages nie vollständig werden umsetzen lassen.

Blumen und Gärten aus der Vergangenheit begleiten uns bis zum Ende. Angesichts des nahenden Todes tauchen sie mit neuer Intensität auf, wenn Blumensträuße von Besuchern diese alten, unerschütterlich tief verwurzelten Erinnerungen wieder neu beleben. Häufig sind Blumen für die Betrachter auch ein Trost. Édouard Manet ließ sich von Vasen voller Blumen inspirieren, als sein Leben sich dem Ende zuneigte, und die Blumengemälde seiner letzten Monate sind der höchste Tribut an den Trost, den Blumen kurz vor dem Tod zu spenden vermögen. Wie in der Malerei, so gibt es auch in der Literatur eine Reihe von Männern und Frauen, für die Blumen in ihren letzten Tagen eine besondere Rolle spielten. Zu ihnen gehört auch die Romanschriftstellerin Katherine Mansfield. Sie lebte vier Jahre lang mit der Diagnose, bald an Tuberkulose sterben zu müssen; im Januar 1923 erlag sie der Krankheit. Heute ist sie am bekanntesten für ihre Sammlung von Kurzgeschichten *In a German Pension (In einer deutschen Pension)*, ein Jugendwerk, das sie später nicht mehr veröffentlicht sehen wollte. Sie wusste, dass es ihr nicht gerecht wurde; sie wollte als Schriftstellerin geschätzt werden, die nie ihr scharfes Auge und ihre kritischen Maßstäbe verlor. Sie verlor auch nie ihre tief verwurzelte Liebe zu Blumen und Gärten. Diese Liebe kommt in ihren veröffentlichten Briefen ergreifend zum Ausdruck.

Im Sommer 1919 lebte sie mit ihrem Ehemann in ihrem neuen Wohnsitz, 2 Portland Villas, in Hampstead. Sie war seit einem Jahr verheiratet, und die Bösartigkeit ihrer Krankheit war ihr nun in aller Schärfe bewusst. Ihre Freundin Lady Ottoline Morrell schickte ihr ständig Körbchen mit Blumen aus ihrem Garten in Oxfordshire, »herrliche Tulpen und einige Zweiglein Rosmarin und Verbenen«, »Pfingstrosen und Rittersporn und Flieder (ich rechnete schon fast damit, den kleinen Moses unter den Iris zu finden)«, und vor allem Rosen, von denen »ich die Blütenblätter aufhebe und trocknen lasse«. Mitte Juni »ist das Geräusch des Windes in diesem Haus sehr laut. ... Jetzt ist es dunkel, und man fühlt sich so bleich – sogar die Hände fühlen sich bleich an. ... Ich habe das Gefühl, man könnte alles Mögliche sagen – alles Mögliche tun – das eigene Leben zerstören – das Leben eines anderen Menschen zerstören.« In einer Notiz hielt sie fest, dass »rote Geranien den Garten über meinen Kopf gekauft haben«, damals in dem vorigen Haus, »fest entschlossen, dass keine Macht der Erde sie je wieder verdrängen kann«: Schaute sie vom Untergeschoss zu ihnen hinauf? »Aber warum geben sie mir so deutlich zu verstehen, dass ich eine Fremde bin? Warum nur fragen sie mich jedes Mal, wenn ich in ihre Nähe komme: ›Und was hast *Du* hier in einem Garten in London zu suchen?‹ Sie lodern förmlich vor Arroganz und Stolz. Und ich bin die kleine Kolonistin, die in einem Garten in London herumspaziert – Anschauen ist mir vielleicht gerade noch erlaubt, aber nicht Hierbleiben.« Katherine Mansfield kam in Neuseeland zur Welt: Wenn sie im Gras lag, schreibt sie dann weiter, »schrien mich die Geranien geradezu an: Schaut doch nur, da liegt sie auf *unserem* Gras und tut so, als würde sie hier leben. ... Sie ist eine Fremde, die von außen kommt. Sie ist nur ein kleines Mädchen, das auf dem Tinakori-Hügel sitzt und träumt: ›Ich ging nach London und heiratete einen Engländer.‹«

Später, im Jahr 1919, verließ sie England aus Sorge um ihre Gesundheit und ging auf den Kontinent, »in der Verfassung eines verpflanzten Baumes« – womit sie Tschechow zitierte –, »der noch zögert, ob er Wurzeln schlagen oder lieber allmählich verwelken soll«. Einige ihrer Impressionen werden uns [in Großbritannien] jetzt durch die phantastische Ausgabe ihrer Briefe erschlossen. In den frühen Bänden finden sich im Zusammenhang mit ihren Gedanken über die Nachwirkungen des Ersten Weltkriegs einige Blumeneindrücke. Sie spricht über die allgegenwärtigen Auswirkungen des Kriegs und äußert sich höchst befremdet darüber, dass diese von ihrer Zeitgenossin Virginia Woolf in ihrem 1919 veröffentlichten Roman *Night and Day (Nacht und Tag)* nicht thematisiert wurden. Im Herbst jenes Jahres traten Blumen in ihrem Denken wieder in den Vordergrund. Das Todesurteil Tuberkulose war ihr gerade eröffnet worden, dennoch hoffte sie auf eine Remission und erfreute sich an den Anemonenfeldern und den regionalen Narzissen im warmen Italien und in Südfrankreich. Sie war erfreulich glücklich über den Anblick der Männer, die im Garten halfen. In Norditalien kam »ein großer grauhaariger, verschmitzter alter Mann«, der in schlechtem Französisch mit ihr über »wilde, kleine« Veilchen sprach; über Rosen, die im Weihnachtsmonat (»le mois de Noël«) blühen, und über eine Lilie, so hoch wie ein Haus. Im Januar genoss sie den Duft gefüllter Levkojen. In der Nähe von Menton wandelte sie damals, als es an der Küste noch eine Überfülle an Wildblumen gab, in einem wahren Blumenhimmel. Es ist faszinierend, dass diese junge, wegen ihrer Gesundheit exilierte geniale Schriftstellerin genau in jenen Monaten in der Nähe von Menton lebte, als der große Lawrence Johnston, der Schöpfer des Gartens von Hidcote Manor in Gloucestershire, sich in einem Pflegeheim ganz in der Nähe um seine Mutter kümmerte. Getroffen haben sie sich nie.

Katherines herrliche Briefe aus diesen Jahren thematisieren ausführlich die Wurzeln ihrer Liebe zu Blumen. Sie reichen zurück in ihre Kindheit im weit entfernten Neuseeland. »Als ich ungefähr so groß war wie ein Spaten«, so schreibt sie im März 1920 aus Menton, »verbrachte ich Wochen, ja Monate damit, einem Mann zuzuschauen, der all diese Gartenarbeiten machte, und ich schlenderte umher zwischen Stangen, an denen sich gelbe Bohnen emporrankten, und roch an den gefleckten breiten Bohnenblüten und half, ›Giant Edwards‹ und ›White Elephants‹ zu pflanzen. Ach, wie ich doch Gärten liebe! Ich höre jetzt besser damit auf.« Immer wieder klingt in ihren Briefen ihr Glück über die Sträuße und Blumenkörbe an, die ihr zugeschickt wurden, um sie aufzumuntern. Selbst im Angesicht des nahenden Todes träumte sie noch von den Umrissen eines zukünftigen Gartens. Im Januar dachte sie an »kleine, krause blaue Hyazinthen und weiße Veilchen und die Vogelkirsche. Mein Problem ist, dass ich so viele Blumen hatte, als ich noch klein war. Ich lernte sie so gut kennen, dass sie für mich einfach

»Ach, wie ich doch Gärten liebe!« 117

der Lebensatem sind. Das ist keine gewöhnliche Liebe mehr. Das ist Leidenschaft.«

Im Oktober 1922 schlugen die Medikamente nicht mehr an, und es gelang Katherine, in das Institut des legendären Gurus George Gurdjieff aufgenommen zu werden, den die beiden Herausgeber ihrer Briefe lapidar als »einen weit gereisten armenischen Griechen« vorstellen. Dieser Fürst esoterischen Schwachsinns war von imponierender Präsenz, und seine Theorien von kosmischen Strahlen und kurativem Tanz trugen nur noch zur Steigerung der Mystik bei. Ursprünglich hatte er in Russland sein »Institut für die Harmonische Entwicklung des Menschen« gegründet. Nach der russischen Revolution verlegte er unter tatkräftiger Hilfe von neu gewonnenen französischen Unterstützern seine spezifische Mischung aus Gemeinschaftsleben, »heilender« Arbeit und fernöstlichen Teppichen in das Priorat bei Fontainebleau. Katherine Mansfield erfuhr von ihm durch einen Vortrag seines Esoteriker-Kollegen P. D. Ouspensky in Paris. In späteren Jahren machte auch der berühmte Landschaftsgärtner Russell Page die Bekanntschaft Ouspenskys; Page kannte auch Gurdjieff, dessen uneheliche Tochter er heiratete, als sie bereits schwanger war. Das Institut bei Fontainebleau und Gurdjieffs »Harmonie«-Theorien waren das Fundament für Russells abstrakte Ansichten über die Welt der Natur.

Die letzten Briefe von Katherine Mansfield aus diesem Bauernhaus voller russischer Exilanten und hilfesuchender Seelen sind eine besonders ergreifende Lektüre. »Mr. Gurdjieff sagt«, so schreibt sie, »jeder von uns hätte seine ›Krankheit‹, und es bedarf sehr strenger Maßnahmen, um uns zu heilen.« Für Katherine verschrieb Gurdjieff einen Zufluchtsort oberhalb der Kühe im Stall des Hofs, wo sie sitzen »und ihren Atem inhalieren« konnte. Dort sitzt sie brav auf einem Stapel Teppiche. Das Leben ist entsetzlich kalt, und abgesehen von den Kühen muss die Hauptbeschäftigung wohl in Kochen, Saubermachen und schlicht Am-Leben-Bleiben bestanden haben.

Zünftige russische Tänze unterbrachen ein Leben, das hauptsächlich mit Karottenschälen zugebracht wurde. Vincent O'Sullivan und Margaret Scott, die Herausgeber ihrer Briefe, äußern die Vermutung, dass Katherine primär von der Gemeinschaft und deren sozialer Zusammensetzung angezogen war; Autoren leben isoliert, und ich kann das sehr gut nachvollziehen: »Sie sind alle sehr unterschiedlich, aber es sind die Menschen, nach denen ich gesucht habe – echte Menschen, nicht solche, die ich mir ausdenke oder

118   *Winter*

erfinde.« Diese Menschen waren so real, dass sie ihr bereits nach kurzer Zeit all ihre Unterwäsche gestohlen hatten.

Wie wirkte sich »kosmische Harmonie« auf ihre Liebe zu Blumen aus? Wundersamerweise blieb ihr diese Liebe erhalten, trotz der in Kuhställen verbrachten Stunden und der schrecklichen, feuchtkalten Witterung. Der Herbst des Jahres 1922, als sie im Institut eintraf, war eine »prachtvolle« Jahreszeit für Dahlien gewesen: »Große, rote Dahlien mit spitzen Blüten-blättern; weiße Dahlien, und eine kleine, strahlend orangene Sorte – ganz allerliebst.« Als sie Paris verließ, erinnerte sie sich in ihren Briefen noch an die »Michaeli-Astern an einem alleinstehenden Busch in der Acacia Road. Ich mag sie. Sie haben so ausnehmend zarte Blütenblätter.« Im »Institut für Harmonische Entwicklung«, Anfang Januar 1923, hielt sie »bereits Aus-schau nach Zeichen für den Frühling. ... Unter dem Birnbaumspalier gibt es herrliche Christrosen ... und gestern hat jemand vier Schlüsselblumen gefunden.« Nur ein oder zwei Tage später war sie tot. Sie starb mit vierund-dreißig Jahren.

Die innig geliebte Erinnerung an Blumen war ihr in ihrem kurzen Leben eine Stütze gewesen. Drei Jahre zuvor, in Menton, hatte sie über ihre »fünf-zehn Cinerarien in Italien« geschrieben, und wie »sie in Richtung Meer wuchsen«. Und sie fügte hinzu: »Ich hoffe, man wird dazu in der Lage sein, sich diese Dinge auf dem Totenbett ins Gedächtnis zu rufen.« Ich glaube fest daran, dass sie es konnte und auch tat.

»Ach, wie ich doch Gärten liebe!«

Schneeglöckchen

Es gibt tatsächlich Leute, die für ein einziges Schneeglöckchen zwanzig Pfund bezahlen. Seit ich mit solchen Personen in Kontakt gekommen bin, hat sich mein Verständnis dieser Pflanze etwas verschoben. Ich hatte mir Schneeglöckchen immer am Rand von Waldstücken oder in Lauberde mit einer gewissen Tiefe vorgestellt, wo sie auch Schatten bekommen und geschützt sind, und ich würde instinktiv eher davor zurückschrecken, sie in offene Blumenbeete oder in trockene, steinige Erde zu pflanzen.

Besuche an zwei unterschiedlichen Orten haben mich eines Besseren belehrt. Der erste Besuch führte mich in die poetische Schneeglöckchen-sammlung, die während der 1990er Jahre in der Nähe von Oxford mit viel Sachverstand von dem Dichter und Schriftsteller James Fenton zusammen-getragen wurde. In seinem Garten mussten sich die Schneeglöckchen nicht im Schatten verstecken. Anfangs wurden sie in Zweier- oder Dreiergrup-pen in Hochbeeten, Randbeeten und auf gut durchgearbeitetem Boden am Fuß einer Mauer gepflanzt. An solchen Orten entwickelten sich Fentons Schneeglöckchen zu kräftigen Büscheln und konnten geteilt und unter altmodische Rosen und zwischen spezielle Alpenpflanzen verteilt werden. Die gewichtige botanische Autorität William Stearn war der Meinung, dass Schneeglöckchen Stallmist hassen und eingehen, wenn man sie damit ver-sorgt. Hätte Stearn wirklich ganz recht gehabt, dann hätten jene Schnee-glöckchen keine Zukunft gehabt, die Fenton unter Rosen setzte, die an der Oberfläche gedüngt werden müssen. Tatsächlich überleben Schneeglöck-chen moderates Mulchen und Düngen, obwohl sie noch schneller wachsen, wenn der Dung sich einigermaßen verteilt hat und von der Erde absorbiert worden ist. In der Obhut eines Lyrik-Professors in Oxford lächelten hochpreisige Schneeglöckchen, vermehrten sich und entwickelten sich zu einem sorgfältig gepflegten Wachstumswert. Vielleicht mögen sie lieber Musen als Stallmist, doch ich hätte nicht erwartet, dass sich so exzellente Exemplare wie ›Hippolyta‹ oder ›John Gray‹ vermehren lassen und nach nur wenigen Jahren geteilt werden können. Ich war überrascht, in einem Sommerbeet eine Unterpflanzung mit ›Lady Beatrix Stanley‹ zu finden und unter alten Rosen einen Teppich aus einem großwüchsigen, frühen Charmeur namens ›Lime Tree‹ (Lindenbaum). Die akademischen Qualifikationen dieser Varietät sind makellos. Sie soll unter eben jenem Lindenbaum entdeckt worden sein, neben welchem der scharfsinnige R. A. Butler sich während seiner Arbeit am »Education Act«, dem Rahmenwerk für den Unterricht im England der Nachkriegszeit, zu entspannen pflegte.

Die Lektion, die ich in Fentons Musengarten gelernt habe: Schneeglöckchen entwickeln sich durchaus kontinuierlich auf gut gedüngtem Boden, abseits von Schatten oder Gras, und sie beleben aufs Angenehmste die kahlen Blumenbeete eines launischen Februarmonats. Einzelne Zwiebeln namhafter Varietäten sind zwar nicht ganz billig, doch weil sie außerdem auch stark sind und sich häufig schnell vermehren, ergibt sich rasch ein vertretbares Preis-Leistungs-Verhältnis. Ich merkte mir das großblühende ›Mighty Atom‹ und das frühe ›Castlegar‹ aus Irland, das unmittelbar vor Weihnachten zu blühen beginnt, ein herrlicher Anblick. Einen besonderen Charme hat ›Neill Fraser‹: eine schottische Varietät mit abgerundeten Blüten, die von dem Kenner E. A. Bowles besonders geschätzt wurde. Bei Fenton blühte sie in einem Beet mit direkter Sonneneinstrahlung. Was die Vitalität betrifft, so geht nichts über ›Galatea‹ und ›Magnet‹, die sich sogar unter einer gut gedüngten Rosenhecke behaupten.

Mein zweiter aufschlussreicher Besuch war die überragende Sammlung von Schneeglöckchen in Colesbourne Park, Gloucestershire, zwischen Cirencester und Cheltenham. Die Sammlung geht auf den bedeutenden Baumpflanzer und Gärtner H. J. Elwes zurück, dessen Urenkel noch immer im Haus lebt, und im Februar zieht sie Hunderte von Schneeglöckchen-Bewunderern an, die sich mit großem Interesse entlang des beschilderten Pfades bewegen. Das ringsum sich erstreckende Arboretum und die Wasserflächen sind ein schöner Anblick, vor allem von den Aussichtspunkten aus, auf denen gelber Eisenhut wächst. Die Familie Elwes hat sich ein gutes Auge für Bäume bewahrt, und ein Besuch in Colesbourne ist auch dann

Schneeglöckchen 121

Abb. 20: Galanthus ›*Colossus*‹ *im Garten von James Fenton*

Abb. 21: Galanthus nivalis ›*Anglesey Abbey*‹ *in Fentons Garten*

Abb. 22: Teppich aus Schneeglöckchen in Burford, Oxfordshire

noch höchst ersprießlich, wenn Sie in das Geäst der Bäume schauen und nicht auf die zu Ihren Füßen wachsenden Vertreter von *Galanthus elwesii* (Großblütiges Schneeglöckchen).

Der erste Teil des Besucherwegs führt unter hohen Bäumen an Teppichen des in England heimischen kleinen Schneeglöckchens *Galanthus nivalis* (Gewöhnliches Schneeglöckchen) entlang. Eine spektakuläre Anordnung des robusten Schneeglöckchens ›S. Arnott‹ ist eine der Sehenswürdigkeiten in diesem Teil des Gartens, die zeigt, welch eine überragende Wahl diese alte schottische Varietät für fast jeden Boden darstellt. Der Probst von Dumfries schickte Zwiebeln davon nach Elwes, also in eben diesen Garten. Es ist schön zu sehen, wie deren Abkömmlinge zu Hunderten an genau diesem Ort blühen und – wahrnehmbar für diejenigen, die sich niederbeugen – im Sonnenschein einen feinen Duft verströmen.

Der zweite Teil des Wegs führt um das Haus herum in eher unerwartete Gefilde. In sonnenbeschienenen Beeten neben Mauern oder zwischen Beetpflanzen blühen hübsche Schneeglöckchen auch frei und bilden teilbare Büschel. Ich nehme nicht an, dass die Familie Elwes eine engere Beziehung zur Poesie hat, doch auch hier sind die exklusivsten Schneeglöckchen offenbar durchaus zufrieden mit einem Leben unter freiem Himmel statt unter dem Schutz hoher Bäume. Die Erde in Colesbourne ist nicht besser als meine eigene, womit die Auffassung widerlegt ist, dass besondere Schneeglöckchen auch eine besonders laubhaltige Umgebung brauchen. Mrs. Elwes teilte mir mit, einige der besten Büschel im Waldgebiet würden auf Cotswold-Schotter ohne tiefere Erdschicht darunter wachsen. Als Beweis zeigte sie mir ihre Spezialentdeckung, die alte Schneeglöckchen-Art ›George Elwes‹, die nach ihrem Sohn benannt ist. Sie entdeckte sie zwischen Baumwurzeln und musste einschneidende Ausgrabungsanstrengungen unternehmen, um an die großen Zwiebeln zu kommen, die sie dann verpflanzte und später dann nach Teilung auch zum Verkauf anbot.

Angesichts einer solchen Vielfalt ist es schwer, die Blumen exakt zu benennen – zu schweigen davon, eine gefüllte ›Cordelia‹ von einer gefüllten ›Hippolyta‹ zu unterscheiden. Meine Erfolgsrate bei der Benennung belief sich im Schnitt auf lediglich vier von zehn, und selbst dann hatte ich manchmal noch einen Blick auf die Beschriftung. Auch unter den Experten gibt es Meinungsverschiedenheiten. Bei Tagesanbruch hatte ich die großartigen Büschel des wilden griechischen *Galanthus gracilis* (Zierliches

Schneeglöckchen 123

Schneeglöckchen) bewundert, dessen Blätter besonders schmal und leicht gewunden sind. In Colesbourne wachsen jedoch als *gracilis* bezeichnete Büschel, bei denen sich die Windung der Blätter nicht beobachten lässt. Glücklicherweise gibt es einen verlässlichen botanischen Führer, Aaron P. Davis' *The Genus Galanthus*, ein hervorragendes Nachschlagewerk, das von den Kew Gardens und der Timber Press herausgegeben wurde – und selbst bei Davis gibt es noch Momente von Unsicherheit. Schneeglöckchen haben sich gekreuzt, wurden gezüchtet und vermehrt, und das häufig von Vorfahren, die in Gärten womöglich seit dem 19. Jahrhundert friedlich vor sich hinwuchsen. Gegen Ende seines Lebens bemerkte der großartige Gärtner Lewis Palmer, die Namen und Identitäten der Leute seien verwirrend, und er pflegte sich zu beklagen: Wenn die Menschen so einfach zu unterscheiden wären wie Schneeglöckchen, würde man sich leichter zurechtfinden. Der Rest der Menschheit aber wird es nie schaffen, sämtliche Schneeglöckchen einem bestimmten Familienstammbaum zuzuordnen.

Und wir können sie auch nicht auf rigide Regeln festnageln. Die übliche Praxis sieht heutzutage so aus, dass die Büschel ausgegraben werden, wenn sie noch Blätter haben, und man sie teilt, um sie unmittelbar darauf wieder einzupflanzen. Selbst Experten sind sich aber nicht einig über den optimalen Zeitpunkt: Einige empfehlen, unmittelbar bevor die Schneeglöckchen in voller Blüte stehen tätig zu werden, andere ziehen es vor zu warten, bis die Pflanzen verblüht sind. Meiner Erfahrung nach werden Zwiebeln, die verpflanzt werden, bevor sich die Blüten öffnen, mit größerer Wahrscheinlichkeit im darauf folgenden Frühjahr gut blühen. Schneeglöckchen kommen mit meiner leichten Erde zurecht, aber ideal ist sie nicht. In Colesbourne setzt der Gartendirektor eine dritte Option um: Er pflanzt Schneeglöckchen-Zwiebeln im Herbst, wenn keine Blätter mehr zu sehen sind. Wenn die Zwiebeln nicht ausgetrocknet sind, lassen sie sich auch gut im Herbst umpflanzen. Das Austrocknen ist ein Problem, das sich im Massenhandel ergibt; in privaten Gärten ist man davor sicher. In Colesbourne beweisen Tausende Büschel, dass das Verpflanzen auch im Herbst noch funktioniert.

Rüsslerinnen an der Macht

Verbrennen Sie Ihre alten Emma-Hefte; schmeißen Sie *Der weibliche Eunuch* ins Altpapier; schmelzen Sie Ihre Studentinnenverbindungs-Anstecknadeln ein. Seit über dreißig Jahren erklären Feministinnen den Krieg der Geschlechter, allerdings wirkt das völlig überholt, wenn man es aus der Warte dessen betrachtet, was im Erdreich vor sich geht. Keiner feministischen Autorin ist das je aufgefallen, und während die Feministinnen den Frauen vorschrieben, sie sollten ihre BHs verbrennen und das Zepter in die Hand nehmen, hat eine Bevölkerungsgruppe, die nur wenige Fuß von ihren Sesseln entfernt lebt, genau Letzteres getan. Selbst der große Aristophanes wäre in Deckung gegangen. Nicht genug damit, dass Frauen einen Staat lenken. Ganz in unserer Nähe schaffen es weibliche Wesen seit Jahrhunderten, völlig ohne Männer auszukommen.

In einem Forschungsgewächshaus in der Nähe von Düsseldorf ging mir die Tragweite dieser vernachlässigten Dimension der Sexualpolitik auf. Um die Mitbewohner und Mitbewohnerinnen auf unserem Planeten kennenzulernen, müssen wir mit Menschen reden, die ihren Lebensunterhalt damit verdienen, dass sie die zur Gesamtpopulation gehörenden Schädlinge bekämpfen. Unter den Glasdächern der deutschen Chemiefabrik Bayer konnte ich eine kränkliche Pelargonie in einem Blumentopf in Augenschein nehmen, und ich erfuhr, dass so die Konsequenzen aussehen, wenn Frauen das Kommando übernehmen. Die Pelargonie war eine gerade noch lebendige Antwort auf die Frage, mit der sich wohl fast alle Paare zeitweise abquälen: Wäre es besser um die Welt bestellt, wenn die Frauen die Herrschaft übernähmen? In Reichweite der Feministin Germaine Greer wimmelte es nur so von Vertretern einer weiblichen Population in Topfpflanzen,

Rüsslerinnen an der Macht ⚜ 125

in Komposthäufen und in den Behältern der vielen Pflanzen, die Germaine Greer wie wir alle käuflich im Pflanzenhandel erwarb.

Jahrelang bin ich sogar vor dem Namen des Gefurchten Dickmaulrüsslers [engl.: vine weevil] zurückgeschreckt; ich war überzeugt, dass er zu den ganz wenigen Bedrohungen gehört, die meinen Garten bislang verschont haben. Die Gefurchte Dickmaulrüsslerin [wie man im Deutschen politisch korrekt eigentlich sagen müsste, A. d. Ü.] greift Wurzeln an, schlachtet Fuchsien ab und knabbert an den Rändern von gesunden Blättern. Die Expertin Helen Dillon rät uns, unsere Bergenien genau zu inspizieren, wenn wir wissen wollen, ob wir Dickmaulrüssler im Garten haben. Wenn der Rand eines Bergenienblattes aussieht, als wäre er von der Zange eines Fahrscheinkontrolleurs geknipst worden, dann handelt es sich um das Werk von Dickmaulrüsslern. Löcher in der Mitte des Blattes stammen von Schnecken, nicht von Dickmaulrüsslern. Bis jetzt habe ich nur Schnecken.

Nach meinem Besuch in Düsseldorf ist meine Dankbarkeit darüber, dass die Dickmaulrüsslerinnen mich bislang noch nicht entdeckt haben, noch größer. Entomologen wissen es wahrscheinlich, doch Sozialtheoretiker und geplagte Gärtner haben davon keine Ahnung: Die Dickmaulrüssler-Population ist rein weiblich. Niemand weiß, was mit dem letzten männlichen Vertreter der Gattung geschah. Einige gehen davon aus, er habe die Eiszeit nicht überlebt. Ich hingegen glaube, dass die Weibchen ihn im Umkleideraum totgebissen haben. Sie hatten eine infame Methode herausgefunden, wie man sich ohne Sex fortpflanzt, waren also nicht länger auf ihn angewiesen.

Die Folgen sind höchst bedeutsam. Soweit ich weiß, wurde die Dickmaulrüsslerin bislang keiner theologischen Diskussion gewürdigt, obwohl sich die Weibchen seit Zehntausenden von Jahren erfolgreich durch Jungfrauengeburt vermehrt haben. Man geht davon aus, dass sie pro Monat bis zu 1200 Eiern produzieren, und ihre Sprösslinge schlüpfen in eine nur aus Frauen bestehende Single-Sex-Familie hinein, die die Schwesternschaft der Rüsslerinnen strikt auf Kurs hält. In den 1970er Jahren verloren wir für kurze Zeit die Kontrolle über diese ausschließlich weibliche Welt. Zuvor waren Gärtner in höchst maskuliner Manier damit umgegangen. Sie hatten sie mit DDT totgesprüht und dadurch verhindert, dass die Weibchen die Oberhand gewannen. Als DDT dann verboten wurde, begannen Letztere sich stark zu vermehren. Wie sah die Gesellschaft aus, die sie anstrebten?

Zunächst einmal machten sie Schluss mit den überkommenen Farbgrenzen. Sie beschlossen, dass die Polarisierung in Schwarz und Weiß einer typisch männlichen Denkweise entspringe und insofern inakzeptabel sei; ihre Larven sind in Cremeweiß gehalten, und später entwickeln sie eine stumpfe Schwarz-Schattierung. Kaum erwähnen muss ich wohl, dass die gesamte erwachsene Bevölkerung der Weibchen eine dicke Haut hat und unzerquetschbar ist. Die kleinen Rüsslerinnen sollen kundigen Quellen zufolge »eine gewisse Ähnlichkeit mit Außerirdischen« haben. Um zu zeigen, dass sie durchaus an einem Junggesellinnenabschied [engl. hen night] teilnehmen können, wachsen sie zunächst ohne Beine auf. Der Großteil ihrer Aktivitäten vollzieht sich nachts, wozu auch die Jungfrauengeburten gehören. Sie hassen den Winter mit einem Hass, wie er nur von weiblichen Wesen genährt werden kann. Erst im Mai und Juni stauben sie ihre Weltraum-Anzüge ab und machen sich ans Werk, eine neue Gesellschaft zu erschaffen.

Das Resultat ist parasitär und extrem aggressiv. Ihr Leben beginnt oberirdisch, sie verstecken sich in Blättern, an denen sie ihre Kontrolleurszangen-Markierungen hinterlassen. Dann begeben sie sich nach unten, graben sich am Fuß einer Pflanze ein und verschwinden unter der Erde. Die Missetäterinnen, deren Hauptziel darin besteht, die Wurzeln von allem, was wächst, zu zerstören, sind extrem schwer zu überwältigen. Wenn sie sich bedroht fühlen, verstecken sie sich unter einer zentralen Zwiebel oder Knolle. Aufgrund dieser Angewohnheit stellen sie auch eine Bedrohung in Alpenveilchentöpfen dar. Ihre Einstellung zum Leben ist engstirnig, verbohrt und obsessiv. Sie wollen nur Schaden anrichten, so viele der umgebenden Wurzeln und Pflanzen wie möglich vernichten und fressen, ohne dick zu werden. Drinnen, wo es warm ist, geht es ihnen sehr viel besser als draußen, wo das Wetter ihrem Teint schaden könnte. Am wohlsten fühlen sie sich in weichem, matschigem Kompost, vor allem in Torf. Daher haben sie sich auch seit der Einführung von schwarzen Polyäthylen-Containern und schwammmigem Torf-Kompost mit alarmierender Geschwindigkeit vermehrt. Jedes Wochenende, wenn Gärtner sich in ihr bevorzugtes Gartencenter begeben, um eine Staude in einem Topf zu erstehen, riskieren sie, mit dem Mikrokosmos einer Jungfrauen-Gesellschaft heimzukehren. Wahrscheinlich ist die Blumenerde durchsetzt mit Rüsslerinnen, die für menschliche Augen fast unsichtbar sind.

Eine Kardinalfrage des Lebens ist damit also offenbar beantwortet: Wenn es in der Welt nur Frauen gäbe, würden sie mit den Vorhängen kurzen Prozess machen, dann die weichen Wohntextilien verwüsten und sich schließlich unterm Sofa verstecken. Andere Fragen sind schwieriger zu beantworten. Wie würden sie sich verhalten, wenn sie eines Männchens ansichtig würden? Und wie können wir in unserer Post-DDT-Ära diese jungfräulichen Kriecherinnen ausrotten? Die Möglichkeit, einen Mann ins Spiel zu bringen und damit die erste Frage zu beantworten, ist reizvoll. Vielleicht erinnern Sie sich an Basil Ransom in dem Roman *Die Damen aus Boston* von Henry James: »Den maskulinen Charakter, die Fähigkeit zu wagen und zu erdulden, die Wirklichkeit zu erkennen, ohne sie zu fürchten, sich der Welt zu stellen und sie zu nehmen, wie sie ist ... das will ich wiedergewinnen.« Ich schlage vor, dass unsere genialen Wissenschaftler von ihrem Genom-Wissen Gebrauch machen, ein Dickmaulrüssler-Männchen kreieren, es mit den Fähigkeiten von Basil Ransom ausstatten und auf die weibliche Population loslassen. Stellen Sie sich die armen kleinen Jungfrauen vor, wenn sie es auf sich zukommen sehen. Werden sie meinen, es tauge nur als Spekulations- und Handelsobjekt? Werden sie enger zusammenrücken und es aus dem Kompost vertreiben? Ich male mir gerne aus, dass tief in ihrem postglazialen Bewusstsein eine mysteriöse, vergrabene Dimension wachgerüttelt wird. Sie werden zunächst völlig ratlos sein und dann plötzlich feststellen, dass sie sich verliebt haben. Auf eine im Blumentopf wachsende Valentine-Poinsettia (Weihnachtsstern) wird sich das niederschmetternd auswirken, aber ich meine, wir sollten dieser feministischen Enklave doch trotzdem den einzigen Valentinsgruß zukommen lassen, den sie zu schätzen wissen.

Lady-Killing

Allerdings ist die Frage nach wie vor ungelöst: Wie werden wir mit diesen ausschließlich weiblichen Dickmaulrüsslern in einer Ära fertig, in der DDT verboten ist? Eine »organische« Antwort gibt es nicht; ohne sachverständig eingesetzte chemische Waffen würden die Maßnahmen von Gärtnern und Bauern in ein Chaos ausufern. Glücklicherweise haben Chemiker ein Präparat erfunden, mit dem man den Ladys zu Leibe rücken kann. Entwickelt wurde es von Männern, und es wird in Gartencentern als »Provado« verkauft. In England trägt es den Zusatz »Ultimate Bug Killer« [Ultimativer Insektenkiller]. Mittlerweile bereue ich, dass ich mich immer wieder einmal darüber beklagt habe, dass Gärtner im Vergleich zu Bauern nur Zugang zu weniger effektiven chemischen Mitteln haben. Harter kommerzieller Fakt ist eben, dass ohne die Landwirtschaft wir Gärtner überhaupt keinen Zugang zu neuen Verbündeten aus der Chemieindustrie hätten. Der Wirkstoff von Provado wurde 1985 von Bayer entwickelt und ging aus Forschungen hervor, die seit 1972 liefen. Es kostete Bayer über 100 Millionen Dollar, diesen Wirkstoff zu entwickeln und ihn den für die Marktzulassung notwendigen Tests zu unterwerfen. Der Gartenmarkt könnte die Risiken und Kosten der Entwicklung eines solchen neuen Produkts gar nicht alleine schultern. Neue Chemikalien, die wir als Gärtner kaufen, waren in der Landwirtschaft meistens bereits seit zehn Jahren zugänglich.

Der chemische Durchbruch wurde als »Imidacloprid« bezeichnet und hatte bereits in den Jahren, bevor er in den Gartenhandel kam, Wunder gewirkt. Die Ökobewegung kann nicht die Augen davor verschließen, dass Imidacloprid mit dazu beigetragen hat, Baumwollernten in der Türkei, die Ernte von Zitrusfrüchten östlich der Ägäis und weite Anbauflächen jener

Tomaten zu retten, die wir als »frisch vom Hof« kaufen, weil sie in Sichtweite von offenem Gelände gewachsen sind. In Italien wird Imidacloprid eingesetzt, um das Gelbwerden der Blätter an Platanen zu verhindern, die an Straßen stehen. Imidacloprid killt Schildläuse, Blattläuse, Schmierläuse und das lästige Lilienhähnchen. Es vernichtet die ausschließlich aus Weibchen bestehende Invasion der Dickmaulrüssler und schützt auf mindestens sechs Monate hinaus die Pflanzen vor einem erneuten Befall. Wenn Sie eine ungewachste Zitrone in einem Bioladen kaufen und sich wegen Ihres umweltbewussten Handelns auf die Schulter klopfen, dann sollten Sie sich auch vor Augen halten, dass die Zitronenernten im Jahr 1990 von der Zitrus-Minierfliege bedroht waren und dass es ohne Imidacloprid überhaupt keine Zitronen mehr gäbe, ob nun gewachste oder solche, die ungewachst belassen wurden.

Doch natürlich ist und bleibt Imidacloprid eine Chemikalie. Bevor »grüne« Gärtner jetzt protestieren, seien sie informiert, dass sich der Wirkstoff bei Sonnenlicht sehr schnell zersetzt. Er wird nicht ins Grundwasser ausgespült, weil er sich locker, doch untrennbar mit Bodenpartikeln verbindet. »Provado Pest Free« [»Schädlingsfrei Provado« in Deutschland] ist die Marke, die für Hobbygärtner angeboten wird.

In England steht auf der Verpackung »high risk to bees«, in Deutschland »NB661 (B1) Bienengefährlich«, doch das gilt nur, wenn man aus Versehen mit dieser Mischung frontal auf Bienen losgeht. Provado wird mit dem Gießwasser in die Erde eingebracht und nicht oberirdisch direkt auf Bienen oder Insekten gesprüht. Man kann es auch auf blättertragende, nicht aber auf blühende Pflanzen sprühen. Dann greift es auch die Bestäuber nicht an und ist für Bienen harmlos, es sei denn, sie bekommen das Mittel frontal ins Gesicht gesprüht. Professionelle Mischungen mit Imidacloprid wurden sorgfältig getestet und zum Gebrauch für so fundamentale Nutzpflanzen wie Zuckerrüben, Hopfen und Kopfsalat zugelassen. Für Säugetiere ist es so harmlos, dass es auch bei Haustieren zur Beseitigung von Flöhen benutzt wird. Man könnte es auch verwenden, um Nissen aus den Haaren von Kindern zu entfernen.

Imidacloprid vertreibt die Insekten nicht, die von einer damit behandelten Pflanze fressen. Das ist entscheidend, denn andere Chemikalien lassen die Insekten auf andere Pflanzentypen abwandern. Imidacloprid wird von den Wurzelhärchen in das System der Pflanze aufgenommen und wirkt systemisch, indem es lediglich die Insekten vernichtet, die von der Pflanze fressen. Diese Abtötungsmethode ist höchst genial. Dickmaulrüsslerinnen und andere Insekten haben Nervensysteme, die Impulse von »Auslösern« zu spezifischen Rezeptoren transportieren. Die meisten früheren chemischen Schädlingsvertilgungsmittel griffen die »Auslöser« an, Imidacloprid hingegen blockiert die Rezeptoren. Da die Erfahrung noch relativ neu ist, hat die Population noch keine Resistenz entwickelt. Mischungen, die Imidacloprid enthalten, sind ein Geschenk des Himmels gegen Termiten, die Gebäude aus Holz in Japan und Amerika angreifen. Dass Termiten bis unters Dach vordringen, gehört der Vergangenheit an. Ich frage mich, wie Bio-Fanatiker ihre Holzdielen in diesen Klimazonen schützen wollen, wenn sie den Einsatz von Chemikalien prinzipiell ablehnen.

Ich weiß jedenfalls, wie ich meine empfindlichen Beetpflanzen schütze. Ich gieße sämtliche Beetpflanzen und Setzlinge, bevor sie ins Freie gesetzt werden, mit der Provado-Produktpalette. Dann sind sie, weil sie die Chemikalie in ihr System aufgenommen haben, eine ganze Saison lang vor Insekten und Käfern geschützt. In meinem Gartenschuppen gibt es zwei unverzichtbare Verbündete. Mischungen auf Glyphosat-Basis werden gegen Quecken und die meisten breitblättrigen Unkräuter eingesetzt, ohne dass es auch nur die mindesten Anzeichen dafür gibt, dass das Erdreich vergiftet würde. Und mit Provado gewinne ich die Oberhand im Krieg gegen Lilienhähnchen und Dickmaulrüssler.

Kürzlich las ich einen charmanten Text der Schriftstellerin Candace Bushnell, in welchem sie schreibt, dass sie das Landleben liebt und ihren Besuchern zu verstehen gibt: »Honey, *wir* leben hier, und das Ungeziefer lebt hier ebenfalls« – ein Argument, mit dem sie den Besuchern ihre Beschwerden über die mit dem Landleben verbundenen Insektenplagen abgewöhnen will. Bei mir, Honey, hat das Ungeziefer keine Chance mehr, und da spielt es auch keine Rolle, wenn jedes einzelne, so wie du, zum weiblichen Geschlecht gehört. Wenn ich sie gieße, ist es aus mit ihnen.

Lady-Killing   131

Frühe Kirschblüten

Bevor Dickmaulrüssler anfangen, in den Blumentöpfen unserer neuen Frühlingspflanzen ihr Unwesen zu treiben, vergehen einige Wochen, in denen der Kontrast zwischen Gärten in der Stadt und jenen auf dem Land besonders augenfällig wird. Mitte März ist es ganz offensichtlich: Gärten außerhalb der Zusatzwärme in den Städten sind deutlich zurückgeblieben. Bei ihnen blüht noch der Krokus, als wäre er im Kühlschrank konserviert worden, wohingegen in den Städten Südenglands bereits die Magnolien in Blüte stehen.

Ich würde daher jedem Gärtner mit einem neuen Garten in kühleren ländlichen Regionen raten, sich intensiv mit den zur Gattung *Prunus* gehörenden Kirschbäumen auseinanderzusetzen. In südenglischen Städten öffnen sich die ersten Prunus-Blüten jetzt Mitte März, und die Gärtner auf dem Lande können zu dieser Zeit die zweite Blüte der Wintervarietäten genießen. Diese Blüten dürfen sicher nicht als zweite Wahl angesehen werden – die Winterkirsche *Prunus subhirtella autumnalis* ist ausnehmend schön. Vor fast dreißig Jahren erkor ich sie zum schönsten Baum für einen Ziergarten, und ich sehe keinen Grund, meine Wahl zu revidieren. Die rosa-weißen Blüten öffnen sich erstmals Mitte November und eignen sich geschnitten ganz phantastisch für Blumenarrangements im Haus. Zu dieser Zeit des Jahres haben wir es eher mit Treibhauspflanzen zu tun, die schlichte Eleganz der Blütenzweige ist daher im Wohnzimmer eine charmante Überraschung. Diese Winterkirsche wächst überall und kann, wenn es Platzprobleme gibt, auch als Strauch erstanden werden. Die einfache Form ist besser als die pinkfarbene, die etwas später blüht.

Wenn der Frost über die frühen Winterblüten kommt, bilden sich an den

Triebspitzen neue Knospen, die dann im Frühjahr blühen. Da sie Mitte März verblühen, ist mein nächster Favorit der vernachlässigte Prunus ›Okame‹ mit kräftig pinkfarbenen Blüten. Diesem schönen Baum macht kalte Witterung überhaupt nichts aus, und er blüht selbst in exponierten Lagen auf dem Land sehr kräftig. Okame hat einen noch vitaleren Konkurrenten, Prunus ›Kursar‹, der im Handel nicht so leicht zu finden, allerdings noch etwas besser ist. Er stammt aus der Zentraltürkei, wo er von dem großen Kirschbaum-Experten Captain Collingwood Ingram entdeckt wurde. In späteren Monaten würde der kräftige Pinkton seiner Blüten zu grell wirken, doch er ist eine leuchtende Eröffnung für die Gartensaison auf dem Land und lässt sich von Schmuddelwetter nicht beeinträchtigen. Sowohl ›Okame‹ als auch ›Kursar‹ sind kleine Bäume: Letzterer wird nicht höher als dreieinhalb Meter, auch die seitliche Ausdehnung bleibt moderat. Viele Gärten auf dem Land haben Platz genug für einen oder beide Exemplare, und sie verdienen es, stärker wahrgenommen zu werden. Dasselbe gilt für den ausgezeichneten Prunus ›Hally Jolivette‹, einen Strauch mittlerer bis hoher Wuchshöhe mit dünnen, grazilen Ästen, die Ende März mit halbgefüllten, rosa-weißen Blüten bedeckt sind. Er ist pflegeleicht und sehr hübsch, doch wird er nur von wenigen Gärtnern bei gärtnerischen Neuplanungen als erste Wahl in Erwägung gezogen, wahrscheinlich weil viele nicht wissen, dass es ihn gibt. Ich hoffe, ich kann diesem Unwissen abhelfen: Prunus ›Hally Jolivette‹ ist wetterfest, krankheitsresistent und extrem pflegeleicht.

Ende März bricht dann die Zeit eines anderen kräftigen Strauchs, Prunus tenella, an, der sich sehr schön auf trockenen Böschungen oder als Abschluss an einer niedrigen Gartenmauer macht. Die herkömmliche Bezeichnung dieses struppigen, niedrigen Buschs lautet Zwergmandel. Er hat den einen Nachteil, dass Teile davon absterben können, doch die gesamte Pflanze ist davon nicht betroffen, und die Lücken werden bald wieder geschlossen. Der Busch tendiert dazu, nach vorne zu kippen und eine größere Fläche zu überwuchern. Die Massen rot-pinkfarbener Blüten der üblichen Form ›Fire Hill‹ sind Ende März und Anfang April ein herzerfrischender Anblick. Bei mir hat es sich bewährt, kräftige Formen alpiner Clematis in einem Abstand von weniger als eineinhalb Meter zu pflanzen und deren Zweige horizontal durch die unordentlichen Stämme des Prunus-Buschs wachsen zu lassen. Die blauen Formen dieser Clematis-Familie, vor allem ›Frances Rivis‹, bilden eine prachtvolle Begleitung. In freier Natur wachsen die Alpen-Clematis

Abb. 23: Prunus ›Tai Haku‹ am Arabella Lennox Boyd's Lake in Gresgarth, Lancashire

häufiger flach über niedrige Büsche hinweg und haben eigentlich kaum die Tendenz, vertikal hochzuklettern. Wir sind es, die sie als Kletterpflanzen für Mauern klassifizieren.

Wenn die erste Farbenpracht aus kräftigen, rot-pinkfarbenen Blüten an diesen *Prunus*-Bäumen verblasst ist, muss man sich über die nächste Blütenwelle mehr Gedanken machen. Nur wenige werden Varietäten mit gefüllten Blüten wollen, die farblich in Richtung Cassislikör tendieren. Sehr empfehlen kann ich die halbgefüllten Blüten von *Prunus* ›Accolade‹. Seinen »Award of Merit« der »Royal Horticultural Society« hat er wirklich verdient, die Pink-Schattierung ist zauberhaft, und die Bäume kommen offenbar gut mit kargem Boden zurecht; bei mir wächst ein Exemplar nur zweieinhalb Meter entfernt von einer hohen Hecke dieser fiesen Leyland-Zypressen.

Mitte April geht ›Umineko‹ mit seinen ungefüllten Blüten in Führung, ein aufrechter Baum, der sich gut als Randbepflanzung für Wege und Alleen eignet; gefolgt von dem gewölbten, ausgreifenden weißen *Prunus x yedoensis*. Dann folgen immer mehr weiße Kirschblüten bis zum letzten, unübertrefflichen Rausch Mitte Mai am ausgezeichneten *Prunus* ›Shimizu-zakura‹ (die botanische Bezeichnung wurde in den aktuellen Listen zu ›Shagetsu‹ verändert). Die Weißtöne dieser drei Bäume bilden ein herrliches Trio, allerdings gibt es in England keine Kirschblütenfeste, mit denen sie eigens gefeiert werden. Wir begeben uns nicht an einem offiziellen Feiertag nach draußen, um die Blüten dieser Kirschbäume zu betrachten oder uns gar, auf Picknickdecken gelagert, unter den Bäumen einen leichten Rausch anzutrinken. Für Kirschblütenfeste müssen wir in den Fernen Osten reisen. In mir regte sich der Wunsch, ein solches Fest live mitzuerleben, bereits im Alter von zwölf Jahren, als meine Liebe zu Kirschbäumen erwachte; ich eignete mir die Namen der berühmten japanischen Schönheiten – ›Shirofugen‹, ›Yoshino‹, ›Shimizu‹, ›Zakura‹ und vieler anderer – an und übte die richtige Aussprache. Kürzlich erlebte ich Kirschblüten in ihrer Festival-Saison in Korea, der ultimativen Heimat zahlreicher Wildkirschen.

In Korea liegt den feiernden Menschen nichts daran, sich unter herabschwebenden Kirschblütenblättern zu betrinken. Sie brechen vielmehr zu Tausenden auf und besteigen sogar Spezialzüge, die in abgelegene Städte fahren, wo besonders schöne Kirschbäume wachsen. Ich konzentrierte mich auf die Hauptstadt Seoul. Was Grünflächen angeht, hat die Stadt kaum etwas zu bieten, doch im unmittelbaren Umland, von dem aus ein

Frühe Kirschblüten

Blick auf ferne Berge möglich ist, gibt es hervorragende Kirschbäume. Die Berge umgeben die Stadt wie ein Ring, werden allerdings von Geschäftsreisenden, die in Seouls betäubendem Autoverkehr gefangen bleiben, meistens nicht wahrgenommen.

Ich begann meinen historischen Kirschbaum-Lehrpfad im wichtigsten Kulturdenkmal der City. Changdeokgung ist der am besten restaurierte Palast der Choson-Dynastie, die vor 1910 – jenem Jahr, in dem Korea von den Japanern annektiert wurde – fünf Jahrhunderte lang geherrscht hatte. Kirschblüten sind in den äußeren Höfen sehr präsent, sie wachsen zwischen Bäumen von *Magnolia kobus* mit ihren aufrechten, reinweißen Blüten vor nackten Zweigen. Vormals war es das Ziel von Prinzessinnen der Choson-Dynastie gewesen, »einen Garten in jeder Regenrinne« anzulegen, um die ihre Stadt umgebenden Berge zu imitieren. Große *Magnolia-kobus-* und Wildkirsch-Bäume standen für die Berge und hießen, wie sie es auch noch heute tun, Gelehrte in dem Bibliotheksgarten des Palasts mit seinem schön gestalteten Teich willkommen.

Nach meiner Besichtigung des Palasts besuchte ich zwei der Universitäten von Seoul und schaute mich dort auf dem Campus nach Kirschbäumen um. Bei Frühlingsanbruch schritt ich die Hauptalleen der Seouler National- und der Korea-University hinunter, flankiert von dem schönen weißen Kirschbaum *Prunus x yedoensis*. Zu Recht trägt er den Namen ›King Cherry‹, Königskirsche; er ist ein weit ausladender Baum, der sich auch für größere englische Gärten vorzüglich eignet. In Korea sehen Gartengestalter davon ab, Kirschblütenfarben zu mischen oder Sorten mit schweren erdbeerroten Blüten zu pflanzen. Weiß ist die dominierende Blütenfarbe im Frühjahr.

Auf meinem Weg entlang der langen Alleen begleiteten mich zwei junge koreanische Doktorandinnen. Höflich schlugen sie einen letzten Ausflug in den Seoul National Park vor, und im Rückblick ist es mir peinlich, dass ich damals befürchtete, es sei ihnen nicht klar, was englische Besucher unter einem sehenswerten Garten verstehen. Mit ihrem üblichen herzerfrischenden Pragmatismus haben die Koreaner den National Park in Seoul in nummerierte »Beautiful Places« aufgeteilt, und während ich insgeheim auf das Schlimmste gefasst war, wurde ich zu »Beautiful Place Number Ten« geführt. Zwischen Rummelplätzen und dem Gartenbähnchen durfte ich dann aber erleben, wie die Welt uns allen ein Lächeln schenkte. In der Ferne verströmten doppelte Reihen ausgewachsener Königskirschbäume

136 ❧ *Winter*

einen Nebel aus weißen Blüten aufwärts zu den blau-grauen Gipfeln der dahinter liegenden Berge. Koreanische Damen, geschminkt mit grünem und rosafarbenem Lidschatten, wandelten entlang der Kirschbaumalleen und trugen Sonnenschirme in entsprechenden Farben, während ein in der Nähe parkender Geschäftsbus Mitglieder der Vereinigung der Steuerprüfer Koreas entlud, damit auch sie den Anblick genießen konnten. Dieses eine Mal war ich ihrem Berufsstand wohlgesonnen – immerhin hatten sogar sie sich auf den Weg gemacht, um sich von der Natur erbauen zu lassen.

Inmitten der Zöllner und Sünder brachte mich dann eine meiner beiden Führerinnen unsanft wieder auf den Boden der Realität zurück. Kirschblüten sind für uns gleichbedeutend mit Japan, stellte sie schwermütig fest. Weiträumige öffentliche Anpflanzungen von Königskirschbäumen waren eine Initiative der Japaner während der Besatzungszeit, doch wurden diese so umfassend übernommen, dass ich mir nicht vorstellen kann, dass die Koreaner in ihnen lediglich fremdländische Symbole sehen. Sehr vieles von ihrem Gartengestaltungsstil hatten sie bereits mit ihren japanischen Eroberern gemein. Diese Königskirschbäume sind nicht lediglich Hinweise auf überwundene Fremdherrschaft. Sie säumen Alleen, die zu den schönsten weltweit gehören.

Frühe Kirschblüten 137

Sollen sie doch Eichhörnchen essen

Ab Weihnachten, während die Winterkirschen den kalten Monaten trotzen, hört man trippelnde Geräusche aus der immergrünen *Magnolia grandiflora*, die bereits bis zum Obergeschoss meines Hauses gewachsen ist. Besucher, die über Nacht bleiben, werden davon erschreckt, doch das Geräusch rührt lediglich von Eichhörnchen in der Regenrinne her, grauen kleinen Störenfrieden mit greiffähigen Pfoten, die die Rinde der oberen Äste der Magnolie abgeschält haben und denen ein blaues Wunder bevorsteht, wenn sie ihre Kapriolen weiter unten fortsetzen.

Während das Parlament seine Zeit damit verschwendet, Gesetze über Teenager zu verabschieden, die sich danebenbenehmen, lässt man es zu, dass die von Eichhörnchen am hellen Tag verübten Raubzüge völlig außer Kontrolle geraten. Oben auf dem Dach schärfen sie ihre Zähne am Blei und beißen Löcher hinein, durch die dann Wasser ins Haus und durch die Zimmerdecken dringt. Sie sind eine Bedrohung für die Krokusknollen, und in Chiswick haben sie geradezu empörende Gewohnheiten entwickelt. Meine Schwester hat beobachtet, dass sie einzelne Zwiebeln, eine nach der anderen, ausgraben und zu unbekannten Zielen wegrollen; und sie anschließend durch eine Erdnuss ersetzen, die sie dreist aus einem Futterhäuschen für Vögel gemopst haben und in die leeren Löcher plumpsen lassen.

Über zwei Jahrzehnte hinweg habe ich den zunehmenden Trend zu Eichhörnchen-Gewalt in meinem College-Garten in Oxford beobachtet. Wir mussten als Verteidigungsmaßnahme feine Netze über die Blumenkästen an den Fenstern ziehen und festnageln. Wir versuchten sogar, die Tulpenpflanzungen in den offenen Beeten mit unsichtbaren grünen Netzen zu überziehen, bis das erste Wachstum der Zwiebeln erkennbar war. Als Reaktion darauf übertrumpften die Eichhörnchen die Studenten, indem sie die knospenden Tulpen verwüsteten – ein Vergehen, dessen Urheber an den hinterlassenen Spuren deutlich ablesbar waren. Bleiben Sie mir vom Leib mit dem Argument, wir sollten Eichhörnchen genauso respektvoll behandeln wie unsere Mitmenschen, weil Eichhörnchen und Menschen sich hinsichtlich ihrer DNA so ähnlich seien. Wenn Menschen in meinen Garten kämen und die jungen Buchen entrinden und die Tulpenbeete verwüsten würden, würde die Polizei die Übeltäter in Handschellen abführen.

Selbstverteidigung heißt hier die Parole, allerdings steht uns die Kultur im Weg. Wir sind ganz vernarrt in jene rotbraunen Eichhörnchen, die von den grauen Eichhörnchen mittlerweile – ein Beispiel für unkontrollierte Zoologie – weitgehend ausgerottet wurden. Wir haben alle die Gehirnwäsche durch die nette Beatrix Potter und ihre einflussreiche Geschichte vom »Squirrel Nutkin« [im Deutschen: Eichhörnchen Nusper] hinter uns. Wie kann man ein Wesen bestrafen, das einen Bruder namens »Twinkle Berry« [»Zwinkerbeere«] hat? Hier bin ich nun dankbar für die Erfahrung aus erster Hand einer Grundschullehrerin. Diese Erfahrung stammt aus jenen Tagen, da in den Grundschulen noch Französisch unterrichtet wurde. Vielleicht erinnern Sie sich an das hinreißende Bild in Potters Geschichte von den Eichhörnchen, die »kleine Flöße aus Zweiglein machten« und mit als Segel hoch aufgestellten Schwänzen auf einen Besuch zu ihrer gnadenlosen Raubtier-Kollegin Eule ruderten.

Meine Freundin versuchte, in einer Grundschulklasse, ausgehend von der Geschichte von »Écureuil Nutkin«, Französisch zu unterrichten. Als sie einen Jungen bat, den Absatz zu übersetzen, in dem Nutkins Eichhörnchenfreunde über das Wasser rudern »*pour ramasser les noix*«, zögerte das Kind und schaute sich das bunte Bild an. Dann übersetzte er: »Sie ruderten weg *to ram the island* [um die Insel zu rammen].« Stellen Sie sich Eichhörnchen als räuberische Insel-Rammer vor, und Sie werden nicht mehr von sentimentalen Gefühlen gehemmt, wenn es um deren Aktivitäten in Blumenbeeten geht.

Von Politikern habe ich gelernt, Krieg als notwendige Verteidigung zu rechtfertigen. Eine Methode, wie man Eichhörnchen fangen kann, besteht darin, Getreide in eine Eichhörnchenfalle zu geben; man findet diese Vorrichtungen in Heimwerkermärkten. Möglich ist auch, einen Windhund auf sie zu hetzen, wenn sie noch mehr als fünfzig Meter von einem Baum-

Sollen sie doch Eichhörnchen essen

stamm entfernt sind. In ländlichen Gegenden rate ich zum besonnenen Einsatz des Gewehrs. Man bekämpft auf diese Weise übrigens nicht nur Schädlinge. Es besteht darüber hinaus die Möglichkeit, die Speisekammer zu bereichern.

Damit kommen wir auf eine der Paradoxien unserer Kultur. Im Süden der Vereinigten Staaten ist es ganz selbstverständlich, Eichhörnchen zu verzehren, doch in meiner Ausgabe von *What Shall We Have Today?* des großen Marcel Boulestin finde ich nicht ein einziges Eichhörnchen-Rezept. Der Maler Toulouse-Lautrec aß häufig Eichhörnchen in Paris und beschrieb das Fleisch als erfreulich pikant. Ich kann mich ihm nur anschließen, nachdem ich mich mit dem unverzichtbaren Buch *Classic Game Cookery* von Julia Drysdale kundig gemacht habe. Sie weiß genau, wovon sie spricht, immerhin ließ sie sich vom »Game Conservancy Council« (der Wild- und Forstaufsichtsbehörde) beraten. So beschreibt sie etwa detailliert, wie man bei toten Kaninchen die richtige Wahl trifft: »Ein gutes junges Kaninchen sollte weiche Ohren haben, die leicht ablösbar sind, scharfe Zähne und Klauen.« Und sie ist auch für die Eichhörnchen-Küche ein praktischer Ratgeber.

Stellen Sie sich Eichhörnchen als biologisch-organisches Nahrungsmittel vor, das sich lediglich von Naturprodukten ernährt hat und in freier Natur aufgewachsen ist. Künstliche Zusatzstoffe gibt es bei den pelzigen Tulpenkillern nicht. Zu den Vorschlägen von Drysdale gehört ein ausgezeichnetes »Eichhörnchen in Apfelmost«, zu dem man das Fleisch von drei Eichhörnchen, Schinken, Rahm, Most und Mehl benötigt. Toulouse-Lautrec wäre begeistert gewesen. Es sollte auf die Speisekarte von Schulkantinen gesetzt werden, mit einer begleitenden Lektion über das Verhältnis von Wildtieren und Gärten.

In Frankreich essen sie nach wie vor Pferdefleisch. In Italien befindet sich das beste Pferdefleisch-Restaurant in Mantua, in Sichtweite der ehemaligen Stallungen der Herzöge von Mantua. Wir sind diejenigen, die in der Natur die Grenzen ziehen zwischen dem, was wir essen, und dem, was wir schützen. Realistische Leser der *Financial Times* sind durchaus zu realistischen Grenzziehungen in der Lage, und von einem Leser erhielt ich eine Variante zu Drysdales Rezept. Es handelt sich um ein Rezept aus der Zeit des Zweiten Weltkriegs, das im Jahr 1941 veröffentlicht wurde, um die Not der Lebensmittelrationierungen in England zu lindern:

Abb. 24: Biologisch-organisches Eichhörnchen

Man töte drei Eichhörnchen, vorzugsweise graue. Man trenne die Schwänze ab, häute den Rest und schneide ihn in Stücke. Man weiche die Stücke zwanzig Minuten lang in kaltem Salzwasser ein. Trockenreiben und mit Mehl bestäuben. Man bräune in einer schweren Pfanne 100 Gramm gewürfelten Speck. Das Eichhörnchenfleisch hinzufügen, die Stücke im Speck bräunen. Knapp mit Most bedecken, zugedeckt leicht köcheln lassen, bis ein Großteil des Mosts verkocht und das Fleisch weich ist. Man füge zwei Esslöffel ungesalzene Butter hinzu; die Hitze hochdrehen, die Stücke noch einmal bräunen. Aus der Pfanne nehmen und auf eine vorgewärmte Platte legen; 200 Milliliter erwärmte Sahne zu dem Bratensaft in die Pfanne geben und damit die angebratenen Stücke vom Pfannenboden lösen. Einen halben Esslöffel Mehl und einen Esslöffel Butter zu einer Paste vermischen. Nach und nach in die Mischung aus Sahne und Bratensaft einrühren. Mit Salz und Pfeffer würzen, die Sauce über die gebratenen Nutkins geben. Auf der Mitte des Esstischs anrichten, die Schwänze arrangiert man vorteilhafterweise in einem hübschen Dreieck darum herum.

Meine Leser bescheinigen, dass das Fleisch besser schmeckt als Kaninchen und auf jeden Fall dem, was in Supermärkten als Steak angeboten wird, unbedingt vorzuziehen ist. Es kostet nichts. Ich gehe davon aus, dass das Fell an den Schwänzen zu belassen ist, wenn sie zur Dekoration verwendet werden.

Zweiter Teil
FRÜHLING

Die einen mögen Gänseblümchen in ihrem Rasen, die anderen nicht. Jean-Jacques Rousseau schrieb dem Gänseblümchen rosafarbene Augenwimpern zu, hielt es für eine allgemein beliebte Blume und bezeichnete es als das Rotkehlchen unter den Blumen. Für John Skelton war es das »daisie delectable« [das »reizende Gänseblümchen«], Beaumont und Fletcher beschrieben es als »geruchlos und recht nett«; Ersteres ist falsch, denn ein Strauß Gänseblümchen verströmt einen ganz eigenen, erdigen Geruch, vor allem wenn er, ein heißes kleines Geschenk, aus der Hand eines Kindes stammt. Wordsworth, der genau hinschaute, stellte fest, dass es einen Schatten wirft, »um den letzten Tautropfen vor der Sonne zu beschützen«. Tennyson, eigentlich sonst extrem präzise in diesen Dingen, täuschte sich gewaltig, als er von Maud behauptete, ihre Füße hätten

> *»... die Wiese berührt*
> *und die Gänseblümchen rosafarben gemacht«,*

das stimmt einfach nicht. Mich hat diese Vorstellung fasziniert, und ich verschwendete so manche Stunde in den Sommern meiner Jugend damit, auf Gänseblümchen zu treten, ja ich tue das heute noch, aber nicht ein einziges Mal ist ein Gänseblümchen unter meinen Füßen auch nur ansatzweise errötet. Glücklicherweise – für diejenigen, die ihren Rasen gern einheitlich grün und nicht gesprenkelt mögen, – ist es sehr einfach, auf Gänseblümchen zu reagieren. Ein ausgesuchter Unkraut-Vertilger dürfte, geld- und zeitsparend, den Zweck erfüllen; es ist höchstens nötig, mit der tödlichen Gießkanne zweimal über die Fläche zu gehen.

Vita Sackville-West, in *The Observer*, 11. März 1956

Das Frühjahr beginnt zu einem unbestimmten Zeitpunkt – für den Versuch, diesen Zeitpunkt genau festzumachen, brauchte sogar der große Vorkriegsgärtner E. A. Bowles mehrere Seiten. In Northumberland macht sich der Frühling lediglich in einigen Wochen zusammengedrängt ab dem Monat April bemerkbar. In Cornwall deuten die Kamelien bereits im Februar sein Kommen an. Außerhalb des warmen London fängt für mich der Frühling an, wenn *Magnolia x soulangeana* (Tulpen-Magnolie) zu blühen beginnt, was unter den wärmeren Wetterbedingungen mittlerweile schon Mitte März der Fall ist.

Für jeden neuen Garten sind Magnolien die notwendige erste Unternehmung. Die Arbeit, die sie später reichlich belohnen werden, beginnt schon, bevor sie gepflanzt werden – in dieser Phase, in der man voller Enthusiasmus ans Werk geht und keine Mühe scheut, um sich im Vergleich mit den vorigen Besitzern als der bessere Gärtner zu beweisen. Das Pflanzloch für eine neue Magnolie muss tief und weit, außerdem gut gedüngt sein, um die Struktur des Bodens zu verbessern. Ein Basisdünger sollte unter den Wurzelballen der neuen Pflanze eingebracht werden, um ihr die Chemikalien zu geben, die sie für ein schnelles Wachstum braucht. Nach dem Pflanzen sollte man sie nicht allzu stark mit Mulch umgeben, weil einige der zarteren Magnolien in der Anfangsphase aufgepfropft worden sind, und eine zu dicke Mulchschicht könnte – mit fatalen Folgen – die Pfropfstelle zudecken. Während der ersten Sommer einer neuen Pflanze tränke ich die Wurzeln alle vierzehn Tage mit einer halben Wasserkanne verdünntem Miracle-Gro. In anderen Gartenbüchern wird das nicht erwähnt, doch auf meinem schnell trocknenden mageren Boden wirkt es Wunder. Die jungen Pflanzen wachsen dann zügig und lassen andere, ungetränkte weit zurück. Bei jungen Magnolien ist die Vorbereitung und die Düngung entscheidend.

Die Anzahl an Varietäten steigt ständig, und wir haben die Qual der Wahl. Die größte Qual entsteht im Zusammenhang mit sauren Böden, aber an-

Frühling 145

dere geben trotzdem auch noch viel Grund zur Freude. Zu meinen Top Ten gehört die herrliche, ganz weiße *Magnolia x soulangeana* ›Alba Superba‹, die schönste Option als Staude vor einer hohen West- oder Südmauer. Zwei neuere Arten – *Magnolia* ›Manchu Fan‹ und ›Star Wars‹ – haben ungewöhnlich geformte Blüten. Die Blüten von ›Manchu Fan‹ sind erlesen fächerförmig, und ›Star Wars‹ hat von allen die größten Blüten, riesige, rosa-pink gefärbte Blütenkelche, die im geöffneten Zustand über dreißig Zentimeter breit werden. Beide wachsen auf kalkhaltigem Boden, und vor allem ›Star Wars‹ ist von Anfang an eine kräftige, reichblühende Sorte. Ihre Blüten sind einfach prächtig.

Gärtner auf sauren Böden dürfen sich über Magnolien freuen, deren Blüten mit schalenförmigen Blütenblättern abwärts hängen. *Magnolia wilsonii* (Hängeblütige Magnolie oder Wilsons Magnolie) ist eine der am leichtesten zu pflegenden Pflanzen und wird manchmal auch für Gärten mit Kalkboden empfohlen. Sie wird dort wachsen, allerdings ohne sich wohlzufühlen; in neutralen oder sauren Böden macht sie sich dreimal so gut. Im Unterschied dazu können wir uns alle an der eleganten Form der ausgezeichneten *Magnolia x loebneri* mit ihren schmalen, bandförmigen Blütenblättern erfreuen, die sich unmittelbar vor den grünen Blättern öffnen. Zum ersten Mal sah ich *Magnolia x loebneri* ›Leonard Messel‹ vor dreißig Jahren als kleinen Baum in den Hillier Gardens in Hampshire, einem phantastischen, südlich von London gelegenen Ort für Gärtner, die Magnolien bewundern wollen. Sie sah für meinen Boden viel zu elegant aus, trotzdem pflanzte ich zehn Jahre später ein Exemplar, tränkte es mit Miracle-Gro, als es sich etwas zögerlich entwickelte, und jetzt kann ich mich jedes Frühjahr daran freuen. Die Blüten haben einen himmlischen Rosa-Pink-Ton. Ihr Vetter ›Merrill‹ ist rein weiß und wird von ungeduldigen Gärtnern und Menschen bevorzugt, die häufig umziehen. ›Merrill‹ blüht bereits in jungen Jahren üppig, und man muss nicht lange auf die Erfüllung seiner Sehnsucht warten.

Wenn sie dann an ihrem endgültigen Standort stehen, sind Magnolien kein Problem mehr. Sie müssen nicht zurückgeschnitten, gezogen oder ausgejätet werden. Sie entwickeln sich einfach und werden jedes Jahr besser. Im Frühlingsgarten, der ansonsten für den Gärtner eine ständige Herausforderung darstellt, bilden sie einen ruhenden Pol. Alles beschleunigt sich, es gibt vielerlei zu säen, zu pflanzen und zu jäten, bevor im Mai das

Abb. 25: Frühlingsansicht des Rhododendron-Waldes von Bowood in Wiltshire

Abb. 26: Magnolia wilsonii

Grün zu sprießen beginnt. Davor schafft man es gerade noch, im März oder Anfang April einen schnellen Blick auf den Frühling am Mittelmeer zu werfen und jedenfalls Anfang Mai einen Ausflug zu einer großen Sammlung altbewährter Rhododendren zu unternehmen. Ich habe in diesem Teil des Buches daher meine Gedanken einerseits zu zwei solchen Ausflügen schweifen lassen, doch ist das Frühjahr andererseits vor allem eine hochaktive Zeit vielfältigster Aktivitäten, die anzupacken sind – eine Zeit, in der man mit Ratschlägen gar nicht mehr aufhören möchte.

Ich lasse mich von zwei Beobachtungen leiten, einer praktischen und einer ästhetischen. Die praktische bezieht sich auf die Anpflanzung der Stauden und Beetpflanzen, die uns im Gartenzentrum jedes Jahr aus ihren schwarzen Töpfen voll schwammigem, dunklem Kompost in Versuchung führen. Viele sind in der Mitte oder in der unteren Hälfte des Wurzelballens ausgetrocknet und brauchen energische Bewässerung, bevor sie draußen an ihrem endgültigen Standort eingepflanzt werden. Wenn das Substrat

Abb. 27: Meine Magnolia x loebneri ›*Leonard Messel*‹

nicht schwarz-braun aussieht oder wenn sich der Wurzelballen in der Hand leicht anfühlt, dann nehmen Sie einen Schlauch, stecken Sie die Schlauchspitze in die Unterseite des Wurzelballens, und lassen das Wasser laufen, bis der Ballen schwer wird und an seinen Seiten das Wasser herausläuft. Die Erde wird schwerer, und die Pflanze bekommt die Chance, mit dem harten Leben im Freien fertigzuwerden. Die Wurzeln sind wahrscheinlich ineinander verknäuelt und winden sich um die Mitte des Ballens herum. Ist das der Fall, dann lohnt es sich, sie seitlich herauszuzupfen oder sie mit der Oberseite einer Gartenschere einzukerben, um diesem Geschwurbel Einhalt zu gebieten und sie dazu zu motivieren, sich hinaus in die Gartenerde auszubreiten.

Der Übergang aus dem leichten, überdüngten Kompost in echte Gartenerde gestaltet sich häufig schwierig. Diese Pflanzen wurden mit künstlichem Kompost auf künstlicher Nahrung vorangetrieben, um schnell den für große Töpfe erforderlichen Umfang zu erreichen und zu einem höheren Preis verkauft werden zu können. Womöglich verbrachten sie auch einen Monat oder noch länger in einer Pflanzschule und warteten auf einen Käufer, so dass ihre Wurzeln entlang der Rundung ihres Containers weiterwuchsen. Vor der Pflanzung versuche ich, eine leichte Schicht Kompost aus einer Tüte um den Wurzelballen zu legen, um die Wurzeln dazu zu überreden, sich hier durchzuarbeiten und sich – nach einem gewissen Abstand – der Realität der Cotswold-Erde zu stellen. Wenn sie nämlich sofort mit dieser Erde konfrontiert werden, schrecken sie zurück und kringeln sich weiterhin in ihrer Komfort-Zone, dem schnöden Ersatz für Erde, den ihnen ihre Züchter zur Verfügung gestellt haben. Kluge Gärtner isolieren frisch erworbene Rekonvaleszenten sogar und topfen sie, bevor sie endgültig gepflanzt werden, für drei Monate in eine Mischung aus Kompost und lokaler Erde um.

Visuell bietet uns das Frühjahr ein Füllhorn an erquickenden Farben, unterlegt vom lebhaften Grün sprießender Blätter und frischen Grases. Vieles wurde geschrieben über die Frage, wie man die Farben unterschiedlicher Blumen so kombiniert, dass sie zusammenpassen, doch im klaren, hellen Licht des Frühlings kommen einem all diese Ratschläge irrelevant vor. Vor dem Hintergrund des jungen Grün passt alles zu allem. Ich kann mir ein ironisches Lächeln nicht verkneifen, wenn »Gartenhandbücher« nicht müde werden, das alte »Farbenrad« wieder aufzubereiten, das der Chemie-Ingenieur M. E. Chevreul im Frankreich der 1860er Jahre entwickelte. Darin sind die Farben des Regenbogens in einen Kreis übertragen, und das Schema wurde als Argument verwendet, »benachbarte« Farbschattierungen im Garten nebeneinander zu plazieren oder Farbpaare zu kombinieren, die sich auf dem Rad direkt gegenüberstanden, also etwa Blau mit Orange oder Rot mit Grün. Man glaubte sogar, dass solcherart kombinierte Paarungen die für das Sehen zuständigen »Stäbchenzellen« des menschlichen Auges stimulieren.

Die »Stäbchen«-Wissenschaft hat sich mittlerweile weiterentwickelt, und dieses Rad schlägt zwar eine bestimmte Art vor, wie Farben harmonisch kombiniert werden können, aber es gibt keinen Grund anzunehmen, dass dies die einzige Art wäre. Mehr als Pseudowissenschaft beeindruckt mich Kunst. Als van Gogh in den 1880er Jahren im überhellen Sonnenlicht von Arles in Südfrankreich Frühlingsblumen betrachtete, war er entzückt von Kombinationen, die das »Rad« der Generation davor ausgeschlossen hatte. Er malte orangefarbene Ringelblumen zusammen mit dunkelrot-braunen

Abb. 28: Frühlingseindruck aus dem Jardin Plume

Skabiosen oder Kapuzinerkressen. Er verwendete gern Silber, eine Farbe, die in Chevreuls Rad überhaupt nicht vorkam. Besonders schätzte er die Paarung von Blau und Rosa, und als er einen Garten nördlich von Paris entdeckte, der der Witwe des Künstlers Daubigny gehörte, schrieb er in den letzten Monaten seines Lebens, dass er ihn mit grünem und rosafarbenem Gras malen wolle, einer Buche mit violetten Blättern, gelben Lindenbäumen und einem »blassgrünen Himmel«. Das Gemälde existiert noch, ein Wunderwerk, das sich über die Regeln des Farbenrads souverän hinwegsetzt. Van Gogh dachte viel über »miteinander verbundene Farben« nach, über »Farben, die sich gegenseitig zum Leuchten bringen«, wie er einmal an seine Schwester schrieb, »die ein *Paar* bilden, sich gegenseitig ergänzen wie Mann und Frau«. Er fand sie in Paaren, die mit Chevreuls Rad nichts zu tun haben. Zunehmend orientierte er sich, was kühne Farbkombinationen anging, an Delacroix.

Gärtner sollten sich ebensowenig von den Regeln des Farbenrads beherrschen lassen wie der Meister der Farbe van Gogh. Diese Regeln stellen lediglich eine unter mehreren Möglichkeiten dar, Blumen unterschiedlicher Farben miteinander zu kombinieren. Selbst Anhänger von Chevreul verlieren im Farbenüberschwang des Frühlings seine Regeln aus dem Auge. Im vielfarbigen April scheint das Rad geheimnisvollerweise aufzuhören, sich zu drehen.

Ein Garten auf der Ziegenbock-Insel

Die allerersten Anzeichen des Frühlings sind die reizvollsten, und man genießt sie gewöhnlich außerhalb von England. Besonders sinnenfällig werden sie auf der italienischen Insel Capri. Im Sommer ist Capri schon längst nicht mehr ein Juwel, das auf der Wunschliste anspruchsvoller Reisender fast ganz oben steht. Zu viel wurde dort im frühen 20. Jahrhundert für die Exilanten gebaut, und heute werden zu viele Gruppen per Schiff mit der Aufforderung, den Aufenthalt zu genießen, zwecks Einkäufen hierher transportiert. Außerhalb der Feriensaison ist die Insel nicht gerade als bevorzugtes Ziel für Gärtner bekannt, aber als ich im März nach Capri kam, war ich auch gar nicht primär als Gärtner unterwegs, sondern befand mich auf den Spuren eines römischen Kaisers: Tiberius, des berüchtigten Nachfolgers von Augustus. Ich hatte nicht damit gerechnet, dass die Blumen der Insel wichtiger werden könnten als die Antike.

Zehn Jahre lang, zwischen 27 und 37 n. Chr., lebte der bereits ältere Tiberius zurückgezogen auf dem abgelegensten seiner zwölf Grundstücke auf Capri und regierte das Imperium in diesen Jahren von einem felsigen Gipfel aus, ohne sich auch nur in die Nähe von Rom zu begeben. Ich wollte mit eigenen Augen sehen, wo er residiert hatte. Seine Jahre des Rückzugs wurden Thema von derart obszönen Klatschgeschichten, dass sie noch zweitausend Jahre später für Ausgaben, die für die allgemeine Leserschaft und für Schüler gedacht waren, nicht aus dem Lateinischen übersetzt wurden. Erst kürzlich haben Ausgaben des *Lebens der Caesaren* von Sueton und der *Annalen* des Tacitus die Anschuldigungen zugänglich gemacht. Was man da liest, ist auch heute noch schwer zu verkraften – zwanghafter Sex mit Babys ist nur eines der vielen unerfreulichen Themen.

Ich versuchte, die lateinischen Wörter für flotte Dreier zu vergessen, während ich den langen Weg zur letzten Zufluchtsstätte des Tiberius hinaufspazierte, zur sogenannten Villa Iovis, der Jupiter-Villa, an der äußersten Westspitze der Insel. Ihr Grundriss ist eigentlich der eines Palastes, nicht einer Villa; er stammt aus einer Zeit, als die Kaiser im Herzen Roms noch keinen echten Palast hatten. Hinweise auf Orgien gab es keine, nicht einmal, als wie auf Bestellung drei Ziegen auf dem Pfad auftauchten, der zu dem Gebäude führt, das im am besten erhaltenen Manuskript von Sueton nicht »Villa Iovis«, sondern »Villa Ionis« genannt wird. Die Zeitgenossen bezeichneten das Areal als den »Garten des alten Ziegenbocks«, womit sie auf den an einen Ziegenbock erinnernden Umgang des Tiberius mit Jungen und Mädchen im Gebüsch anspielten. Ich folgte den Ziegen nicht ins Unterholz.

Meine Gedanken bewegten sich vielmehr in historischen Bahnen. Wie kam es nur, dass das römische Imperium auch weiterhin funktionierte, während der oberste Entscheidungsträger zehn Jahre auf einer Insel verbrachte, ohne über so elementare Gebrauchsgegenstände wie ein Telefon zu verfügen, und die atemberaubendste Aussicht im Mittelmeerraum genoss? Der hintersinnige Tacitus berichtet, einige Leute hätten behauptet, der Kaiser habe sich in seinem siebten Lebensjahrzehnt zurückgezogen, weil er einen so scheußlichen Anblick bot; sein Gesicht war von Pockennarben entstellt und mit Pflastern bedeckt. Es ist, als hätte ein englischer Premierminister beschlossen, sich für den Rest seiner Regierungszeit auf Lundy Island vor der Küste von Devon zurückzuziehen. Interessant ist die Frage, welche modernen Staaten weiterhin, und nicht einmal schlechter, funktionieren würden, wenn ihre Staatsoberhäupter dann mal weg wären und den Mund hielten.

Ich dachte über diese Frage nach und war daher völlig unvorbereitet auf die exzeptionelle Aussicht, die sich vom Ruinengrundstück der Residenz des Kaisers aus auftat. Wem käme es in den Sinn, Rom diesem hinreißenden Rundblick über den Golf von Neapel und seine unübertreffliche Küste vorzuziehen? Dann schaute ich nach unten und war noch weniger vorbereitet auf die Anzeichen des anbrechenden Frühlings unter meinen Füßen. Was auch immer sich im Palast und seinen Gärten abgespielt haben mag – den Wildblumen konnte es nichts anhaben. Die Klippen und Abhänge des Ziegengartens hinunter tummelten sich Blumen mit einer Botschaft für

154   *Frühling*

uns alle. Zwischen den wohlriechenden Zistrosen blühten bereits kleine, blasse Iris. Neben dem Schlafzimmer des dekadenten alten Kaisers wuchsen an wilden Rosmarinsträuchern büschelweise herrliche blaue Blüten. Und vor allem sah man einzelne, sternförmige rosa-malvenfarbige Blumen zu Hunderten an den Klippenabhängen wachsen, wo keine Ziege, welchen Alters auch immer, sie erreichen konnte. Neben ihnen auf den Felskämmen gab es Büschel in einem Blau, strahlender als jedes englische Vergissmeinnicht. Hier hatte ich die Überlebenden der Villa vor mir: Anemonen und *Lithospermum* (Steinsamen) in schönster Frühjahrsblüte.

Die rosa-malvenfarbenen Windröschen sind Pfauen-Anemonen, die man in Rot- und Violetttönen besser von den steinigen Abhängen Griechenlands kennt. Ich habe sie in England angepflanzt, doch am besten machen sie sich in der verwandten Kranzform, deren Blüten leuchtend scharlachrot sind, mit einem weißen Ring um die Mitte. Die Anemonenfarben, die wir in Gärten am häufigsten verwenden, sind das Himmelblau von *Anemone blanda* und die mit ihr verwandten Rosa- und Weißtöne. Ich fing vor zehn Jahren mit rund einhundert Pflanzen an, mittlerweile habe ich zehnmal mehr. Sie haben den Vorzug, für die Tierwelt Großbritanniens ungenießbar zu sein. Im Schatten sind die besten Exemplare die Waldformen von *Anemone nemorosa* (Buschwindröschen), dem zartesten Mitglied der Familie. Es lohnt sich, etwas mehr für die bewährtesten Sorten auszugeben, etwa die hellgelbe *x lipsiensis*. Bei allen handelt es sich um pflegeleichte Pflanzen, das Leben auf einer Klippe auf Capri wäre allerdings zu heiß für sie.

Und wie steht es um das ebenfalls in der Nähe des Palasts wachsende tiefblaue *Lithospermum*? Der Name beruht auf den griechischen Wörtern für »Stein« und »Same«, ein Hinweis auf die landschaftlichen Vorlieben der Pflanze. Die Sorte, die auf Capri wächst, ist eine Verwandte von *Lithospermum diffusum* ›Heavenly Blue‹, einer verführerisch tiefblau blühenden Alpenpflanze für Töpfe und niedrige Beete. ›Heavenly Blue‹ braucht kalkfreie Erde und würde nie auf Kalksteinklippen Wurzeln schlagen. Der moderne Name der Pflanze auf Capri, den die Botaniker heutzutage verwenden, lautet *Lithodora rosmarinifolia*. Das allgemein bekannte *Lithospermum* haben sie aus ihren Listen gestrichen.

Als ich wieder zu Hause war, überprüfte ich meine Erinnerungen an diese Pflanze in einer meiner älteren Pflanzenbibeln, dem Leitfaden des Königs der Alpenpflanzen W. E. Ingwersen. Der Text wurde als Buch ver-

Ein Garten auf der Ziegenbock-Insel

öffentlicht, das allerdings nur einen zwischen zwei Buchdeckel gebundenen Wiederabdruck von Ingwersens Katalogen für seine berühmte Pflanzenschule in Sussex bietet. Auf Alkaliboden habe ich über zwanzig Jahre hinweg ohne irgendwelche Probleme die zauberhafte spanische Verwandte von *Lithospermum* angepflanzt, *Lithodora oleifolia*. Ich kann sie empfehlen, wobei die Sorte *rosmarinifolia* noch prächtiger ist. Einen kalten englischen Winter hält sie jedoch sicher nicht aus.

Erfreut stellte ich fest, dass Ingwersens Leitfaden schlicht nur bemerkt, dass *rosmarinifolia* sich »auf Capri sensationell« ausmacht. Hat der große Fachmann für Alpinpflanzen sie dort ebenfalls bewundert? Als ich mich durch den kaiserlichen Ziegengarten auf den Rückweg machte, feierten die Ziegen den Frühling in einer Art und Weise, die sicher auf das Wohlwollen des Kaisers gestoßen wäre. Sie hatten kein Interesse an Blumen, die mit ihrem Blau die berühmte Blaue Grotte ihrer Insel noch übertreffen. Der Palast des Tiberius ist heute nur noch eine unergründliche Ruinenlandschaft, man kennt ihn vor allem im Zusammenhang mit Klatschgeschichten aus der Antike, neben deren Gezwitscher die Tweets anderer Gesellschaften völlig zahm wirken. Keiner erwähnt die Wildblumen als möglichen Grund für den rätselhaften Rückzug des alten Ziegenbocks Tiberius aus Rom. Ich würde ja gerne glauben, dass die Anemonen ihm Freude bereiteten, andererseits bezweifle ich es: Für die blaue *Lithodora* gibt es im Lateinischen nicht einmal ein Wort.

156 *Frühling*

Spezielle Frühlingssträucher

In England fühlen sich frühe Frühlingsblumen am wohlsten in Gärten mit saurer Erde, und man sollte sie vor kaltem, unwirtlichem Wetter schützen. Wärmere Winter mögen sie gern, ebenso wie ihre im Winter blühenden Vorgänger, dennoch sind einige der besten Vertreter aus dieser Gruppe Gärtnern noch unbekannt. Wenn die Zaubernuss des Winters zu verblühen beginnt, richtet sich die Aufmerksamkeit auf die Familie der *Corylopsis* (Scheinhaseln), botanische Verwandte der Zaubernuss. Wenn Sie sauren, belaubten Boden haben, der sich für Kamelien gut eignet, dann haben Sie Mitte März die ausgezeichnete Chance, einen Schleier gelber Blüten an Ihrem *Corylopsis*-Strauch zu erleben.

Corylopsis fühlt sich in Nordamerika wohl, vor allem im Brooklyn Botanic Garden in New York, wo sie auf saurem Boden gedeiht. Die eindrucksvollste Variante, *Corylopsis sinensis*, stammt aus China. In England schätzt *sinensis* einen leicht schattigen Standort und feuchte Erde mit einer feinen Schicht Laubkompost. Sie wächst zu einem Strauch von bis zu 2,50 Metern heran und bedeckt sich mit hängenden Büscheln gelber, wohlriechender Blüten an den nackten Zweigen. Wenn sie voll in Blüte steht, bietet sie einen spektakulären Anblick; die Blüten sind schwerer und eindrucksvoller als diejenigen ihrer weiter verbreiteten Verwandten *Corylopsis pauciflora*. Letztere stammt aus Japan und gedeiht ebenfalls gut an einem leicht schattigen Standort in saurer Erde. Die Blüten sind blasser gelb und haben eine feinere Form als diejenigen von *sinensis*, doch duften sie ähnlich süß. *Pauciflora* wird ungefähr 1,30 Meter hoch, und wenn sie sich wohlfühlt, entwickelt sie einen stattlichen Umfang.

Ich hätte für mein Leben gern ein Exemplar, allerdings behagt ihr das

Abb. 29: Corylopsis pauciflora

Leben auf meinem Kalkboden überhaupt nicht. Mehr Aussicht auf Erfolg bietet *Corylopsis glabrescens*, deren Blüten in schwereren Büscheln herabhängen. Leider ist sie deutlich weniger widerstandsfähig, obwohl sich aufgrund der wärmeren Winter wohl ein Versuch lohnen könnte. Insgesamt leichter zu handhaben ist ihr japanisches Gegenstück *Stachyurus praecox*, ein bemerkenswert dankbarer Strauch mit hängenden Blüten in mehreren Gelbschattierungen, die ins Grünliche spielen. Der Busch erreicht stattlichere Höhen, in späteren Jahren bis zu drei Metern, und seine Zähigkeit steht außer Frage: Ich hatte Exemplare, die sich an einem nach Norden exponierten Standort wohlfühlten. *Stachyurus* ist ein bewährter Strauch, wenn er mit grobem Gras kombiniert wird, wichtig ist nur, dass der Boden feucht ist. An einem solchen Standort wächst er problemlos und braucht keine weitere Aufmerksamkeit.

Sehr viel einfacher auf sämtlichen Böden sind die unzerstörbaren Formen blühender Johannisbeeren aus der Familie der *Ribes*. In Innenräumen kann ihre Blüte sehr früh genossen werden, wenn man im Februar Zweige pflückt und sie direkt ins Haus bringt, so dass sich die Knospen früh öffnen können. Im Freien bieten sie den großen Vorteil, dass sie an schwierigen, trockenen Schattenplätzen gedeihen, vorausgesetzt, dass sie auch Sonne bekommen. Sie wirken sehr angenehm, auch mit dem Johannisbeerduft ihrer Blätter und der Vielfalt verfügbarer Farben. Die bekanntesten Formen sind rot, wobei ich die dunkleren Töne am liebsten mag, etwa das später blühende *Ribes sanguineum* ›King Edward VII‹. Erfreulicherweise gibt es jetzt eine besonders schöne weiße Form, *Ribes sanguineum* ›White Icicle‹, die viel heller ist als frühere weiße Formen. Es lohnt sich, danach Ausschau zu halten. Diese Ribes-Varianten eignen sich ausgezeichnet für schwierige Ecken entlang der Gartengrenze; Trockenheit macht ihnen nicht viel aus.

Im Unterschied dazu sind Kamelien nicht für jeden geeignet. Ihre wichtigste Voraussetzung ist saurer Boden, wobei die leichteste Gruppe für den Freilandgärtner die Hybriden von *x williamsii* sind, von denen es zwei ausgezeichnete Varianten ein und desselben Züchters in Neuseeland gibt: zum einen die besonders schöne Variante ›Jury's Yellow‹ mit gelber Mitte und kompaktem, aufrechtem Wuchs. Sie ist eine ausgezeichnete Pflanze für einen großen Topf und bringt im Frühjahr die herrlichsten Blüten hervor: einen äußeren Ring weißer Blütenblätter und im Kontrast dazu ein gelbes Blütenblätterbüschel in der Mitte. Ihr Gegenstück, gezüchtet vom selben Mr. Jury, ist die ungewöhnlich wetterfeste rosafarbene *Camellia williamsii* ›Debbie‹. Diese Form in mittlerem Rosaton hat mehrere Vorzüge. Sie blüht früh und dürfte sich in London Mitte Januar schon vollkommen geöffnet haben. Sie hält Regen und auch noch etwas Frost relativ gut aus, und vor allem lässt sie ihre Blüten fallen, wenn sie verwelkt sind. Die sterbenden Blüten anderer Kamelien haben die unangenehme Eigenschaft, noch zu lange herumzuhängen. Debbie ist eine gute Wahl für einen großen Topf, darf allerdings genau wie ›Jury's Yellow‹ nur sauren Kompost bekommen, Kalk – sogar Leitungswasser – ist unbedingt zu vermeiden.

Da mein kalkhaltiger Boden keine Kamelien duldet, habe ich die *Prunus*-Varianten für das beginnende Frühjahr und hoffe, dass meine intensiv pinkfarbene, jetzt vor einer Mauer stehende *Prunus triloba* aus China wieder ausschlägt. Ihre Blüten sehen aus der Ferne fast künstlich aus, und ich hatte zwar mit ihr im offenen Gelände kein Glück, doch es heißt, vor einer Mauer sei es einfacher. Sie muss nach der Blüte stark zurückgeschnitten werden und ist zauberhaft, wenn man ihr diese kleine Aufmerksamkeit zuteil werden lässt. Es spricht alles dafür, dass meine *Prunus triloba* ›Multiplex‹ sich in ihrem erst dritten Jahr gut entwickeln wird. Für die Topfpflanzung

Spezielle Frühlingssträucher 159

Abb. 30 und 31: Camellia x williamsii ›*Debbie*‹ *(links) und* Camellia x williamsii ›*Jury's Yellow*‹ *in meinem Garten (rechts)*

gibt es eine phantastische neue Möglichkeit, die einblütige *Prunus incisa* ›Kojou-no-mai‹ (März-Kirsche), die jetzt überall in Gartenzentren angeboten wird. Die ersten Märztage sind die ideale Zeit, um Pflanzen herauszusuchen, denn jetzt erscheinen die zarten Blüten an den kleinen Zweigen, und Sie sehen genau, was Sie kaufen. Die Blüten von ›Kojou no-mai‹ sind entzückend und machen sich ganz ausgezeichnet in Töpfen im Vorgarten, wo sie die Ankunft längerer Tage und gartenfreundlichen Wetters ankündigen. Nach der Frühlingsblüte können Sie die dürren kleinen Sträucher dann wegnehmen und an weniger prominenten Orten aufstellen. Mit dieser Behandlung werden sie ohne Weiteres fertig. ›Kojou-no-mai‹ muss nicht beschnitten werden, trotzdem wurde sie bis vor wenigen Jahren kaum beachtet. Wenn wir wieder anfangen, über aktives Gärtnern nachzudenken, drängt uns diese frühblühende Pflanze, uns hinauszubegeben und an die Arbeit zu machen.

160   *Frühling*

»Gepeinigt von anhaltendem Überdruss«

Mitte April beginnt in den Gärten von Boston bis Rom die Japanische Zierquitte zu blühen. Für viele ist sie lediglich ein ausgezeichneter Strauch für eine Mauer im Frühling, der am schönsten in einer stattlichen Hybrid-Form mit roten Blüten gedeiht; zwei der besten sind die ausladende ›Rowallane‹ oder die feuerrote ›Knaphill Scarlet‹. Sie blühen an Nord- oder Ostseiten oder auch in dichten Gruppen, wenn sie in unwirtlicheren Teilen des Gartens als Dickicht gepflanzt werden, um Unkraut zu unterdrücken. Die Botaniker schreiben uns vor, die Zierquitte *Chaenomeles* zu nennen, und sogar halbherzige Gärtner werden sie nicht so ohne Weiteres umbringen können. Damit mag das Thema für Sie, der Sie sich an einem Tag kurz vor Ostern der Hoffnung auf baldigen Sonnenschein hingeben, erledigt sein. Für mich fängt damit eine tiefer reichende Geschichte an. Die Japanische Zierquitte erinnert mich an Briefe, an Menschen und an ein Dilemma, durch welches sich das, was ich jedes Jahr an der Pflanze beobachte, verändert hat.

Keiner sprach sich begeisterter für das Leben in der bedrängten englischen Provinz aus als der im 19. Jahrhundert lebende Dichter John Clare. In seinen frühen Jahren in Northamptonshire »beobachtete er stundenlang die kleinen Insekten, die an hohen Grasstengeln herauf- und herunterkletterten«. Später schrieb er: »In my boyhood, solitude was the most talkative vision I met with.« [Als ich noch ein Junge war, war Einsamkeit die gesprächigste Vision, die mir begegnete.] John Clare beobachtete Schlüsselblumen ohne botanisches Vorwissen, was seiner Liebe und seiner Kenntnis aber keinen Abbruch tat. Einen Teil seines Lebens verbrachte Clare in Helpston, einem Dorf in der Nähe des stattlichen Anwesens von Lord Milton und dessen Obergärtner Joseph Henderson. 1836 entspann sich der folgende Briefwechsel zwischen diesen beiden vortrefflichen Männern. »Hätten Sie wohl die Güte«, fragte Clare, »mir einige Sträucher und Blumen zu geben, einige Geißblattpflanzen (Heckenkirschen) und etwas, das meine Frau Spreublume nennt; haben Sie eine Trauerweide und einen Ginster mit gefüllten Blüten? Meine Frau möchte auch eine rote japanische Zierquitte.«

Joseph Henderson war der ideale Ansprechpartner für dieses Ansinnen. Er war nicht die Art von Obergärtner, wie sie heutzutage von Hochschulen produziert wird, die sich mit dem Einsatz von zerkleinerter Rinde und mit Gesundheits- und Sicherheitsregeln auskennen. Er hatte die Grammatik eines der berühmtesten Gedichte Clares korrigiert und für den Dichter in der altehrwürdigen Bibliothek seines Arbeitgebers Bücher aufgestöbert. Als bekannt wurde, dass eine der Mägde im großen Haushalt des Lord Milton eine Ballade mit dem Titel »The Song of All the Birds in the Air« [Der Gesang aller Vögel der Luft] kannte, versprach Henderson, er werde mitschreiben, was sie sang. Und wie versprochen schickte er Clare den Text.

Henderson handelte außerdem mit Antiquitäten. Wurden römische Münzen auf Lord Miltons Anwesen gefunden, dann wurden sie zu Henderson gebracht, der bis zu sechs Pence für »diejenigen, die er für gut befand«, bezahlte und sie dann an gebildete Sammler weiterverkaufte. Wollte man einen Denar haben, musste man sich nur an Henderson wenden. Auch Clares Bitte um eine rote japanische Zierquitte konnte er erfüllen; ich nehme an, es handelte sich dabei um eine Unterart von *Chaenomeles speciosa*, die man in England schon einige Jahre vor 1836 kannte, wobei sie ursprünglich aus Zentralchina stammt. Henderson schrieb Clare einen Antwortbrief, in welchem er die Bestellung bestätigte und versprach, auch einen Mann mitzuschicken, der sie einpflanzte. Er wollte »auch einige Chrysanthemen mitgeben, also die Pflanzen, die, wie ich annehme, Mrs. Clare als Spreublume bezeichnet«.

Mitte April nehme ich von meinen Chrysanthemen Ableger, und Sie vermuten jetzt vielleicht, dass dieser idyllische Briefwechsel zweier autodidaktischer, denkender Gärtner eine hübsche mentale Begleitung zu dieser Tätigkeit bildet. Allerdings war der Austausch nicht so idyllisch, wie er sich auf den ersten Blick ausnimmt. Clare schließt seinen Brief mit den

Abb. 32: Japanische Zierquitte im Frühling

Worten: »Ich kann fast nichts mehr sagen.« Die Zierquitte traf ein und blühte, doch die besagten Personen gingen getrennte Wege. Der Gärtner Henderson trat eine Stelle in Surrey an, und der arme Clare wurde geisteskrank. Erst verschlug es ihn in ein Irrenhaus in Northampton, dann in – gut gemeinte, doch unangebrachte – Intensivbehandlung in High Beech im Epping Forest. Ungefähr ein Jahr, nachdem ihm Henderson die Zierquitte geschenkt hatte, traf er dort ein und schrieb, er sei »im Land Sodom angekommen, wo die Gehirne aller Menschen falsch herum gedreht sind«. Einige von Ihnen fühlen sich möglicherweise an ihre Schulzeit erinnert; andere denken vielleicht an jene, die noch heute in Gefängnissen oder in Pflegeheimen schmachten.

Fünf Jahre später hoffte Clare noch immer auf Nachrichten von den Blumen und der Trauerweide an seinem kleinen Haus, das er hatte verlassen müssen. Damals schrieb er den herzzerreißendsten Brief, der je von der Post transportiert wurde. Der Brief war an seine Frau gerichtet, die, wie er annahm, sich um den Garten kümmerte, und er gab ihr in einfachen Großbuchstaben zu verstehen: »Mein Aufenthalt hier war schon von Anfang an mehr als unangenehm, doch ich schüttle dem Missgeschick die Hand und halte dem Unwetter stand – der Frühling lächelt, und das werde ich auch tun, aber nicht, solange ich noch hier bin.« Mit dem Klarblick langer Gefangenschaft teilte er ihr dann mit: »Es war mein Schicksal, ohne Freunde zu leben, bis ich dich traf, und obwohl wir jetzt getrennt sind, hat sich an meinen Gefühlen nichts geändert. ... Essex ist eine sehr angenehme Grafschaft. Aber für mich gibt es nichts Schöneres als unser Zuhause.« Es war sicher nicht leicht für sie, den Brief neben den Blumen ihres Mannes zu lesen. Er wurde sogar noch direkter. »Warum sie mich hier behalten, kann ich nicht sagen, denn es ging mir in den letzten Jahren zumindest ganz ordentlich, ich war nie richtig krank, nur gepeinigt von anhaltendem Überdruss.«

Draußen auf dem Land, das er so liebte, sind viele von uns in kleinerem Ausmaß »gepeinigt von anhaltendem Überdruss«. Es ist keine schlechte Beschreibung des Lebens mit einem Garten. Ich stelle mir immer wieder vor, wie seine Frau den Brief entgegennahm, ihn bei der roten japanischen Zierquitte las und sich erinnerte, wie ihr Leben früher aussah, bevor ihn seine Stabilität verließ. »Ich ließe mich lieber in einem Sklavenschiff mit dem Ziel Afrika verstauen, als das Schicksal zu erdulden, mit heuchlerischen Freunden und echten Feinden zu tun zu haben.« Mitte April beginnt *Chaenomeles japonica* zu blühen. Clare hatte früher in seinem Leben einmal geschrieben: »Wir sehen an einer Blume nicht nur ihre Form und Farbe. Unsere Vorstellung enthält eine Welt von Assoziationen, die dem Objekt, das wir vor Augen haben, Schönheit und Bedeutung hinzufügt.«

Die Tränen der Kaiserkrone

Anfang April gesellen sich zu den roten Zierquitten unten am Boden die Blüten der Fritillarien *(Fritillaria)*. Die schönsten Felder wilder Fritillarien in England gibt es in Oxfordshire, und hier wiederum finden sich die besten in Addison's Meadow auf dem Gelände des Magdalen College, Oxford. Die dortigen Schachbrettblumen sind so grandios wie nie zuvor, seit vor ungefähr zwanzig Jahren der Sommerbewuchs der Wiese verändert wurde. Diese wilden Fritillarien gibt es bei uns schon seit Jahrhunderten, und ich kenne viele, die sie in der feuchten Erde heranziehen, die den Pflanzen am genehmsten ist. Obwohl andere Fritillarien in ihren Herkunftsländern noch älter sind, fangen sie erst jetzt allmählich an, für besonnene Gärtner eine Rolle zu spielen. Bis vor Kurzem kannten die meisten unter uns lediglich die große Kaiserkrone, *Fritillaria imperialis,* und die weißen Formen unserer einheimischen Schachbrettblume *meleagris.* Andere waren weniger bekannt und hatten eher unaussprechliche Namen.

Das Sortiment verändert sich rapide, und Gärtner tun gut daran, ihre Aktivitäten daran anzupassen. Einige Fritillarien sind selten, wachsen langsam und sind schwierig zu halten, andere hingegen sehen fragil aus, ohne jedoch im Geringsten heikel zu sein oder nur zögerlich zu blühen. Bis vor Kurzem wäre ich nicht in der Lage gewesen, zwischen den Einfachen und den Schwierigen zu unterscheiden, doch im Jahr 1997 erschien ein Leitfaden mit den aktuellsten Forschungsergebnissen: *Fritillaries* von Kevin Pratt und Michael Jefferson Brown. Ich lerne immer noch viel daraus, obwohl die Autoren kein größeres Interesse an den Fritillarien-Legenden aufbringen. Sie halten sich nicht mit der bezaubernden Geschichte auf, dass die Kaiserkrone bei der Kreuzigung Christi dabei war und seither ununterbrochen

Die Tränen der Kaiserkrone 165

ihre Bestürzung zum Ausdruck bringt, indem sie im Inneren ihrer hängenden Blüten Tränen bildet.

Stattdessen präsentieren uns die Autoren ihre zeitgemäße Shortlist der »zuverlässigsten gärtnerischen Exemplare«. Dazu gehören auch ganz entzückende Arten, die ich als Wildpflanzen gesehen hatte und fälschlich für schwierig hielt. Eine der kräftigsten, *Fritillaria michailovskyi*, wurde einer breiteren Öffentlichkeit erst in den letzten dreißig Jahren bekannt. Sie stammt vom Vansee in der Osttürkei und wurde Ende der 1970er Jahre für Gärtner zugänglich gemacht. Die Blüten sind tiefbraun und an den Spitzen goldgelb, sie wachsen an Stengeln mit mehreren Ausläufern horizontal nach außen. Die Wunder der Mikropropagation haben sie als Handelsware verfügbar gemacht, und sie entpuppt sich in torfigem, im Winter kalten und im Sommer trockenen Boden als relativ einfach zu pflegen. Diese Zwiebel ist etwas für ehrgeizige Gärtner.

Jahrelang habe ich eine andere Vertreterin der Gattung mit übertriebenem Respekt behandelt. *Fritillaria acmopetala* entwickelt zarte, grün-gelbe Blüten mit rötlich-braunen Schattierungen an der Außenseite. Sie sieht extrem empfindlich aus, gilt mittlerweile jedoch als »eine sich schnell vermehrende Pflanze für offene Gartenflächen«. Ihr Preis ist in den letzten Jahren deutlich gefallen, und ich werde meine Exemplare aufgrund der neuen Forschungserkenntnisse aus ihrem Topf befreien. Pratt und Jefferson Brown sind offenbar optimistisch, dass die Zwiebeln sich in gut entwässerter Erde in voller Sonne oder leichtem Schatten vermehren werden. Vielleicht tun sie das tatsächlich; ich habe sie gelegentlich in diesem goldenen Dreieck der östlichen Ägäis gesehen, das sich von Zypern zur östlichen Türkei und über den Libanon erstreckt.

Fritillaria montana ist in Nordgriechenland weit verbreitet, allerdings habe ich nie gewagt, sie im Garten anzusiedeln. Nun stellt sich heraus, dass sie extrem dankbar ist: »Wenn Gärtner erst bemerkt haben, wie pflegeleicht diese Pflanze ist, könnte sie sehr populär werden.« Sie ähnelt einer längeren, dunkleren Form der Schachbrettblume und hält auch einen feuchten Winter aus, selbst wenn es dergleichen in ihrem Herkunftsland nicht gibt.

Leuchtend gelbe Fritillarien sehen besonders aufregend aus. Die leuchtendste von allen, *Fritillaria pudica*, kommt im Nordwesten Amerikas vor, wo sie unter dem Namen ›Johnny Jump-Up‹ bekannt ist. Im Freien soll sie angeblich feuchte Winter überstehen, allerdings entwickelt sie sich am besten in Töpfen und wenn sie im Sommer fast vollständig austrocknen kann. Als Althistoriker muss ich einen Versuch mit *Fritillaria euboeica* machen. Sie ist nach der einflussreichen griechischen Insel Euboea benannt, die zur Zeit Homers eine so wichtige Rolle spielte. Auch sie ist lebhaft gelb, gedeiht angeblich gut in durchlässiger Erde und verdient größere Beachtung.

Zurück zur Shortlist empfehlenswerter Exemplare: Unterarten wie *pontica* und die dunkle *uva-vulpis* sind vergleichsweise bekannt. Bis vor Kurzem hat mich die schöne *Fritillaria graeca* abgeschreckt, weil sie so besonders aussieht und die Variante *graeca* ›Thessala‹ eine so einzigartige Mischung aus Rötlich-Braun und Grün zeigt. Sie mag es feucht im Sommer, und die Fachleute sagen uns jetzt, dass die Art sich »in englischen Gärten sehr wohl fühlt« in einer Erde, die den Sommer und Herbst hindurch feucht bleibt. Sie empfehlen sie sogar für jeden, der mit einer Sammlung anfängt – ganz im Widerspruch zu der Annahme, etwas so Wunderschönes müsse auch schwierig sein.

Durch Mikropropagation können jetzt im Handel sehr viel mehr Sorten vertrieben werden, ohne dass die ursprünglichen Lebensräume der Pflanzen, die früher von den Wünschen der Gärtner in Mitleidenschaft gezogen wurden, zerstört werden. Fritillarien können vertrauensvoll in die Zukunft blicken. Ein altes Problem bleibt jedoch bestehen, und der diesbezügliche aktuelle Ratschlag sei hier wiedergegeben. Viele unter uns Gärtnern gehen davon aus, dass die großen Kaiserkronen-Fritillarien lediglich einmal blühen und in den Jahren danach nur noch Blätter, aber keine Blüten mehr hervorbringen. Der aktuellste Ratschlag lautet nun, dass wir die Zwiebeln sehr viel tiefer einpflanzen sollten, bis zu fünfzig Zentimeter tief. Wir sollen sie auf ein Bett aus feinem Kies legen, damit das Wasser abfließen kann, und dann mit rund fünfzig Zentimeter nährstoffreicher, gut entwässerter Erde bedecken. Flüssigdünger wird sowohl für das beginnende Frühjahr als auch für den Zeitpunkt empfohlen, wenn die Knospen erscheinen.

Fritillaria imperialis ist extrem gefräßig, vor allem aber dürfen die Wurzeln ihrer großen Zwiebeln auf keinen Fall beschädigt werden, denn wenn sie in der Wachstumsphase angeknackst werden, erholen sie sich nicht mehr. Man grabe sie ein, gebe ihnen Nahrung und störe sie nicht weiter, dann haben sie bessere Überlebenschancen. Offenbar können wir den alten Ratschlag vergessen, dass die Zwiebeln in einem gewissen Neigungswinkel gepflanzt werden sollen, damit sich in der Spalte in der Mitte kein Wasser sammeln kann. Ich bezweifle allerdings, ob wir voll und ganz verstehen, warum die Kaiserkrone ihre Tränen nicht zeigen möchte. Auch in den wilden, fruchtbaren Zwiebelfeldern in Holland, wo viele Kaiserkronen blind bleiben, hält sie sich damit zurück. Bis Wissenschaftler den Grund dafür herausgefunden haben, halte ich an ihrer Ungläubigkeit bei der Kreuzigung als Antwort fest.

Man gebe ihnen Prozac

Mitte April ist eigentlich der saisonale Höhepunkt der Blumenzwiebeln, doch ist ihre Anzahl in meinem Garten aufgrund ungebetener Gäste dezimiert. Dachse sind immer wieder Gegenstand der öffentlichen Diskussion. Sollen wir sie keulen oder knuddeln? Offiziell wird das Thema im Zusammenhang mit der Frage behandelt, ob Dachse Rinder mit TB anstecken. Während des Winters und zu Beginn des Frühlings wird mein Garten von Dachsen heimgesucht, die Löcher in den Rasen buddeln, jede Tulpe ausgraben und meine kleinblütigen Krokusse zerstören, die ich hingebungsvoll über mehrere Jahre gepflanzt habe. Wie üblich geht die Regierung das Problem mit einer zu eng gefassten Fragestellung an. Es besteht dringender Forschungsbedarf, und zwar nicht nur über die Rolle des Dachses bei der Rinderhaltung, sondern vor allem über die Krokus-Ortungs-Fähigkeit des ausgewachsenen Dachses, die ein wahrhaftes Wunder im Königreich der Tiere darstellt. Die Ergebnisse könnten sich als ebenso nützlich herausstellen wie die Erfindung des Radars. Mit dieser seiner Fähigkeit ist der Dachs dazu in der Lage, Blumenzwiebeln an Orten aufzuspüren, wo sie seit Jahrzehnten schlummerten.

In meiner Bedrängnis kam ich auf eine neue Lösung: Gib ihnen Prozac. Wieso Prozac? Ich sehe die Antwort als Beweis für die Ergiebigkeit lateralen Denkens oder auch Querdenkens, für das der Bildungsweg an der University of Oxford so berühmt ist. Im Badezimmer habe ich eines dieser Schränkchen, die sich im Lauf der Zeit mit einst in Notfällen verschriebenen und dann nie verbrauchten Tabletten anfüllen. Ihre Besitzer und Besitzerinnen sind gekommen und wieder gegangen, und mit Beginn des Frühlings erwacht der Drang sauberzumachen. Was spricht dagegen, die Tabletten abwesender Frauen den Dachsen in meinem Garten zu geben? Hier die meinen Gedanken zugrundeliegende Logik, basierend auf Informationen aus der Dachs-Fachliteratur, die erklären, was möglicherweise schiefläuft.

Diejenigen unter Ihnen, die im Öffentlichen Dienst beschäftigt sind, dürften von der Antwort kaum überrascht sein, dass das Problem sozialer Natur ist. Schuld ist nicht der Dachs. Ein gut situierter, mittelständischer Dachs würde von sich aus nie den Wunsch verspüren, aus freiem Antrieb einen Krokus zu verspeisen. Das Problem ist sein Alter. Wenn ein männlicher Dachs ein gewisses Alter erreicht hat, wird er ein fürchterlicher Langweiler. Seine Artgenossen halten es nicht aus mit ihm und grenzen ihn aus der Peergroup aus. Ein langweiliger Dachs muss sich also auf Wanderschaft machen und endet schließlich in unseren Gärten, wo er verdrossen seine Rachegefühle an den Tulpen auslässt. Ich kenne dieses Problem, weil es manchmal auch im Zusammenhang mit älteren namhaften Wissenschaftlern auftritt. Die Jahre gehen ins Land, aber so richtig zur Ruhe setzen sie sich nie. Wenn sie auf einen Tag aus den akademischen Wäldern kommen, veranlasst das ihre jüngeren Kollegen, zur Lunchzeit in Deckung zu gehen. Vergangen sind die Tage, als ein König potentieller Langeweile seinen akademischen Kollegen eine höfliche Postkarte zu schicken pflegte, in der er sie über die Tage, die er nach Oxford zu kommen plante, detailliert aufklärte. Und er fügte hinzu: »Für den Fall, dass Sie abwesend zu sein wünschen.«

Es heißt, Prozac befreie den Patienten von düsterer Stimmung und Isolationsgefühlen, vor allem in fortgeschrittenem Alter. Wenn ein alternder Dachs sich sozial ausgegrenzt und unglücklich fühlt, warum sollte man ihn nicht aufheitern? Mitten in der Nacht schritt ich also zur Tat. Ich zerkleinerte das Mittel in der Küchenmaschine und vermischte es mit löffelweise Erdnussbutter. Leidensgenossen hatten mir verraten, dass Erdnussbutter das ultimative Dachs-Lockmittel ist. Ich verteilte sechzehn Häufchen von der Mischung in einigem Abstand über den Rasen. Am nächsten Morgen waren alle weg.

Wegen dem, was dann geschah, bin ich zur Hälfte beschämt, zur anderen Hälfte aber empfinde ich Stolz: Zwei Tage später kam ich spät in der Nacht von der Arbeit nach Hause und traf zu meinem großen Erstaunen auf einen Dachs, der die Straße heruntertrottete, von der meine Einfahrt abzweigt. Ich nahm ihn ins Visier meiner Scheinwerfer, und gehorsam bog er nach rechts

170 *Frühling*

Abb. 33: Glücklicher Dachs – unter Medikamenteneinwirkung?

in meine Einfahrt ab. Wie schnell kann ein Dachs auf Prozac rennen? Ich bin sicher, dass wir 30 km/h schafften, allerdings geht mir die gefühllose Mordlust der Anti-Jagd-Vereinigungen völlig ab. Jeden Tag sehe ich auf den Straßen die bedauernswerten Opfer dieser liberalen Gegner der Blutsportarten, die zerquetschte Fasanen, angefahrene Hasen und oft auch irgendwo einen toten Dachs auf ihrem Weg hinterlassen haben. Mein Verstand sagte mir, dass ich im Lichtkegel meiner Scheinwerfer ein Gratis-Angebot vor mir hatte: den schlimmsten Feind des Gartens im Winter, der da vor mir auf der Flucht war. Auf einer Strecke von hundert Metern brachte ich es nicht über mich zu beschleunigen, als ich dann aber doch aufs Gas trat, wich der alte Knabe zur Seite aus und verschwand hinter den Linden aus meinem Blickfeld. Ich bin sicher, der von mir verabreichte Stimmungsaufheller Prozac hat ihn gerettet. Voll guten Willens und Zutrauens in den Zustand der Welt war es ihm gelungen, den Dachs-Sprint-Rekord zu brechen.

Viele meiner Leser und Leserinnen empfinden möglicherweise Zuneigung zu Dachsen, allerdings sind Sie in dieser Hinsicht irregeleitete Opfer von Propaganda und von Geschichten des Inhalts, Dachse seien weise alte Überbleibsel aus der vorrömischen Epoche Englands. Aber ein Dachs am falschen Platz stellt eine Bedrohung oberster Ordnung dar. Warum bloß sind die Leute so rührselig hinsichtlich dieser Spezies? Die »Royal Horticultural Society« hat sich sogar mit dem »Wildlife Trust« zu einer Initiative für »Wildlife Gardens« (Naturgärten) zusammengetan. Was werden sie wohl tun, wenn in den Tausenden von Krokussen, die kürzlich entlang des Broad Walk in Kew Gardens gepflanzt wurden, ein Dachs zuschlägt?

Seit der Geschichte mit der mit Tranquilizern angereicherten Erdnussbutter ist es auf meinem Rasen bemerkenswert ruhig. Das ist schön, aber ich denke bereits über eine Alternative nach: die Schlaftablette Temazepam. Sie war stark genug für Marilyn Monroe, dann sollte sie also auch stark genug für Meister Grimbart sein.

Pflügen und säen

Während meine Dachse in nie gekannter Seligkeit schwelgen, ist die Mischung aus Regen, kühlen Temperaturen und Sonne Mitte April ideal für das Aussäen winterharter Samen direkt in die Erde. Nutzen Sie die Gunst der Stunde und schließen Sie sich denen an, welche die Meinung vertreten, es seien die Ergebnisse, die einen Gärtner glücklich machen. Jede Sorte, die ich erwähne, kann von der unermüdlichen Firma Chiltern Seeds in Bortree Stile, Ulverston, Cumbria, UK, bezogen werden. Für Deutschland empfehle ich den Samenkatalog der Firma Jelitto.

Ich nenne nur solche einjährigen winterharten Sorten, für die kein Treibhaus benötigt wird. Für die Aussaat braucht man einen anständigen Rechen, denn vor dem Aussäen muss die Erde in den Beeten eingeebnet werden. Zuerst bricht man die Erde mit einer nicht zu kleinen Grabegabel auf. Verbleibende Klumpen werden zerkleinert. Dann wird die Oberfläche gerecht, um den Boden gar zu machen. Ein garer Boden ist Erde feiner Konsistenz, eine Konsistenz, wie man sie beispielsweise erzielen würde, wenn man eine Packung trockener Kekse in eine Küchenmaschine gibt und zu Krümeln verarbeitet. Wässern Sie die Erde, wenn nötig, und lassen Sie eine bis zwei Stunden vergehen, damit das Wasser sich verteilen kann.

Dann drücken Sie mit der hinteren Seite des Rechens eine niedrige, gerade Saatrinne in die Erde, knapp einen Zentimeter tief. In diese Rinne streuen Sie den Inhalt des Samenpäckchens, rechen anschließend die Erde darüber und klopfen sie sachte mit dem flach gehaltenen, nicht abgewinkelten Rechen ab. Wenn es nicht regnet, müssen Sie regelmäßig mit einer Kanne mit feinem Brausemundstück gießen. Nach drei Wochen dürften dann die Setzlinge erscheinen, wahrscheinlich in dichten Büscheln, es sei

Abb. 34: Weißblühendes Silybum marianum

denn, Sie sind geschickter als ich darin, Samen prisenweise auszustreuen. Sie können diese Büschel ohne Weiteres ausdünnen, indem Sie wegwerfen, was zu viel ist, oder indem Sie es in die Leerräume zwischen den Saatrinnen versetzen.

Der angenehme Teil besteht dann darin, eine Auswahl aus dem reichen Angebot zu treffen. Setzlinge der wohlriechenden Reseda (*Reseda odorata*) werden Sie in Gartenmärkten Ende Mai mit Sicherheit keine bekommen. Um deren Duft zu genießen, müssen Sie die Samen, die Sie unter dem Namen »Reseda« in Gartenkatalogen finden, selbst aussäen. Sie sind in der Haltung ganz einfach. Dasselbe gilt für einen anderen meiner Lieblinge, die gute alte Ringelblume oder *Calendula*. Ich mag sämtliche Arten, etwa die blassgelbe ›Lemon Gem‹, empfehle allerdings das Doppelgemisch ›Prince‹, weil diese größere Sorte auch gut als Schnittblume für Vasen im Zimmer geeignet ist. Diese leicht zu ziehenden Blumen machen sich im Garten ab Juli sehr schön und säen sich häufig von Jahr zu Jahr selbst aus. Sie gedeihen bei jedem Wetter, und ich kann sie nur empfehlen.

Des Weiteren empfehle ich die stachlige kleine Mariendistel, deren Blätter wunderhübsch gezackt sind und weiße Flecken haben, welche sich der Milch der Jungfrau Maria verdanken sollen, die seit jener Zeit in Bethlehem überreich strömt. Die Samen sind ganz einfach zu handhaben, und ich setze gern einige Pflanzen in Kiesflächen oder in die Ecken von Gebäuden,

Frühling

wo sich die auffällig gefleckten Blätter sehr schön ausnehmen. Die Blüten sind nicht sonderlich interessant, obwohl es jetzt auch eine weiße Form gibt. Auch die Mariendistel gibt es in den Gartenmärkten nicht. Und was man dort ebenfalls nicht findet, sind die grandiosen Formen einjähriger Sonnenblumen. Die besten sind diejenigen der Sorte ›Helianthus‹, sie werden bis zu eineinhalb Metern hoch und blühen in satten Farben. Sie sind nicht so gigantisch wie die kommerziellen Sonnenblumen aus mediterraner Züchtung, und ich empfehle statt des Sonnengelbs die dunkelpurpur-schokoladenbraune ›Velvet Queen‹ *(Helianthus annuus)*. Ihre Blüten beleben die hintere Reihe einer Blumenrabatte ab dem späten Juli.

Die meisten Gärtner wissen nichts von zwei wundervoll blaublühenden einjährigen Pflanzen: von der üppigen, tiefblauen *Phacelia campanulata*, die einen sonnigen Standort bevorzugt, und von der himmelblauen, in der Mitte weißen *Nemophila menziesii*, die Schatten bevorzugt und viel Wasser braucht. Sie sind leicht zu halten, entzückend anzuschauen und werden eigentlich zu selten angepflanzt, was auch für den einjährigen Blauen Gauchheil *(Anagallis)* gilt, der sich ebenfalls direkt im Freiland aussäen lässt. Er ist eine schöne Bereicherung für die erste Reihe eines Blumenbeets, und seine blauen Blüten wachsen bis in den Herbst hinein nach. Auch er muss aus Samen gezogen werden.

Kornblumen können wir uns sehr viel prägnanter vorstellen, doch bald wird es schwierig sein, die Farbe zu bekommen, die wir vor dem inneren Auge haben. Die Samenpäckchen für Kornblumen verzetteln sich zu Mischungen von Blautönen, Rosatönen und so weiter, aber den ersten Preis verdient eindeutig das klassische Blau, das außerdem viel besser zur Geltung kommt, wenn es nicht auf eine Länge von fünfzehn Zentimetern reduziert wird. Fragen Sie ruhig öfter nach, vielleicht wird dann die erlesene Farbe der ›Blue Diadem‹ im Handel bleiben. Die Kornblume ist von allen Einjährigen am einfachsten auszusäen, ihre Samenkörner gleichen kleinen Rasierpinseln. Sie sieht sehr hübsch aus, wenn sie vereinzelt in Blumenbeeten anscheinend vornehmerer Pflanzennachbarn vorkommt oder aber im Blumentopf gezogen und als Kostbarkeit behandelt wird. Als Topfpflanze wirkt sie phantastisch und macht einen überraschenden Eindruck, wenn sie an einem separaten Ort präsentiert wird. Ich ziehe einige Exemplare der großen Sorten auch als Schnittblumen und stelle sie gern drinnen in Wassergläsern auf.

Pflügen und säen

Abb. 35: Gemischte einjährige Mohnblumen im Jardin Plume

Wenn Sie es nicht so gut hinbekommen, einen garen Boden vorzubereiten, haben Sie mit den üblichen Sorten einjährigen Mohns trotzdem noch eine Chance. Die meisten dieser leicht zu ziehenden Sorten gehören zu *Papaver somniferum*, die nach spezifischen Farben und Formen der Blütenblätter sortiert sind. Ich schätze sehr die lebhafte Sorte ›Red Bombast‹, die ich im vergangenen Sommer im Garten eines Mannes sah, der den Namen der Pflanze rechtfertigte. Mit ihrer kräftigen Farbe lässt sie sich nicht übersehen. Auch sehr schön ist die gestreift-gefleckte Färbung der Sorte ›Flemish Antique‹. Deren Blüten erinnern an die zarten Mohnblumen in einem holländischen Gemälde, und wenn man die gekeimten Setzlinge ausdünnt, werden sich die Pflanzen auch in trockenen Jahren kräftig entwickeln. Sie eignen sich gut als Füllpflanzen, was wir bislang noch zu selten nutzen.

Und wir übersehen auch eine weitere Pflanze, die so einfach und gleichzeitig so elegant ist, dass man sie eigentlich überall antreffen müsste, aber man begegnet ihr kaum einmal. Der volkstümliche Name von *Agrostemma* ist Kornrade, und meine Lieblingssorte ist nach wie vor ›Milas‹, benannt nach einer Region in der südwestlichen Türkei, wo sie wohl als wildwachsende Blume vorkommt. Die großen, eleganten Pflanzen brauchen nur wenig Platz, sie werden bis zu 75 Zentimeter hoch und bringen fast den ganzen Sommer hindurch lila-rosa Blüten hervor; die Blüten von ›Milas‹ sind rot-rosafarben. Ich kann mich an ihnen nicht sattsehen, und selbst trockene Sommer überstehen sie gut, immerhin stammen sie aus der Türkei.

Um seine Freude an diesen selbstgezogenen Pflanzen zu haben, braucht man kein Treibhaus, kein Frühbeet oder irgendwelche speziellen Fertigkeiten. Es gibt noch Dutzende weiterer einjähriger Pflanzen zur Auswahl, und sie alle verleihen einem Garten das Aussehen eines bewusst und klug ausgesuchten Patchworks, das nicht als Fertigmischung gekauft wurde. Sie verbinden uns mit dem Prozess des Gärtnerns und geben uns das Gefühl, an ihrem üppigen Gedeihen mitbeteiligt, dafür verantwortlich zu sein.

Pflügen und säen

Harmonische Rhododendren

Es gibt landschaftlich keine lieblichere Zeit als das Frühjahr, wenn es wieder wärmer wird und unter einem klaren Himmel das frische Grün erscheint. Besonders schön ist es, wenn Sie auf kalkfreiem Boden leben und die gewaltigen, im Mai blühenden Bäume und Sträucher aus dem Fernen Osten anpflanzen können. Herausragend sind Rhododendren, aber passen sie, wenn sie in voller Blüte stehen, überhaupt in die ansonsten grüne Natur? Rhododendren haben ihre Gegner, von denen allerdings viele den Reichtum dieser Pflanzenfamilie gar nicht kennen. Sie meinen offenbar, sämtliche Rhododendren hätten malvenfarbige oder violette Blüten und würden so überschwenglich Blüten treiben wie die üppige *Ponticum*-Sorte in Sunningdale oder Schottland. Die Gegner verweisen außerdem auf die umstrittene Plazierung von Rhododendren in öffentlichen Gärten und Parks, vor allem im historischen Garten Stourhead in Wiltshire, wo sie prunkvoll den künstlichen See aus dem 18. Jahrhundert umrahmen.

Kürzlich ging ich zu einem Lunch für Rhododendron-Freunde und -Spezialisten und lernte dort eine Anlage kennen, die die Behauptung der Inkompatibilität von Rhododendren überzeugend widerlegte. In Wiltshire sind Rhododendren Bestandteil einer berühmten, herrlich gestalteten Anlage aus dem 18. Jahrhundert, und sie wirken in keiner Weise störend. Auf Bowood, dem Anwesen der Familie Lansdowne, blicken Rhododendren bereits auf eine glückliche Geschichte von mehr als 150 Jahren zurück. Heutzutage genießen jedes Jahr rund zweihunderttausend Besucher Bowood, allerdings stoßen die meisten nicht auf den Eingang zu dem großartigen Woodland Garden. Dieser abgetrennte Bereich des Parks kann noch in der angemessenen Stille genossen werden. Er verdankt seine Schönheit dem

Umstand, dass sich die Familie schon lange in ganz einzigartiger Kontinuität mit Rhododendren beschäftigt.

Auf Bowood sind die beiden großen Bestandteile des Gartens voneinander getrennt. Vom Haus aus gesehen, bildet den Höhepunkt der Landschaft einer der größten von Capability Brown angelegten Seen. In den 1760er Jahren war der Landschaftsarchitekt Brown auf der Höhe seiner Schaffenskraft, und sein ursprünglicher Plan für den Park von Bowood existiert noch, Indiz für das Selbstvertrauen des Planers und seines Auftraggebers. Darauf sind für die weiter entfernten Parkhorizonte detailliert geschwungene Baumgürtel eingezeichnet, und es ist ein See skizziert: Er ist so plaziert, dass er sich aus fünf natürlichen Quellen speist. Diese Quellen sind noch nie versiegt, nicht einmal während der langen Dürreperiode im Jahr 1976. Um Platz für den See zu schaffen, musste ein kleines Dorf zerstört und an einer weniger störenden Stelle wieder aufgebaut werden, die Bewohner wurden umgesiedelt. Im Jahr 2007 wurden die Fundamente ihres ehemaligen Dorfs von Mitgliedern des Taucherclubs aus dem nahegelegenen Ort Calne am Grund des von Capability Brown angelegten Sees wiederentdeckt. Es war in jeder Hinsicht zu begrüßen, dass die Dorfbewohner ausgezogen waren.

Während ich an einer schönen schlitzblättrigen Buche vorbei zum See spazierte, dachte ich darüber nach, wie unfair das 18. Jahrhundert Brown beurteilt hatte. Ein Kritiker sagte zu Brown, er hoffe inbrünstig, vor ihm zu sterben. Als Brown ihn nach dem Grund fragte, antwortete dieser, er wolle den Himmel sehen, bevor Brown dessen Kapazitäten (»capabilities«) verbessere. Am See von Bowood können Besucher nur tiefe Dankbarkeit dafür empfinden, dass – so sie ihn denn einst überhaupt zu Gesicht bekommen – sie den Himmel sehen werden, *nachdem* der Gestalter dieses Sees dann die Zeit hatte, ihn umzugestalten.

Und wo finden sich nun die Rhododendren? Die ersten, die ich während meines Besuchs zu Gesicht bekam, standen während des Lunchs auf den Tischen. Der gegenwärtige Marquis von Lansdowne, der neunte seiner Familie, hatte nur wenige Stunden vor dem Essen diverse Varianten zusammengestellt und in Vasen auf den Tischen der Gäste plaziert. Sogar der Fachmann Roy Lancaster kann nicht ohne Weiteres seltene gelbblühende Arten aus Bowoods Vergangenheit identifizieren. Nach dem Lunch begaben wir uns in einem Fahrzeugkonvoi in eine entfernte Ecke des Parks, wo seit den 1850er Jahren die Bowood'schen Rhododendren wachsen. Sie

Abb. 36: Rhododendron augustinii über *einem Glockenblumenteppich in Bowood*

sind nicht die ältesten in England; einige dieser ältesten Rhododendren sind mittlerweile als »Erbhybriden« klassifiziert und befinden sich seit ungefähr 1815 auf den Ländereien von Highclere Castle in der Nähe von Newbury. Die Pflanzungen von Bowood sind etwas jünger, doch dafür waren sie kontinuierlich in der Obhut einer und derselben Familie. Es werden noch immer neue Züchtungen angepflanzt, und der wunderschön angelegte Wald sollte im Mai eine der ersten Anlaufstellen für die Tausenden sein, die sich an den übrigen Schönheiten von Bowoods grandiosem Park erfreuen. Es lohnt sich, einen Abstecher von der M4 nach London zu machen, um die prachtvollen Rhododendren unter den hohen Baumkronen von Eichen und anderen Parkbäumen zu bewundern, umgeben von den herrlichsten Teppichen Englischer Glockenblumen.

Bemühen Sie sich bei Rhododendron-Lunches grundsätzlich, einen Platz in der Nähe eines Experten zu ergattern, um bei den Fragen und Antworten dranzubleiben. Und in einer Rhododendron-Kultur ermöglichen Sie den Experten, sich mit ihren Aufzucht-Büchern zusammenzutun und die Identität der Exemplare zu diskutieren, die sie vor sich haben. Sie werden sogar die Abstammung jener blassbraunen Behaarung an der Unterseite alter Sorten diskutieren, die sie »Indumentum« nennen; besonders leidenschaftlich tauschen sie sich über dieses Thema aus, wenn die Pflanzen seit 1854 nicht benannt worden sind. Bowood hat grandiose alte Exemplare, die die Kapazität der Experten bis an ihre Grenzen beanspruchen, während wir gewöhnlichen Sterblichen uns an der Anordnung der Sträucher und den gelungenen Farbkombinationen erfreuen und alte Freunde wiedererkennen wie etwa Rhododendron ›Loder's White‹.

Es ist wichtig, dass der Raum für diese Sträucher großzügig bemessen wird. Große Rhododendronpflanzen sind in Blumenrabatten leicht unterzubringen, aber sie sehen sehr viel besser aus, wenn sich dazwischen Rasenflächen erstrecken, vor denen sich ihre Farben abheben können. Ein Hain aus Rhododendronbüschen ist nicht schwierig zu unterhalten, wenn Nesseln und anderes Unkraut während der Wachstumsperiode mit einer Rucksackspritze zurückgedrängt werden. Was die Sache ebenfalls erleichtert, ist ein Boden, der wie derjenige in Bowood mit seinen natürlichen Quellen feucht bleibt. Der blaue Schleier von Bowoods altem *Rhododendron augustinii* ist ein Wunder, und selbst ein Rhododendron-Gegner dürfte beim Anblick des Blassgelbs von ›Cool Haven‹ schwach werden. Wenn man Sie

Harmonische Rhododendren 181

über den Unterschied zwischen ›Beauty of Littleworth‹ und den gelben Zeichnungen auf der immergrünen ›Glory of Littleworth‹ aufklärt, dann werden Sie sie beide anpflanzen wollen. Völlig hingerissen von den Farben fragte ich die Experten, welche der starken, knallroten Varianten sie für Amateurgärtner empfehlen würden. Ihre Wahl fiel auf die intensive Sorte ›May Day‹, einen phantastischen Blüher, der spät genug blüht, um dem Frühlingsfrost zu entgehen. Ihr Insiderwissen empfiehlt außerdem jene später blühenden Varianten, die die Saison bis in den Juli hinein verlängern. Wenn Sie bisher der Meinung waren, die Rhododendron-Zeit sei Mitte Juni vorüber, dann halten Sie in Zukunft Ausschau nach Arten, die in Liverpool gezüchtet wurden und nach dortigen Stadtteilen benannt sind. Sie blühen noch lange, nachdem die anderen Büsche schon aufgehört haben.

Nichts hat in Gärten einen sicheren Stand, nicht einmal in einem ausgereiften Gartengelände, das über Generationen von einer einzigen Familie betreut wurde. 1990 verwüstete ein Sturm einen Teil der oberen Baumbestände in Bowoods Rhododendron-Pflanzung und zerstörte die Sträucher, die unterhalb der Bäume wuchsen. Die Schneise der Zerstörung ist noch deutlich sichtbar, doch die Besitzer von Bowood pflanzten unermüdlich neu an und trugen so zur Weiterentwicklung ihres großartigen Geländes bei. Capability Brown ist vielleicht in den Himmel gekommen und hat dort Verbesserungen vorgenommen, allerdings ist er gestorben, bevor er die Rhododendren gesehen hat, deren Kapazitäten die seinen verbessert haben.

Nimmermüder Mohn

Ende Mai herrscht in den Gärten die Farbe Grün vor: das vibrierende Grün junger Blätter an den Bäumen oder das frische Grün des Grases, dessen Wachstum sich beschleunigt. Der Dichter Andrew Marvell empfand dieses Grün in seinem »grünen Schatten« als »allerliebst« und »liebreizend«. Besonnene Gärtner halten es für aufdringlich. Die klassische Korrekturmaßnahme besteht darin, sich als lebhaftes Gegengewicht strahlende Rottöne zu besorgen. Die Gärtner heute sind nicht mehr so zurückhaltend wie früher, wenn es um starke Farben im Mai und Anfang Juni geht, und größter Wert wird mittlerweile auf bestimmte Arten des roten Türkischen Mohns gelegt. Für diese Arten brauchte es früher Rechtfertigungen. Man warnte die Gärtner, dass die Farben sehr auffallend und schwer zu plazieren sein würden, und nach der Blüte würden sie schnell verschwinden und unschöne Lücken hinterlassen. Heute werden diese Laster als Tugenden empfunden. Das vibrierende Rot der besten Türkischen Mohnsorten ist ein Gegengift gegen das ausschweifende Frühsommer-Grün. Lücken begreift man heute eher als Segen, da sie der Phantasie Raum bieten und dichte Bepflanzung zulassen, also eine Verlängerung der Saison nach dem Verschwinden der Frühblüher ermöglichen.

Mohnblumen wurden im Zuge der neuen Welle der Gartenfotografie gewaltig aufgewertet. Perfekte Farbbilder geben einen Standard für gutgläubige Gärtner vor, und nur wenige Bilder wirken besser als das frühmorgens oder spätabends aufgenommene Foto einer makellosen Mohnblume ohne Blattläuse oder Regenschäden auf den Blütenblättern. Fotografen halten lediglich einen kurzen Moment fest – die kurz bemessene Blühphase der besten Mohnpflanzen interessiert sie nicht weiter. Fotos von Mohnblumen in ausgefallenen Tönen können außerdem täuschen, wirken doch die Grau-, Kastanienbraun- oder Pfirsich-Lachsrosa-Töne auf Bildern so viel besser als in einem lebendigen Garten. Vor nicht langer Zeit setzte das geschönte Foto einer Mohnblume namens ›Patty's Plum‹ die Sammler scharenweise in Richtung Südwest-England in Bewegung, wo sie hofften, Exemplare von dieser pflaumenfarbenen Schönheit zu bekommen. Der Preis stieg in astronomische Höhen, und ich war einer Leserin in Taunton sehr dankbar, die mir mit herzlichen Grüßen ein kleines Exemplar zukommen ließ. Zwei Jahre später sehe ich den Grund ihrer Großzügigkeit. ›Patty's Plum‹ verkauft sich hervorragend auf Pflanzenmessen, die großzügig zu caritativen Zwecken in privaten Gärten organisiert werden, wenn sie dann aber außerhalb von Hochglanzfotos blüht, ist sie enttäuschend – ihre Farbe erinnert eher an ein schmutziges Geschirrtuch.

Die für uns heute interessanten Sorten sind genau diejenigen, die man früher eher gemieden hat, weil sie zu lebhaft waren. Ihre Blüten sind von einem umwerfend hell- oder dunkelrotem Ton, sie sitzen auf hohen Stengeln und öffnen sich zu wahrhaft stattlicher Größe. Ich habe mir angewöhnt, sie im Garten punktuell zu setzen, und verlasse mich auf sie, um in den Wochen zwischen den Iris und der Hauptsaison der Rosenschauer das Übermaß an Grün zu kompensieren. Roter Mohn ist außerdem ein spektakulärer Begleiter für grob gemähte Grasflächen. Neben den welkenden Blättern der Narzissen wetteifern sie dort mit dem Gras einer neuen Jahreszeit. Wenn das Gras bis Ende Juni nicht gemäht wird, können die welkenden Blätter der Mohnblumen zum selben Zeitpunkt heruntergeschnitten werden, und Jahr um Jahr werden die stärksten Sorten diese Wiesenbehandlung überleben. Im Unterschied dazu sind die klassischen roten Mohnblumen in Getreidefeldern und auf impressionistischen Gemälden lediglich einjährig. Sie werden nicht jedes Jahr wiederkommen, es sei denn, sie säen sich erfolgreich selbst aus.

Hellrote mehrjährige Mohnblumen eignen sich für den Garten am besten. Meine Favoriten sind die kräftig pinkfarbene *Papaver orientale* ›Raspberry Queen‹, die freistehende Sorte ›Brilliant‹, die große, tiefrote ›Goliath‹ und ihre aufrechte Form ›Beauty of Livermere‹, deren tiefrote Blüten herrlich schwarz markiert sind. Diese Sorten sind auf trockener Erde mit viel Sonne extrem leicht anzupflanzen, an solchen Stellen, wo Spätentwickler in ihre Nähe gesetzt werden können, um ab Juli, nach dem Verwelken und

Verschwinden der Mohnblumen, den Platz zu füllen. Die Pflanzen können einzeln verwendet, aber sie können auch zu zwei unterschiedlichen Phasen auf demselben Gartenstück angepflanzt werden. Seit ›Livermere‹ seine ›Beauty‹ entdeckt hat, hat die Mohnaufzucht in Europa einen deutlichen Aufschwung erfahren. Varianten wie die blassrosa ›Karine‹ und die rot-schwarze ›Spätzünder‹ haben sich ebenfalls großartig bewährt.

Mohnblumen dieser Qualität lassen sich weder aus Samen ziehen noch teilen. Sie entwickeln eine lange Pfahlwurzel und können nicht längs gespalten werden, obwohl die Blätterbüschel zu solchem Vorgehen einzuladen scheinen. Man vermehrt sie stattdessen durch Wurzelstecklinge, eine einfache, vergnügliche Aufgabe, die man am besten bis in den Spätsommer hinein aufschiebt. Mit Wurzelstecklingen lassen sich innerhalb von zwei Jahren aus einer Pflanze ein halbes Dutzend machen, und die Methode ist extrem einfach – leider drohen solche Techniken in unserem Zeitalter der Gartenmärkte in Vergessenheit zu geraten. Man gräbt im Herbst tief um eine verwurzelte Mohnblume herum und versucht, sie mit so viel Wurzelanteil wie möglich aus der Erde zu heben. Man schneidet die Wurzel in ungefähr fünf Zentimeter lange Stücke und legt sie sorgfältig so nebeneinander, dass man im Auge behält, welches beim Abtrennen das obere und welches das untere Ende war. Pflanzen Sie die Abschnitte dann in Töpfe mit sandiger Erde, mit dem oberen Teil nach oben, gießen Sie sie und stellen Sie die Töpfe unter ein Gestell in einem kühlen Treibhaus oder in einen geschützten Bereich vor dem Haus. Wenn Sie die beiden Enden der Abschnitte nicht mehr auseinanderhalten können, können Sie sie einfach der Länge nach in einer gut gewässerten Anzuchtschale auf guten Kompost legen und mit eineinhalb Zentimetern feuchtem Kompost bedecken. Dann geschieht das Wunder, und gegen Ende des Frühjahrs im nächsten Jahr werden neue Triebe aus der Erde sprießen. Obwohl alles so kinderleicht ist, erfüllt es mich jedes Mal mit Stolz, wenn es funktioniert. Die jungen Pflanzen sollten in gute Erde umgetopft und dann im Spätsommer an den endgültigen Platz gesetzt werden. Im folgenden Frühjahr werden sie dann blühen – rund achtzehn Monate nach dem Beginn der ganzen Aktion.

Als Connie Oliver traf

Oben in Derbyshire erreicht man nach der Abfahrt 30 der Autobahn M1 nach kurzer Zeit die Gärten von Renishaw Hall, seit Hunderten von Jahren Sitz der berühmten Familie Sitwell. Ihre Rosen sind bemerkenswert, und im kühlen Derbyshire gedeiht die strahlend blaue *Ceanothus* ›Italian Skies‹ ebenso prächtig wie die elegante *Magnolia wilsonii* mit ihren hängenden Blüten. Der Garten wird von den heute dort lebenden Sitwells nach wie vor mit Geschmack und Klugheit gepflegt und verbessert, der Grund für einen Besuch ist jedoch historischer Natur. In Renishaw treffen sich zwei Extreme: formbewusster Klassizismus und aufrührerische Romantik.

Das Klassizismus-Extrem drückt sich aus in einem höchst ungewöhnlichen Buch, *On the Making of Gardens*. Es wurde im Jahr 1909 von Sir George Sitwell, dem Großvater des gegenwärtigen Besitzers, veröffentlicht. Das Buch war das Ergebnis akribischer Beobachtung und stilistischer Anstrengung, als es damals erschien, war es jedoch ein Flop. An seiner Unzugänglichkeit hat sich bis heute nichts geändert, allerdings fasziniert es mittlerweile, weil es Zeugnis für eine ferne Zeit und deren Geschmack ablegt. Es ist das literarische Gegenstück zur Grundstruktur des Gartens, den wir heute in Renishaw vor uns haben, und es wurde zu einem höchst ungewöhnlichen Kapitel im ewigen Buch der Natur.

Bereits in den 1890er Jahren war Sir George vom grünen Architekturstil der bedeutenden italienischen Gärten angezogen. Prinzipiell hatte er für Blumen nichts übrig, er hielt sie für eine vulgäre Ablenkung. Im Jahr 1900 erlitt sein obsessiv praktischer und antiquarischer Geist einen kurzen Zusammenbruch; danach bereiste er, nicht weniger obsessiv, Italien und zeichnete sorgfältig seine Beobachtungen von über zweihundert halb ver-

186   *Frühling*

nachlässigten geometrischen Gärten aus der fernen italienischen Vergangenheit auf.

Nun nehmen Sie vielleicht an, er habe seinen Garten nach seiner Rückkehr gemäß den Prinzipien angelegt, die ihn seine Reise gelehrt hatte. Aber davon kann keine Rede sein. Schon vor seiner Abreise hatte er mit der Anpflanzung von Eibenhecken und der Anlage geometrischer Muster begonnen, die nach wie vor eines der Charakteristika von Renishaw sind. Bereits im November 1900 wurde Sir Georges Garten wegen seiner »architektonischen Vorzüglichkeit« gepriesen. Der Nervenzusammenbruch, die italienische Reise und das Buch waren lediglich Ausdruck eines Geschmacks, der ihm bereits eigen war.

1909, also neun Jahre später, kam der Familiensitz Renishaw in seinem Buch nicht einmal vor. Stattdessen versuchte Sir George, »Gestaltungsprinzipien« festzulegen und die Gründe zu erklären, warum uns das Betrachten von Gärten Genuss bereitet. Seine Theorien sind eine wahre Fundgrube intellektueller Bruchstücke aus der edwardianischen Vergangenheit. Sie verbinden sich mit einer Mode der damaligen Epoche, den geometrischen Gärten im italienischen Stil, die gleichzeitig von der Romanschriftstellerin Edith Wharton beschrieben wurden. Ein weiterer Bestandteil war eine Reihe populärwissenschaftlicher Theorien, aus denen Sir George sein amateurhaftes Wissen um Psychologie, Evolution und Naturwissenschaft bezog. Auf dieser Grundlage versuchte er, unseren Genuss beim Betrachten eines Gartens als Echo unserer Evolutionsgeschichte zu erklären. Gleichzeitig werde, so seine Theorie, bei diesem Genuss auf aktuellere Bestandteile unseres Seelenhaushalts und unseres Sehvermögens zugegriffen und auf flexiblere Elemente unserer Geisteskraft. Seine Theorie ist reizvoller Unsinn, abgefasst in einem sehr bemerkenswerten Stil. Sein Sohn, der berühmte Osbert Sitwell, beschreibt, wie Sir George sich endlos damit abquälte, einen einzigen Satz zu bauen. Seine Prosa ist ein unfreiwilliger Tribut an den entgegengesetzten Wert der Spontaneität.

Ein anderer seiner Söhne, Sachie, schrieb: »Die großartige Erfahrung besteht darin, lebendig und empfindungsfähig zu sein.« Es ist vor diesem Hintergrund interessant, dass Renishaw nicht nur ein klassizistisches Denkmal ist. Das Anwesen hatte Einfluss auf ein literarisches Werk über Leben und Empfindung, dessen »großartige Erfahrungen« weltweit bekannt sind. Ganz zweifellos ist Renishaw das Vorbild für das grandiose

Als Connie Oliver traf 187

Herrenhaus Wragby Hall in *Lady Chatterley's Lover* von D. H. Lawrence. Der Name »Wragby« verdankt sich einem Dorf in Lincolnshire, doch Haus und Grundstück von Renishaw waren die Grundlage für die gefühlvollen Szenen zwischen Ihrer Ladyschaft und dem Wildhüter in seiner Hütte im Wald.

Beim Gang durch Renishaws ansprechend angelegte Gärten, auf der Suche nach der Hütte, wanderten meine Gedanken zurück zu Lawrences erotischem Meisterwerk. Möglicherweise war Lawrence im September 1926 auf Besuch in Renishaw, mit Sicherheit unterhielt er sich aber im Sommer 1927 in Italien mit Osbert Sitwell. Der körperlich behinderte Sir Clifford Chatterley geht teilweise auf Lawrences persönliche Eindrücke von Osbert Sitwell zurück, auch er Sohn eines Baronet. Chatterleys Haus wird beschrieben als »ein düsteres altes Haus in einer hässlichen Landschaft mit ziemlich unzureichenden Erträgen«. An diesem Ort träumte Lady Chatterley von wilden Pferden und verzehrte sich nach der rohen Berührung männlichen Fleisches im Gartengelände.

Lawrences Text liegt in mehreren Fassungen vor, angefangen bei jenen, in denen der Wildhüter Mellors noch Parkin heißt und außerdem Blumen eine größere Rolle spielen. Nach leidenschaftlichen Stunden in Parkins' Hütte entspannt sich Lady Chatterley mit Gartenarbeit. Sie gesellt sich in einem Garten mit doppelten Reihen von Aurikeln – die bezeichnenderweise im Derbyshire-Dialekt »Recklesses« [Unbesonnene] heißen – zur Hauswirtschafterin von Wragby. »Aus irgendeinem Grund fühlte sie sich zu Mrs Bolton hingezogen, als hätte sie mit ihr etwas gemein.« Gemeinsam binden die beiden Frauen die Nelken auf. Sie setzen außerdem kleine Pflanzen für den Sommer, wobei es sich, wie sich herausstellt, um Akelei handelt, eine höchst unwahrscheinliche Sommerblume, da Akelei Mitte Juni aufhört zu blühen. Des ungeachtet »machte es Connie Freude, behutsam die Wurzeln in die weiche schwarze Erde der Beete zu senken«. Ich kann das Gefühl nicht bestätigen. »Sie spürte, wie ihr Schoß vor Glück bebte, als ob sich in ihrem Inneren auf dieselbe Weise etwas einwurzelte.«

Nach ihren Ausschweifungen draußen im Wald hatte das Einpflanzen der Blumen jetzt eine neue Bedeutung für sie. Vier Meilen entfernt vom Haus lag, Lawrence zufolge, die Hütte des Wildhüters, wo Connie sich mit Oliver traf, jedenfalls in der ersten Version des Buches. In seinen Armen fühlte sie sich »wie ein Vulkan« in jenen Augenblicken, »in denen sie sich vor Verlangen aufbäumte und die Leidenschaft wie weißglühende

Lava strömte«. Und sogar in diesem Zusammenhang spielten Blumen eine Rolle. Die Hütte des Wildhüters zeichnete sich dadurch aus, dass hier die einzigen wilden Osterglocken weit und breit wuchsen. Als der Wildhüter es ihr auf einem Holzstapel besorgte, hatte sie die »grandiose Erfahrung« von »wundervoll kräuselnden Schauern und Glockengeläut«. Der gesetzte, ruhige Wildhüter bewunderte dann die Brüste der Lady, »längliche« Brüste, so Lawrence, während ihre nackte Haut »schwach golden« glänzte wie eine ›Gloire de Dijon‹-Rose. Heutzutage neigt die ›Gloire de Dijon‹-Rose etwas zu Mehltau. Danach begab sich Ihre Ladyschaft nackt in den Garten hinaus und bekränzte in der ersten Version diese länglichen Brüste mit Geißblatt. In der zweiten Version übernahm Parkin das für sie und steckte ihr sogar noch einige »Zweige duftiger junger Eiche« unter die Brüste. Ich habe in Renishaw Anfang Juni keine Geißblätter gesehen, und ich frage mich, wie diese Eichenzweige an Ort und Stelle blieben.

Beide Männer in Connies Leben waren Leser, wenn auch je unterschiedlicher Art. Sir Clifford, der Herr von Wragby, war fasziniert von den alten Griechen, speziell von Platon – jedenfalls in den ersten Fassungen des Romans. Seiner Meinung nach waren die Griechen »manchmal wie kleine Jungen, die gerade entdeckt haben, dass sie denken können, und darüber ganz aus dem Häuschen sind«. Aber Denken war nicht das, was seine Frau wollte. Später verlagerte sich Sir Cliffords Interesse von den gedankenreichen Griechen auf handfestes Business, und er begann, in die lokalen Minen zu investieren. Er setzte seine Energie dafür ein, die Minen profitabel zu machen, worüber seine Ehefrau – ebenso wie Lawrence – entsetzt war. »Ein beträchtlicher Teil seines Bewusstseins scheint ausgefallen zu sein, wie eine Blume, die verblüht ist. Und was von ihm übrigblieb, war nur seine götzendienerische Begeisterung für den Altar des Geldes.« Diese Business-Begeisterung interpretierte Lawrence als »die Gefahr der Griechen. ... Auch sie kannten diesen verrückten Egoismus und die ungesunde Liebe zum Geld.« Die berühmten alten griechischen Dichter und Redner würden sich selbst wohl nicht so sehen, dafür verstanden sie aber mit Sicherheit etwas von Liebesleidenschaft.

Dergleichen in einer Lady zu entfachen, war nicht das einzige Talent des Wildhüters. Denn auch er war ein Mann mit einem erstaunlich weiten Horizont. Als Connie sich im Morgenlicht in seinem »kargen kleinen Schlafzimmer« umsah, fiel ihr Blick, jedenfalls in den späteren Versionen des

Romans, auf ein »Regal mit einigen Büchern, einige stammten aus einer Leihbibliothek. Sie schaute genauer hin. Es gab Bücher über das bolschewistische Russland, Reisebücher, einen Band über Atome und Elektronen, einen über die Beschaffenheit des Erdinneren und die Ursachen für Erdbeben, außerdem ein paar wenige Romane und drei Bücher über Indien. Er war also auch noch ein Leser!« Als der intellektuell aufgeschlossene Wildhüter wegzog, wurde er Kommunist und arbeitete in einer Fabrik.

Wenn Damen sich selbst als »leidenschaftliche Gärtnerinnen« bezeichnen, denke ich immer an Connie, ihre Schutzheilige, die im Mai – zwei Wochen, bevor sie anfangen zu blühen – Akeleien setzt. Durch Renishaws Gärten wurden Wonnen evoziert, die sehr viel mehr mit dem »evolutionären Echo« von Sir George zu tun hatten, als er selber ahnte. Was den Schutzheiligen der besonnenen Gärtner anbelangt, so ist dieser kein Dozent im Fach Landschaftsarchitektur. Vielmehr ist es Parkin, der Wildhüter, der Connie mit Geißblatt und »duftigen« Eichenzweiglein schmückt. »Könnte ich doch nur bleiben«, so die Sehnsucht der Lady. »Wenn doch diese andere, garstige Welt aus Rauch und Eisen gar nicht existieren würde. Wenn doch nur *er* derjenige wäre, der mein Leben prägt.«

Schätze aus China

Wie profitieren Gärtner von der wirtschaftlichen Öffnung Chinas? Die großen Pflanzenjäger des frühen 20. Jahrhunderts kamen mit Bäumen, Stauden und Zwiebeln aus Ostasien zurück, die unsere Pflanzgewohnheiten im Westen verwandelten. In den 1960er Jahren, als unter den Spitzhacken der Revolutionsgarden tausend Blumen blühten, gingen die Erträge für Gärtner zurück. Seit den 1980er Jahren hat sich die Lage wieder verbessert: Botaniker konnten wieder einreisen und entdeckten nach und nach, wie viel es da noch gab, das für Gärten geeignet war. Die ersten Sammler hatten sich auf Rhododendren und andere große Sträucher konzentriert; kleinere Pflanzen stießen bei der Kundschaft auf weniger Interesse, sie warteten also auf eine zweite Entdeckerwelle. Mittlerweile sind sie nicht mehr durch Revolutionäre gefährdet, sondern vielmehr durch die Industrialisierung, die Flussläufe umleitet und dann Berge sprengt, um Steine und Metall zu gewinnen.

Eine bestimmte chinesische Pflanzenfamilie ist zwar schon lange bekannt, doch für interessierte Gärtner im Westen schwer zu bekommen. Die Baum-Päonie wurde in der chinesischen Kunst und Kultur sehr hoch geschätzt, allerdings war es bis vor Kurzem kaum möglich, in Pflanzschulen historische Varianten zu finden. Die begehrteste Pflanze für die Kenner war eine herrliche weiße Form mit einem dunklen Fleck in der unteren Mitte ihrer großen, gekräuselten Blütenblätter. *Paeonia rockii* wurde von dem Sammler Joseph Rock in den nordchinesischen Bergen entdeckt, und die ersten Züchter betonten, wie ungewöhnlich widerstandsfähig gegen Kälte, Trockenheit und Schädlinge sie war. Trotzdem ist sie aus dem Handel fast vollständig verschwunden. Vor zehn Jahren bekam ich vor Aufregung ganz zittrige Hände, als ich mitten im Nirgendwo in einem Frühbeet zwei junge Exemplare entdeckte. Der Besitzer nahm sie schnell weg und versteckte sie – hartnäckig weigerte er sich, sie jemals zu verkaufen. Ich hoffe, sie produzieren jedes Frühjahr ungehindert Knospen.

Auch im China der Kaiserzeit waren große Päonien nicht für jedermann zugänglich. Ganz überwiegend wurden sie in den Gärten der Kaiser gepflanzt, in speziellen Beeten, die man mit polierten Steinen säumte, eine Art von Begrenzung, die sich im Westen als Grabumrandung auf wundervoll abgeschmackten Friedhöfen findet. In China ist ein solcher polierter Rand nicht gleichbedeutend mit dem Kuss des Todes. Hochstehende Hofbeamte wetteiferten in der Zucht von Päonien, und sie präsentierten ihre Exemplare bei großen Päonien-Ausstellungen, die in der Hauptstadt Luoyang abgehalten wurden. Zuschauer seufzten bewundernd über die vorgeführte Üppigkeit Tausender von Blüten, und in den gewöhnlichen Betrachtern regte sich Neid, sahen sie doch in der vorgeführten Pracht ein Privileg der Reichen und Guten. Bevor die Geschichte zum Klassenkampf wurde, waren Päonien zentrale Pfeiler der Überlegenheit der Oberschicht. So konnten sie sich auch zu einem bewegenden dichterischen Symbol entwickeln. Die meisten Engländer kennen die klassische chinesische Poesie lediglich durch den romantischen Schleier der Übersetzungen von Arthur Waley, und ich muss mich, was einige herrliche Päonien-Gedichte aus der Vergangenheit betrifft, auf ihn verlassen. In der Tang-Zeit, um das Jahr 890 n. Chr., als es in England noch ziemlich barbarisch zuging, verglich ein Dichter in China Päonien mit seiner Geliebten. »My lover is like the tree peony of Luoyang«, so die Übersetzung von Waley. »And I, like the common willow. Both like the spring wind.« [Meine Geliebte ist wie die Baumpäonie von Luoyang. Und ich bin wie die gemeine Weide. Beide lieben den Frühlingswind.] Die Dichter hatten nicht die doppelblütigen krautigen Päonien im Sinn, Sorten wie *Paeonia lactiflora* mit Vertretern wie ›Kelways Glorious‹, die Ende Mai für Gärtner, die sich die Mühe machen, sie hochzubinden, einen so umwerfenden Anblick bieten. Diese Formen hatten eine andere Geschichte, die nach Zentralasien zurückreicht und auf die Forschungen eines Arztes am russischen Hof. Bei den bedeutenden chinesischen Formen handelt es sich um Moutan-Päonien, die in verholzten Stauden von gut einem Meter Höhe wachsen. Sie sollten im Unterschied zu den krautigen Varianten nie zurückgeschnitten werden, dabei sind sie nicht schwieriger zu halten. Sie

192   *Frühling*

Abb. 37: Die Dolores Defina Hope Tree Peony Collection im New York Botanical Garden

können ein hohes Alter erreichen, allerdings werden sie im Handel aufgepropft, damit sie schneller wachsen. Manchmal bricht das Pfropfreis ab und die Hauptpflanze stirbt, aber daran ist dann der Züchter schuld, die Pflanze an sich ist robust.

Wo können wir Päonien so nobler Herkunft käuflich erwerben? Es ist ein phantastisches Zeichen für den Zeitenwandel, dass mehrere englische Pflanzschulen mittlerweile junge Pflanzen importieren und im *RHS Plant Finder* auflisten. Die stattlichste Auswahl bietet die Phedar Nursery, Bunkers Hill, Romiley, Stockport, Cheshire, die einige der besten chinesischen Sorten aus der Gansu-Provinz anbietet; man kann sie per Mail-Order bestellen. In Amerika ist ein guter Ausgangspunkt der New York Botanical Garden in der Bronx, der von der Grand Central Station aus schnell mit der Bahn erreichbar ist. Seit 2007 bietet dieser Garten in seiner »Dolores DeFina Hope Collection« eine phantastische Auswahl an Baum-Päonien, und viele Exemplare sind neue Importe aus China. Ab Ende April bis Mitte Mai sind die großen Blüten in Weiß, Rosa- und Rot-Violett-Tönen einfach prachtvoll. Letztlich kommen die chinesischen Päonien alle noch von Handelsquellen in Luoyang, wo sie auf eine Geschichte von über eineinhalb Jahrtausenden zurückblicken; oder aus Heze in der Provinz Shandong, die nach wie vor eine wichtige Rolle für den Exporthandel nach Hong Kong spielt und dann auch für den Export in den Westen. Über fünfhundert Baumvarianten werden in diesen chinesischen Zentren zum Verkauf angeboten, doch von ihnen findet lediglich eine Handvoll ihren Weg in westliche Gärten. Die jährlichen Päonien-Feste an diesen Orten sind spektakulär, allerdings handelt es sich dabei heute eher um Handelsmessen, nicht mehr um Überlegenheits-Demonstrationen der Oberschicht.

Chinesische Baum-Päonien haben zu englischen Sammlern eine besondere Beziehung, doch wachsen sie auch sehr gut in den Gärten der europäischen Nachbarn von England. In Europa ist eine bewährte Quelle klassischer Baumvarietäten »Pivoines Rivière« im Departement Drôme in Südwestfrankreich. Diese Pflanzschule listet bis zu hundert unterschiedliche Baum-Päonien auf, von denen viele in den heißeren Klimata Frankreichs und des Mittelmeerraums gut gedeihen werden. Ich erinnere mich gern an eine ausgezeichnete Baum-Päonien-Schau bei trockener Hitze, welche ich – hoch zu Ross – in den öffentlichen Gärten der südspanischen Stadt Ronda besichtigte. Die Päonien wurden vom Laubdach mehrerer hoher Bäume beschattet, eine Erinnerung daran, dass sie in einem so heißen Klima Schutz brauchen, dann aber auch dort sehr bereitwillig wachsen.

Die schönen Päonien Chinas fanden auch bald den Weg nach Japan, wo sie ebenfalls begeistert aufgenommen wurden. Japanische Gärtner nannten sie Bo-tan. Die japanischen Varianten sind ausgezeichnete Gartenpflanzen, viele mit überaus grazilen Blüten, und auch für sie gilt, dass sie mittlerweile in Farben angeboten werden, die von Muschelrosa bis hin zu kostspieligen, allerdings weniger schönen Gelbtönen reichen. Als Regel kann man sich merken, dass ein Bo-tan mit den Buchstaben »Ji« in seiner Bezeichnung gekräuselte, gefüllte Blüten hat und an den Löwen erinnert, der mit dem japanischen Wort »Ji« bezeichnet wird. Sie überstehen kalte Winter gut und dürften uns wohl alle überleben.

Gibt es irgendwo auf der Welt eine blaue Päonie? Die Frage verfolgte chinesische Sammler und Frauenverehrer. Ich weiß nicht so recht, was ich mit der Vorstellung anfangen soll. Manchmal denke ich beim Einschlafen an

194 *Frühling*

jenen »letzten blauen, schneebedeckten Berg« [»Last blue mountain barred with snow« aus dem Gedicht »The Golden Road to Samarkand« von James Elroy Flecker, A. d. Ü.], dessen Vorstellung alle Pilger auf Erden verfolgt und auf dessen Ausläufern womöglich blaue Päonien wachsen. Dann versuche ich mir eine blaue Päonie vorzustellen und bin froh, dass wir stattdessen die gefleckte ›White Rockii‹ haben.

Schätze aus China

Coronas Gepräge

Prägen sich Besitzer ihren Gärten ein? Zu ihren Lebzeiten selbstverständlich, denn Gärtnern ist eine Kunst, und Gärtner sind Künstler, die sich mit dem, was sie plazieren und anpflanzen, selbst ausdrücken. Und was geschieht, wenn sie verstorben sind? Manchmal suchen wir Orte auf, an denen man immer noch die Gegenwart einer abwesenden Persönlichkeit spürt. Deren Gärtner oder Gärtnerinnen scheinen weiterzuleben. Was steckt hinter diesem Gefühl, und womit konfrontiert es uns? Es hat nichts Gespenstisches oder Jenseitiges an sich. Gärtnern ist eine von der jeweiligen Persönlichkeit geprägte Kunst, und eine Weile lang besteht sie fort, auch wenn der organisierende Geist nicht mehr am Leben ist. Bestenfalls bleibt ein Gefühl für den Künstler erhalten, das zwar im Lauf der Zeit verblasst, aber eine gewisse Zeit nach dem Todesfall noch spürbar ist. Ein Garten wird nicht auf neue Art still oder friedvoll, wenn sein Besitzer kürzlich verstorben ist. Stattdessen gibt es eine bestimmte Zeitspanne, in der ein Garten verlassen und aus diesem Grund stiller ist, und umso stärker beeindruckt er uns mit dieser Stille.

Die postume Prägung eines Verstorbenen drückt sich – aus völlig natürlichen Gründen – am deutlichsten bald nach seinem Tod aus. Die Gärten in Sissinghurst in Kent sind immer noch wunderschön, aber ich glaube nicht, dass sich dort noch ein Eindruck von der fortbestehenden Anwesenheit ihrer Schöpfer Vita Sackville-West und Harold Nicolson vermittelt. Zu viel musste verändert und an die immer noch steigenden Besucherzahlen angepasst werden. Gärten, die am meisten wegen ihrer Pflanzen bewundert wurden, verschwinden noch schneller. Ich kann die unmittelbare Anwesenheit von Margery Fish oder E. A. Bowles in ihren Gärten in Somerset oder

196 ✤ *Frühling*

Middlesex nicht mehr spüren. Zu viel ist gestorben, obwohl ein hübscher weißblühender Sauerampfer namens *Oxalis* ›Bowles's White‹ nach wie vor die Fahne seines Kultivators in dessen Garten in der Nähe von Enfield hochhält.

Allerdings habe ich ein sehr starkes Gefühl einer abwesenden Präsenz in einem irischen Garten im County Carlow südöstlich von Dublin. Ungefähr hundert Jahre lang hatten die Anlagen von Altamont das Glück, im Besitz nur einer Familie zu sein. Über zwei lange Generationen wurden ein Vater und dann seine Tochter diesem außerordentlichen Ort in Planung und Bepflanzung auf bemerkenswerte Weise so gerecht, wie er es verdiente. Seit 1999 ist kein Erbe mehr da, es kümmern sich jetzt vier Gärtner des irischen Office of Public Works darum. Es gab unvermeidlich Todesfälle, doch die grundlegenden Charakteristika sind bis heute erhalten.

Eigentlich ist Altamont schon ein sehr alter Garten. Seine Buchenallee erinnert an eine Gemeinschaft von Ordensschwestern, die früher einmal hier angesiedelt war; die Buchen sind so schön, wie nur irische Buchen schön sein können. Der Besitzer Fielding Lecky Watson begann 1923 das Gelände mit Sträuchern und Rhododendren zu bepflanzen, die man erst kurz zuvor im Fernen Osten gefunden hatte. Er legte einen gut einen Hektar großen See an und umgab ihn mit den schönsten Kamelien. Er war ein leidenschaftlicher Kenner, und als seine Tochter zur Welt kam, benannte er nicht etwa eine neue Rhododendron-Art nach ihr. Er gab dem Mädchen vielmehr den Namen der von ihm am meisten geschätzten Rhododendron-Sorte ›Corona‹. Später heiratete Corona einen Gary North, doch ihre eigentliche Hingabe galt ihr ganzes Leben lang Altamont. Ihr Vater ließ seinen großen See von Hand ausheben, um während der Jahre der Depression in Irland den Männern in der Region Arbeit zu verschaffen. Während des Krieges bemühte Corona sich dann unermüdlich, sein Erbe vor übergriffigem Unkraut und Seerosen freizuhalten. Sie pflegte langsam über den See ihres Vaters zu rudern und, unterstützt von einem älteren Iren, den Dschungel aus Unkraut zurückzuschneiden.

Ich kenne Corona nur durch Erinnerungen, die andere mit mir geteilt haben. Sie war groß, blauäugig, eine Lady mit einem Gespür für Natur, und ich lese gern, dass Corona, »als ihre Mutter mit 102 Jahren starb, schließlich in das große Haus umzog«. Sie war ihrerseits verwitwet und damals schon eine legendäre Gärtnerin, die scheinbar improvisierend, ohne festen Plan, vorging, wodurch ihre immense Fähigkeit, klug anzupflanzen, ver-

Coronas Gepräge 197

Abb. 38: Der historische See in Altamont, County Wicklow

borgen bleibt. *Rhododendron* ›Corona‹ kann in ihrem Garten immer noch bewundert werden, neben ›White Pearl‹, einer Varietät, die ihr ebenfalls gerecht wird. Sie ist als starke, außerordentlich liebenswürdige und talentierte Dame in Erinnerung, die eigenhändig ihre Rasenflächen mähte, die Kühe melkte, vom selbst angebauten Gemüse lebte und Irland in Trauer stürzte, als sie »mit erst 77 Jahren starb«. Sie hatte mit dem Gärtnern begonnen, als sie Anfang zwanzig war, und bis zu ihren Tod mit ganzer Leidenschaft damit weitergemacht; sie prägte ihren Garten mit ihrer Persönlichkeit und hinterließ ein Beispiel für sensibles Zusammenspiel mit einem Ort und seinem Kontext.

Entlang der entscheidenden Blickachse vom Haus aus zieht sich durch den Garten von Altamont nach wie vor eine lange, zentrale Buchsbaumallee mit eibengerahmten Bogendurchgängen, deren Formen Corona wiederherstellte, erhielt und auf beiden Seiten dichte Bepflanzung hinzufügte. Um den bezaubernden See stehen immer noch die großen, seltenen Rhododendron-Büsche. Viele von den besten alten Rosen blühen nach wie vor, und vor den grauen Steinmauern des Hauses pflanzte Corona blassrosa-weiße Rhododendron-Arten, unter anderem die liebliche Sorte *triflorum*. Das milde Klima ermöglicht Kostbarkeiten wie die aus Chile stammende *Olearia phlogopappa* ›Combers Pink‹, und in tiefer gelegenen Bereichen pflanzte sie wohlriechenden Seidelbast, unter anderem auch die einfache *Daphne collina*. Ohne je formalistisch zu werden, gruppierte sie zwanglos die weißblühende *Primula pulverulenta* neben einem Gartenpfad, wenn aber weißes und blaues Immergrün sich daruntermischte, dann ließ sie es geschehen. Jahrelang pflanzte sie auch noch Bäume an, darunter ausgezeichnete Eichensorten, und eine ganze Wiese bestückte sie mit unterschiedlichen Ebereschen. Ihre Rhododendren-Auswahl war einer Lady angemessen, deren Taufname sich von diesen Blumen ableitete. Sie hatte den richtigen Boden für die besten blühenden Hornsträucher, und es ist eine Freude, auf heiteren Lichtungen auf sie zu stoßen, wo unter einem lichtdurchlässigen Blätterdach wilde Glockenblumen wachsen. Der Garten ist riesig, ein Spaziergang durch das Gelände dauert über eine Stunde. Auch eine über hundert Stufen führende Treppe gehört dazu, die von Lecky Watson, beraten von William Robinson, angelegt wurde. Die Außengrenze bildet der zauberische Fluss Slaney, noch immer ein klar fließendes Gewässer für wandernde Lachse. Wenn sich dann der Kreis schließt, biegt man ab zu Coronas förmlichster Anlage, einem freistehenden Tempel in offener grüner Landschaft.

Ihr Garten war ihr Universum, und sie pflanzte immer im Einklang mit ihm. Ein Stück entfernt vom Haus sind die beiden langen Buchsbaumreihen an der Hauptachse mit harmonierenden Rosen bepflanzt. Ihre Lieblingsrose war die zart rosafarbene ›Celestial‹ mit ihren grau-grünen Blättern, eine Wahl, die mir Aufschluss gibt über ihren Blick. Schließlich befinden wir uns in Irland. Als Corona anfing, gab es nur sehr wenige Gärtnereien in Irland, eine davon war Daisy Hill im County Down. Man bezeichnete sich dort als »die einzige Pflanzschule in Irland, die ihr Geld wert ist, und wohl die interessanteste« Pflanzschule weltweit«. In ihren späteren Jahren verdankten Corona und ihr Garten vieles der einfühlsamen und engagierten Nachbarin Assumpta Broomfield.

Unter Altamonts neuem »Heritage Committee« gibt es heute eine gute Gärtnerei in Coronas Garten selbst, zwischen zwei dicht bepflanzten Rabatten, die ihrem Gedächtnis gewidmet sind, obwohl sie nicht ganz ihrem Stil entsprechen. Trotz der mittlerweile aufgeteilten Verantwortlichkeiten kommt das Vermächtnis der beiden Gartenschöpfer, Vater und Tochter, jedoch ungewöhnlich stark zum Ausdruck. Von Mitte Mai bis Mitte Juni ist Altamont als Ort mit einer ganz eigenen Präsenz unbedingt einen Besuch für besonnene Gärtner wert. Einen speziellen Hauch von Schwermut erhält die Anlage noch durch das so irisch wirkende Herrenhaus, das offenbar in den zehn Jahren seit Coronas Tod unbewohnt ist. Im Andenken an sie bedaure ich das. Ungestört von Besuchern stand ich unter einem *Rhododendron cinnabarinum* in einem Backstein-Orangeton, einer Sorte, die von Lecky Watson in den 1920er Jahren neu angepflanzt wurde. Ich blickte vorbei an den alten Kamelien zum See hinunter, wo eine Entenfamilie ihre Bahn durch im Licht schimmernde Seerosenblätter zog. Ich dachte an Corona, die diesen See rettete, und an ihren Vater und die Arbeiter, die ihn aushoben, und sann darüber nach, wie in einem immer noch magischen Garten eine sehr überlegte Prägung und Gestaltung ihre Schöpfer überlebt.

Wühlarbeiten

Tote können ihr Gepräge auf Gärten hinterlassen, aber lebendige Tiere schaffen das auch. Ich bin kurz davor, eine Lizenz zum Töten zu beantragen. Ich möchte einen neuen Nachbarn umbringen, der in meinen Garten eingedrungen ist und ihn verwüstet hat. Morgens steht er nicht auf, und er hat ungefragt einen Haufen Müll zusammengetragen. Er lebt lediglich fünfzehn Meter von meiner Vordertür entfernt. Ich kann selbst kaum glauben, was ich zu berichten habe. Nach zwei Jahren beiderseitiger Kriegführung hat ein Dachs an meinem Haus eine Erweiterung angebaut und lebt jetzt mit mir.

Während des gesamten Frühjahrs gingen Rasenstücke verloren, und es sah aus, als hätte jemand schaufelweise Zweige und verrottende Blätter mitgenommen. Erst allmählich realisierte ich, dass sie zwischen meinen beiden Fertigbaugaragen aufgehäuft waren, und zwar von einem Dachs, der untergetaucht war. Ich kann ihn riechen, aber ich kann ihn nicht sehen. Wenn ich zur Arbeit gehe, ratzt er noch, und wenn ich heimkomme und anfange zu schnarchen, dann bricht er zu seinen nächtlichen Untaten auf, gräbt Kuhlen in den Rasen und wühlt um die weißblühenden Schneeballsträucher herum. Kürzlich wurde eine Autorin vom Magazin der *Financial Times* interviewt. Sie erzählte von sich, dass sie »allein lebte mit dem Geräusch von Dachsen«. Das nehme ich ihr nicht ab. Dachse machen nachts keine Geräusche, und nur in meinen Träumen fauchen sie, wenn man sie stört. Teams von Wissenschaftlern liefern immer wieder Berichte an Parlamentsausschüsse ab mit der Frage, ob man es nicht erlauben sollte, Dachse zu töten, und zwar wegen der Gefahr, die sie für Kühe darstellen. Wieder einmal möchte ich darum bitten, auch das Risiko für Gärtner in Betracht zu ziehen. Ich gehöre nicht zu den Rindviechern, und ich bin nicht tuberkulosegefährdet. Mein Antrag auf eine Tötungslizenz ist rein geistiger und gartenbaulicher Natur. Dachse haben meinen Frühlingsgarten zerstört. Sie haben sämtliche Krokusse ausgegraben und sämtliche Tulpenzwiebeln weggefressen. Meine Zwiebeln muss ich jetzt in Töpfen aussetzen, an die sie mit ihren Klauen nicht mehr drankommen.

Natürlich habe ich mit den Fachleuten bei der »Chelsea Flower Show« gesprochen, aber keiner hat eine Ahnung, was man tun könnte. Ein Wildtier-Spezialist erklärte mir sogar, ich müsse sofort zuschlagen, denn Dachse untergraben die Fundamente eines Hauses, und ein Garten am Hang würde einfach einbrechen. Dafür müsste mein Dachs sich allerdings ranhalten. Um mich zu destabilisieren, muss er sich zwischen zwei Garagen nach unten graben, deren Böden, angelegt vom früheren Dorfarzt, aus solidem Beton bestehen.

Aber hier kommt nun selbstverständlich die moralische Menagerie mit ihren Fragen zur Tierethik ins Spiel. Mein Dachs ist unverschämt, aber ist es nicht auch irgendwie rührend, dass er sich erdreistet hat, ausgerechnet mich als denjenigen auszuwählen, mit dem er zusammenleben will? Noch rührender ist es, wenn man die Gewohnheiten von Dachsen bedenkt. Im Frühjahr werden die jüngeren Mitglieder einer Dachsgruppe bockig und gehen auf die alten Männchen los. Ich nehme an, sie haben von deren Gesprächsbeiträgen die Nase voll. Sie haben genug davon, dass ihnen von den alten Männchen ständig vorgeschrieben wird, sie sollten »Lehreffekte« und »gezielte Betreuung« vorweisen, wobei die Alten selbst weder das eine noch das andere geliefert haben. Mein Dachs und ich sind möglicherweise vom selben Schlag.

Die wirklich entscheidende Frage stellte dann eines der Mitglieder meiner Familie: ob ich dem Dachs denn einen Namen gegeben hätte. Irgendwie habe ich das tatsächlich getan. Ich versuchte es mit Wedgwood und Benn, und eine Zeitlang klang Boycott fast perfekt. Sein gegenwärtiger Name ist Howard, das passt zu seinem Aktivitätsmuster. Wie Michael Howard [Führer der Konservativen Partei Großbritanniens Anfang des gegenwärtigen Jahrtausends, A. d. Ü.] in der Beschreibung durch einen konservativen Parlamentskollegen hat er etwas Nächtlich-Obskures an sich.

Die Vorgeschichte seiner Ankunft ist möglicherweise nicht ganz so herzerwärmend. Ich habe bereits erwähnt, wie ich im Frühjahr den Me-

202 ❧ *Frühling*

dizinschrank entrümpelt habe: Da ich gelesen hatte, dass Dachse, die in Gärten eindringen, unglücklich sind, habe ich Stimmungsaufheller mit Erdnussbutter vermischt und kleine Häufchen auf dem Rasen verteilt. Ist mein neuer Freund jetzt süchtig und lungert an der Hintertür herum in der Hoffnung, eine weitere Dosis zu kriegen? Die Linken weigern sich, mir diese Diagnose abzunehmen. Sie sind felsenfest davon überzeugt, dass er aus einem verkrachten sozialen Umfeld kommt und dass die einzig sinnvolle Reaktion darin besteht, auf dieses Umfeld loszugehen. Dumm nur, dass ich mich vor den Bewohnern des Dachsbaus fürchte. Wenn mir meine Lizenz von den Landwirtschaftsbehörden bewilligt wird, dann muss sich diese Lizenz auf Hunde, Spaten und eine schnelle Tötung erstrecken.

Von Interesse dürfte noch der Umstand sein, dass ich in einem alten Pfarrhaus lebe. Bis vor Kurzem hätte ich einfach im *Crockford's* nachgeschlagen, der jährlich erscheinenden Fundgrube von Informationen für anglikanische Pfarrer. Dort kann man alles Erdenkliche über den Klerus alten Stils der Church of England finden – abgesehen lediglich von einem Bischof, der sich offiziell outet. An Sonntagen pflegten Landpfarrer früher von ihren Gemeindemitgliedern die Felle von Schädlingen entgegenzunehmen und sie entsprechend einem Tarif zu entlohnen, der in der Vorhalle der Kirche aushing. Für Dachsfelle gab es sechsmal mehr als für die Felle von Kaninchen. Heute existiert diese Regelung nicht mehr, aber ich lebe direkt neben der Kirche, und ich bin sicher, dass die Gemeinde ein eigens angepasstes Kirchenlied für mich anstimmen würde. »Brock of Ages ...« [Umwandlung des englischen Kirchenlieds: »Rock of Ages« (Fels der Ewigkeit) in »Brock of Ages« (Dachs der Ewigkeit), A. d. Ü.] müsste einen Dachs doch versöhnlich stimmen und beruhigen können.

In der Vergangenheit hätte ich mich an Parson Russell wenden können, einen Studenten in Oxford, der dort in den 1820er Jahren Theologie studierte. Er kaufte eine ausgezeichnete kleine Hündin namens Trump vom örtlichen Milchmann und begann, Jagdterriers zu züchten, die noch heute seinen Namen tragen. Wir haben einen solchen Jack-Russell-Terrier in der Familie, eine Hündin, die allerdings in Sichtweite von Parks in London aufwuchs, und wenn es dann wirklich ans Töten gehen würde, müsste ich sie im Auto einschließen und zuschauen lassen, bis Howard Geschichte ist. Sein Fell werde ich dann zu einer Badematte verarbeiten, seine Borsten zu Rasierpinseln und ich werde sogar erwägen, ob ich seine Lenden brate –

Wühlarbeiten 203

ein Leser aus Somerset teilte mir mit, er pflege gebratenen Dachs beim jährlichen Dachs-Supper in seinem Dorf zu verzehren. Gebratener Dachs schmeckt wie Räucherschinken, eine schöne Grundlage also für ein Howard's-End-Sandwich.

Bin ich herzlos? Wieder kommt die moralische Menagerie ins Spiel. Junge, zielstrebige Dachse werden mit Sicherheit nie einem alten Dachsmännchen hinterherlaufen, das sie aus ihrem Verbund vertrieben haben. Der ausgestoßene Dachs wird außerdem in seinem Alter kaum mehr eine Gefährtin finden; in den »Herzensangelegenheiten«-Spalten unserer Zeitungen hat offenbar niemand Interesse an gestreiften Partnern, daher darf ich sicher sein, von den Nachkommen einer desaströsen Midlife-Beziehung verschont zu bleiben. Indem ich den alten Dachs leben lasse, schütze ich also mich selbst vor dem Übergriff seiner ehemaligen Partner im Garten-Kriminalitäts-Geschäft. Wenn mein Garten sein Junggesellen-Territorium bleibt, schreckt er die Dachse ab, die ihn vertrieben haben. Ich gebe es nur höchst ungern zu, aber ich habe das Gefühl, dass ich ihn in Ruhe lassen muss. Wahrscheinlich bin ich der einzige Mensch in England, der – aus Angst, dass es noch schlimmer kommen könnte – an Howard festhält.

204   *Frühling*

Valerie Finnis

Wodurch zeichnet sich eine echte Gärtnerpersönlichkeit aus? Mit Sicherheit nicht durch Rührseligkeit im Umgang mit Dachsen. Ist es Geduld oder ein starker Rücken? Ist es ein fester Griff, Präzision, ein ausgeglichener Charakter? Wichtig ist der Einklang mit dem Rhythmus der Jahreszeiten, außerdem die Fähigkeit, auch alleine klarzukommen, wenn plötzlich jegliche Hilfe ausfällt. Es gibt viele Elemente, ich glaube jedoch, dass unbedingt Liebe zu Hunden dazugehört sowie ein ausgeprägter Hutgeschmack.

Diese beiden Eigenschaften sind für die Nachwelt aufgehoben in dem Buch *Valerie Finnis and the Golden Age of Gardening* von Ursula Buchan, einer klassischen Darstellung bedeutender Gärtner und Gärtnerinnen. Es erschien 2007 und ist nach wie vor unverzichtbar, enthält es doch Fotografien der verstorbenen Valerie Finnis, einer der herausragenden Gärtnerpersönlichkeiten des letzten halben Jahrhunderts. Sie war eine grandiose Fotografin, und ihre Bilder sind von einer Menschlichkeit und Beredsamkeit, die sie zu echten Klassikern machen. Historische Darstellungen der Gartenkunst tendieren dazu, sich lediglich auf die Namen jener Personen zu konzentrieren, die am meisten geschrieben, am meisten Geld ausgegeben und den meisten Wirbel verursacht haben. Valerie Finnis' Fotografien jedoch sind das entscheidende Zeugnis von sechzig Jahren englischer Gärtnertätigkeiten und von den Personen, die wirklich wussten, was sie taten.

Valerie wusste, wohin sie die Kamera richten musste, weil sie die Thematik genauestens kannte und ein Auge für die wahren Genies hatte. Sie war außerdem unglaublich hilfreich und großzügig gegenüber jüngeren Enthusiasten, was ich aus eigener Erfahrung weiß. Im Jahr 1964, im Alter von

Abb. 39: *Valerie Finnis*

achtzehn Jahren, schrieb ich ihr einen Brief, nachdem ich festgestellt hatte, dass sie die Sekretärin meiner Sektion der »Alpine Garden Society« war. Meine Anfrage war etwas ausgefallen. Ich wollte in die Belegschaft der Alpinum-Abteilung des großen Botanischen Gartens in München aufgenommen werden, dem anerkanntermaßen bedeutendsten Alpengarten Europas. Wir waren uns noch nie begegnet, doch Valerie schrieb sofort zurück und teilte mir die Adresse von Wilhelm Schacht, dem Leiter des Botanischen Gartens, mit, einem Giganten unter den Gärtnern, der unter anderem für den letzten König von Bulgarien einen großen Alpengarten angelegt hatte (vgl. Kapitel 4 »Mein deutsches Idol«). Sie wandte sich auch an ihn selbst, was zur Folge hatte, dass Schacht, als er zum ersten Mal eine unerwartete Job-Anfrage von einem Eton-Schüler bekam, einverstanden war. Ein Grund war ein Missverständnis seinerseits gewesen, wie er mir später mitteilte. Er verwechselte die Angabe »Middleton House« auf dem Briefpapier meiner Familie mit »Myddleton House«, der Adresse des berühmten Pflanzenkundlers und Gärtners E. A. Bowles. Außerdem wollte er es sich nicht mit Finnis verscherzen. Ein klassisches Foto in *Garden People* zeigt Schacht mit den typischen derben Wadenstrümpfen, wie er das Stativ seiner Kamera auf eine der großen Seltenheiten der Dolomiten ausrichtet. Das Bild

Frühling

Abb. 40: Wilhelm und Käthe Schacht inspizieren einen Alpintrog in Waterperry

daneben zeigt die Blume in Nahaufnahme, die himmelblaue *Eritrichium nanum* (Himmelsherold), die auch als »König der Gebirgsblumen« bezeichnet wird. Indem sie in großer Höhe diese Fotos aufnahm, hat Valerie der schönsten Pflanze und dem besten Mann zu Unsterblichkeit verholfen.

Valerie Finnis wurde 1924 geboren und starb im Oktober 2006. Seit ihrer Kindheit liebte sie Blumen, und sie freute sich immer, wenn sie bei anderen feststellte, dass es ihnen genauso ging. Ihre pflanzenliebende Mutter Constance übte großen Einfluss auf sie aus, doch es waren dann die Kriegsjahre, die die Zukunft der jungen Valerie entscheidend veränderten. Nachdem sie die Schule verlassen hatte, meldete sie sich an der »Waterperry Horticultural School for Women« in der Nähe von Oxford an, die unter der Leitung der unnachahmlichen Beatrix Havergal stand. Ich bin in meinem Leben einigen ungewöhnlichen Frauen begegnet, von Ingrid Bergman bis zu Iris Murdoch, doch Miss Havergal war von allen die außergewöhnlichste. In Waterperry gründete, leitete und beherrschte sie eine grandiose Schule für Mädchen, die Gärtnerinnen der Zukunft. Männer waren nicht zugelassen. Das Erkennungszeichen von Miss Havergal war ihr Filzhut, und ein gewaltiges Korsett hielt ihren imposanten Leibesumfang zusammen. Als sie mich in meinen jungen Jahren aufforderte, ihr zu zeigen, ob ich wusste,

Abb. 41: Wie benutzt man eine Handschaufel: Miss Havergal, ihr Hund und eine Schülerin bei der Arbeit

Abb. 42: Miss Havergal in Uniform beglückt einen Besucher mit einem Informationsblatt

Frühling

wie man eine Schaufel hält, trug sie grüne Wollstrümpfe und einen grünen Blazer. Glücklicherweise wusste ich es, ich durfte mich also einer Pflanze in einem der Tontöpfe zuwenden, die zu Tausenden auf den Gestellen im Garten standen.

Den Unterhalt für ihre Schule bezog Miss Havergal, indem sie das Obst und Gemüse verkaufte, welches das Geschwader ihrer eifrigen Mädchen als Teil des praxisorientierten Unterrichts heranzog. Der Unterricht wurde unterbrochen, wenn der wöchentliche Lastwagen eintraf, der die Produkte zum Verkauf in Oxford und Covent Garden mitnahm. Ein großer Teil, für den die Mädchen die Verantwortung hatten, wuchs in den beheizten Gewächshäusern von Waterperry, während im großen Schulgebäude unsäglich kalte Temperaturen herrschten. Im Schlafsaal begegnete die junge Pamela Schwerdt der jungen Sybille Kreutzberger, womit eine Beziehung begann, die ein Leben lang Bestand haben sollte. Diese Begegnung war entscheidend für die Geschichte der englischen Gartenkultur: Die beiden arbeiteten später, noch zu Lebzeiten von Vita Sackville-West, in Sissinghurst; sie übernahmen nach deren Tod die Leitung des Gartens für den »National Trust« und erhoben ihn auf höchstes Niveau: Immer mehr Besucher kamen und bewunderten ihr Werk, in der Annahme, es seien immer noch Vitas Arrangements, die sie da vor sich hatten.

In der Waterperry School begann dann die Bekanntschaft von Valerie Finnis mit den unbesungenen Heldinnen des Gärtnerns, und als ihr genauer Blick und ihr Talent sich herumsprachen, begegneten ihr auch die Experten auf Augenhöhe. Jahr um Jahr fotografierte sie sie, die Männer mit ihrer Pfeife und ihren Fox Terriers und Frauen mit modisch gesehen so unmöglichen Hüten, dass man sie dem *Vogue*-Magazin stiften sollte. Es gibt sogar ein Bild einer bedeutenden Züchterin kleiner Zwiebelgewächse, auf dem ihr weißer Malteser-Hund seelenruhig auf dem Zwiebelbeet hinter ihr hockt. Solche Hunde scheinen häufig mit einer besonderen Gärtner-Begabung einherzugehen. Ähnliches gilt für eine spitze Zunge und Standfestigkeit, allerdings stimme ich nicht mit dem überein, was in ihrem Nachruf steht, dass sie nämlich »ein besonderes Geschick darin hatte, sich mit anderen Leuten spektakulär zu verkrachen«. Ich würde eher sagen, dass es da Dramen gab, die sie lebhaft im Gedächtnis behielt. Unter ihren Fotos befinden sich auch Aufnahmen von der willensstarken Miriam Rothschild, einer berühmten Naturwissenschaftlerin und Wildblumen-Schützerin, die

Valerie Finnis 209

sogar noch in ihrem Salon ihre weißen Gummistiefel anbehielt. In einem Erinnerungstext beschreibt Valerie sie einmal als »die großartigste, die freundlichste und mutigste Person überhaupt«. Ich gestehe, dass ich lachen musste, als ich das las, denn ich weiß noch, wie sie in meiner Gegenwart Miriam einmal mit einer »Planierraupe« verglich, »die die Angewohnheit hat, einem ihre Frontschaufel ins Gesicht zu rammen«.

Bizarrerweise beschlossen die Leute bei *Garden People*, als Umschlagbild eine Aufnahme der eleganten Nancy Lancaster zu wählen. Nancy und Valerie respektierten einander mit distanzierter Freundlichkeit, aber ich arbeitete eine Zeitlang mit Nancy im Garten zusammen, genoss ihren endlosen Witz und ihre Schlagfertigkeit, und als ich mich einmal nach Valerie erkundigte, bezeichnete Nancy sie als »eine furchtbare Nervensäge«. Es war ein ständiges Drama, doch es war Nancy, die über die – damals unverheiratete – Valerie sagte: »Mir ist es lieber, wenn meine Windhunde einen Partner haben.«

Zu ihrer eigenen Überraschung machte sich Valerie den Windhund-Grundsatz zu eigen: Plötzlich, mit 46 Jahren, heiratete sie, und zwar ebenfalls eine überragende Gärtnerpersönlichkeit, Sir David Scott, der bereits auf die achtzig zuging. Ihre Freunde sehen in dieser Heirat den schönsten Tribut an die wahre Liebe. David hatte seit seiner Kindheit ein scharfes Auge für Bäume und Sträucher, und seinen phantastischen Garten bei Boughton House in Northamptonshire bereicherte Valerie mit mehreren Tausend kleinen winterharten Pflanzen. David schätzte und liebte diesen Zuwachs ebenso sehr, wie er Valerie liebte. Später war er an seinen Lehnstuhl im Wohnzimmer gefesselt; von einer Decke gewärmt, saß er dort, und auf dem Tischchen neben seinem rechten Arm lag seine Ausgabe des grandiosen athenischen Historikers Thukydides. Wir pflegten die Ereignisse der Gegenwart zu diskutieren, und er stellte Spekulationen an, wie Thukydides deren Verlauf wohl analysiert hätte. Valerie begab sich derweil in den Garten, ausgestattet mit einem Handfunkgerät, dessen Lautstärke sie irgendwann in den Griff bekam. Wenn David in seinen Überlegungen, was Thukydides wohl zum Falkland-Krieg gesagt hätte, eine Pause einlegte, meldete sich ein zweites Gerät neben ihm, und man vernahm Valeries Stimme, die ihm vom Zustand der Blumenbeete berichtete, die sie gemeinsam angelegt hatten. »Sind die Blüten am Gelbhorn schon verblüht?«, fragte er sie etwa über Funk, und es folgte ein Pause, in der sie sich aufmachte, um über die Entwicklung dieses hübschen, weißblühenden Strauchs an einer Südmauer

210   *Frühling*

Abb. 43: Sir David Scott mit seiner gerade erst (eine Stunde zuvor) angetrauten Ehefrau Valerie

zu berichten. »Von den Göttern glauben wir, und von den Menschen wissen wir, dass sie Herrschaft ausüben, wo immer es ihnen möglich ist«, zitierte David etwa aus Thukydides. »Achtundzwanzig Blüten am Gelbhorn«, ließ Valerie wissen, »elf weitere kommen noch.« Und Bilder von dem Busch, den sie zusammen gepflanzt hatten, stiegen vor seinem inneren Auge auf und milderten seine düsteren Gedanken über den Lauf der Welt, genauso wie Valeries Fotos von Pflanzen und Gärten noch immer die harten Kanten einer hektischen Welt zu mildern vermögen.

Ableger ziehen

Gärten werden idealisiert, doch Valerie Finnis hat gezeigt, dass es zum elementaren Gärtnern tatsächlich wahrer Meister bedarf. Nichts ist elementarer als die Vermehrung von Gartenpflanzen, und kein Meister hat sich durch die Jahrhunderte hindurch als hervorragender erwiesen als Augustinus, der christliche Denker und Bischof. In einer seiner kultiviertesten Phasen schrieb er: »Gibt es einen wundervolleren Anblick, einen Augenblick, in welchem die menschliche Vernunft einem Kontakt mit der Natur der Welt näher ist, als das Säen von Samen und das Pflanzen von Ablegern? Man meint, die Lebenskraft in jeder Wurzel oder Zwiebel daraufhin befragen zu können, was sie vermag, was sie nicht kann, und warum.«

Die Monate Mai bis Juli sind eine großartige Zeit, um die Beobachtungen des Augustinus auf ihre Stichhaltigkeit zu überprüfen. Vielleicht finden Sie es ja ganz schön, Pflanzen in einem Gartenzentrum einzukaufen, aber Sie sind kein Gärtner, der in vollem Umfang in den Genuss dieser Kunst kommt, bevor Sie nicht einen eigenen Bestand an Pflanzen herangezogen haben. Überall um uns herum gibt es Ableger, die nur darauf warten, ohne irgendwelchen finanziellen Mehraufwand genutzt und herangezogen zu werden.

Ich möchte Ihnen meine sechs Regeln für den leichten Einstieg in diese nützliche Fertigkeit vorstellen. Die erste Regel lautet: Kaufen Sie nie irgendwelche unnötigen Gerätschaften. Das schlichte Zubehör für die Anzucht von Ablegern sind mehrere leere Plastikflaschen, in denen sich zuvor Limonade, Cola und Ähnliches befand. Man schneidet den Boden ab und holt sich noch einige Plastik-Blumentöpfe, auf die die Flaschen wie Plastikhüte aufgesetzt werden können. So haben Sie zum Nulltarif Ihr eigenes Zimmer-

212   *Frühling*

gewächshaus. Wenn die Pflanzen anfangen Wurzeln auszubilden, können Sie den Flaschenhut abnehmen und sie langsam an frische Luft gewöhnen.

Die zweite Regel: Geben Sie Geld für geeignete Anzuchterde aus. Hier gibt es ein breites Angebot, doch für gute Wurzelbildungsergebnisse habe ich die besten Erfahrungen mit dem überall erhältlichen vorgemischten Kompost für Sämereien und Ableger von Arthur Bowers gemacht. Dazu gebe ich noch weißes Perlite, so viel, dass es ungefähr die Hälfte des Gesamtvolumens der Mischung ausmacht. Ableger brauchen ein poröses Substrat, das in der Lage ist, Wasser zu speichern, und Perlite sorgt für die richtige Beschaffenheit. Es zersetzt sich nicht, wenn die Ableger, nachdem sie Wurzeln gebildet haben, in offene Erde ausgesetzt werden, doch ist dieser Nachteil im Hinblick auf seinen Wert als Wasserspeicher, Auflockerer und auf die Offenheit der Erdmischung zu verschmerzen.

Ich wässere dann meine Mischung aus Erde und Perlite und gebe sie in kleine viereckige Plastiktöpfe. Viereckige Töpfe lassen sich unter einem Hut eng aneinanderstellen, runde Töpfe verschwenden zu viel Platz. Es ist wichtig, die Perlite-Kompost-Mischung vorneweg sorgfältig zu wässern und so lange Wasser zuzugeben, bis sich die Mischung noch leicht feucht anfühlt, wenn man sie zusammendrückt. Geben Sie Ableger nicht in eine trockene Mischung, die Sie dann womöglich hinterher gießen – die Ableger würden nicht an Ort und Stelle bleiben.

Das dritte Prinzip besteht darin, dass Sie, wenn Sie unterwegs sind, immer eine kleine Plastiktüte mit sich führen. Sie können nach Beute Ausschau halten, wenn Sie zum Lunch bei einem Freund eingeladen sind, der ein ebenso begeisterter Gärtner ist wie Sie; oder wenn Sie Ihre Sommerferien im Ausland verbringen. Gefrierbeutel sind ideale Begleiter, ich nehme nach Möglichkeit immer ein paar im Auto oder in der Hosentasche mit. Wenn Sie eine Pflanze entdecken, die es wert ist, vermehrt zu werden, können Sie – wenn nötig, mit Erlaubnis – Stücke abschneiden und sie in Ihren individuellen Plastikbehälter legen. Fügen Sie einige Tropfen Wasser hinzu und versiegeln Sie die Tüte. Wenn sich etwas Wasser in der versiegelten Tüte befindet, werden sich die Ableger einige Tage lang frisch halten.

Viele Experten würden dann wohl als nächste Regel nennen, einen scharfen Cutter mit sich zu führen. Vielleicht sollte man das machen, aber ich verspürte nie den Drang, mich wie ein gärtnerischer Teddy Boy auszurüsten. Ein Taschenmesser oder eine Gartenschere reichen normalerweise aus,

Ableger ziehen 213

um einen robusten jungen Spross von einer gesunden Elternpflanze an einer Stelle abzunehmen, wo er mit älterem Holz verbunden ist. Wenn Sie einen solchen Spross ziemlich steil abwärts abtrennen, löst sich damit auch ein kleiner Streifen von älterem Holz mit ab, und dieses Stück hilft häufig bei der Wurzelbildung. Wenn Sie Ableger von weichstieligen Pflanzen wie etwa der Kaisernelke nehmen, schneiden Sie sie genau unterhalb eines Knotens im Stengel ab. Nehmen Sie grundsätzlich Stengel ohne Blüten und trennen Sie den Stengel so sauber und scharf wie möglich ab, damit Sie nicht lediglich die äußere inhaltsleere Hülle des Stengels erwischen. Wenn man für kleinere, weiche Pflanzen eine Gartenschere benutzt, dann besteht die Gefahr, dass der Stengel auf der unteren »Amboss«-Fläche zerquetscht wird. Ich kann verstehen, weshalb man für solche Zwecke eine Rasierklinge mitnimmt, aber ich kann damit nicht gut umgehen.

Regel Nummer vier: Die abgeschnittenen Stücke müssen sofort in eine Plastiktüte gegeben werden, sie dürfen auf gar keinen Fall Sonne oder Luft ausgesetzt werden. Die Plastiktüte muss schnellstmöglich verschlossen werden, um das Pflanzstück maximal frisch zu halten. Später wird der Ableger in der Tüte zu den Töpfen mit der feuchten Erd-Perlite-Mischung und den bodenlosen Plastikflaschen gebracht, die als Hüte warten. Nehmen Sie einen Bleistift und bohren Sie ein Loch in die Erde, das so tief ist, dass es ungefähr 40 Prozent Ihres Ablegers aufnehmen kann. Nehmen Sie den Ableger aus der Tüte und schneiden Sie mit einem Messer oder einem anderen scharfen Werkzeug sämtliche Blätter an dem Teil des Stengels ab, der unter oder direkt über der Erde plaziert wird. Dann geben Sie den Ableger in das Loch und stellen sicher, dass er sicher und fest, ohne ein Luftpolster darunter, ganz unten im Loch sitzt. Wenn möglich, setzen Sie die Ableger an den Rand des Topfs, in die Nähe der Plastikwände, dort können sie leichter Wurzeln bilden. Sorgen Sie dafür, dass die Erde sich fest um die Ableger herum schließt, gegebenenfalls fügen Sie von einem Reservehaufen noch mehr von der Mischung hinzu: Zupfen Sie leicht an den Ablegern, um zu prüfen, dass sie festsitzen, und wenn sie sich bewegen, stabilisieren Sie sie noch einmal. Auf die Oberfläche geben Sie noch etwas Perlite, um die Entwässerung zu erleichtern, und dann bedecken Sie den Topf mit einer der Flaschen. Der Plastikdeckel bleibt aufgeschraubt. Stellen Sie die Ableger an einen hellen, halbschattigen Ort. Sie werden dann anfangen zu schwitzen, und die Innenseite der Flasche beschlägt sich. Nach ungefähr einer

Woche können Sie die Flasche abnehmen, die Innenseite trocken wischen und prüfen, ob die Erde noch feucht ist. Wenn nicht, geben Sie sehr vorsichtig Wasser aus einer Gießkanne mit feinem Brausekopf dazu und prüfen Sie anschließend, dass jeder Ableger noch fest in der Erde steckt. Wird zu viel Wasser auf einmal zugegeben, dann verschieben sich die Ableger in der Erde. Wenn Sie Zeichen neuen Wachstums an den Spitzen oder Knoten eines Ablegers entdecken, hat er Wurzeln gebildet. Schrauben Sie den Deckel von der Flasche, um ein wenig Luft zuzuführen, und wenige Tage später können Sie die Pflanze dann in einen kleinen Topf mit Bowers-Substrat ohne die Zugabe von Perlite umtopfen. Sie wird dann weiterwachsen, ihren kleinen Topf mit Wurzeln füllen, und bald hat sie eine Größe erreicht, für die Sie beim Gärtner schon einen recht ordentlichen Betrag hinlegen müssten.

Die fünfte Regel: Fangen Sie mit Pflanzen an, die leicht Wurzeln bilden. Erfolge bewirken Wunder, wenn es um die Moral geht, vor allem solche, mit denen man nicht gerechnet hat. Im Juli darf man schöne Ergebnisse von den Ablegern von Kaisernelken erwarten oder auch von Federnelken, besonders von den alten gestreiften Arten, die sich so gut als Randbepflanzung eignen. Allerdings gibt es zwischen den einzelnen Arten große Unterschiede, was die Bereitschaft zur Wurzelbildung angeht. Nach langem Experimentieren ist mein persönlicher Liebling die Art, die ich eine Zeitlang als *Dianthus* ›Robin Lane Fox‹ bezeichnet habe. Ich hatte angenommen, sie gehe auf Kreuzungen zurück, die ich in den 1970er Jahren versuchsweise unternommen hatte, allerdings stellte sich mittlerweile heraus, dass sie von einer Pflanze stammt, deren Etikett ich verloren hatte; ihr wahrer Name lautet *Dianthus* ›Farnham Rose‹. Sie hat rosa und weiß gesprenkelte Blüten und ist außerordentlich robust und wurzelwillig. Im *Plant Finder* der »Royal Horticultural Society« sind momentan lediglich zwei Anbieter aufgeführt, es ist also lohnend, sich eine Elternpflanze zuzulegen – im sicheren Wissen, dass jeder eine einzige Pflanze zu zwanzig Tochterpflanzen vermehren kann.

Weitere produktive Ableger lassen sich Ende Juli von allen möglichen Lavendelarten abnehmen. Wenn sie im August Wurzeln gebildet haben, machen sie sich gut als Topfpflanzen, die im folgenden Frühjahr ins Freie gesetzt werden können. Dasselbe gilt für die vielen Arten des falschen Jasmin oder *philadelphus*, wenn sie gerade verblüht sind. An alten Pflanzen fin-

Ableger ziehen 215

den sich dann ausgezeichnete neue Sprösslinge, vor allem an der hübschen kleineren Art ›Sybille‹ oder an der großen, schönen *delavayi calvescens*, die im Handel schwer zu bekommen ist. Andere im Juni blühende Sträucher wie Weigelien oder Kolkwitzien bieten sich zur selben Zeit ebenfalls zur Gewinnung von Ablegern an.

Die sechste Regel lautet demzufolge, dass man sich nicht scheuen sollte, Ableger von jedem Strauch oder jeder krautigen Pflanze zu nehmen, die an einem harten, zentralen Stamm oder Stengel weiche Triebe ausbildet. Ich war überrascht zu entdecken, dass die duftende *Daphne odora* (eine Seidelbast-Art) mit ihren goldenen Blättern schnell von Ablegern Wurzeln bildet, die im Juli an Stellen abgenommen werden, wo die nachwachsenden Spitzen sich an den im Jahr zuvor nachgewachsenen Abschnitten des Stamms bilden. Seither bekomme ich immer neue Exemplare, die mich überhaupt nichts kosten, während die Entwicklung des Handelspreises für Seidelbast mittlerweile die Inflationsrate weit überholt hat. Junge Pflanzen kosten in Gartenzentren heutzutage ein kleines Vermögen, und sie sind darüber hinaus anfällig für Viren. Dabei können Sie ohne Weiteres ein halbes Dutzend Ableger von einer gesunden Elternpflanze aus Ihrem eigenen Bestand abnehmen.

Der Prince of Wales ist der Meinung, wir sollten mit unseren Pflanzen reden; Wittgenstein ging davon aus, dass sie Dinge »sagen«; und Augustinus würde es begrüßen, wenn wir ihnen Fragen stellen könnten. Ich empfehle ganz schlicht, dass man im Umgang mit ihnen weiß, was man tut, und etwa ihre Ableger gegen Zugluft und direkte Sonneneinstrahlung schützt. Wenn der gute Bischof Plastikflaschen und Gefrierbeutel gekannt hätte, wäre er womöglich von der in der Natur schlummernden Macht noch tiefer beeindruckt gewesen.

Die Aussaat zweijähriger Pflanzen

Ableger sind lediglich eine von mehreren Möglichkeiten der Vermehrung im Frühsommer. Jeder, der sich an kräftigen Glockenblumen der Sorte ›Canterbury Bells‹ oder an dunkelroten Bartnelken erfreut, möchte davon im nächsten Jahr größere Mengen sein eigen nennen – Quantität lässt sich in diesen Fällen allerdings nur erzielen, wenn man sie aus Samen gewinnt. Entscheidend dafür ist, dass man früh anfängt. Glockenblumen und Bartnelken sind zweijährige Pflanzen, die im Jahr nach ihrer Aussaat Blüten entwickeln. Zu den zweijährigen Pflanzen gehören einige der schönsten Gartenfreuden: der wohlriechende Goldlack, der Islandmohn, silbergraue Königskerzen, Stockrosen mit schwarzen Blüten, der aprikosenfarbene Fingerhut und Silberdisteln. Damit sie in knapp vierzehn Monaten auf blühfähige Größe heranwachsen, müssen ihre Samen ausgesät werden, sobald die Blüten an den reifen Pflanzen verwelken. Anfang Juni sind für den Gärtner die Goldlack-Pflanzen des diesjährigen Frühjahrs gerade etwas in den Hintergrund gerückt, aber schon ist es an der Zeit, sich um den Goldlack in anderen Farbtönen für das nächste Jahr zu kümmern, dessen Samen in Furchen in sorgfältig geharktem Boden ausgesät werden. Am besten sät man sie in rund sechzig Zentimeter voneinander entfernten Reihen aus; wichtig ist anschließend vor allem, sie von Zeit zu Zeit leicht zu gießen. Wenn die Sämlinge auftauchen, dünnt man sie aus und setzt die überzähligen Exemplare an einen anderen Ort. Bei Trockenheit muss man, um gute Pflanzen zu erhalten, auch weiterhin regelmäßig gießen. Goldlack schätzt einen trockenen Winter und kommt mit trockener, einfacher Erde gut zurecht, doch entwickelt er sich in seinem ersten Sommer sehr viel besser, wenn er regelmäßig gegossen wird. Viele der in Gartenzentren zum

Verkauf stehenden Pflanzen wurden zu wenig gegossen und sehen entsprechend struppig aus.

Goldlack lässt sich gut im Freien aussäen, andere Zweijährige brauchen jedoch mehr Pflege. Eine der wichtigsten Vertreterinnen dieser Gruppe ist die hohe, violette oder weiße *Salvia turkestanica*, deren streng duftende Stiele nach verschwitzten Körpern riechen, was die Gärtner im edwardianischen Zeitalter veranlasst hat, ihnen den Spitznamen »Hot Housemaids« [heiße Hausmädchen] zu verpassen. Die Samen sind überall erhältlich, am einfachsten von Thompson and Morgan in der Poplar Lane, Ipswich, Suffolk, allerdings sollte man sie im Zimmer in einer Saatbox aussäen und in Anzuchtkästen pikieren, wenn sie keimen. Von hier können sie dann entweder einzeln in Töpfe verpflanzt oder in gute Erde ins Freie gesetzt werden, von wo aus sie dann im Spätherbst an ihren endgültigen Platz im Beet kommen.

Ein ähnlich unkompliziertes Vorgehen empfiehlt sich für die silbergraue *Salvia argentea*. Sie ist mit ihren pelzigen grauen Blättern eine phantastische Grünpflanze. Man bekommt sie nicht so ohne Weiteres, aber Chiltern Seeds in Cumbria hat sie noch im Angebot.

Bartnelken, Glockenblumen und der Islandmohn in seinen diversen Farbausprägungen müssen ebenfalls frühzeitig ausgesät werden, am besten schon im April in Kästen unter Glas. Islandmohn hat sehr feinen Samen, der im Kasten nicht bedeckt werden sollte, er wird dann schnell keimen. Wenn er in Kästen und dann so bald wie möglich in Töpfe pikiert wird, fügt er sich in den Zeitplan des folgenden Jahres gut ein. Ich finde nicht, dass die Wurzeln dieser Mohnpflanzen schlecht riechen, wie es in Gartenbüchern häufig behauptet wird.

Ein anders geartetes Problem gibt es bei Stockrosen. Angeboten werden einige himmlische Farben, nicht zuletzt ›Chater's Double Apricot‹, deren Blüten sich an einem bis zu 1,80 Meter hohen Stiel entwickeln. Leider sind Stockrosen für Rost anfällig, der ab dem Frühjahr die unteren Blätter befallen kann. Gegen diese Schwäche schlage ich zwei Mittel vor. Rost entwickelt sich an reifenden Pflanzen während des Winters und kann gestoppt werden, wenn man sie im Frühjahr mit »Murphy's Tumbleblite« besprüht. Oder Sie setzen diese hohen Pflanzen in den Hintergrund eines Blumenbeets, wo der Verlust ihrer rostbefallenen unteren Blätter unsichtbar bleibt. Auf die anderen Pflanzen überträgt der Rost sich nicht.

218 *Frühling*

Die trügerische Kunst der Fotografie hat für zwei unterschiedliche Sorten Wunder bewirkt: Ungefüllte weiße Nachtviolen *(Hesperis)* wirken sehr eindrucksvoll auf Bildern besonnen angelegter Gärten im späten Mai; und die silbergrau-metallischen Mannstreu-Blüten *(Eryngium)* machen sich ganz phantastisch zwischen alten Rosensorten in gut arrangierten Schnappschüssen von Rosengärten im Juni. Um die Realität wahrzunehmen, braucht man allerdings Wissen und unterschiedliche Vorgehensweisen. Die Gewöhnliche Nachtviole gehört zur Gattung *Hesperis* und wird in der weißblühenden Variante von Thompson and Morgan angeboten. Ebenso wie Goldlack muss sie frühzeitig im Juni draußen ausgesät werden. Die schönste Vertreterin der silbernen Edeldisteln (Mannstreu) ist die allerdings anspruchsvollere *Eryngium Giganteum.* Erst kürzlich wurde mir klar, dass sie am besten im Herbst in einen Topf ausgesät wird und einen kalten Winter überstehen muss, bevor sie im Frühjahr darauf auskeimt. Die jungen Pflanzen sollten in Kästen ausgepflanzt werden, bevor sie ihre langen Distelwurzeln entwickeln. Von dort kann man sie dann ins Beet setzen, wo sie wirken, als hätten sie sich von selbst ausgesät. Volkstümlich heißt diese Sorte ›Miss Willmott's Ghost‹ [Fräulein Willmott's Geist] – das bezieht sich auf die Gewohnheit der ebenfalls eher stachligen Miss Ellen Willmott (1858–1934), in den Gärten, die sie besuchte, Samen dieser Distelart auszustreuen. Zu ihren Lebzeiten waren kalte Winter die Regel, was die Keimung ihrer Silberdisteln unterstützte. Heutzutage können sich diejenigen, die diese Stachelsamen aussäen, darauf nicht mehr so unbedingt verlassen. Setzen Sie ›Miss Willmott's Ghost‹ auf jeden Fall der Kälte aus: Das wird ihm guttun, und er wird Sie dann mit größerer Wahrscheinlichkeit heimsuchen.

Die Aussaat zweijähriger Pflanzen

Mansfield-Quark

Haben die Verfasser von Gartenkolumnen in bedeutenden Werken der Literatur oder Kunst je eine entscheidende Rolle gespielt? Man würde die Frage zunächst spontan verneinen – es sei denn, man hätte sich eines der kulturellen Vorzeigestücke der BBC zu Gemüte geführt, die Verfilmung von Jane Austens *Mansfield Park*, die um die Weihnachtsfeiertage herum gern wiederholt wird. Für Jane-Austen-Fans ist es schwierig herauszufinden, ob sie sich an Einzelheiten ihres Werks erinnern, wenn ihr Gedächtnis dem TV-Test unterworfen wird. In einem entscheidenden Moment in der Fernsehversion trifft ein Gartenjournalist aus London ein und verursacht große Aufregung, indem er den Wunsch äußert, einen Artikel über die in letzter Zeit vorgenommenen Veränderungen im ländlichen Park des Besitzers zu schreiben. Sein Besuch hat eine interessante Wendung im filmischen Handlungsverlauf zur Folge. Man macht sich auf die Suche nach den Besitzern, um sie vom unerwarteten Interesse an ihren Landschaftsplänen in Kenntnis zu setzen, und im oberen Stockwerk des Hauses werden Türen geöffnet. In einem der Schlafzimmer stoßen die Suchenden auf etwas, das sie noch sehr viel weniger erwartet hätten: Die frisch verheiratete Hausherrin wird in flagranti mit dem Schuft Henry Crawford ertappt, einem aalglatten jungen Gentleman mit Cambridge-Bildung, der bereits eine Stunde Herzenbrechen auf dem Bildschirm hinter sich hat. Jedenfalls wird das Millionen von Zuschauern so vermittelt. Aber stimmt das überhaupt?

In der Fernsehversion von *Mansfield Park* gibt ein Gartenkolumnist der Geschichte eine unerwartete Wendung. Im Roman dagegen, dessen Titel sich der BBC-Film so stolz zu eigen macht, kommt kein Gartenkolumnist vor, auch kein in flagranti ertapptes Pärchen. Wie immer ging Jane Austen diskreter vor. Henry Crawfords Fehlverhalten wurde der Heldin lediglich in einem Brief mitgeteilt und war als Entführung dargestellt. Wovor aber machen die Erfinder der Fernsehfassung dann überhaupt Halt? Was hat es mit der überraschenden Filmszene auf sich, in welcher der Besitzer von Mansfield Park sein Skizzenbuch mit Zeichnungen ins Feuer wirft, auf denen die Misshandlung von Sklaven dargestellt ist? Man sieht, dass die Schwarzen gefoltert und aufgehängt werden, aber kennt das irgendjemand aus dem Roman? Jane Austens Besitzer von Mansfield Park hatte Grundstücke auf Antigua, und Jane Austens Vater, ein Kleriker, war Treuhänder eines solchen Unternehmens. In einer eindrucksvollen Szene des Buches klagt die achtzehnjährige Heldin Fanny Price, dass ihre Familienangehörigen, als sie nach dem Dinner eines Abends das Thema des Sklavenhandels ansprach, nicht darauf eingingen. Moderne Interpreten wurden durch den undifferenzierten Ansatz des Literaturtheoretikers Edward Said dazu verführt, über dieses »Schweigen« im Zusammenhang mit dem Thema Sklaverei herzufallen: Sie interpretieren es als politisch und deuten es als ein Zeichen für Scham. Im Roman kann davon aber überhaupt keine Rede sein. Die übrigen Familienmitglieder haben hier einfach eine Abneigung gegen ernsthafte Unterhaltungen, obwohl ihr Vater, Sir Thomas Bertram, durchaus nichts dagegen gehabt hätte, über das schwierige Thema zu sprechen.

Ich habe mehrere Einwände gegen derartige TV-Travestien. Der erste ist ganz und gar ironischer Natur. Könnten wir uns nicht auf solche in den Vorlagen unerwähnten Aktivitäten von Gartenkolumnisten einlassen, die darin bestehen, unerschlossene Handlungsbereiche in den Plots anderer großer Romane zu erklären, die wir zu kennen glauben? War es womöglich ein Gartenkolumnist der *Petersburg News*, der Wronsky mit Anna Karenina in flagranti ertappte? Oder war es ein Gartenkolumnist, der die französische Gouvernante im Garten des alten Fürsten Bolkonski in *Krieg und Frieden* aufgewärmt hat? Warf sie sich deswegen in die Arme des Verehrers, der eigentlich wegen der unglücklichen Maria gekommen war?

Aber es stellt sich nicht nur die Frage, was die Filmemacher hinzufügen, sondern auch, was sie weglassen. Ahnungslos-unschuldige Zuschauer kämen nie auf den Gedanken, dass die Romanvorlage einige grandiose Überlegungen zur ewigen Frage nach dem Nutzen und Nachteil der Landschafts-

Mansfield-Quark 221

gärtnerei enthält. Die Themen sind nach wie vor virulent: überflüssige Verbesserungen zu immensen Kosten, der Egozentrismus der Planer; und andererseits die Reize einer bestehenden Landschaft. Es ist bezeichnend, dass der gewiefte Henry Crawford behauptet, noch während seiner Schulzeit in Westminster selbst einen Park angelegt zu haben und dort einige Erweiterungen vorgenommen zu haben, während er schon in Cambridge studierte – und das noch vor dem Erreichen seines 21. Geburtstags. Die Überheblichkeit derartiger verschwenderischer »Verbesserungen« und die Anstellung von Designern beziehungsweise Verbesserern wurden nirgends präziser und schärfer kritisiert als im sechsten Kapitel von Jane Austens Roman. Hinzu kommt noch ein Ausbruch kleinlicher Eifersucht bei den Betrachterinnen der bombastischen Pläne der Parkbesitzer. Wir kennen diese Rivalitäten heute noch, wobei Jane Austen dem Ganzen noch ein Element weiblicher Rivalität über die Vorzüge einer Aprikosenart namens ›Moor Park‹ hinzufügt. Insgesamt macht sie deutlich, dass sie viel Sympathie dafür empfindet, ein bewährtes Anwesen in seinem ursprünglichen Zustand zu belassen. »Ich würde mich nicht in die Hände eines Verbesserers begeben«, sagt der Eton-Schüler Edmund Bertram. »Ich ziehe ein geringeres Ausmaß an Schönheit meiner eigenen Wahl vor, das sich allmählich ergeben hat. Ich will statt der seinen lieber meine eigenen Fehlgriffe ertragen müssen.« Ehrgeizige Gärtner haben auch heute noch ihre ›Moor Parks‹ und tragen ihre sozialen Konkurrenzkämpfe über Pflanzen aus. Auszüge aus dem sechsten Kapitel sollte man in Rot drucken und im nächsten Jahr auf die Fahnen der »Chelsea Flower Show« schreiben.

Frevelhaft geht die Fernsehfassung außerdem mit Fannys Klugheit und Sensibilität um. Welcher Fernsehzuschauer käme auf die Idee, dass Fanny die erste Person in der Weltliteratur ist, die feststellt, dass sie sämtliche Freuden des Frühlings verpasste, indem sie sich »während der Monate März und April in einer Stadt aufhielt«? Ihr entging, was wir alle so schätzen: »Die ersten Blumen in den wärmsten Bereichen des Gartens ihrer Tante, die sich öffnenden Blätter in den Pflanzungen ihres Onkels und die Pracht seiner Wälder.« Sie bewundert die immergrünen Pflanzen in der kleinen Wildnis, durch die sie bei einem Gang um das in der Nähe von Mansfield gelegene Pfarrhaus kommt. Sie ist eine der wichtigsten Figuren in der Geschichte der Gartenfreuden, und es ist grausam, dass die BBC diesen Teil ihres Charakters einfach eliminiert hat. Wie nicht anders zu erwarten, wird

222   *Frühling*

auch die im Text vorkommende Fuchsjagd unterdrückt. Es gibt nicht den leisesten Hinweis darauf, dass Henry Crawford ein Anhänger dieses Sports war (wenn er auch auf drei Tage pro Woche beschränkt blieb), und dass er sich beliebt machte, indem er Fannys Bruder eines seiner Pferde mitsamt Hunden für einen Tag auslieh.

Das echte *Mansfield Park* ist eine präzise Beobachtung gesellschaftlicher Unterschiede, und seine Heldin bewahrt sich durch den gesamten Roman hindurch ihr kluges Urteilsvermögen und eine ruhige Zurückhaltung, die von vielen Interpreten übersehen wurden. Und warum sollten wir uns anschauen, wie diese Charakterzüge verhunzt werden? In unserem Zeitalter der Inklusion werden wir ansonsten dazu genötigt, allen möglichen Minderheiten verbale Gerechtigkeit widerfahren zu lassen, wie es der BBC gerade in den Kram passt. Aber wie steht es um die Minorität alleinstehender Frauen, die wie Jane Austen gezwungen sind, mit ihren Brüdern und Schwestern zusammenzuleben, es unter diesen Umständen aber trotzdem schaffen, einen großen Teil ihres Lebens und ihrer Energie dafür einzusetzen, ein Meisterwerk zu verfassen? Wir brauchen keinen Minister, der sich für die Verteidigung des guten Rufs von Gartenkolumnisten einsetzt. Wir brauchen einen Minister für Autoren. Heutzutage studieren sehr viel mehr junge Männer und Frauen »englische Literatur« als je zuvor, und unter den Gründen, aus denen man ihnen das erlauben sollte – so pflegte ich mir jedenfalls früher einzureden –, könnte doch ein guter Grund derjenige sein, dass sich ihr erweitertes Wissen positiv auf die Zukunft der Literatur, ja sogar auf die Wirtschaft ihres Landes auswirkt. Als geschulte Leser und Leserinnen werden diese Universitätsabsolventen sicher Großbritanniens bedeutendste Aktivposten verstehen und ihnen Gerechtigkeit widerfahren lassen: den englischen Büchern, die weltweit bekannter und beliebter sind als alles, was britische Business-Schools hervorgebracht haben. Stattdessen haben wir jetzt einen Haufen eigensinniger Narzissten, die jedes Buch vergewaltigen und feige behaupten, sie hätten es »adaptiert«. Es steht jedem frei, bei seinen eigenen literarischen Erfindungen von einem Meisterwerk der Vergangenheit auszugehen, aber wer das tut, muss seinem Produkt einen anderen Namen geben. *Bridget Jones's Diary (Bridget Jones – Schokolade zum Frühstück)* soll teilweise auf *Pride and Prejudice (Stolz und Vorurteil)* beruhen, aber die Autorin wäre nie auf den Gedanken gekommen, diesen berühmten Namen zu klauen. Die televisionäre Verzerrung des Romans

Mansfield Park müssen praktizierende Gärtner und Gärtnerinnen dadurch kompensieren, dass sie ihn selber lesen. Und wenn die BBC ihr Machwerk in Zukunft wieder ausstrahlt, sollte sie ehrlicherweise den Titel zu *Mansfield Poke* ändern.

Vom Kasten ins Beet

Das letzte Maiwochenende ist in England der klassische Zeitpunkt, an welchem die Pflanzen vom Haus ins Freie gebracht werden. Es besteht praktisch keine Frostgefahr mehr, man muss sich also nicht länger zurückhalten. Halb winterfesten Pflanzen kann man einen Vorsprung in Töpfen, Körben und Blumenbeeten geben, wo sie dann für die nächsten fünf Monate die größte Aufmerksamkeit erregen werden. Wer nicht selbst Pflanzen herangezogen hat, muss jetzt eben in die Läden gehen und sie käuflich erwerben.

In London und anderen bevorzugten Regionen fordern viele unbesonnene Gärtner das Schicksal heraus und pflanzen die Geranien für den Sommer bereits Anfang Mai nach draußen, ohne an die Gefahr späten Frosts zu denken. Selbst wenn die Pflanzen das Risiko überleben, kann ich einen so frühen Start nicht gutheißen. Ende Mai sind die Umstände günstiger, und in den Gartenzentren ist das Angebot immer noch groß. Mir gefallen die neuen Six-Packs niedrigwüchsiger Diascien (Elfensporn) sehr gut, vor allem, wenn drei Packungen zum Preis von zweien angeboten werden. Die Sorte ›Orange‹ ist von einem strahlenden Korallenrot, und die breite Matte, zu der sie sich ausdehnen, wenn sie wöchentlich mit Flüssigdünger versorgt werden, bietet einen phantastischen Anblick. Den schönsten Effekt erzeugt der erste Blütenschub, doch durch moderates Zurückschneiden der Stengel und fortgesetztes Düngen kommen auch reichlich neue Blüten nach. Diascien waren viel teurer, als sie in einzelnen Töpfen verkauft wurden, diese Gebinde sind also wirklich ihr Geld wert. Die Pflanzen wirken grandios, wenn sie an die Ränder von großen Töpfen gepflanzt werden, aber sie sehen noch besser aus, wenn sie einen Topf für sich allein haben. Seit den frühen 1990er Jahren kamen viele neue Blütenfarben auf den Markt, doch lassen die Kombinationen, die heute als »Flying Colors« angeboten werden, keine Wünsche offen.

Den üppigsten Effekt als Hängepflanze liefert der strahlend gelbe Goldzweizahn (Goldmarie) *Bidens ferulifolia*, der sich phantastisch in Blumenampeln macht. Davon gibt es immer gut gezüchtete Pflanzen im Angebot, und sie wachsen großartig, wenn man sie nach dem Auspflanzen mit genügend Wasser und Dünger versorgt. Zwar sieht man sie immer häufiger, doch ganz alltäglich sind sie noch nicht. Sie bieten als Hängepflanzen einen schöneren Anblick als die meisten Lobelien, eine Familie, bei der es sich lohnt, eine sorgfältige Auswahl zu treffen. Aus Samen gezogen, halten sich die Kaskade-Varianten bis in den September hinein und wachsen über die Ränder von Töpfen und Balkonkästen. Sie sind in Blumenhandlungen nicht die erste Wahl, weil man dort kompakte oder aufrechte Formen bevorzugt. Ein paar wenige der neuen Selektionen mit grandiosen Farben sind aber doch im Angebot, und ich empfehle ›Mrs. Clibran‹ wegen der guten Kombination aus einem dunklen Blau-Violett mit einem weißen Auge. Lobelien fühlen sich in kalten, feuchten Sommern sehr viel wohler. In einem Ferienhaus am Mittelmeer darf man auf gar keinen Fall vergessen, sie zu gießen.

Die längeren, milderen Sommer in England haben sich günstig auf die Familie der Fuchsien ausgewirkt. Auch sie entwickeln sich in feuchteren Jahren am besten, aber sie können in Töpfen leicht gegossen werden und sind robust genug, um es mit gelegentlichen Trockenperioden aufzunehmen. Es werden auf dem Markt Hängevarianten zu akzeptablen Preisen angeboten, darunter die purpur-violette und rote ›York Manor‹. ›Eva Borg‹ ist eine bewährte Favoritin in gedämpfteren kontrastierenden Farben, und dann gibt es noch den Klassiker ›Winston Churchill‹. Die Herbstfröste setzen jetzt immer später ein, was diesen ausgezeichneten Fuchsien die Möglichkeit gibt, sich zu entwickeln und im Freien ihre ganze Schönheit lange zu bewahren. Sie können dann ohne Weiteres ins Haus genommen und dort überwintert werden.

Es muss verwirrend sein, eine durch und durch moderne Petunie zu sein. Züchter haben Hängevarianten entwickelt, die sogenannten Surfinien, und kleinblütige Hybriden namens Zauberglöckchen. Den Gärtnereien bieten diese Innovationen den Vorteil, dass sie nicht aus Samen zu ziehen sind, wir müssen also Jungpflanzen kaufen. Ich habe mittlerweile den Überblick und weiß, dass ich die orangeroten und roten Formen der Zauberglöckchen sowie die samtroten Surfinien den Exemplaren mit gestreift purpurvioletten oder rosa-karminroten Blüten vorziehe. Es gibt sogar Varianten mit noch kleineren Blüten, die sogenannten Mini-Petunien ›Littletunias‹, und einige enorme, doppelblütige Pflanzen mit Namen wie ›Cherry Ripple‹ oder ›Priscilla‹ – und in Farben, die einen das Fürchten lehren können.

Auch bei den Korbblütlern ist Vorsicht geboten. Die Tendenz geht dahin, Formen zu züchten, die immer künstlicher aussehen: flache Blütenkörbe, grelle Farben und eine verdrießliche Regelmäßigkeit der Form. Wenn Sie der Meinung sind, dass ich unfair bin, dann werfen Sie doch einmal einen Blick auf die neuen *Osteospermum*-Varianten mit Namen wie ›Peachy Amanda‹ oder ›Pink Serena‹. Vertreter aus der Gruppe *Argyranthemum*, vor allem die ›Madeira‹-Reihe, sind die bessere Wahl. Ihre einfachen weißen und hellgelben Vertreter sind sehr ansprechend, wohingegen den doppelten und pinken Exemplaren jeder Reiz abgeht. Auch bei den weißen Margeriten geht der Trend zur Regelmäßigkeit. Die beste im Handel erhältliche weiße Sorte ist *Argyranthemum* ›Crested Pearl‹.

Gegenwärtig versuchen uns einige unsägliche neue Begonien- und Mini-Dahliensorten zu erfreuen. Einblütige Begonien in schrillen Gelbtönen und Flachwurzler sind den klassischen Begonien mit den üppigen Doppelblüten, wie man sie von den traditionellen Blumenausstellungen kennt, klar unterlegen. Diese kleinen Sorten machen sich vielleicht ganz nett auf Verkaufs-Präsentationsständern, aber sie werden nie den hohen Standards ihrer großen Verwandten entsprechen. Auf jeden, der die doppelblütigen Gartenvarianten kennt und anpflanzt, wirken Mini-Dahlien wie erbärmliche kleine Freaks. Meine Vorstellung einer richtig schrecklichen Topfbepflanzung besteht aus Mini-Dahlien ›Diablo Mix‹ und einer neuen Sorte Fleißiger Lieschen, die den Namen ›Bright Eyes‹ trägt. Dieses Lieschen sieht aus, als wäre sein zentrales, dunkel-pinkes Auge zu lange bei Hitze unterwegs gewesen. Daneben würden sich dann noch gemischte Strohblumen *(Helichrysum)*, eine weitere Verirrung, gut machen. Die dankbarste Helichrysum-Sorte ist nach wie vor die kräftige *Helichrysum petiolatum* mit ihren filzgrauen Blättern und Stengeln, die in einem großen Blumentopf an Weidenranken zu einer Rundung gebogen werden können, ein Verfahren, das Nancy Lancaster in ihren späteren Jahren gern angewendet hat.

Es lohnt sich auch, ausgefallene Exemplare zu wählen, die gerade nicht

Vom Kasten ins Beet

in Mode sind. Französische Ringelblumen stehen nicht direkt ganz oben auf den Einkaufslisten anspruchsvoller Gärtner und Gärtnerinnen, doch sind Gebinde der bewährten ›Double Red‹- und ›Gold and Red‹-Sorten sehr vielfältig einsetzbar. Sie haben eine größere Farbtiefe als die einfachen alten orange-gelben Sorten. Ich zahle auch gern den Preis für eine Packung weinfarbener *Salvia* ›Burgundy‹, obwohl sich die Farbe nicht mit Ringelblumen verträgt. Die grellrote Form dieser *Salvia* überfordert englische Gärtner – sie sind geneigt, sie für eine Schwäche der Franzosen zu halten. Die weinrote Variante ist für das Auge sehr viel gefälliger.

Tierische Tunichtgute

Das Gärtnern während des Sommers ist nicht nur hinsichtlich der Bepflanzung unberechenbar. Wir wissen nie, was das Wetter uns antun wird. Und wir wissen auch nicht, was unsere pelzigen und gefiederten Freunde, diese geschäftigen kleinen Mitbewohner der uns umgebenden Natur, als Nächstes anstellen werden. Ich war ja schon mit sprintenden und schaufelnden Dachsen bedient, aber wenigstens gibt es im Sommer keine Schneedecke, auf der das ganze Ausmaß des nächtlichen Blutvergießens ersichtlich wird. Ende Mai sind die einzigen Spuren jene, die von den Tieren so tief eingegraben werden, dass sie auch am Morgen noch sichtbar sind.

Geht man vom Befund dieser Spuren aus, dann wird in meinem Garten ständig irgendwelcher Schabernack getrieben. Bei der letzten Runde hatte ich den Eindruck, dass das Ganze als ein bestimmtes, nicht ordentlich zu Ende geführtes Spiel begann. Vor achtzig Jahren war mein ausgedehnter, flacher Rasen für den noblen Sport des Bogenschießens angelegt worden, damals, als der hier ansässige Vikar sich der spirituellen Übung unterzog, ein harmloses Ziel zu treffen. Auf dieser ideal geeigneten Grünfläche schoss er seine »Pfeile des Verlangens« [*Arrows of Desire*, William Blake, A. d. Ü.] ab, und soweit ich weiß, erwischte er nie aus Versehen ein Gemeindemitglied auf dem hinter seinem Übungsgelände vorbeiführenden Weg zur Kirche. An drei verschiedenen Punkten auf dem Bogenschieß-Rasen, den er zu Sportzwecken angelegt hat, erschienen kürzlich Hinweise darauf, dass hier jemand ein anderes Spiel spielte: Nacht-Golf. Ich nehme zumindest an, dass es Golf war, da die Spieler vergessen hatten, die herausgeschlagenen Rasenstücke wieder an Ort und Stelle zu setzen. An drei unterschiedlichen Stellen lagen Grasklumpen, so als hätten die Beteiligten von drei Punkten aus auf ein Loch in der Nähe der Fliederbüsche gezielt. Gutmütig wie ich bin, plazierte ich die Rasenstücke wieder zurück an ihren Ort und stellte die Vermutung an, dass es sich wohl um eine Runde Tier-Putting gehandelt haben müsse. Ich glaube, Tiere spielen ebenso Golf wie Unternehmer, abgesehen nur davon, dass sie mit höheren Handicaps spielen und noch mehr Unordnung hinterlassen.

Nach zwei weiteren Nächten Tiergolf wurden die Rasenstücke dicker, und das Zurücksetzen und Ausbessern fing an lästig zu werden. Bei der »Chelsea Flower Show« legte ich Experten das Problem vor, aber wie immer war ihre Antwort ebenso ausführlich wie nutzlos. Sie klärten mich auf, dass die Löcher von Amseln verursacht würden, die am frühen Morgen nach Würmern graben. Vielleicht haben diese Experten ja Mega-Amseln in ihren Gärten, aber selbst diese könnten nie im Leben Löcher graben, die so tief und rund waren wie die in meinem Garten. Dann aber zeichnete sich ein deutlicheres Muster ab. An jedem Grabloch befanden sich neben einem kleinen Bereich der an der Oberfläche aufgewühlten Erde zwei tiefe Löcher, die ungefähr sechzig Zentimeter hinter dem Grabloch und ungefähr dreißig Zentimeter voneinander entfernt waren. Die Löcher wurden tiefer, so als ob derjenige, der sie verursachte, wirklich Spaß hatte an dem, was er tat. Jetzt ging mir auf, dass es hier nicht um Golf ging: Die Antwort war viel animalischer. Die Wühlzeichen und die Löcher wiesen auf tierische Aktivitäten hin, die sich dem Betrachter in dem Augenblick erschlossen, wenn er den Befund genderte. Die Wühlarbeit war offensichtlich das Werk eines Weibchens, das seine Aktivität in gewissem Ausmaß genoss. Die Löcher hinter ihm waren die Fußlöcher eines Männchens, das seine Aktivitäten offenbar in höchstem Maße genoss. Vor nicht langer Zeit vertraute mir eine berühmte Fondsmanagerin an, sie habe ein ausgeprägtes Antizipationstalent. Ich fragte sie, ob sie etwas Besonderes antizipiert habe, als sie das erste Mal ihren Ehemann traf. »Ja«, antwortete sie, »ich wusste, es würde richtig tierisch werden.«

Und seit Mitte Mai ging es also auf meinem Rasen im Licht des Mondes richtig tierisch zu. Das Weibchen schaufelte geduldig vor sich hin, während das Männchen entdeckte, dass es, wenn es seine Hinterbeine tief eingrub, die Hebelwirkung entscheidend verbessern konnte. In Hinsicht auf eine Hebelwirkung unterstützte Karnickel werden in meinem RHS-Verzeichnis der Schädlinge und Krankheiten nicht aufgeführt. Eine mögliche Interpretation wäre, dass es da draußen drei Pärchen gibt, die jede Nacht an denselben Stellen auf dem Rasen Position beziehen. Ich tendiere zu einer ökonomischeren Version: Es gibt da draußen lediglich zwei Karnickel, einen strammen jungen Rammler und das willige Weibchen seiner Wahl. Er hebelt sich einmal hoch; lädt nach, während sie die zwanzig Zentimeter zum nächsten Schauplatz trippelt; und dann hebelt er noch zwei weitere Male.

Aber so bewundernswert sein Stehvermögen sein mag – dieses Hebelunwesen muss ein Ende haben. Ich habe um sechs Uhr morgens aus dem Fenster geschaut, aber da war das tierische Treiben schon vorbei. Und ich will es nicht riskieren, früher aufzustehen und Ziegelsteine auf das Pärchen zu schmeißen, während der Garten noch im Dunkeln liegt. In Gartenmärkten wird ein Vorbeugungsmittel angeboten, aber auf diese Stufe will ich mich nicht herablassen. Es handelt sich um ein unschädliches Präparat namens Renardine, das angeblich Fuchsgeruch verströmt und unwillkommene Wildtiere fernhält. Wenn ich nicht meinen gesamten Rasen renardiniere, würde ich die Partner lediglich dazu veranlassen, den Schauplatz zu wechseln und ihr Hebeltreiben an einer anderen Stelle fortzusetzen. Wer seine Winter damit zugebracht hat, Jagd auf das echte Tier zu machen, wird nicht so weit sinken, dass er im Sommer seine Grünflächen mit Fuchsgeruch versetzt.

Aus einem Grund, der auf der Hand liegt, muss rasch gehandelt werden. Ein hochgehebeltes Karnickel wird bald viele kleine Kaninchen zur Folge haben, und jedes kleine Kaninchen wird lernen, dass Hebeln den Weg zu zukünftigem Glück bildet. Zweifellos werden sie dann kommen und den Unterrichtsinhalt auf meinem Rasen umsetzen. An einem Samstag verfiel ich später darauf, Unterteller mit gesüßter Milch zu füllen, die ich stark mit Unkrautvernichter gewürzt hatte. Erst hatte ich erwogen, Salat anstelle von Milch zu nehmen – Salat pflegte die knuddeligen Kaninchen von Beatrix Potter immer in eine so angenehme Schläfrigkeit zu versetzen. Das Problem war nur, dass das unkrautvernichtende Glyphosat die Salatblätter verdorren lassen würde, bevor irgendjemand kommen und sie auffuttern konnte. Fatalerweise regnete es in jener Samstagnacht heftig. Doch die Unterteller mit der Würzmilch verschwanden, und Sonntagabend fand ein tierisches Happening statt, das mich annehmen ließ, dass selbst mit Regenwasser verdünntes Gift noch einen Kick hat. Wo zuvor zwei Fußlöcher zum Zweck ordentlicher Bodenhaftung gewesen waren, waren es jetzt vier – als

Tierische Tunichtgute 231

würde sich das Weibchen jetzt auch eingraben. An einer Stelle zählte ich, ich schwöre es, sechs. Es ist phantastisch, was ein Cocktail aus im Haus vorhandenen Giften für eine Wirkung auf das Nachtleben derer hat, die ihn zu sich nehmen.

Ich erinnere mich an einen Briefwechsel mit einem pflichtbewussten Beamten in den 1980er Jahren. Ich hatte in einer Kolumne beklagt, dass in Gärtnereien angebotene Unkrautvertilgungsmittel im Vergleich mit in der Landwirtschaft verwendeten Chemikalien so unnötig schwach seien. Er verteidigte die Kennzeichnung und Verdünnung dieser Substrate für den Garten mit dem Hinweis darauf, dass man einem durchschnittlichen Hobbygärtner kein stark wirkendes Gift aushändigen sollte. Er argumentierte, man könne ja nie wissen, was der Mann damit anstelle: Womöglich gebe er es seiner Frau. Nach dem, was sich am letzten Wochenende zugetragen hat, verstehe ich, was dem Beamten solche Sorgen gemacht haben dürfte. Nach dem Genuss eines Untertellers mit vergifteter Milch grub sich auch Frau Kaninchen zwecks besserer Hebelwirkung ein.

Und wie geht es jetzt weiter? Ein Besucher versetzte mir einen Todesschrecken, indem er die Hypothese äußerte, dass es sich bei den nächtlichen Tunichtguten gar nicht um Kaninchen handelt, sondern womöglich um weitere Dachse. Hat Howard, der neben meiner Hintertür hausende Dachs, ein paar junge Freunde und Freundinnen zu einer Pyjama-Party eingeladen? Man komme mir nicht mit der Empfehlung, den Wecker zu stellen und zur Flinte zu greifen. Ich werde nie rechtzeitig aufwachen – außerdem mache ich mir viel zu große Sorgen um meinen wunderbaren Rittersporn, als dass ich mich auf eine Schießerei einlassen könnte.

232   *Frühling*

Getrennte Betten

Um mich von diesem animalischen Schabernack zu erholen, ließ ich meine Gedanken zu Gärten in bedeutenden Luxusregionen schweifen. Die Extravaganzen auf diesem Gebiet begannen nicht erst auf den Hamptons und auch nicht an der französischen Riviera, von Sotogrande einmal ganz zu schweigen. Sie haben ihren Ursprung in der einzigartigen Landschaft des Golfs von Neapel. Dort unternahm ich einen Spaziergang entlang der Klippen und dachte über die Vergangenheit und unsere Gegenwart nach, über Natur und Kultur und wie sich unsere Vorstellungen von Gärten gewandelt haben.

Die bedeutenden Gärtner am Golf von Neapel waren die Römer der Antike, vor allem die reichen und namhaften Zeitgenossen des ehrgeizigen Cicero im ersten Jahrhundert n. Chr. Heute an der dortigen Küste nach Spuren ihrer Gärten zu suchen, hat keinen Sinn. Aus den wenigen erhaltenen Ruinen kann man das Ausmaß ihrer Aktivitäten nicht erschließen. Der beste Ausgangspunkt ist das Archäologische Nationalmuseum Neapel, wo Wandmalereien aus der Region eine bessere Vorstellung von der Begabung der Römer für kapriziöse Eleganz vermitteln. Auf den ersten Blick ähneln sie den Vorstellungen heutiger Wortführer im Bereich exzessiver Landschaftsgestaltung. Die Römer unternahmen immense Angriffe auf die Natur. Sie bauten in Klippen und errichteten üppig mit Säulen bestückte Villen auf von Menschenhand angelegtem Gelände direkt am Meer oder auf flachen Felsvorsprüngen. Ihre Häuser mit den geschwungenen Fassaden waren offen für Sonne und Wind. Auch heute noch könnte dieser Baustil Modetrends für maritime Ferienanlagen setzen.

Ich betrachte gern im Museum Bilder von diesen Häusern, doch um in ihre Welt einzutreten, sollten wir zu Texten greifen und unsere Phantasie spielen lassen. Unser Wissen von römischen Gärten speist sich überwiegend aus den Briefen und Gedichten, in denen sie vorkommen. Bei meinem Besuch am Golf von Neapel entschied ich mich für ein Ehepaar aus der römischen Oberschicht, das in blumigen lateinischen Gedichten gepriesen wird. Der Verfasser dieser Gedichte war der bewunderte, in der zweiten Hälfte des ersten Jahrhunderts n. Chr. selbst ebenfalls am Golf siedelnde Statius. In schmeichlerischer Rede rühmte er die Gärten eines Paares, Pollius Felix und seiner Frau Polla, das ihn sicherlich für seinen Lobpreis entlohnte. Ich nehme an, dass Polla diejenige war, die für die Gedichte zahlte, denn Statius hebt bewundernd ihre jugendliche Grazie hervor. Zur Zeit der Entstehung der Texte war sie ungefähr vierzig – es gibt menschliche Sehnsüchte, die sich offenbar nie ändern.

Wir dürfen uns auf ein kleines Abenteuer gefasst machen, wenn wir uns auf die Suche nach dem Ort machen, wo das Paar gelebt haben muss. Ihren Garten gibt es nicht mehr, doch italienische Ortsnamen an der Straße oberhalb des heutigen Sorrent bewahren die Erinnerung daran. Die besten Hinweise gibt meine persönliche Bibel, der *Blue Guide: Southern Italy*. Nehmen Sie die Straße Richtung Massa Lubrense und biegen Sie ab zur Spitze des Golfs von Neapel, die in Richtung des nahegelegenen Capri zeigt. Es gibt hier einen Hafen, dessen italienischer Name sich von Pollius ableitet, und von dort an brauchen Sie die Wegbeschreibung im *Blue Guide*.

Liest man zwischen den Zeilen des Gedichts von Statius, dann machen die beiden den Eindruck von idealen Lesern der Wochenendausgabe einer heutigen Zeitung. Um Geld muss Pollius sich keine Gedanken machen. Er war im Stadtrat seiner Heimatstadt aktiv gewesen und hat sich nun aus dem öffentlichen Leben zurückgezogen, wobei die Gründe für seinen Rückzug nicht genannt werden, möglicherweise war es nicht ganz seine eigene Entscheidung. Er fängt an, sich mit Dichtung zu beschäftigen, so wie heutzutage viele Männer und Frauen im Ruhestand sich zu Kursen in »Creative Writing« anmelden. Er möchte, dass man ihn als Philosophen sieht, allerdings nicht einen von der strengen Sorte. Er würde die Bücher von Alain de Botton mögen. Pollius war ein anspruchsloser Epikuräer, der versuchte, einen Standpunkt oberhalb vom Auf und Ab des Lebens einzunehmen, und vielleicht ist es ihm ja gelungen. An die Hölle glaubte er nicht, und heutige päpstliche Verlautbarungen zu diesem Thema würde er nicht allzu ernst

234   *Frühling*

nehmen. Seine zweite Ehe war sicher durchaus standesgemäß, denn Polla teilte seine literarischen Interessen und war offenbar die Tochter eines Vaters, der im Bankwesen ein Vermögen gemacht hatte. Ihren zweiten Namen – Argentaria – könnte man etwas unkonventionell mit »Moneypenny« übersetzen. Sie wird interessanterweise sogar dafür gepriesen, dass sie ein Bild ihres ersten Ehemannes über ihrem Bett hängen hatte. Pollius störte das nicht – ebenso wenig wie sich heutzutage gutmütige zweite Ehemänner von Fotografien ihrer Vorgänger irritieren lassen. Ganz offensichtlich war Pollas erster Ehemann auch sehr viel berühmter als Pollius, ihr zweiter. Bei ihrer ersten Heirat hatte sie nämlich den viel bewunderten römischen Dichter Lukan geehelicht, der allerdings im Alter von 25 Jahren starb. Es ist witzig, sich das Schlafzimmer von Pollius und Polla vorzustellen, doch meine ich, aus den preisenden Zeilen des Statius einen Hinweis darauf herauslesen zu können, dass man sich gütlich auf getrennte Betten einigte.

Stattdessen steckten sie ihre Energie in ihr Haus und den dazugehörigen Garten in einer geschützten Bucht. Von weitem betrachtet sah das Gebäude aus, als hätte es tausend Dächer und sei in die Vorderseite einer robusten Klippe hineingetrieben worden. Ein Säulengang führte »in Windungen den Hang hinauf ..., einer Stadt vergleichbar, er überwindet die zerklüfteten Felsen mit seinem langgestreckten Rücken«. Im ganzen Haus fanden sich seltene Marmorsorten, die von Griechenland per Schiff hierhergebracht und entweder in den Böden verlegt oder zu Säulen verarbeitet worden waren. Am Fuß der Klippe legten sie sogar einen Weingarten an, in dem, so hieß es, Nymphen im Herbst gern von den Trauben naschten.

Nun denken Sie womöglich: Wie wenig hat sich doch verändert! – aber ich bin da nicht so sicher. Die damaligen Besucher dieses Orts waren sicher schwer beeindruckt von den beiden beheizbaren Badehäusern, deren Dampfwolken über den Strand hinwegzogen. Für diese Einrichtungen wurde eine beträchtliche Menge an Holz benötigt, das von den Haushaltssklaven geschlagen und herbeigeschafft wurde. Uns würden die Sklaven schockieren, und ökologisch eingestellte Gärtner würden überdies gewaltig die Stirn runzeln, denn die Zeiten, als Saunen irgendwie als »natürlich« galten, sind definitiv vorüber. Sehr seltsam mutet an, dass Statius nicht mit einem einzigen Wort auf die Blumen zu sprechen kommt, die in den zum Haus gehörenden Gärten wuchsen. Und auch der wild wachsenden Flora in der umgebenden Landschaft wird keinerlei Beachtung geschenkt. Die Verse

Getrennte Betten 235

des Statius gratulieren dem Paar vielmehr zu seiner Leistung, eine karge Klippe in eine exotische Villa verwandelt zu haben.

Um diesen Eindruck zu korrigieren, stieg ich eine benachbarte Klippe hinunter und dachte bei mir, wie viel sie damals doch übersehen hatten. Auf einem einstündigen Spaziergang den Berg hinunter zu einer anderen antiken Villa an der Bucht boten sich mir Eindrücke, die kein römischer Dichter je erwähnt: die letzten blaublütigen Traubenhyazinthen, die ersten wilden Orchideen und mehrere Büschel des Neapolitanischen Lauchs *(Allium neapolitanum)*, einem unkomplizierten Zwiebelgewächs mit weißen Blüten, das sich in englischen Gärten gut mit einer leichten Erde verträgt. Weiße Iris gediehen prächtig zwischen den Felsen, und es gab Dutzende gelbblühende Ginsterbüsche. Zwischen den Steinen einer schattigen Felswand konnte man als englischer Gärtner eine Wildblumen-Lektion lernen. Hunderte der kleinen *Cyclamen repandum* (Geschweiftblättrige Alpenveilchen) zeigten ihre pinkfarbenen Blüten und die so attraktiven herzförmigen Blätter; die Lektion besteht also darin, dass diese Sorte sich am wohlsten fühlt, wenn sie nicht direkt von der Sonne bestrahlt wird: An einer geschützten Mauer wird sie sich sehr schön entwickeln. Natürlich gab es dunkelblauen Rosmarin, gelbe Sonnenröschen und zahlreiche Myrten und Zistrosen. In solcher Gesellschaft kam ich zu dem Schluss, dass die Bewohner antiker römischer Villen die Mikrolandschaft, in der sie lebten, offenbar überhaupt nicht zu schätzen wussten.

Wir sind heutzutage aufgeschlossener und geben uns mit der Kultivierung von Wildblumen größte Mühe. In unseren Badehäusern werden keine Bäume von Hügeln aus der Umgebung verheizt, und wir kaufen und verkaufen auch keine Sklaven. Über die Jahrhunderte hinweg haben wir den Eindruck, Pollius und Polla seien uns nahe, doch vom Standpunkt der Moderne aus haben sie auch ihre blinden Flecken. Ich bewundere sie für das Bild eines früheren Ehemanns über dem Bett, aber ich bezweifle, dass Pollius je einen Strauß wilder Iris pflückte und sie seiner Frau auf den Nachttisch stellte.

Glyzinien-Wege

Das Ende des Monats Mai markiert gleichzeitig das Ende einer klar abgegrenzten Phase der englischen Gartensaison. Ab jetzt gilt es, die Beetbepflanzung zu verändern, Pflanzen hochzubinden, wo es nötig ist, und gegen das allgegenwärtige Unkraut vorzugehen. Zum Ausgleich fangen auf sauren Böden die Azaleen und Rhododendren an zu blühen, und – auf jeder Art von Boden – die Glyzinien. Wenn Sie es bislang versäumt haben, den Glyzinien in Ihrem Garten den ihnen gebührenden Platz einzuräumen, dann brauchen Sie das erstklassige Handbuch *Wisterias* von Peter Valder. Es erschien erstmals 1995 bei Timber Press in den USA und erreichte schnell seine vierte Auflage. Das Werk verdient es, von vielen gelesen zu werden.

Valder und ich sind uns allerdings in einer zentralen Hinsicht nicht einig, konstatiert er doch kategorisch: »Glyzinien umzubringen ist praktisch unmöglich.« Im Jahr 2002 pflanzte ich acht okulierte Glyzinien, von denen vier eingingen. Keiner weiß warum, denn sie wuchsen alle in derselben Bodenart. Ich würde das Okulieren verantwortlich machen, allerdings waren die Pfropfstellen, als die Pflanzen eingingen, alle intakt. Es gab keine Anzeichen von Krankheit, keinerlei Pilzbefall. Starke chinesische Sorten überlebten, andere hingegen wie ›Caroline‹ und *floribunda* ›Black Dragon‹ erlebten lediglich vier gute Jahre.

In englischen Gärten werden amerikanische Glyzinien häufig als minderwertig abgeschrieben. Und dann ist es eine Frage des Geschmacks: Wollen wir eine chinesische oder eine japanische Sorte? Wer die grandiosen Schwarz-Weiß-Fotografien aus Japan anschaut, die sich in Valders Buch finden, wird sich für die japanischen Varianten entscheiden. Am 6. Mai 1914

Abb. 44: Wisteria sinensis ›Prolific‹ in Iford Manor

fotografierte der bedeutende Pflanzenjäger E. H. Wilson ein Gerüst aus langen Holzstäben, an denen lange Trauben japanischer Glyzinien blühten, wie von Flechtbäumen ungefähr 2,50 Meter über dem Boden. Diese Art von Baldachin wurde in England nur selten nachgeahmt; hier denkt man als Gärtner im Zusammenhang mit Glyzinien eher an Tunnel und Bögen. In Japan legten Familien früher eigens Terrassen an, um den Anblick von Glyzinien zu genießen und sich an der außerordentlichen Schönheit der Blüten zu erfreuen. Japanische Künstler stellten auf frühen Rollbildern die langen Blütentrauben mit erlesener Kunstfertigkeit dar. Im Gegensatz dazu scheint es in der frühen Dichtung und bildenden Kunst Chinas weniger Begeisterung für Glyzinien gegeben zu haben. Allerdings haben in jüngster Zeit Chinareisende spektakuläre Glyzinien entdeckt, die durch alte Bäume in Tempelgärten wachsen oder sich an leicht bebauten Hanglagen seitwärts verbreiten.

Frühling

Trotz der reizvollen Fotografien von E. H. Wilson tendiere ich eher zu den chinesischen Varianten. Als ich Kletterpflanzen an vier Metallbögen anpflanzte, die gigantischen Tiaren ähneln sollten, setzte ich an beide Seiten chinesische Glyzinien. Sie trafen sich schnell in der Mitte, ihre Ranken berührten sich, und sie blühten, dass einem Hören und Sehen verging – ihrem Namen *Wisteria sinensis* ›Prolific‹ [ergiebig] wurden sie mehr als gerecht. Im Unterschied dazu haben die japanischen Varianten sehr lange Blütenrispen, und sie werden zwar als Glanzlichter für jede Pergola angepriesen, doch die Blüten vieler im Handel erhältlichen japanischen Formen sehen blass und verwaschen aus, die Dichte und strahlenden Farben, die die chinesischen Varianten so reizvoll machen, gehen ihnen völlig ab. Vielen Gärtnern wurden minderwertige Glyzinien angedreht, die aus Samen gezüchtet und im Handel verbreitet wurden, es lohnt sich also, eine bekannte, bewährte Sorte zu kaufen. In Valders Buch werden alle möglichen namhaften Sorten aufgeführt: In der chinesischen Abteilung empfiehlt der Autor die dunklere ›Amethyst‹ und die wundervoll kräftige Blüte von ›Prolific‹ (die bei ihm ›Consequa‹ heißt). Letztere, so sein Kommentar, ist eine der »großartigsten Gartenpflanzen aller Zeiten«, wenn sie in dem Raum, der ihr zur Verfügung steht, regelmäßig kontrolliert wird. Zur kontrollierenden Pflege der chinesischen Glyzinie gehört während der gesamten Wachstumssaison die Entfernung langer schwacher Triebe und in Bodennähe das Zurückschneiden jedes neuen Triebs auf zwei oder drei Blätter, also nicht dessen komplette Entfernung. Die Wochen nach der Blüte sind dann die geeignete Zeit, um eine chinesische Glyzinie gründlich in Angriff zu nehmen. Unsachgemäßes Beschneiden ist ein Hauptgrund dafür, dass die Pflanze keine guten Blüten hervorbringt.

Auf der japanischen Seite der Familie ist die bemerkenswerteste Vertreterin *Wisteria floribunda* ›Macrobotrys‹ (oder ›Multijuga‹, so die neueste botanische Bezeichnung). Die Länge ihrer Blütentrauben variiert je nach Jahreszeit, Standort und Alter der Pflanze. In ihrer Idealform ist sie unvergesslich. Sie ist sehr kräftig, und Valder führt neben ihr noch die ausgezeichnete weißblühende ›Shiro Noda‹ an, die außerdem den besonderen Vorzug hat, spät zu blühen, also für Frühlingsfrost weniger anfällig zu sein. ›Shiro Noda‹ ist eine der vier Glyzinien, die an meinen Tiara-Bögen überlebt haben, wobei Botaniker sie heute als *Wisteria floribunda* ›Alba‹ bezeichnen, ein Name, unter dem mehrere weißblühende Glyzinien versammelt

Glyzinien-Wege 239

sind. Auch diese japanischen Varianten müssen nach der Blütezeit stark zurückgeschnitten werden. Im Herbst sollte man sie dann noch einmal gründlich durchputzen.

Wenn Sie nicht bereits eine Glyzinie haben, könnten Sie ja versuchen, einen schönen, vor allem in Südostasien beliebten Effekt zu erzielen: Pflanzen Sie ein Exemplar in der Nähe eines gut verwurzelten Baums oder einer freistehenden Hecke und lassen Sie die Glyzinie ungehindert bis zur Spitze wachsen. An der Sonnenseite wird sie großzügig blühen und jahrelang Freude bereiten. Mehrere nebeneinander stehende Leyland-Zypressen machen sich am schönsten mit einem sie umgebenden Mantel aus kräftigen Glyzinien.

Der himmlische Hermannshof

Den besten Frühjahrstag der letzten Jahre erlebte ich nicht zwischen englischem Flieder, Glyzinien oder gar Rhododendren. Ich verbrachte ihn vielmehr in einem wunderbaren deutschen Garten, der nur eine kurze Busfahrt außerhalb von Heidelberg liegt. Der Hermannshof in Weinheim erlangte größere Bekanntheit durch Fotografien, auf denen die üppige Sommerbepflanzung und die strahlenden Herbstfarben zu sehen sind. Aber ein Foto ist natürlich nie dasselbe wie ein Besuch. Nachdem ich selbst vor Ort war, kann ich gut nachvollziehen, warum mittlerweile jährlich 150 000 Besucher kommen, um den Garten zu bewundern. Er ist ein leuchtendes Beispiel für systematische Pflanzung, Schönheit und Kompetenz. Ich hoffe, dass viele Leser und Leserinnen dieses Buches den Ort aufsuchen werden, sich die Pflanzungen anschauen, ihre eigenen Anlagen überdenken, und aus dem lernen werden, was sie sehen – auch dann, wenn das Grasgestöber der Nachsaison eine Herausforderung für ihren Geschmack ist. Der Eintritt in den Garten ist frei, da 17 Prozent der Kosten von der Gemeinde Weinheim getragen werden und 75 Prozent von Stiftungen der Familie Freudenberg, den vormaligen Besitzern des Gartens. In England gibt es nichts Vergleichbares, von Frankreich ganz zu schweigen. Die Freudenbergs sind geschäftlich noch aktiv, doch ebenso wie der Gemeinde Weinheim ist ihnen der Erhalt ihres »Schau- und Sichtungsgartens« die jährlichen Kosten von 500 000 Euro wert. Sie haben ihn zu einem Modell für Enthusiasten gemacht, sowohl für professionelle wie für private Gärtner. Diese Art von Garten muss in modernen gärtnerischen Stilrichtungen noch verarbeitet werden.

Die jährliche Besucherzahl hat sich mehr als verdreifacht, seit Cassian

Schmidt die Leitung des Hermannshofes übernommen hat. »Ich bin ein taffer Gärtner und ein Intellektueller«, vertraute er mir an, als wir an einem sonnigen Maitag in seinem Garten standen – eine Selbstbeschreibung, der ich selbst gerne voll entsprechen würde. Schmidt, der denkende Taffie, ist jetzt Anfang fünfzig, und er erhielt seine Ausbildung in Landschaftsarchitektur an der Technischen Universität München. Anschließend war er eine Zeitlang in der berühmten Pflanzschule für mehrjährige Pflanzen im bayrischen Weihenstephan tätig. Anfang der 2000er Jahre wechselte er zu einer Pflanzschule, die seine Heldin, die Gräfin von Zeppelin, seit 1985 berühmt gemacht hatte. Diese große Dame, die die meisten englischen Gärtner nicht kennen, setzte sich leidenschaftlich für mehrjährige Pflanzen ein. Sie wurde sehr bewundert von Beth Chatto, der berühmten englischen Pflanzschulenbetreiberin. Chattos besonderes Talent war das Arrangement von Blumen in Vasen; daran orientierte sich ihre Einstufung der Eignung von Pflanzen als Gartenpflanzen. Schmidt erinnert sich, wie Chatto jedes Jahr kam, um die florale Ausstattung des Geburtstags der Gräfin zu übernehmen, was in der Feier von deren achtzigstem Geburtstag kulminierte. Für das Ereignis nutzte Chatto die Saison der Pfingstrosen und machte sie zum Thema für ihre Arrangements in den Festräumen. Diese beiden Vertreterinnen der Blumenkunst hätten ihm, so Schmidt, prägende Kenntnisse über Farben und den Einsatz von Farben in einem Garten vermittelt. Der Hermannshof hat nichts von der Unbesonnenheit, die manchmal den Charme eines deutschen Gartens im Sommer beeinträchtigen kann.

»Wir folgen auf dem Hermannshof keinen Trends«, klärte er mich auf, während wir über breite Bahnen herrlich zusammenpassender Tulpen schauten. »Wir erschaffen sie.« Die Grundlage des hiesigen Stils sind die ökologischen und geographischen Kategorien, die auch ich einst vermittelt bekam, ebenfalls in München, allerdings im dortigen Botanischen Garten und seinem Alpinum. Diese Kategorien geben vor, dass Pflanzen gemäß ihrem Standort und Ursprung angeordnet werden – Waldgebiet, Prärie, Steppe, Wiese; feucht oder trocken. Puristische Vertreter dieses Stils trennen Pflanzen auch nach unterschiedlichen Herkunftsorten, sie halten Blumen aus dem Balkan von amerikanischen Blumen oder chinesischen botanischen Familien fern. Damit soll ein Pflanzen-Durcheinander in holländischer Manier vermieden werden. Das ökologische Prinzip und die geographische Trennung verleihen den Pflanzungen auf dem Hermannshof

Frühling

ihre Kohärenz. Schmidt erinnert sich an eine Begegnung mit dem großen
holländischen Landschaftsgärtner Piet Oudolf bei einer Wiesen-Konferenz
im Jahr 2003, wo er diesem den kategorisierten Stil vorstellte, den er selbst
auf dem Hermannshof umsetzte. Damals spielte eine strikte Trennung nach
ökologischen Kriterien in Oudolfs Denken keine zentrale Rolle. Schmidt ist
überzeugt, dass die Begegnung mit ihm den Pflanzstil beeinflusste, in dem
Oudolf dann mit großer öffentlicher Zustimmung den High Line Park in
New York gestaltete.

Wir verlassen das Haupthaus des Gartens und folgen einem grasbedeck-
ten Pfad zu einem natürlichen Tulpenbereich. Die orange-magentafarbe-
nen Dordogne-Tulpen und die magentafarbenen Menton-Tulpen machen
sich unerwartet gut nebeneinander und wirken auch schön neben den purpur-pinkfarbenen Blüten an einem daneben wachsenden Judasbaum. »Das
war ein Unfall«, gibt Schmidt zu, »aber einer, der sich dann als Glücksfall
entpuppt hat.« Ein Zwiebellieferant hatte ihm die falsche Sorte geschickt.
Jetzt blühen Anfang Mai über 70 000 Tulpen auf dem Hermannshof, und
ungefähr 65 Prozent kommen jedes Jahr wieder – eine Überlebensrate, die
in englischen Gärten kaum einmal erreicht wird. Offensichtlich steht die
Erschließung des Hermannshofes durch Dachse noch aus.

Die Farbkombinationen sind ganz zauberhaft. Mein persönlicher Favorit ist die niedrig wachsende Tulpe ›Honky Tonk‹, eine Hybride, die bei
einer Wuchshöhe von lediglich 25 Zentimetern eine Überfülle an apriko-
sengelben Blüten hervorbringt. Statt eines klassischen Alpinums hat man
auf dem Hermannshof eine Art Mittelmeer-Hügel, der zum Teil mit Bergenien bepflanzt ist – als Pflanzen für Wilhelm Schachts Präsentation eines Berges im Mittelmeer-Raum wären sie kaum geeignet. Daneben ist die
Tulpe ›Honky Tonk‹ außerordentlich reizvoll. Ebenso wie die Tulpe *batalinii*
›Bronze Charm‹ und *bakeri* ›Lilac Wonder‹ kommt sie wieder und blüht
jedes Jahr. Das wissen auch viele englische Gärtner.

Seit fast einhundert Jahren haben passionierte Gärtner an der Anlage
des Hermannshofs gewirkt. Ich saß in der Pergola, überwältigt von Duft
und Farbe einer *Wisteria floribunda* mit langen Blütentrauben. Sie sieht hier
sehr viel besser aus als die besten, die ich aus England kenne. »Wir sind
uns nicht sicher wegen des Namens«, sagte mir Schmidt, »sie kam in den
1920er Jahren als Geschenk aus Kyoto hierher. Wir nennen sie *Macrobotrys
longissima* – die hängenden Blütenstände sind über einen Meter lang.« Da-

Der himmlische Hermannshof   243

mals lag die Verantwortung für die Anlage des Gartens in den Händen von Heinrich Wiepking-Jürgesmann, der sich dem »Arts and Crafts«-Stil verschrieben hatte und sich merklich vom englischen Geschmack beeinflussen ließ. 1983 wurde Wiepking-Jürgesmanns Anlage umgestaltet, womit die Berühmtheit des Gartens in neuerer Zeit einsetzte. Vieles verdankt sie Hans Luz, dem gelehrten Spezialisten für einen eher ökologisch orientierten Stil der Pflanzenanordnung. Luz erhielt für seine innovativen Entwürfe für die einflussreichen Gartenschauen in Stuttgart viel Applaus. Er war derjenige, der dem Garten eine eher fließende Grundstruktur verlieh, indem er ausgedehnte gerundete Blumenbeete anlegte. Sein Glanzstück waren durchgehend grüne Wiesenpfade. Englische Gärtner bemühen sich um einen informellen Pflanzstil auf der Grundlage einer formalen Struktur. Auf dem Hermannshof begegnen sich hingegen zwei informelle Ebenen auf ungewöhnlich gelungene Weise, die eine in der Struktur und die andere in der ökologischen Pflanzweise und ihrer offenkundigen und gleichzeitig kontrollierten Freizügigkeit. Der Unterschied definiert den Unterschied zwischen deutschem und englischem Stil in seiner jeweiligen Bestform.

Unter der Leitung von Schmidt wurde dieser Stil verbessert und ausgeweitet, und die Bepflanzungskategorien wurden deutlicher definiert. Schmidt denkt in Kriterien wie »stresstolerante« Pflanzen für volle Sonneneinstrahlung, von denen viele immergrün sind; »konkurrierende« Pflanzen für Wiesenbeete; und »Ruderapflanzen« oder »Pioniere«, denen Beeinträchtigungen nichts ausmachen. Er bleibt bei seiner Meinung, dass diese Art von nach Zonen aufgeteilter Bepflanzung nicht die Erfindung des berühmten Richard Hansen in dem Garten von Weihenstephan war, den dieser seit 1948 bepflanzte. Es gab in Deutschland Vorläufer, und auch die Zonen-Bepflanzung auf dem Hermannshof ist anders, sie ist stärker mediterran gehalten als diejenige von Hansen und »ökologischer«, Tendenzen, die sich auch dem vorigen Leiter der Anlage, dem Experten Urs Walser verdanken.

Einem anderen Rhythmus folgen die Wiesen- und Steppenbeete und Anpflanzungen von Waldland jenseits der Tulpen. Die blauen Prärielilien sind exquisit, wobei Schmidt lediglich *Camassia leichtlinii suksdorfii* pflanzt, die man in England nur sehr selten sieht. Sie hat bei Weitem das schönste Blau, allerdings sät sie sich nicht selbst aus. Man braucht Geduld, wenn man diese Lilien so weit bringen möchte, dass sie Klumpen von rund sechs Zwiebeln bilden, die mittels Spaten aus ursprünglich kleineren Pflanzungen geteilt

Frühling

werden. Auf dem Hermannshof breiten sich die Klumpen mittlerweile stark aus. Am Rand der Zufahrt gedeihen auch ganz prächtige Hartriegelbäume mit weißen und rosafarbenen Blüten, doch im Unterschied zu den Camassien wurden sie im Jahr 2001 bereits in fortgeschrittenem Alter hierher verpflanzt. In Beeten in der Nähe bewundere ich eine himmlische Frauenschuhorchidee ›Cypripedium Sabine‹ mit Blüten in Purpur und Weiß. Gärtner in Städten müssen über den Einsatz widerstandsfähiger Cypripedien in schattigen Beeten noch viel lernen.

Auf dem Hermannshof sind fünf Gärtner beschäftigt. Die Dichte, die Abfolge und die Bandbreite der Bepflanzungen ist ganz erstaunlich, ein Kaleidoskop wechselnder Farben vom Februar bis in den November hinein. Schmidt versteht seinen Wirkungsbereich als Versuchsgarten, angelegt nach den Prinzipien von Wissenschaftlichkeit und strikter Vorausplanung. Als wir neben einem der Wiesenbeete Halt machen, stellt er fest, dass pro Quadratmeter pro Jahr drei bis fünf Mann-Arbeitsminuten benötigt werden. Diese Präzision ist typisch deutsch – ein quantitativ-messendes Verhältnis zur Realität, das man bei englischen Gartenverwaltern vergeblich suchen würde. Sie könnten es nur unter größten Schwierigkeiten auf Gärtner anwenden, für die nicht eine einzige Stunde quantitativ vorhersehbar ist. In Italien muss man damit gar nicht erst anfangen. Wir anderen wurschteln uns so durch – auf dem Hermannshof hingegen arbeitet man bis hinunter zur letzten Alchemilla nach genauem Stundenplan.

Um einen Eindruck vom gesamten Jahresablauf zu bekommen, fängt man am besten mit dem farbigen Gartenführer *Hermannshof* von Cassian Schmidt selbst an, erschienen im Jahr 2013 im Verlag Ulmer. Er ist die beste Einführung für das Wachsen und Gedeihen in dieser Anlage zwischen Frühjahr und Herbst, und die Bilder zeigen die dramatischen Wandlungsprozesse im Lauf der Jahreszeiten, die sich bei einem nur einmaligen Besuch natürlich nicht erschließen. Während wir »Steppenheiden«-Beete betrachten, erwähnt Schmidt, dass er bei ihrer Anlage an eine Wiese in Kirgisien gedacht habe. In dem Jahr vor unserer Begegnung war er nach Kirgisien gereist, einem botanischen Mekka, das immer mehr Besucher anzieht. Im Sommer des Jahres, in dem ich seine Anlage besuchte, plante er, wieder dorthin zu gehen. Auch ich hatte einen Besuch in Kirgisien vor, in meinem Fall den ersten, den ich später im Sommerteil dieses Buches beschreiben werde.

Der himmlische Hermannshof 245

Dritter Teil

SOMMER

Eine halbe Stunde später begab sich Nikolaj Petrowitsch in den
Garten, um seine Lieblingslaube aufzusuchen. Traurige Gedanken
stiegen in ihm auf. Zum ersten Mal war ihm klar zum Bewusstsein gekommen, welche Kluft ihn von seinem Sohn trennte;
er ahnte, dass diese Kluft mit jedem Tag größer werden würde. ...
»Mein Bruder meint, wir hätten recht«, dachte er, »und alle
Eitelkeit beiseite, scheint es mir selbst, dass sie von der Wahrheit
weiter entfernt sind als wir, doch fühle ich zu gleicher Zeit, dass
sie etwas an sich haben, was uns fehlt, eine gewisse Überlegenheit ... Ist es die Jugend? Nein, die Jugend allein ist es nicht.
Besteht diese Überlegenheit nicht darin, dass sie weniger von den
Allüren der großen Herren an sich haben als wir?«
    Nikolaj Petrowitsch senkte den Kopf und fuhr sich mit der Hand
über das Gesicht.
    »Aber die Poesie ablehnen!«, dachte er weiter, »kein Interesse für
die Kunst, für die Natur haben ...«
    Und er ließ den Blick um sich schweifen, als hätte er eine Erklä-
rung dafür gesucht, wie es möglich sei, die Natur nicht zu lieben.
Es dämmerte bereits; die Sonne hatte sich hinter dem Espen-
wäldchen versteckt, das etwa eine halbe Werst vom Garten entfernt
lag – sein Schatten erstreckte sich endlos über die regungslosen
Felder. ... Schwalben flogen hoch oben; der Wind hatte sich vollständig gelegt; träge und verschlafen summten in den Blüten
des Flieders verspätete Bienen; über einem einsamen, weit in die
Luft hinausragenden Zweig tanzte ein Mückenschwarm. »O Gott,
wie schön!«, dachte Nikolaj Petrowitsch, und Lieblingsverse
traten ihm unwillkürlich auf die Lippen. Da fiel ihm Arkadij, fiel
ihm »Stoff und Kraft« ein (das die Jungen so gepriesen hatten),
und er verstummte, blieb aber sitzen und gab sich weiter dem weh-
mütig süßen Spiel seines einsamen Sinnens hin. Er liebte es
zu träumen; das Landleben hatte diese Anlage in ihm entwickelt.

Iwan Turgenjew, *Väter und Söhne*, übersetzt von Frida Rubiner

In seinem unübertroffenen Gartenhandbuch *Your Garden Week by Week* (erstmals im Jahr 1936, zuletzt 1992 veröffentlicht) begann der Fachmann Arthur Hellyer die im Juni anstehenden Arbeiten mit der Anweisung »Mit Spritzmitteln gegen Schädlinge vorgehen«. Der Kampf geht unvermindert weiter – heute bedrängen uns an Orten, wo sie nicht erwünscht sind, mehr Schädlinge, darunter neben den Dachsen und Kaninchen die Miniermotten an Rosskastanien, auf die ich in diesem Teil des Buches zu sprechen kommen werde. Trotzdem ist Schädlingsbekämpfung die kleinste Sorge des Hobbygärtners. Heutzutage beginnt der Sommer mit dem Anlegen der Beete, dann folgt das Ausschneiden der welken Blüten, und von seiner schönsten Seite zeigt sich der Sommer im August, wenn wohlüberlegte Pflanzenzusammenstellungen die Gartensaison verlängern.

Juni und Anfang Juli sind die leichten Sommermonate, da überall die Rosen blühen, die sich im englischen Klima so wohl fühlen. Ich kann hier nur einige Beispiele für die besten Exemplare anführen, wobei ich von der längeren Saison profitiere, die gut ausgewählte Kletterrosen ermöglichen: angefangen bei der ›May Queen‹ mit ihrem hübschen mauve-pinken Ton und weiter in die zweite Julihälfte hinein mit der Spätentwicklerin ›Paul's Scarlet Climber‹, die dafür einen Platz verdient hat, dass sie erst so spät blüht. Heutzutage besteht die Kunst darin, nach den Rosen die Wuchs- und Blühdynamik in einem Garten ab Mitte Juli bis in den Oktober hinein aufrechtzuerhalten – in Monaten also, in denen viele für das Publikum zugängliche große Gärten in England bezeichnenderweise geschlossen sind.

Gut eingewurzelte Beetpflanzen behalten ihre Farbigkeit bis zum Frosteinbruch, der Trick besteht also darin, ihnen einen reibungslosen Übergang ins Freie zu ermöglichen. Mit automatischer Bewässerung brauchen Gärtner sich durch Trockenphasen im Juni nicht weiter beunruhigen zu lassen, doch wir anderen müssen die neu bepflanzten Beete in den ersten Wochen sorgfältig gießen. Von Anfang an füge ich dem Wasser einen Sprit-

Abb. 45: Blick auf einen beschnittenen Buchenweg in Brécy

zer Kunstdünger bei, zunächst das Algen-Konzentrat Maxicrop in halber Stärke. Viele Einjährige wachsen in freier Natur auf kargen Böden, doch sie machen sich als Beetpflanzen doppelt so gut, wenn sie ungefähr alle zehn Tage gedüngt werden. Pflanzen in großen Töpfen reagieren auf diese Behandlung besonders dankbar. Ich benutze dafür den einfachen Verdünner von Phostrogen, der sich an der Spitze eines Gartenschlauchs befestigen lässt. Er nimmt Düngerpulver auf und verteilt es in aufgelöster Form, wenn Wasser durch den Aufnahmebehälter auf die Pflanzen strömt. So kann man in einem Arbeitsgang gleichzeitig gießen und düngen.

Wenn die welken Blüten entfernt werden, wirkt sich das auf die Pflanzen anregend aus, und sie blühen noch monatelang weiter. Ich befasse mich in einem eigenen Kapitel mit dem Thema des Zurückschneidens, denn Mitte Juli, wenn andere Gärten, in denen keiner mitdenkt, schon zu schwächeln beginnen, ist das eine ganz wichtige Tätigkeit. Wir haben jetzt zwei phantastische winterfeste Geranien, ›Rozanne‹ und die bodendeckende ›Jolly Bee‹, zwei unentbehrliche Pflanzen für jeden Garten, sei er nun groß oder klein. Sie blühen den ganzen Sommer hindurch in ansprechend mittelblau-weißer Farbe und sind zweifellos die besten winterfesten Sorten im Handel. Sie müssen zurückgeschnitten werden, allerdings nicht so extrem wie ihre bodendeckenden Verwandten, die gern als die besten Freunde des fleißigen Gärtners empfohlen werden. Geranien wie *pink endressii, tall psilostemon* und sämtliche blauen Varianten von *magnificum* müssen nach der Blüte erbarmungslos zurückgeschnitten werden, um sie auf die mittlere Wurzelkrone und die jungen Blätter zu reduzieren. Ich transportiere Mitte Juli schubkarrenweise Pflanzenabfälle ab und stelle fest, wie viele andere Gärtner das nicht tun.

Wenn die Abfälle weggeschafft sind, kann das Auge sich von Mitte Juli bis in den Herbst hinein an den leuchtend bunten mehrjährigen Pflanzen erfreuen. Ich weise in diesem Teil des Buches auf die wichtigen Fortschritte hin, die bei den Schmucklilien *(Agapanthus)* erzielt werden konnten, doch dasselbe könnte man von den Montbretien *(Crocosmia)* in Rot-, Gelb- und Orangetönen sagen und sogar von den entzückenden Monarden, die früher nur eine so betrüblich kurze Lebenszeit hatten. Es hat sich herausgestellt, dass Crocosmien zäher sind, als man aufgrund ihrer Herkunft aus Südafrika hätte annehmen dürfen, und viele, wenn auch nicht alle, dürften einen kalten Winter im Freiland unbeschadet überstehen. Die gelbe *x crocosmiiflora* ›Norfolk Canary‹ blüht üppig in einer herrlich klaren Gelbschattierung und auch die hohe dunkelrote ›Emberglow‹ geizt nicht mit hinreißenden Blüten. Es gibt viele Schattierungen dazwischen, besonders empfehlenswert sind die rot-gelbe ›Severn Sunrise‹ und die schöne *x crocosmiiflora* ›Debutante‹. Crocosmien schätzen volle Sonneneinstrahlung, außerdem in der Wachstumsphase viel Wasser, obwohl sie vorzugsweise in Böden mit guten Entwässerungseigenschaften gepflanzt werden sollten.

Auch die Weiterentwicklung der Monarden ist sehr erfreulich. Jahrelang konnte ich nur mit Wehmut an sie denken – nicht weil ihr ursprünglicher Name »Bergamotte« lautet, sondern weil sie in Gärten im kühleren Norden Englands, an die ich mich aus meiner Jugendzeit erinnere, so gut aussahen. Im ersten Jahr blühten sie immer sehr ergiebig und breiteten sich zu einer Matte aus. Sie brachten in einer Höhe von knapp einem Meter ein schönes Spektrum aus Rosa, Purpur und tiefroten Tönen in die Mitte von sorgfältig

Sommer 251

geplanten Rabatten. Das Problem war, dass sie lediglich zwei oder drei Jahre durchhielten. Der Grund für ihre Schwäche war Mehltau, der die Blätter nach der Blüte befiel und die Pflanzen so sehr schwächte, dass ich weitere Versuche mit der Familie aufgab. Kürzlich wurden neue, gegen Mehltau immune Formen gezüchtet, und sie erwiesen sich in nassen Sommern als durchaus widerstandsfähig. ›Squaw‹ ist von einem herrlich kräftigen Rot, und ›Violet Queen‹ erklärt sich selbst. Die neuen Monarden sind sehr widerstandsfähig und erweitern die Farbskala, in der wir uns sicher bewegen können.

Farben dieser Intensität sollten meiner Meinung nach auf einige klare Töne in einzelnen Bereichen eines Beets beschränkt werden. Einfarbige Rabatten sind langweilig, und man muss sich im Sommer auch nicht durch das Dogma vom »Farbenrad« festlegen lassen. Sie erinnern sich vielleicht an Nancy Lancaster und ihren Kommentar, dass einem »im Lauf der Zeit alles in der Kombination mit allem gefällt«. Ich mag Weiß, Blau- und Blassgelbtöne in einem Beet; oder Scharlachrot und Weiß in einem anderen, also die von pingeligen Blumenarrangeuren verpönte »Blut- und Binden-Kombination«; oder in wieder einem anderen Beet Übergänge von Braun-Orange- zu Gelbtönen mit gelegentlichen Einsprengseln violett-blauer *Salvia x superba*. In einem langgestreckten Beet kann man sehr schön in bestimmten Abständen einen farblichen Akzent setzen, um den Betrachter dazu zu verlocken, sein Auge über die gesamte Länge des Beets schweifen zu lassen. In einem kleineren Garten oder einem bestimmten Gartenbereich bietet es sich an, einzelne Farbtupfer mit Tönen einer und derselben auffallenden Farbe zu setzen, was dem Gesamteindruck ein einheitliches Glanzlicht verleiht. Ich persönlich schließe außer Karminrosa- und trüben Rottönen nichts aus, achte lediglich, wenn möglich, darauf, dass einzelne Gruppen auf bestimmte Schattierungen beschränkt bleiben. Eine zu penible Farbplanung muss heutzutage fehlschlagen, da das Mikroklima so unberechenbar ist. Wenn Sie versuchen, den Prinzipien von Miss Jekylls »Farbabstufung« zu folgen, in der kräftige Farben umsichtig durch blassere, verwandte Schattierungen vorbereitet werden, dann müssen Sie damit rechnen, dass womöglich ein früher warmer Sommer lauter falsche Pflanzen zum falschen Zeitpunkt aufgehen lässt. Der Universitätskollege, der mich fragte, ob »alle Blumen die richtige Farbe hatten«, rührte damit an ein Thema, von dem ich mittlerweile weiß, dass feste Regeln einfach unhaltbar sind.

Sommer

Iris auf Drogen

Vor fünfzig Jahren starrte der Denker und Romancier Aldous Huxley auf einen Blumenstrauß, der auf seinem Schreibtisch stand, und beschrieb diesen mit Worten, von denen so mancher Unternehmensfinanzier mittleren Alters lieber leugnen würde, dass er sie in seiner Jugend gelesen hat. Eine violette Iris erweckte bei Huxley den Eindruck, sie schimmere in der Schönheit des ewigen Lebens. In seinem Essay »The Doors of Perception« [Die Pforten der Wahrnehmung] beschrieb Huxley diese Erfahrung. Er hatte gesehen, »was Adam am Morgen der Schöpfung gesehen hatte, den wundervollen Augenblick nackter Schöpfung«. Huxley war nicht ganz bei Sinnen, hatte er doch Meskalin-Pillen geschluckt, also ein Halluzinogen zu sich genommen.

Dank dieser zur Gruppe der Psychedelika gehörenden Substanz gelangte also der chemisch aufgeputschte Aldous zu dem Schluss, der alte Platon habe sich geirrt. Er sagte, Platon habe das Sein vom Werden getrennt und auf eine abstrakte mathematische Idee reduziert. Nach Huxleys Auffassung »kann Platon, der arme Kerl, einen Blumenstrauß nie in diesem schimmernden Licht gesehen haben, zitternd unter dem Druck der Bedeutung, mit der er geladen war«. Eine gewöhnliche violettfarbene Iris offenbarte sich ihm als »Schriftband aus empfindsamem Amethyst«. In Wahrheit war Huxley derjenige, der sich irrte. Er lag falsch mit dem, was er über Platon sagte. Er lag falsch mit dem, was er über uns dachte, über diejenigen, die Iris ohne Zuhilfenahme von Pillen anschauen. Er wird Jahr um Jahr in den Anlagen meines College-Gartens in Oxford widerlegt. Und schließlich wird er durch einen bedeutsamen Moment widerlegt, den ich unter freiem Himmel in Paris erlebte.

Fangen wir mit Platon an. Es ist alles andere als ausgemacht, dass Platon sich der Unterstützung durch Rauschmittel widersetzt hätte, um in eine höhere Seinssphäre zu seinen Ideen aufzusteigen. Allerdings waren Ideen von göttlicher Schönheit, also mit Sicherheit sehr viel schöner als die Wahrnehmung einer Iris durch den bewusstseinserweiterten Aldous. Hätte Platon sein Buch gelesen, dann hätte er sich sicher gefragt, ob Huxley sich überhaupt der Idealform einer Iris genähert habe; und er wäre so vernünftig gewesen, Huxley darüber aufzuklären, dass er unter wahrnehmungsverzerrenden Einflüssen stand. Huxley war weit davon entfernt, irgendetwas wahrheitsgemäß wahrzunehmen – er war schlicht zugedröhnt.

Mein College-Garten lehrt eine weitere Lektion. Ende Mai schimmern hohe Bart-Irisse auf den langen Beeten. Es hat mich Jahre gekostet, sie so weit zu bringen: die kräftige gelbe Iris ›Starshine‹, die ich zum ersten Mal 1963 in Chelsea sah; die exzellente violett-schwarze Iris ›Sable Night‹, die ich dem ehemaligen Besitzer der Scotts Nursery in Somerset verdanke; und ein hübsches blaues Exemplar namens ›Big Day‹, das außerordentlich eigenwillig blüht. Ich bezweifle, dass Huxley sich je intensiv mit Gartenpflanzen beschäftigt hat, *bevor* er seine Pillen nahm. Wer sich die Zeit nimmt, Blumen und Pflanzen in Ruhe zu betrachten, sieht mindestens genauso viel vibrierende Schönheit wie jene Schönheit, welche in Huxleys ungeübten Augen durch Drogen induziert wurde. Eine Iris zu sehen ist das Eine, etwas ganz anderes ist es, sie zu betrachten. Versuchen Sie, lange und gründlich hinzuschauen, und Sie können sich Huxleys Geblümel über Adam und die Schöpfung schenken. Sie brauchen diesen Überbau nicht, um die außergewöhnliche Schönheit und wandlungsfähige Grazie dieser anmutigen Blumen wahrzunehmen.

In Oxford geben wir übrigens die Drogen den Iris-Pflanzen und tendieren ansonsten dazu, sie von ihren Betrachtern eher fernzuhalten. An sonnigen Nachmittagen sind diese Betrachter Studenten auf dem Rasen, die vor einem Hintergrund floraler Schönheit ihre Frisbees werfen. Man kann sich die Frage stellen, ob dieses Publikum chemisch sauber ist, aber die Schönheit der Iris existiert sowieso unabhängig von deren geistiger Verfassung. In Oxford verdanken die Iris ihre Schönheit unter anderem der Pflege mit chemischen Substraten, nicht aber der chemischen Anreicherung ihrer Betrachter.

Auf dem Höhepunkt der Blütezeit der Iris wurde mir dieser Umstand in

254   *Sommer*

Abb. 46: Iris ›Lyons Blue‹
auf dem Balkon
von Isabelle Brunetière

der großen Iris-Sammlung im Pariser Parc de Bagatelle, am Rand des Bois de Boulogne, bestätigt. Mitte Mai, fünfzig Jahre nach Huxleys drogeninduzierter Erleuchtung, befand ich mich an einem Sonntagmorgen in einem Garten, in dem ausschließlich Iris wuchsen – in einer Schönheit, für die es seiner Pillen nicht bedurft hätte. Hinter einer Hecke und einer hohen Mauer präsentiert der Parc de Bagatelle eine grandiose Sammlung moderner Irispflanzen, die aufgrund sorgfältiger Pflege phantastisch blühen. Während meines Besuchs wandelten ältere französische Paare, gekleidet in graue Anzüge und dunkle Röcke, mit kritischen Blicken zwischen den Beeten entlang – ihre Aufmachung ließ darauf schließen, dass sie mit Flüssigdünger sicher nie in Berührung kamen, von halluzinogenen Pillen ganz zu schweigen. Wir alle bewunderten die Schönheit der Sammlung, notierten uns die besten Sorten und waren versunken in den Anblick, der sich uns hier bot. Die Favoriten in Paris sind nicht die Irissorten mit französischen Namen. ›Rive Gauche‹ ist zu substanzlos, ›Paris Paris‹ ist zu orange und ›Vin Nouveau‹ hat einen eher unschönen dunklen Lilaton. Die Gewinner stammen von anderen Züchtern, die überwiegend in den USA ansässig

Iris auf Drogen

sind. ›Dardanus‹ hat einen exquisiten zitronengelben Ton, und es gibt kein schöneres Himmelblau als dasjenige der langstieligen ›Proud Fortune‹. Wir waren umgeben von uranfänglicher Schönheit – und dann fing es an zu regnen.

Bei den ersten Tropfen flüchteten sich die französischen Besucher zu einem sicheren Unterstand. Der Regen wuchs sich zu einem schweren Unwetter aus, was mich nicht davon abhielt, in zufriedener Einsamkeit mit meiner Betrachtung fortzufahren, bis ich bemerkte, dass eine kleine Besuchergruppe am anderen Ende des Parks dasselbe tat. Die Iris schimmerten huxleymäßig im Regen, und ihre einzigen weiteren Betrachter entpuppten sich als englische Besuchergruppe unter der Führung der Verwalterin von Sissinghurst, dem schönsten Garten Englands. Wir ignorierten den Regen, verglichen unsere Notizen und tauschten Eindrücke aus. Ich fragte die Leiterin, wie sie es schaffte, die Irispflanzen von Sissinghurst – unter ihnen viele alte Sorten – zu jener Hochform zu bringen, mit welcher sie dem Garten im Juni einen solchen Glanz verleihen.

Meskalin kam in ihrer Antwort nicht vor. In Sissinghurst geben sie den Iris alle vier oder fünf Jahre »Dolo Dust«. Bei dieser (völlig harmlosen) Substanz handelt es sich um pulverisierten Kalk aus reinem Dolomitengestein, und sie ist von jedermann im Gartengroßhandel zu beziehen. Man hat in Sissinghurst festgestellt, dass Iris auf dem schweren Erdreich von Kent sehr dankbar auf diese Zugabe aus Kies und Kalk reagieren. Einige der schönsten Exemplare in Sissinghurst wurden in eben jenem Frühjahr gepflanzt, als Huxley mit Drogen herummachte. Ihre Schönheit hat seine Erkenntnisse überlebt.

In Oxford törnen wir die Iris mit einem allseits bekannten Pulver namens »Growmore« an: Man setzt es im Frühjahr ein und erhält es ohne Weiteres in Gartenzentren. Huxley bezeichnete im Unterschied dazu seine Pillen als »Objekte von einzigartigem Rang«, eine Phrase, die im Regierungsjargon von heute zur Kennzeichnung meiner Universitätskollegen eingesetzt wird, bevor man die Besten von ihnen ins Ausland vertreibt. Fünfzig Jahre später fällt es nicht schwer, die Moral aus diesen Beobachtungen zu ziehen. Nehmen Sie sich Zeit, betrachten Sie eine Iris von so auserlesener Schönheit wie ›Starshine‹, und Sie werden, wie jeder andere Betrachter auch, die schimmernde Schönheit wahrnehmen, die die Zeit aufhebt und die Vorstellung von Natur erweitert. Huxley hatte die falschen Prioritäten. Man sollte

256   *Sommer*

die Studenten von Chemikalien fernhalten und die Drogen stattdessen den Iris geben: also »Dolo Dust« für die Iris und ein Warnruf für die Jugend. Dann kann man sich zusammentun und am Blumenbeet mit bewunderndem Staunen betrachten, welch schöne Folgen der Einsatz von Chemie hat.

Sechs der Besten

Nach der Zeit der Iris beginnt, begünstigt durch die warmen Sommer-temperaturen, die Hochsaison der Rosen. Gehen wir einmal vom Schlimmsten aus und nehmen an, Sie haben lediglich Platz für sechs Ro-sensorten, vielleicht noch mit weiteren zwei oder drei Rosen an den Mauern eines Hauses von eher bescheidenen Ausmaßen. Dann würden Sie jeden-falls zumindest die beengten Verhältnisse davon abhalten, Ihre sämtlichen Rosen in einem langen Beet zu konzentrieren – was in keinem Fall die empfehlenswerte Art ist, sie zur Geltung zu bringen. Ein Rosenbeet wird zu einem struppigen Chaos und sieht außerhalb der Saison entsetzlich aus. Es ist besser, einige wenige Sorten in Abständen zu pflanzen, sie sorgfältig hochzubinden und so in ihrer Pracht zu präsentieren.

Welche Rosensorten sollten Sie wählen? Ich erwähne hier nur ältere Sor-ten oder solche mit altmodischer Blütenform und einem großzügigeren Staudenwachstum. Meine beiden persönlichen Favoriten sind seit Jahren dieselben, trotz all der neu hinzugekommenen Sorten. Die eine ist ›Fantin Latour‹ mit ihrem silbrigen Rosaton, eine vorzügliche Rose für die Mitte eines gemischten Beets. Sie kann stark zurückgeschnitten werden, bleibt also relativ aufrecht. Man kann sie mit einer *Viticella-Clematis* kombinieren, dann hat man ab dem August eine zweite Blühphase. ›Fantin Latour‹ hat keine nähere Beziehung zu dem großen französischen Rosenmaler, sein Name wurde ihr vielmehr in den 1930er Jahren von Nancy Lindsay, der großen englischen Liebhaberin alter Rosen, verliehen. Wir wissen heute immer noch nichts über die Ursprünge dieser wunderbaren Rose.

Von den weißen Rosen ist ihr zur Seite zu stellen die ebenfalls geheim-nisvolle ›Madame Hardy‹. Die Blütenblätter ihrer dichten weißen Blüten sind um ein bezauberndes grünes Auge herum angeordnet, und die Blüten verströmen einen starken Duft. Möglicherweise ist ›Madame Hardy‹ etwas robuster als ›Fantin Latour‹, doch auch sie passt überall hin. Zuerst erwähnt wurde sie im Jahr 1832, ihr Stammbaum ist allerdings nicht bekannt. Sie hat wundervolle frisch-grüne Blätter, bessere als so manche anderen alten Rosensorten, und entwickelt sich auf kargem, trockenem Boden ungewöhnlich gut.

Es ist ein Irrtum zu meinen, sämtliche alten Rosen seien umfangreiche Büsche – eine Vorstellung, die diese unglückselige Anlage von Beeten zur Folge hat, in denen nichts anderes wächst. Eine der besten Sorten, wenn es um Stärke und eine zweite Blüte im Herbst geht, ist ›Jacques Cartier‹ mit ihren rosafarbenen Blüten. Sie kann beschnitten und auf einer Höhe von rund einem Meter gehalten werden. Sie übersteht auch Trockenheit gut, und die zweite Blühphase im Herbst macht sie zur ersten Wahl für eingeschränkte Umstände. Ihre nahe Verwandte ›Comte de Chambord‹ hat noch vollere und größere Blüten, blüht allerdings weniger üppig, und es ist nicht ganz so wahrscheinlich, dass sie im Herbst noch einmal blüht.

Besonders faszinierend sind an einigen älteren Varietäten die gestreiften und getupften Blütenblätter, wobei einige der am lebhaftesten gestreiften Sorten nicht leicht zu pflegen sind. Die bewährteste Sorte ist nach wie vor ›Ferdinand Pichard‹, die häufig im September noch ein zweites Mal blüht. Die meisten ihrer dunkelrosa-roten Blüten haben lebhafte weiße Zeichnungen, die Blätter sind von einem schönen Dunkelgrün, das sich vergleichsweise gut hält. ›Ferdinand Pichard‹ wird rund eineinhalb Meter hoch und entwickelt sich besonders gut, wenn sie von drei oder vier starken Stäben gestützt wird, die solide im Erdboden verankert sind. Die langen Triebe können dann gestützt oder an den Stäben festgebunden werden, damit der Abstand der Blüten zum Boden gewahrt bleibt.

Die älteren Sorten mit den schönsten Tiefrot-Schattierungen sind selten auch leicht zu pflegen, ich würde daher hier einen Seitenblick auf *Rosa* ›Geranium‹ werfen. Diese Rose, eine Hybride von *moyesii*, tauchte in England in den späten 1930er Jahren auf und zeigt auf den Blättern ihrer ungefüllten Blüten einen klaren Rotton. Sie erinnert in ihrer Form an altmodische Tapetenmuster und entwickelt im Herbst schöne Hagebutten von einem ähnlich strahlenden Rot, so dass man fast von einer zweiten Blüte sprechen könnte. Geranium hat hübsche, hellgrüne Blätter und wächst bis zu einer

Sechs der Besten

Abb. 47: Rose ›Ferdinand Pichard‹   *Abb. 48:* Rose ›Fantin Latour‹

Abb. 49: Rose ›Climbing Lady Hillingdon‹   *Abb. 50:* Rose ›Princesse de Nassau‹

Höhe von zweieinhalb Metern vergleichsweise aufrecht. Sie macht sich gut als Staude an einem Platz, wo sie allein steht, etwa an einer Auffahrt oder einzeln stehend vor einem dunklen immergrünen Hintergrund.

Bei den älteren Rosensorten gibt es ein breites Spektrum an Rosatönen. Ich schätze seit Langem die lila-rosafarbenen Blüten von ›Vick's Caprice‹, einer Rose, die in den 1890er Jahren in Amerika gezüchtet wurde und nach wie vor ein pflegeleichter Strauch mit einer Wuchshöhe von rund einem Meter mit langer Blühdauer ist. Für die Mitte oder den vorderen Teil eines großen gemischten Beets wären auch ein oder zwei Sträucher der exquisiten rosa-weißen ›Juno‹ eine klassische Lösung. Juno wölbt sich von allein und erreicht eine Höhe und Ausdehnung von ungefähr 1,20 Meter, wobei sie nicht einmal unbedingt mit Stäben gestützt werden muss. Sie verträgt sich im Juni mit fast sämtlichen Beetpflanzen gut und ist extrem einfach zu haben.

Wenn Sie aber diese Sorten bereits alle kennen, stelle ich Ihnen nun noch eine weniger bekannte Rose vor. Je trockener und karger die Umstände sind, desto mehr weiß ich den Stammbaum und die Ausdauer jener Rosen zu schätzen, die in Amerika gezüchtet wurden. Den Züchtern war sehr bewusst, dass ihre Rosen mit strapaziöseren Umständen zurechtkommen mussten als deren Verwandte in den für Rosen günstigeren Regionen Europas. Im Jahr 1843 wurde eine gesunde, kleinblütige Kletterrose mit Büscheln blasser, gut gefüllter, creme-rosafarbener Blüten gezüchtet und erhielt den Namen ›Baltimore Belle‹. Sie ist eine dieser ausgezeichneten Kletterrosen, die ihre Bestform erreichen, wenn die anderen Rosen schon verblüht sind. Dieses Kind der 1840er Jahre wächst phantastisch an einer Mauer bis zu einer Höhe von 3,50 Meter und mehr und ist außerordentlich robust und dankbar. Allerdings findet man sie kaum noch auf dem Markt – aber vielleicht gibt es ja in Baltimore selbst noch einige ›Belles‹.

Und schließlich noch die langjährige Begleiterin meines Lebens mit Kletterrosen: die stark duftende ›Lady Hillingdon‹ mit ihren rötlich getönten Sprossachsen. Die Blüten sind intensiv aprikosengelb, sie riechen deutlich nach Tee, und ich habe gelernt, dieser Lady ihre eine einzige Schwäche nachzusehen: Bei heißem Wetter behält Lady Hillingdon ihren Kopf nicht oben, sondern gestattet ihren Blüten, sich hängenzulassen. Was dieses Verhalten entschuldigen kann, habe ich erst kürzlich erfahren. Es war vor fast einem Jahrhundert Lady Hillingdon, die verriet, dass sie »die Augen schloss und an England dachte«, wenn Lord Hillingdon mit ihr schlief. Vielleicht entdecken wir eine kräftige rote Rose zu Ehren des Lords. Die Lady aber wird sich in dankbaren Gärten landauf, landab auch weiterhin an ihre Mauer lehnen und ergeben ihr Haupt neigen.

Sechs der Besten   261

Besuchen Sie Herterton

Auch wenn Anfang Juli die Rosen verblühen, hinkt Nordengland dem Süden hinterher. Ich habe zu Beginn der rosenlosen Zeit dort einen Zufluchtsort gefunden, einen himmlischen englischen Garten, der nicht besonders groß ist. Es gibt dort keine Gärtner außer den hingebungsvollen Besitzern selbst, die seit über dreißig Jahren hier ihre Vision umsetzen. Und es hat sie nicht einmal ein Vermögen gekostet. Während andere Gärtner zwischen der »Chelsea Flower Show« und dem neuesten »Garden Center« hin- und herhasteten, verkauften Frank und Margery Lawley selbstgezüchtete Pflanzen an die Besucher ihres Gartens und sorgten dafür, dass auf ihren Gartenwegen aus Sand und Kies kein Unkraut wuchs. Der *Royal Horticultural Society Garden Finder* nennt ihre Arbeit ein »modernes Meisterwerk«. Ich hatte die Ehre, von den Meisterdenkern selbst auf einem Rundgang durch ihr Werk geführt zu werden, weshalb ich jetzt sehr viel mehr verstehe als durch die Lektüre all dessen, was über ihre Schöpfung geschrieben wurde.

Herterton House ist ein kleines Farmhaus in Northumberland, gepachtet vom »National Trust«, rund 25 Meilen nördlich von Newcastle upon Tyne. Der nächste Ort ist Cambo, Geburtsort des bedeutenden Landschaftsgestalters des 18. Jahrhunderts Capability Brown. Frank Lawley erzählte mir, die Nachkommen von Capability Brown würden noch in der Nähe wohnen, sie hätten sich allerdings auf den Anbau von Lauch verlegt. Gleichzeitig verschrieben sich die Lawleys mit Leib und Seele dem Entwerfen, Anpflanzen und Arbeiten. Ihr Garten ist keine viertausend Quadratmeter groß und in vier ausgewogene Abteilungen aufgegliedert. Es gibt keinen Rasenbereich, der gemäht werden müsste, dafür ist das Gebiet von harmonischen Wegen

262 Sommer

durchzogen, die es leicht machen, das Fehlen von Rasenflächen zu verschmerzen. Die Oberflächen der Wege sind nicht von der Härte oder Brutalität, die so typisch ist für die Arbeit vieler moderner Gartenarchitekten. Sie wurden in einer Tiefe von rund dreißig Zentimetern auf der Grundlage von groben Steinen und Beton aufgebaut und von Hand angelegt, ein Prozess, der in den Fotos aus den Anfangstagen der Anlage festgehalten ist. Sie können im selbstgebauten Aussichtspavillon des Gartens eingesehen werden. Diese Grundlage wurde mit einer Mischung aus dunklem, rötlichem Sand und feinem Kies aus einem Fluss in der Nähe aufgefüllt und zu einer festen, ebenen Oberfläche verdichtet. Die Mischung verhindert den Fehlgriff, der bei den Wegen in Wallington, dem nahegelegenen Anwesen des »National Trust«, gemacht wurde, wo gelblicher Kies von einigen Aussichtspunkten aus die Besucher blendet. Unorganisch wie immer fragte ich: »Wie kriegen Sie das Unkraut vergiftet?« »Gar nicht«, antwortete Frank. »Wir verhindern, dass es überhaupt wächst.« Und mir fiel auch tatsächlich während meines gesamten Besuchs kein einziger Unkrautsprössling auf.

Die erste Abteilung des Gartens ist die Pflanzschule, wo Pflanzen in langen, engen Beeten herangezogen werden. Zusätzliches Pflanzsubstrat wird aus der nährstoffreichen Flusserde gewonnen und ebenfalls verkauft, wenn die Ernte des Tages in der zentralen Gartenhütte ausverkauft ist. Die Beschaffenheit dieser Erde ist lehrreich für uns alle. Die Lawleys haben keinen Garten übernommen, sondern lediglich einen nackten Bauernhof. Sie machten zuerst einen Gesamtplan auf Papier und warteten jahrelang, bevor sie überhaupt irgendetwas anpflanzten. In dieser Zeit verbesserten sie den Boden, der ihnen zur Verfügung stand, wofür sie die reichhaltige Lehmerde aus nahegelegenen Flüssen verwendeten, darunter auch einem Fluss mit dem vielsagenden Namen »River Hartburn«. Auf einer Seite des Hauses legten sie dann einen Kräutergarten mit kleinen, abgegrenzten Beeten an. Das Zentrum bildet eine in Form geschnittene Silberbirne (*Pyrus salicifolia*), und die jeweiligen schmalen Beetenden sind bepflanzt mit einer kleinen Sorte der rosablühenden ›London Pride‹, wahrscheinlich einer Vertreterin aus *Saxifraga umbrosa* ›Elliott‹. An einer Seite dieses kleinen, hübschen Gartens wächst ein schönes Exemplar der rosafarbenen Rose ›Great Maiden's Blush‹, doch ist das noch nicht das Glanzstück der Anlage. Es gibt auch keinen eigenen Gartenbereich, der den Raum zwischen dem Haus und der schmalen öffentlichen Straße ausfüllt; die Hauptbepflanzung besteht aus einer klug angelegten Formschnitthecke aus Eibe und Buchs, die in der Form von Hennen gestaltet ist, wobei der mit Silbertönen belebte Buchs an gesprenkelte Hühner denken lässt. Von hier aus wirkt die Begrünung auf der anderen Straßenseite bemerkenswert angenehm. Auch dieser Bereich wurde gestaltet: Die ungewöhnlich artenreichen Hainsimse wächst hier mit der Anmutung einer Wildpflanze, unterbrochen von architektonischen, in unterschiedlichen Abständen gesetzten Pflanzen.

Während sämtlicher Blühphasen bildet die Anlage des Gartens hinter dem Haus das eigentliche Meisterstück. Die hohen Grünpflanzen und Bäume, die sie umrahmen, haben etwas ausgesprochen Erhebendes und Genugtuendes. Die Beete teilen sich in vier kleine Streifen auf, abgeschirmt von hohen kastenförmigen Buchspflanzen. Beim Blick über die Anlage registrierte ich viele meiner alten Lieblinge, von denen ich einige seit den 1960er Jahren nicht mehr gesehen hatte: ›Prunella‹, das rote *Sedum spurium* ›Dragon's Blood‹, die richtige Sorte strahlend blauer Kornblumen, kleine Alanten und die schöne Sorte des selbstaussäenden ›Cedric Morris‹-Mohns. Um Geld zu verdienen, handelte Frank Lawley in den Anfangsjahren mit Orientteppichen. Ich meinte zu ihm, Teppichmuster hätten ja sicherlich seine Anlage beeinflusst.

Er stimmte mir zu, allerdings nur bedingt: »Sie gehen das Ganze zu wissenschaftlich an.« Frank hatte zunächst Altphilologie, was auch mein Fach ist, studiert, war dann allerdings auf Kunst und Design umgestiegen. Später organisierte er an der Volkshochschule in Newcastle einen speziellen Kurs zum Verständnis von Gärten, den er auch selbst abhielt. Die Lawleys erklärten mir dann, warum die Anlage dieses Teils des Gartens so besonders ansprechend war. Sie hatten sie so geplant, dass die Farben der Blüten die unterschiedlichen Farbphasen des Tages wiedergeben. Creme- und Hellrosa-Töne evozieren das Licht am frühen Morgen, diese Töne kommen vor in alten Freunden wie der Feinstrahlaster *Erigeron* ›Quakeress‹ und einer ungewöhnlichen, rosa-pinken aufrechten Katzenminze. Die Farben des Tages erscheinen dann als Vertreter der Sonne in einem zentralen Beet in Goldgelb und Orange, wo sie um eine orangefarbene Lilie herumgruppiert sind, die ich zunächst falsch einordnete. Es handelt sich um *Lilium croceum*, die auf den Deichen in der Nähe des Meers in den Niederlanden zu Hause ist. In jedem Beet neben dieser Sonne aus Blüten stehen die tiefen Blautöne von *Adenophora*, Kornblumen, Glockenblumen und anderen für das klare

Abb. 51: Herterton im Juli

Blau des Sommerhimmels. Neben ihnen lassen Mohnblumen in Perlmutt- und Grautönen an die Wolken des Spätnachmittags denken. Schließlich evozieren dunkle, seltene Bibernellen, violette Disteln und dunkle gefüllte Pechnelken das abnehmende Abendlicht. Teppichmuster inspirierten die Bepflanzung der Kanten, wo schließlich einige geschickt beschnittene Eiben, Buchs, goldene Haseln und Holunderbüsche einen sonnigen Rahmen bilden. Sie bringen Licht in das für die Tage Northumbrias so typische Grau.

Die großartigen Pflanzen verdanken sich zu einem Gutteil den vielen Jahren, die die Lawleys mit Sammeln und Auswählen zubrachten, in den 1960er Jahren häufig während Besuchen im legendären Bauerngarten von Margery Fish auf ihrem Landsitz East Lambrook in Somerset. Die entscheidenden, zugrunde liegenden Einflüsse gingen von Malern aus. Die Lawleys nennen als Beispiel Mondrian für Formgebung und Farbtrennung sowie Monet für die blassen Farben des frühen Morgens. Mit Blick auf die Perlmutt-Grau-Töne musste ich auch an Corot denken.

Oberhalb eines abschließenden Bereichs und eines ornamentalen Knotengartens errichteten die Lawleys einen großen Aussichtspavillon, der es den Besuchern gestattet, dieses traumhafte Gelände von oben zu betrachten. Zur einen Seite hin erstrecken sich die Felder Northumberlands, und dann dreht der Betrachter sich um und schaut über den Garten, einen Triumph der Kunst über die Natur. Er ist himmlisch auf eine Art, wie ich sie sonst in England nirgends gefunden habe. Der »National Trust« sollte sich vor Ort einen Eindruck verschaffen und sich überlegen, wie man das Gelände erhalten kann: ein Meisterstück der Geduld, die gelungene Umsetzung einer künstlerischen Vision, ein Glanzstück von dreißig Jahren besonnenen Gärtnerns.

Foxit nach Kirgisien

Im Kielwasser des Brexit riss ich, schockiert von dem, was geschehen war, nach Kirgisien aus, in das abgelegene Hochgebirge Kungej-Alatau. Mein Plan sah völlig anders aus als der von Cassian Schmidt, dem scharfsinnigen Leiter des Hermannshofs. Während er in einem Landrover über blühende kirgisische Wiesen kurvte, war ich mit fünf Hengsten, zwei kirgisischen Führern und der unerschrockenen Harriet aus Devon unterwegs, die fest entschlossen war, auf dem Boden einer Jurte zu schlafen und mit wehendem Haar am Fuße von Gletschern Richtung Westchina zu galoppieren. Eines unserer Ziele bestand darin, neun Tage lang den ganzen Tag zu reiten. Außerdem wollten wir unseren botanischen Blick erweitern und die Blumen einer Landschaft kennenlernen, in die nicht einmal Alexander der Große vorgedrungen war. Diesen beiden Zielen gesellte sich dann bald noch ein drittes hinzu: Überleben.

Es begann alles sehr idyllisch. Als es dunkel wurde, saßen wir in einer gemütlichen Unterkunft, während gastfreundliche Damen Hammelfett-Pasta für sechs Leute vorbereiteten. Ein älterer kirgisischer Besucher griff nach seiner Kormuz, einem Zupfinstrument mit drei Saiten, das ein wenig einer Mandoline ähnelt, und eine Stunde lang erfreute er uns mit auswendig vorgetragenen Gesängen. Seine Glanznummer war eine Melodie, die für einen Boten komponiert worden war, der die Nachricht überbringen muss, dass bei der Jagd der Sohn des Herrschers von einem Wildschwein getötet wurde. Der Herrscher droht, den Mund des Mannes dafür, dass er eine so grauenhafte Botschaft übermittelt, mit geschmolzenem Blei zu füllen. Daraufhin erklärt der Bote, dass seine Kormuz, nicht seine Stimme die Botschaft übermittelt habe. Und die Kormuz kann nicht mit Blei gefüllt werden, weil sie kein Loch hat. Konstantin, erster christlicher Herrscher des römischen Reichs, ordnete an, dass jedem, der einem Mädchen dabei half, wegzulaufen, um vorehelichen Sex zu haben, heißes Blei in den Rachen gegossen werden sollte. Manche Historiker sind der Meinung, eine solche Bestrafung sei nicht möglich gewesen. Für das antike Zentralasien war sie es jedoch durchaus.

Während er sang, dachte ich wie immer an Homers *Ilias*. Homers Achilles spielt, ebenfalls in einem Zelt, die Leier und singt dazu. Ein Bote fürchtet um sein Leben, als er Achilles die Nachricht überbringt, dass sein geliebter Patroklos getötet wurde. Wie homerische Rhapsoden rezitieren professionelle kirgisische Sänger ein altes episches Gedicht über den mächtigen Manas, die kirgisische Antwort auf Achilles. Das Gedicht hat immerhin einen Umfang von 20 000 Versen. Unser kirgisischer Führer Ulubec erzählte, es werde von kirgisischen Jungen erwartet, dass sie ohne Lesen oder Niederschreiben die Namen und Geschichten von sieben Generationen ihrer männlichen Vorfahren auswendig lernen. In Oxford reicht nur bei wenigen jungen Männern das Wissen über ihre Großväter hinaus. Und trotz 43 Jahren in der EU beherrschen sie auch nur wenige, wenn überhaupt irgendwelche, Fremdsprachen. In Kirgisien sprechen Schuljungen kirgisisch und russisch und fangen im Alter von fünf Jahren mit englischer Grammatik an.

Am nächsten Tag trafen wir unsere Pferde. Sie waren nicht das, was der Dichter Matthew Arnold als »shaggy ponies from Pamir« [zottelige Ponys aus Pamir] bezeichnete. Mein Tier, schwarz und draufgängerisch, hieß Kara. Unter heißer Sonne trabten wir immer höher, vorbei an wilden weißen Rosen und Gebirgswiesen, auf denen Steinbrech und Glockenblumen in Hülle und Fülle wuchsen. Die Felder leuchteten von lila-blauem Eisenhut und rosa-pinkfarbenem Klee. Wir sahen Hunderte von Salbeipflanzen, eine Blumenart, bei der ich zögere, sie in der Nähe von Oxford anzupflanzen. Es ist immer aufschlussreich für Gärtner, die Pflanzen wildwachsend zu erleben. Als Kara anfing, übermütig zu werden, rückte ich meine weiche Kappe zurecht, ein Geschenk von einer ehemaligen Studentin in Oxford, die in Nord-Pakistan unterrichtete. Sie erstand sie für ein Pfund auf einem Markt in Chitral, das früher von Alexanders Makedonen erobert worden war. Interessanterweise haben Gelehrte diese Kappenform von der »Kausia« abgeleitet, der flachen Kappe, die die Makedonen trugen. Ich fühle

268   *Sommer*

mich geehrt, mit dergleichen Legenden in Verbindung gebracht zu werden; unsere beiden Führer gingen dann sogar so weit zu behaupten, dass Alexander bis nach Kirgisien gekommen sei und die wilden Walnussbaum-Wälder aufgesucht habe. Um Arslanbob stehen sie noch heute, und darunter wachsen Gruppen von Riesen-Steppenkerzen, eben jenes *Eremurus*, dem ich auch schon am Fuß des riesigen Münchner Alpinums begegnet war. Die Führer klärten uns auf, dass sämtliche Walnussbäume in Griechenland von jenen kirgisischen Walnüssen abstammen, die Alexander mit nach Hause nahm. Tatsächlich wachsen die besten griechischen Walnüsse mittlerweile im nördlichen Euböa. Artemisische Walnüsse, die bei »Harrods« erstanden werden können, werden von Bäumen gepflückt, die von einem Baumschulbesitzer in der Provence stammen.

Abends galoppierten wir zu unserer Jurte auf der Kuppe eines Berges. Die Jurte war aus gebogenen roten Stäben aufgebaut und mit Seidenstoffen bedeckt. Die Stoffe waren – ein floraler Willkommensgruß – mit grünen und pinkfarbenen Pfingstrosen gemustert, und darauf gedruckt war, auf den Kopf gestellt, das englische Wort »Love«. Am normalerweise völlig klaren zentralasiatischen Himmel fehlten lediglich die Sterne. Ihre Abwesenheit war ein Omen.

Am nächsten Tag bestiegen wir nach Tagesanbruch unsere Pferde, und Harriet erklärte unseren exzellenten Führern, dass ich an einer Universität unterrichtete. Ehrfurchtsvoll staunten sie über das Wort »Oxford« und sahen angemessen ratlos aus, als ich Cambridge erwähnte. Sie wussten sogar Bescheid über Englands skandalöse Studiengebühren, ich nutzte also einmal mehr die Gelegenheit, über diese jüngste Rache an der hart arbeitenden Jugend herzuziehen. »Ist Oxford in London?«, fragten sie mich. Sie hatten nie zuvor englische Reiter auf dieser beschwerlichen Strecke begleitet, einmal waren sie jedoch mit einem Engländer geritten, der 71 Jahre alt war. Und, so erzählten sie weiter, dieser habe zweihundert Länder besucht, seit er sich aus dem Berufsleben zurückgezogen hatte. Harriet war angewidert, als sich bei mir Rentner-Konkurrenzgefühle bemerkbar machten.

Den Vormittag über ritten wir über hügelige Wiesen und so viel Edelweiß, dass ein Baron von Trapp ein ganzes Leben damit hätte zubringen können, sie zu besingen. Um die Mittagszeit ging es wieder abwärts, zwischen Vergissmeinnicht, blauem Enzian und glänzend gelben Butterblumen, während Herden wilder Pferde am Fuß der mit einer Schneehaube

Foxit nach Kirgisien 269

Abb. 52: *Der Autor reitet über Wiesen voller Edelweiß*

gekrönten Berge weideten. In Bath fand während der Sommermonate im dortigen Holburne Museum eine Ausstellung mit dem Titel »Stubbs and the Wild« statt. Wenn dieser bedeutende Pferdemaler Kirgisien besucht hätte, dann hätte er wilde Stuten und Fohlen in einer authentisch wilden Landschaft malen können.

Nachmittags war ich dann vollauf damit beschäftigt, mental mit dem zuvor erwähnten englischen, 71-jährigen Reitersmann auf einer Höhe zu bleiben. Der Himmel hatte sich zugezogen, und ein heftiger Wind drang durch meine Daunenjacke. Meine Reiterhosen klebten mir auf der Haut und wickelten sich schmerzhaft um meine Beine. Der Regen hörte auf, kehrte dann aber mit verdoppeltem Blitzaufkommen zwischen den Gipfeln und Seen zurück, auf die nie zuvor englische Blicke gefallen waren. Nach vier Stunden in Regen und Sturm wurden wir von Schäfern aufgenommen, die jedes Jahr mit ihren Jurten und Herden in diese Gebirgsregionen kommen. Bei ihnen wurden wir dem ultimativen Test unterzogen: Stutenmilch in Schalen, erwärmt auf einem Herd, der mit Pferdedung befeuert wurde; Letzterer wird gesammelt, getrocknet und dann von älteren Familienmit-

Sommer

gliedern in Stücke geschnitten. Während ich langsam wieder warm wurde, dachte ich über die in England übliche Heizkostensteuerbefreiung für Rentner nach. Im Sommer könnten wir in die Jahre Gekommenen uns damit fit halten, dass wir menschlichen und tierischen Mist sammeln und lagern. Den könnten wir dann drinnen verfeuern und uns so den ganzen Winter über warmhalten. Die Abschaffung dieser Steuerbefreiung würde die Abschaffung der Studiengebühren für die jungen Leute ermöglichen, einem Greuel, das in Deutschland, nachdem man kurz mit der Idee geliebäugelt hatte, schnell wieder ausgemustert wurde.

Die Tage 2, 4 und 6 wurden, jeweils immer am Nachmittag, ähnlich herausfordernd und stürmisch. Kara weigerte sich, bergauf zu traben, und zwischen bewundernden Blicken auf herrliche Alpenprimeln bekam ich in Höhen oberhalb von 4000 Metern nur noch mühsam Luft. Abends lagen wir auf Jurtenböden in unseren tropfnassen Reiterhosen, während Mädchen in schimmernden Seidengewändern Pferde-Rahm von Pferde-Milch trennten, indem sie mit Stöcken in metallenen Butterfässern herumrührten. Ohne Ofen zitterte ich vor Kälte, bis ein muskulöser Schäfer mir – ich fühlte mich an flüssiges Blei erinnert – Schnaps in die Kehle goss. Der Aufkleber seiner Flasche zeigte einen springenden Steinbock, der aussah, als habe er gerade ein Legal High konsumiert. Während seine Tochter rührte, kam ein Hemd zum Vorschein mit dem aufgestickten Logo »Style is Lourdes«. Bei diesem Anblick empfand ich tiefe Dankbarkeit für das alkoholische Wunder, das ihr Vater gewirkt hatte.

In den 1060er Jahren verfasste der bedeutendste Dichter Kirgisiens, Yusuf Balasaguni, ein langes Reimgedicht in Turksprache über einen jungen Wesir namens »der Hochgepriesene«. Der Bruder des Hochgepriesenen war ein gelehrter Einsiedler, genannt »der Hellwache«, der allein, erleuchtet, in den Bergen lebte. Nachts sympathisierte ich mit dem Hellwachen – meinerseits hellwach, allerdings in einer Jurte mit sieben schnarchenden Körpern neben mir und wilden Pferden, deren Wiehern von draußen in die Jurte hineinscholl. Unsere Hengste witterten die Stuten in den Bergen und drehten vor Begierde durch.

Tag für Tag hob die wechselnde Flora unsere Stimmung. Im Sumpfgebiet in der Nähe eines fischreichen Flusses stießen wir auf Flächen von purpur-pinkfarbenen und weißen *Pedicularis rhinanthoides*, eine unbekannte kirgisische Schönheit, die bei unserer Rückkehr die Spezialisten in den Kew

Gardens in Erstaunen versetzte. Cremefarbene *Clematis sibirica* wand sich durch die weiße Rose *fedtschenkoana*, von der heute aufgrund genetischer Tests angenommen wird, dass sie die Mutter aller zweimal blühenden Rosentypen ist.

An kurios aussehenden Disteln erstaunten uns flaumige Blütenköpfe. An der Schneegrenze stießen wir auf Exemplare des eisblauen *Trollius lilacinus*, den großartigsten Fund unserer Reise. Vieles der dortigen herrlichen Flora ist noch unerforscht, und ich kann nicht für alle Blumen, die wir sahen, die Namen nennen. Am achten Tag stiegen wir zu einer kurzen unbefestigten Straße ab und stießen auf drei Wagenladungen israelischer Damen. »Was gibt es da oben zu sehen?«, fragten sie uns. Primeln, kilometerweit Enzian, fingen wir an ... »Nein nein«, fielen sie uns ins Wort, »Wasserfälle?«

Wir trabten schwermütig zu unserem letzten, oberhalb eines Tals mit blassblauen Astern gelegenen Lager. Auch sie haben meinen Gärtnerstil verändert, ich pflanze jetzt mehrere Astern *divaricatus* zwischen blassgelben *Potentilla recta* an, was entfernt an die Farbkombination im kirgisischen Hochland erinnert. Außerdem ist mein Respekt vor der Schönheit von Disteln angewachsen, vor allem für Golddisteln und Kratzdisteln und deren schimmernde Plastizität. Die ultimative Distel, *Schmalhausenia nidulans*, muss leider im Reich meiner Erinnerung bleiben, da das silbrige Gewirr aus Stacheln und Flaum im feuchtkalten englischen Klima nie gedeihen würde.

Meine Aktivität als Gärtner wurde neu bestärkt. Und dasselbe gilt für meine Moral. Jener 71 Jahre alte Engländer, so enthüllten unsere Führer schlussendlich, ritt lediglich fünf Stunden. Er wollte nichts weiter als auf einem Berg mit Panorama-Blick stehen. Wenn gilt: »Style is Lourdes«, dann darf man sagen: Kondition ist eine Woche zu Pferd, und der Verzehr von Stutenmilch bei Regen und Sturm, Blitz und Donner. Wenn die Brexit-Verhandlungen scheitern, dann, so glaube ich fest, kann ich ohne Weiteres eine botanische Oxford-Kirgisien-Entente vermitteln.

Sommer

Rosen für trockene Standorte

Besonnene Gärtner Mitte Juni stelle ich mir gern ganz und gar umgeben von Rosen vor, völlig hingerissen von der unglaublichen Großzügigkeit dieser wundervollen Gewächse. In den Gartenplänen brutaler Minimalisten und Öko-Gärtner spielen sie nur eine untergeordnete Rolle, aber Rosen sind und bleiben das unübertroffene Charakteristikum englischer Gärtnerkunst: Rosen, über und über bedeckt mit Blüten und nicht unbedingt befallen von Sternrußtau. Trotzdem wurden vor gut zwanzig Jahren Stimmen von Trendsettern gegen Rosen laut, womit sie dem verstorbenen Christopher Lloyd nachfolgten, der unter den Augen einer breiten Öffentlichkeit seinen alten Rosengarten in Great Dixter vernichtete. Faktisch hatte er alte und nicht sonderlich aufregende Rosensorten gehabt. Dennoch fühlte er sich bemüßigt, über Rosen generell herzuziehen, was sich seinerseits auf leicht beeinflussbare Anfänger auswirkte. Ich hoffe, dass er jedes Jahr im Juni von Reue ergriffen wird, wenn er durch ein verschlossenes Tor auf den Rosengarten des heiligen Petrus blickt, in dem es keine Blätter mit schwarzen Flecken gibt und das Zurückschneiden der welken Blüten auf wundersame Weise von Engeln erledigt wird.

Viele von den besten Rosenarten sind alt, doch Rosen stehen nicht still, und sie hören auch nicht auf, besser verstanden zu werden. Ich setze große Hoffnungen in eine blassgelbe Rose mit gefüllten Blüten, die mir erst kürzlich, in einem sonnigen Augustmonat, im Rokoko-Garten von Painswick in Gloucestershire auffiel. Bemerkenswerterweise stand die Rose ›Princess of Nassau‹ immer noch in voller Blüte und zeigte für die Spätsommerperiode noch so bemerkenswert frische Blätter und ein so erstaunliches Stehvermögen, dass ich sie kaufte und vor eine Mauer pflanzte, und ich war dann erfreut zu entdecken, dass sie ihr Wiedererscheinen dem verstorbenen Graham Thomas verdankt, einem bedeutenden Fachmann für Rosen. Es stellte sich heraus, dass die ›Princess‹ eine Variante der Moschusrose *Rosa moschata* ist, die für ihre späte Blütezeit bekannt ist. Die ›Princess‹ wird bis zu zweieinhalb Meter hoch, und man nimmt an, dass sie eine Wiederentdeckung einer verlorengegangenen alten Variante ist, die man in den 1820er Jahren noch kannte. Wie so viele Rosensorten wurde sie von Peter Beales konserviert, einem der Fürsten der Rosenzucht, dem Graham Thomas Teile seines wiederentdeckten Bestands zukommen ließ.

Jedes Jahr füge ich neue Favoriten hinzu, hier möchte ich aber vor allem die liebliche ›Louise Odier‹ mit ihrer ausgedehnten Blühperiode erwähnen. Sie wächst in einem ungefähr eineinhalb Meter hohen Busch und hat gefüllte, pink-rosafarbene Blüten in schweren Büscheln, außerdem duftet sie ganz wunderbar. Wenn sie gut behandelt wird, blüht sie die ganze Saison hindurch immer wieder und straft die unfairen Kritiker Lügen, die die Meinung vertreten, alte Rosen würden innerhalb von zwei Wochen verblühen. ›Louise Odier‹ ist eine Züchtung aus dem Jahr 1851, und ich hoffe, wir werden sie nie verlieren.

Rosen wie ›Louise Odier‹ gedeihen in reicher, schwerer Erde, für einige Rosenliebhaber ist sie also ausgeschlossen. Für meine Umgebung, die Cotswolds, ist sie nicht geeignet. Aber wo gibt es robuste Rosensorten, die auch auf trockener, steiniger Erde nicht krank werden? Eine sorgfältige Lektüre der ausgezeichneten Bücher von Peter Beales vermittelt sicher einige Antworten; dazu gehören auch Rosen, die auf kargem Boden so kräftig gedeihen, dass sich eher das Problem ergibt, wie man sie beschneidet und unter Kontrolle behält. Das klassische Duo für trockene Umgebungen sind die hohe Kletterrose ›Rose d'Amour‹ und die dornige, niedriger wachsende ›Rose d'Orsay‹. Ein gutes Verständnis für diese beiden bemerkenswerten Rosenarten verdanken wir einmal mehr Graham Thomas. Beide sind, obwohl sie französische Namen tragen, nordamerikanischen Ursprungs. Sie haben frische rosafarbene Blüten und grüne Blätter, die gegen Krankheiten oder Sternrußtau immun sind. Sie stammen von der wilden *Rosa virginiana* ab, die in ihrer Heimat mit trockener, leichter Erde gut fertigwird und den Vorzug hat, orangerote Hagebutten auszubilden. Im Herbst verändert sich die Farbe der Blätter zu einem schönen Gelb. Einziges Handicap ist der Umstand, dass beide Rosen sehr dornig sind, vor allem ›Rose d'Orsay‹. Ich

274   *Sommer*

Abb. 53 und 54: Rose ›Long John Silver‹ (links) und Rose ›Rose d'Amour‹ (rechts)

drücke mich vor der Aufgabe, sie zu beschneiden, wobei ich nach fünfzehn Jahren nicht behaupten würde, dass sie mir diese Nachlässigkeit übelgenommen hätten. Wenn Sie sie auf einer Pflanzenliste aufspüren sollten, kann ich sie für Gärten mit trockenem Boden nur empfehlen – für solche Gärtner, die Rosen pflanzen und dann nichts mehr mit ihnen zu tun haben wollen, außer dass sie ohne weiteren Aufwand die Blüten genießen können.

Kletter- und Ramblerrosen kommen mit trockenen Standorten besser zurecht, weil die Erde am Fuß der Mauern, an denen sie wachsen, häufig eher trocken ist. Allerdings gilt das auch wieder nicht für alle Sorten. Ein Extrem an Trockenheit ist die Erde um meine unentbehrlichen Schranken herum, also um die Hecken meiner Leyland-Zypresse, die ich zusammen mit meinem Gartenareal geerbt habe. Hier habe ich mehrere Vorschläge umgesetzt; alle haben funktioniert, und zwei sind besonders empfehlenswert.

Auf den Rat eines Experten in der »National Rose Society« pflanzte ich zunächst *Rosa helenae*, eine dornige weiße Kletterrose mit einfachen weißen Blüten und schönen Hagebuttenbüscheln. Sie hat sich recht gut entwickelt, ist allerdings nie über eine Nadelholzfront aus sechs Meter hohen Hecken hinausgekommen. ›Rose Seagull‹ war erfolgreicher, aber auch sie fühlt sich wohler, wenn sie sich von den Hecken nach vorne fallenlassen und ein natürliches Dickicht bilden kann – eine Erinnerung daran, dass die meisten

Rosen für trockene Standorte   275

Kletterrosen eigentlich gar nicht wirklich klettern wollen. Am besten geeignet war der natürliche Kandidat für ein Leben in einem alten Vikarsgarten. Die Rose ›Rambling Rector‹ [umherschweifender Pfarrer] lässt sich von der Trockenheit am Fuß einer Reihe hochgewachsener Koniferen nicht abschrecken. Oben in den Zweigen der Leyland-Zypresse schweift der Pfarrer unbeschwert umher und verwandelt die Hecken des Pfarrgartens in der zweiten Junihälfte in eine blütenweiße Fläche. Wenn Sie eine alte *Leylandii* im Garten haben, versehen Sie sie mit einem ›Rector‹ und verwandeln Sie sie in eine Rosenmauer. Hin und wieder wird behauptet, die Rose ›Rambling Rector‹ sei frostanfällig, doch sie wird ausreichend von der stützenden Hecke geschützt, und selbst an der Nordseite hat sie sämtliche strengen Frostperioden der letzten zwanzig Jahre überlebt. Sie steigt bis zur Spitze einer hohen Hecke auf, dabei hat sie nichts von der tödlichen Vitalität von *Rosa filipes* ›Kiftsgate‹, deren Gewicht und Masse jeden lebenden Wirt in die Knie zwingt.

Das einzige Problem mit einem ›Rambling Rector‹ ist seine Angewohnheit, oberhalb einer Höhe, wo sie noch leicht beschnitten werden könnten, lange, schwingende Stiele auszubilden. Die wahren Rosenliebhaber sind der Auffassung, dass diese Triebe in die Hecke zurückgebogen und dort verankert werden sollten, und da sie nicht an labile Koniferenzweige angebunden werden können, lautet ein Vorschlag, sie mit einem Gewicht zu versehen und sie so nach unten zu biegen. Man hat mich aufgeklärt, wie das zu bewerkstelligen sei: Man binde einen Stein an das Ende des ausschwingenden Rosenstiels, um anschließend Stein mitsamt Stiel in hohem Bogen in den unteren Teil der Hecke zurückzuschleudern. Solcherart beschwert würde der Rosenstiel brav an Ort und Stelle bleiben. Ich halte das für den raffiniertesten und aussichtslosesten Ratschlag, den ich auf meinem bisherigen Lebensweg, inklusive dem Sektor Kochen, bekommen habe. Es ist nahezu unmöglich, einen Stein in einer Schlinge am Ende eines dornigen, biegsamen Strauchrosenastes zu befestigen, und es ist völlig unmöglich, ihn in hohem Bogen in eine sechs Meter hohe Hecke von Englands luftigster Konifere hineinzuschleudern, ohne dass der Stein sich löst, wobei man zudem riskiert, aufgrund der dornigen Umgebung ein Auge zu verlieren, und die Äste der Hecke dazu veranlasst, in nachgerade höhnischer Manier noch mehr auszuschwingen.

Der ›Rector‹ ist immun gegen trockene Erde und hat auch sonst so gute

Eigenschaften, dass man ihm sein ungezügeltes Verhalten in den oberen Etagen nachsieht. Einen ordentlicheren Eindruck macht die einzige Rose, die ihm an einer austrocknenden *Leylandii*-Hecke gleichkommt: die noch schönere weiße Rose ›Long John Silver‹. Der Rosenkatalog von Peter Beales hat dafür gesorgt, dass diese Sorte im Handel bleibt, sie ist zwar nicht ganz so extrem zäh wie ›Rambling Rector‹, aber dennoch eine absolut erstklassige Rose. Die Blätter bleiben grün und frisch, die üppig gefüllten weißen Blüten entwickeln sich angenehm spät Mitte Juli, und da auch sie in Amerika gezüchtet wurde, hält sie Trockenheit gut aus und macht keinerlei Probleme. Ich überlege, ob ich nicht einfach an jeder Mauer im größeren Umkreis ein Exemplar anpflanze. Sie hat noch einen weiteren Vorteil: Wenn man die Blüten abschneidet und in eine Vase legt, wirken die runden weißen Blüten wie die Quintessenz eines Rosenbildes von Latour. Zwischen einem ›Rector‹ und einer ›Long John Silver‹ lassen sich selbst die eintönigsten Hecken und trockene Standorte einen Monat lang mit weiß schimmernder Schönheit überziehen.

Rosen für trockene Standorte 277

Auf der Schynigen Platte

In den Gebirgsregionen Südeuropas sind die Wochen zwischen Mitte Juni und Ende August die beste Zeit für einige abenteuerliche, ungewöhnliche Gärten. Sie liegen weit oben in den Alpen und deren Ausläufern und haben enge Verbindungen zu botanischen Gärten in der Nähe sowie natürlich zur lokalen Flora in ihrer unmittelbaren Umgebung aus Alpengipfeln. Münchens bedeutender Botanischer Garten unterhält eine solche berühmte Außenstation, den Schachengarten in den bayrischen Alpen, den ich als zeitweise dort angestellter Gärtner vor über vierzig Jahren kennenlernte. Ähnliche Naturgärten wurden in Südfrankreich, Österreich und in der Schweiz angelegt oder wiederbelebt. Sie bieten sich im Sommer sehr schön für eine Pilgerreise an.

Auf einer solchen Reise stand ich einst in der Zentralschweiz vor der Wahl zwischen zwei Zielorten. »The Top of Europe, please visit our Jungfrau« lockten die Bahnanzeigen in die eine Richtung. Die Jungfrau ist die berühmte Eismaid in der Reihe der drei hohen Gipfel oberhalb Wengen, neben dem Eiger. Was könnte sich als Symbol für den höchsten Punkt des modernen Europa besser eignen als eine Jungfrau, der es per definitionem nicht gelungen ist, den Kriterien gegenseitiger Annäherung zu entsprechen? Die Schilder in die andere Richtung zeigten zur Bahnstation Wilderswil. Wahrscheinlich ist das der einzige Bahnhof mit dem Wort »Alpengarten« auf dem großen Anzeigeschild. Von Wilderswil arbeitet sich eine heroische kleine Zahnradbahn eine steile, 1893 angelegte Schienenstrecke zur Schynigen Platte hinauf. Die Züge fahren – sehr langsam – in halbstündigem Abstand den ganzen Tag über. Man sieht dem Zug von Wilderswil sein gemächliches Tempo gerne nach. Er fährt direkt einen steilen Berg bis zu

278   *Sommer*

einer Höhe von fast 2000 Meter hoch, auf einer atemberaubenden Route, die durch Wiesen führt, auf denen wilde Geranien, rosa-lilafarbene Glockenblumen und die größeren Arten Enzian blühen.

Der Garten an der Endstation des Zuges hat gerade erst seinen neunzigsten Geburtstag gefeiert. 1928 wurde der Alpengarten mit der Idee entworfen, dass er die unterschiedlichen Vegetationsarten der umgebenden Berge ausstellen sollte. Wer der Meinung ist, ökologisches Gärtnern sei erst vor wenigen Jahrzehnten von den Grünen erfunden worden oder dass Wildgärten einen »neuen Trend« darstellen, der sollte sich mit der Geschichte der Schynigen Platte beschäftigen. Der Garten arbeitete mit diesen Prinzipien lange bevor sie von deren modernen Aposteln entdeckt wurden. Eine private Gesellschaft von Freunden der Schynigen Platte kümmert sich um den Garten, und sie wird unterstützt von der Universität Bern, die die Anlage mit Feinfühligkeit und Sachkunde betreibt, eine Kombination, die man bei botanischen Gärten in den Niederungen häufig vermisst. Der Garten ist von Mitte Juni bis Herbst geöffnet, wobei die zweite Julihälfte für Alpenblumen am besten geeignet ist.

In England sind unsere bekanntesten Wildblumen Nesseln und zügellos wucherndes Gras, das von den Stadtverwaltungen mit dem Budget für Grünstreifenbereinigung abgemäht wird. In den Alpen ist der natürliche Blumenteppich stärker als die lokalen Grassorten, und als Mäher fungieren ganz überwiegend die dort weidenden Kühe. In England hört man heute so viel über das Gärtnern mit einheimischen Wildblumen und die Aufgabe, die englische Wiese wieder einzuführen. Viel weniger ist die Rede von den Wildblumen in den schweizerischen und deutschen Gebirgen, einem »Wildblumen-Stil«, der völlig zu Unrecht vernachlässigt wird. Dessen Blumen sind vielfältiger und schöner als die vergleichsweise dürftige englische Flora, und es gibt viel mehr unterschiedliche Arten als die Flächen orangeroter Rudbeckien und rosafarbener Kermesbeeren, die ausufernd als Imitation von Prärielandschaften des amerikanischen Mittelwestens gepflanzt werden. Alpenwiesen und die Blumenteppiche in den Alpen sind Vorbilder für einen Stil, der sich in England erst noch herausbilden muss. In seiner Idealform ähnelt er dem Vordergrund eines bedeutenden Gemäldes von Bellini, obwohl Bellini nie in mit der Schynigen Platte vergleichbare Höhenlagen emporgestiegen ist, um wahrzunehmen, zu welchen Möglichkeiten der Vordergrundgestaltung die Natur selbst in der Lage ist.

Auf der Schynigen Platte 279

Abb. 55: Blick über den Alpengarten Schynige Platte im Juli

Oben auf der Platte hat man vom Alpengarten aus einen Blick über die schneebedeckten Gipfel im Umkreis, die das Gelände wie eisige Wächter umgeben. Der Hauptweg des Gartens verläuft in einem Rundkurs über natürliche Hänge, die alle, aufsteigend von den Wiesen, jeweils die Ökologie einer bestimmten alpinen Landschaft zeigen. Das generelle Prinzip des Gartens geht dahin, einzelnen Pflanzengruppen zu ermöglichen, natürlich zusammen zu wachsen, und das mit einem Minimum an Unkrautentfernung während der 150 Tage, wenn die Anlage nicht unter einer Schneedecke liegt. Die Kennzeichnungen sind exzellent, die Anordnung ist faszinierend, insgesamt ist es ein rundherum zauberhafter Wildgarten. Jeder, der in Interlaken logiert und einen sonnigen Tag abwartet, um mit dem Zug in den Garten hinaufzufahren, wird einen Tagesausflug erleben, den er nicht mehr vergisst. Ich kam mit Hunderten Ideen zurück, angeregt von den blassgelben Blüten von *Hieracium intybaceum* oder der weißblühenden *Potentilla rupestris*, auf die man auch in einigen wenigen englischen Pflanzenschulen noch stößt. Ein Besuch regt zu einem ganz neuen Pflanzstil an: Ausgehend von botanischen Samenlisten, zieht man zu einem Bruchteil der Preise, die in einer Pflanzschule für Alpinpflanzen verlangt werden, diese leicht zu gewinnenden subalpinen Pflanzen aus Saatgut heran.

Bei einem Spaziergang oberhalb Wengen an einem der Tage davor hatte ich geblufft, um mein Unwissen über eine große purpur-blau blühende Waldpflanze zu verbergen. Es stellte sich heraus, dass es sich um *Cicerbita alpina* (Alpen-Milchlattich) handelte, eine Wegwarte, die man in englischen Gärten nur selten findet. Unter den Bäumen hielt ich die hell-violette *Adenostyles* (Alpendost) für eine *Petasites*-Pflanze (Pestwurz). Sie ist ein verbreiteter, leichter Bodenbewuchs für Waldgärten, die man allerdings in England nie sieht. Angespornt durch den Alpengarten, stelle ich mir jetzt eine Garten-»Wiese« aus dem mauve-farbenen *Rhaponicum scariosum* (Alpen-Bergscharte) mit seinen Distelblüten und einem Glockenblumenteppich vor, vermischt mit der rosa-pinkfarbenen *Pimpinella major*, die dem kleinen Wiesenkerbel ähnelt; und der weißen, absolut winterharten Alpenmargerite *Leucanthemum adustum*. Ich bewunderte die Türkenbund-Lilien, schaute begehrlich auf den Enzian und sehnte mich nach den kleinen, intensiven Blüten der höheren Alpenregionen. Auf diesen Höhen wirkt ihre Schönheit vom klaren Sonnenlicht konzentriert, wie durch schnelles Aufkochen zu einer Essenz verdichtet.

Der Alpengarten Schynige Platte geht harmonisch in seine natürliche Umgebung über. Drahtige Schweizer und Botanik-Enthusiasten aus dem Ausland genießen das Gelände. In der Umgebung lassen sich schöne Wanderungen unternehmen. Ich werde wohl einen Antrag auf eine Kuhglocke stellen und einen Sommer als Vegetarier verbringen.

Auf der Schynigen Platte 281

Robuster Rittersporn

An ruhigen sonnigen Tagen im ausgehenden Juni und frühen Juli sind Rittersporne die Stars. Ich verstehe nicht, warum sie mit mühsamer Gartenarbeit assoziiert werden, vor der sich der moderne Gärtner scheut – meines Erachtens stellen sie nach wie vor eines der Wunder in der Welt des Gärtnerns dar. Sie wirken so viel prächtiger als die Ziergräser und Knöterichklumpen in Präriegärten. Wenn man sich einige wenige Minuten ihrer annimmt, werden sie es mit einer zweiten Blühperiode danken, und die Anstrengung, die ich investiere, erhöht meinen Stolz und meine Freude an ihnen.

Es hat eine Weile gedauert, bis ich eine wichtige Wahrheit über diese Familie akzeptiert habe: Man bekommt bei Rittersporn lediglich das, wofür man bezahlt, sprich: Hier hat Qualität ihren Preis. Wenn Sie namenlose Jungpflanzen oder gemischte Hybriden mit Gruppennamen wie ›Galahad‹ oder ›King Arthur‹ kaufen, erzielen Sie damit respektable, aber doch nur zweitklassige Ergebnisse. Die Blütensporne sind relativ kurz, und die Blüten welken relativ schnell. Wenn Sie hingegen bewährte, preisgekrönte Sorten wie die cremefarbene ›Butterball‹ oder die tiefblaue ›Blue Nile‹ erwerben, dann zahlen Sie zwar doppelt so viel, wofür Sie aber auch üppig belohnt werden. Die Sporne sind länger und stabiler, und die unteren Blüten fallen nicht ab, noch bevor sich die oberen geöffnet haben. In Form und Farbe lassen sie die billigeren Varianten weit hinter sich. Die teuren Pflanzen sind nicht schwieriger in der Pflege – sie kosten mehr, weil sie von Ablegern herangezogen werden, die von einer ausgereiften Elternpflanze derselben Sorte stammen.

Langgezogene Rittersporn-Rabatten mit diesen bewährten Sorten werden

Abb. 56: Delphinium x ›Centurion Lilac Blue Bicolor‹ blüht nach der Aussaat im Januar im ersten Jahr.

den hohen Ansprüchen der Experten durchaus gerecht. In Godinton House in der Nähe von Ashford in Kent hat die »British Delphinium Society« herrliche Exemplare neben den dortigen alten Ziegelmauern gepflanzt. Der Park ist für die Öffentlichkeit zugänglich, und Anfang Juni lässt eine solche Rabatte keine Wünsche offen. Es gibt dann im Juli noch einige wenige späte Blüten, und wenn die ersten Blüten sorgfältig entfernt wurden, kommt es im Frühherbst zu einer zweiten Blühperiode. Problematisch ist der Umstand, dass diese langen, ausschließlich mit Rittersporn bepflanzten Rabatten in den dazwischenliegenden Wochen recht trostlos wirken. Ich ziehe es daher vor, einige wenige, einzelne Rittersporne als markante Blickpunkte in einer gemischten Rabatte anzupflanzen, also nicht eine Rabatte ausschließlich mit Rittersporn zu gestalten. In eher schmalen Beeten können sie als Einzelexemplare allein stehen, ohne in den hinteren Reihen in konventionellen Gruppen von drei bis fünf Pflanzen ganz in den Hintergrund rücken zu müssen. Wenn sie blühen, ziehen sie die Blicke auf sich, und sobald sie anfangen zu verwelken, werden die welken Blüten entfernt, und die Pflanzen verschwinden im Schleier aus Astern und Spätsommer-Margeriten. Wenn man sie so kombiniert, kann man verhindern, dass sie während der Monate Juli und August zu einer von Mehltau befallenen, unordentlichen Hintergrundreihe werden. Eine starke Rittersporn-Pflanze verträgt sich mit Rabatten-Nachbarn, sie sollte allerdings einen Umkreis von rund einem Meter Durchmesser für sich allein haben.

Einer der erfreulicheren Aspekte an den »Chelsea Flower Shows« der letzten Jahre war die Rückkehr zur Form von Blackmore & Langdon von den Stanton Nurseries, Pensford, Bristol, den traditionellen Spezialisten für herkömmliche Rittersportnarten. Die Periode, in der das Unternehmen junge Pflanzen verschickt, endet im Juni, man kann aber für den April des Folgejahrs vorbestellen – zu beträchtlichen Kosten für eine kleine, eingewurzelte Pflanze in einem 8-Zentimeter-Topf. Im ersten Jahr wird sie ein- oder auch zweimal blühen, allerdings lediglich einen Bruchteil ihrer späteren Wuchshöhe erreichen. Wenn möglich, sollte man solche Neuankömmlinge in ein gut gedüngtes Beet pflanzen und sie erst später für ihre zweite, schönere Blühphase umsetzen. Die kalten Winter der letzten Jahre haben wieder einmal gezeigt, dass Frost selbst den größten und schönsten Rittersportnen nichts anhaben kann. Wenn sie sich im Winter zurückgebildet haben, ist ihr Feind nicht die Kälte, sondern die nimmermüde Schnecke. Diese hungrigen Quälgeister sind auch unter der Erdoberfläche, wo man sie nicht sehen kann, weiterhin aktiv. Um einen Rittersporn herum sollte man von November bis März daher grundsätzlich Schneckenkorn streuen.

Die meisten der bewährten Sorten wachsen auch in trockenen Böden, allerdings geht es ihnen an Orten besser, wo die Erde nicht hart wie ein heißer Ziegelstein wird. Früher pflanzte man sie in mit Dung vermischte Erde und gab auf die Oberfläche weiteren verrotteten Dung, um die Feuchtigkeit zu speichern. Die im Dung enthaltenen Nährstoffe können heutzutage effektiver verabreicht werden, indem man in das Pflanzloch oder in die Erde direkt um eine eingewurzelte Pflanze herum einen sich langsam freisetzenden Dünger gibt. Es ist die Zugabe dieses Düngers, der für die bewährten Sorten, die für ihre Hauptsaison so viel Energie brauchen, den Hauptunterschied macht. Durch eine Schicht aus Rinde oder Kompost um die Pflanze herum lässt sich Feuchtigkeit speichern. Mit die besten Ritterspornerfolge wurden aufgrund des Einsatzes von Kunstdünger und außerdem künstlicher Bewässerungssysteme erzielt. Solche bestechenden Ergebnisse lassen sich mit »organischen« Methoden nicht erzielen.

Einige bemerkenswerte Züchtungen seien hier aufgezählt, die mir bei »Chelsea Shows« auffielen und sich in meinen eigenen Beeten bewährt haben. ›Celebration‹ ist eine Pflanze in hübschem Cremeweiß mit dunklem Auge, ›Sandpiper‹ klassisch weiß mit schwarzem Auge. ›Blue Nile‹ hat ein schönes weißes Auge und ›Pandora‹ ist strahlend blau mit einem blau-schwarzen Auge. Die heller blaue ›Pericles‹ schätze ich vor allem wegen ihres Namenspatrons, des großen politischen Führers im antiken Athen, der damals das Volk ebenso dominierte wie ›Pericles‹ im Juli eine Rabatte dominiert. Amateurzüchter haben viele weitere Gewinner entwickelt; es lohnt sich, ihnen im *Royal Horticultural Society's Plant Finder* auf der Spur zu bleiben. Einer der besten Vertreter aus dieser Gruppe ist ›Clifford Sky‹ in einem intensiven, leuchtenden Himmelblau und mit sehr langem Sporn, aber eine Schnecke hat meine Exemplare zur Strecke gebracht. Ich tröste mich mit der üppig blühenden, ebenfalls leuchtend blauen, weißäugigen ›Merlin‹.

Schließlich noch zur Frage des Absteckens und Hochbindens. Es musste als Grund herhalten, um den Rittersporn aus »pflegeleichten« Gärten zu verbannen – als wäre es nicht möglich, sich dieser kurzen, jährlichen Verpflichtung gern zu unterziehen. Ich gehe das Ganze, wenn ich unter Zeit-

Robuster Rittersporn

druck stehe, erst relativ spät an, wenn sich die ersten Knospen öffnen und der Boden nach einer Trockenperiode meistens schon recht hart ist. Einige von den Bambusstäben, die man dafür benötigt, brechen ab, wenn sie in die Erde neben den Pflanzen gesteckt werden, doch auch diese wiederkehrenden Rückschläge haben einen Rhythmus, auf den man sich einstellen kann. Wenn die Stäbe dann schließlich aufrecht neben jeweils einer oder zwei Pflanzen stehen und grüne Schnur sich um jeden Pflanzenstiel windet, erfreut mich der Anblick dieser innerhalb nur einer Stunde herstellbaren Ordnung. Wenn man hochpreisige Rittersporne als vereinzelte optische Höhepunkte in eine Rabatte setzt, tragen sie viel zum Gesamteindruck bei und entwickeln starke Stiele, die nicht unbedingt hochgebunden werden müssen. Wenn die Blüten verwelken, können die Stäbe entfernt werden, denn die eventuelle zweite Blüte ist weniger üppig, die Pflanze braucht die Stütze nicht mehr.

Rittersporn hat es gewiss nicht verdient, ein Symbol für arbeitsintensives Gärtnern zu werden. Man sollte die wenigen notwendigen Aktionen als erfreuliche Abwechslung beim routinemäßigen Unkrautjäten und Entfernen welker Blüten ansehen. Die Gründe, aus denen der Rittersporn verdrängt wurde, sind nicht stichhaltig.

Der Ätna-Ginster

Der beste Strauch in meinem Garten in der Zeit von Anfang bis Mitte Juli trägt gelbe Blüten und ist kaum belaubt. Die Familie der Ginsterbüsche hat heute nur wenige namhafte Vertreter, und die verwandte Familie der Geißblattbüsche noch weniger. Mein Favorit sieht aus wie Besenginster, der zur Gattung Geißklee gehört, wird aber botanisch als Ginster klassifiziert. Er hat keine Dornen oder Stacheln und produziert eine Überfülle an strahlend gelben Blüten. Ich spreche von *Genista aetnensis*, dem auf dem sizilischen Vulkan beheimateten Ätna-Ginster. Es ist also aufgrund seiner Herkunft kein Wunder, dass er ausgiebig Sonne und Trockenheit braucht und sich in europäischen Gärten an Tagen sengender Hitze am wohlsten fühlt.

Was für ein großartiger Busch der Ätna-Ginster ist, ging mir zu Beginn der 1990er Jahre in dem einst berühmten irischen Garten in Malahide auf, der nur eine kurze Busreise vom Stadtzentrum von Dublin entfernt ist. Das immergrüne Irland ächzte unter einem der heißen Augustmonate der frühen 1990er Jahre, doch der Ätna-Ginster blieb vollkommen unbeeindruckt. Zu seinen Glanzzeiten war Malahide berühmt für seine Sammlung seltener Büsche aus Asien, Australien und Neuseeland, die der Besitzer Lord Talbot zusammengetragen hatte. Im Lauf der Zeit war ihre Anzahl beträchtlich zurückgegangen, doch *Genista aetnensis* ist nach wie vor ein Star im insgesamt reduzierten Bestand. Kurz danach besuchte ich den Ätna, und es war klar, warum diese Pflanze so ein Überlebenskünstler ist. Die Ausläufer des Berges sind mit feinem schwarzem Kies bedeckt, den Lapilli früherer Vulkanausbrüche. Es herrscht ständig große Trockenheit, doch brauchen die Blätter des Ginsters nur wenig Wasser und sind so angelegt, dass sie Feuchtigkeit gut speichern können. Die Büsche werden bis zu fünf Meter

Abb. 57: Einer meiner Ätnaginster

hoch und brechen, wenn die Sommer in Sizilien am heißesten sind, in eine Flut gelber Blüten aus.

In England war dieser Ginster ein Lieblingsbusch von Vita Sackville-West in Sissinghurst. Sie setzte ihn klug in die hintere Reihe eines der schmalen Beete am Fuß der alten Backsteinmauern ihres Schlosses und empfahl ihn ihren zahlreichen Lesern wegen seiner Blütenkaskaden, die sie als »angehaltene Fontäne aus geschmolzenem Gold« beschrieb. Nicht viele ihrer Leser teilten ihre Begeisterung, wahrscheinlich wegen der gelben Blüten – damals kamen kräftige Gelbtöne gerade aus der Mode. Außerdem war Ginster sowieso eine eher verrufene Pflanzenfamilie. Dergleichen modische Vorurteile im Bereich der Gartenpflanzen führen zu starken Einschränkungen. Unter Gärtnern galt Ginster als typischer Bestandteil von heruntergekommenen Hanglagen in Irland oder am keltischen Rand Englands. Dabei sind seine kräftig orange-gelb getönten Blüten im frühen Mai über die Maßen attraktiv. Außerdem ordnete man Ginster eher dem Jagdwesen zu und nicht dem Bereich des Gärtnerns. »Es gibt keine einzige Geschichte über die Fuchsjagd«, so eine kritische Dame in einer der besten Short Stories Sakis, des Virtuosen auf diesem Gebiet, »in der keine Ginsterbüsche vorkommen.« Füchse suchen nach wie vor im Unterholz von Ginsterbüschen

Schutz vor dem Wind, doch ein einzelner Busch in einem Garten reicht nicht aus, um ihr Interesse zu wecken.

Als ich zum ersten Mal Ginster pflanzte, war ich entzückt zu lesen, dass der schwedische Begründer der botanischen Nomenklatur, Carl Linnaeus, vor Begeisterung auf die Knie fiel, als er an der englischen Küste ankam und dort auf Ginsterbüsche stieß. »Leute aus Schweden sind immer ein bisschen verrückt«, meinte ein amerikanischer Gärtner, dem ich diese Geschichte erzählte, aber in diesem Fall hatte der Schwede durchaus vernünftig gehandelt. Erst im Zusammenhang mit den Feiern zum dreihundertsten Geburtstag von Carl von Linné erfuhr ich, dass die Mär, er habe Gott für den englischen Stechginster gedankt, eine Legende ist. Der fachkundige Historiker Brent Elliott von der Lindley Library in London wies darauf hin, dass Linnaeus, bevor er das Schiff nach England bestieg, auf seiner Reise durch Deutschland jede Menge Ginster gesehen haben muss.

Einige Exemplare dieses Ginsters in Europa waren *Ulex europaeus*, wohingegen der dornige spanische Ginster und der stachlige englische Ginster zur Familie *Genisteae* gehören. Diese Familie braucht den Beistand knieender Schweden nicht, gehört doch zu ihr unter anderem die *Planta genista* der alten englischen Könige des Hauses Plantagenet. Die Samenhülsen ihrer Blüten sind auf den Gewändern der Plantagenet-Höflinge und der Engel auf dem herrlichen Wilton-Diptychon in der National Gallery hervorragend erkennbar, jenem zweiteiligen Gemälde, das König Richard II. und seine irdischen und himmlischen Begleiter darstellt. Mein Lieblingsginster, der sizilianische Ginster, hat keine Stacheln, auch ist das Goldgelb seiner Blüten nicht mit Orange vermischt, und auf Füchse übt er ebenfalls keinen Reiz aus. Es handelt sich um eine mächtige Staude, die ausgezeichnet zu einer sich erwärmenden Erde passt und zudem mit ihren kleinen gelben Blüten außerordentlich freigiebig ist. Wenn der Standort begrenzt ist, kann man sie beschneiden, indem man den zentralen Stamm entfernt und die Seitentriebe zu einer Höhe von lediglich 1,50 bis 1,80 Meter wachsen lässt. Andernfalls entwickelt sich der Ginster zu einem hohen, weit verzweigten Baum mit einer Höhe von bis zu sechs Metern, der aber nie so dicht wird, dass er kein Licht mehr durchlässt. Das größte und beste Exemplar, das ich kennengelernt habe, gehörte Howard Colvin, einem ehemaligen Professor für Architekturgeschichte in Oxford. In heißen Sommern saßen wir zusammen unter dem lichten Vorhang aus Ginsterblättern und -blüten,

Der Ätna-Ginster 289

neben der Böschung aus Kalktuffgestein, seinem Ersatz für sizilianische Lava, auf dem er Alpenpflanzen kultivierte. Es kann vorkommen, dass der Wind einen oder zwei Äste von einem hohen Baum herunterweht, doch die Äste sind leicht und dünn und richten keinen Schaden an, wenn sie abbrechen. Ein Ätna-Ginster wäre eine ausgezeichnete Option für einen großen sonnigen Garten hinter dem Haus.

Vielleicht hat der Ruf dieses Ginsters dadurch gelitten, dass er mit einem geringerwertigen Ersatz verwechselt wurde. Ähnlich erbsenförmige, größere und hellere Blüten finden sich am buschigen spanischen *Spartium junceum*. Diese Pflanze ist lediglich ein Busch, wird nie zu einem Baum, und hat sehr viel kräftigere, spitze Zweige. Auf ihre Weise ist sie nicht schlecht, vor allem in heißeren Sommern und in Feriengärten am Mittelmeer, aber an die Schönheit des Ätna-Ginsters reicht sie nicht heran. Ich war überrascht, vom Besitzer einer Pflanzschule zu erfahren, dass *Genista aetnensis* in den letzten Jahren unter kalten Wintern gelitten habe. Im Freien ist sie eigentlich sehr robust, und ich kann den Rückgang der Wertschätzung des Ätna-Ginsters im Pflanzenhandel nur darauf zurückführen, dass er in Plastiktöpfen einfach anfälliger ist. Mir ist es im Laufe von fast zwanzig Jahren nicht gelungen, den Ätna-Ginster umzubringen. Eine bessere Empfehlung kann ich beim besten Willen nicht geben.

Kränkelnde Kastanienbäume

Dem Ätna-Ginster kann kein Schädling und keine Krankheit etwas anhaben. Doch während seiner Blütezeit wird eine unserer schönsten Baumfamilien von einer Epidemie befallen. Die Wahrscheinlichkeit ist hoch, dass dadurch eine weitere Hauptstütze der englischen Landschaft ausgemerzt wird. In den frühen 1970er Jahren, als das Ulmensterben ausbrach, blieb als einziger Trost, dass Ulmen nicht die einzigen Helden der englischen Landschaft waren. Der Borkenkäfer machte sich systematisch an ihre Zerstörung, doch die herrlichen Rosskastanienbestände hielten der Bedrohung unerschütterlich stand. Offenbar waren sie unverwüstlich. Im Mai erschienen auf ihren mächtigen Ästen wie Kerzen die weißen Blüten. Als Kinder rieben wir die grünen Oberflächen von den großen Blättern des Kastanienbaums ab und freuten uns daran, dass die zurückbleibenden Stützrippen wie Fischgräten aussahen. Sicher gab es nichts, das diesen Giganten, die in England seit über vierhundert Jahren heimisch sind, etwas anhaben konnte.

Doch dieser Optimismus war fehl am Platze. Einige Rosskastanienbäume sterben mittlerweile in relativ kurzer Zeit, andere sehen krank aus und verlieren schon Anfang Juli ihre grünen Blätter. Sogar die Kastanien selbst entwickeln sich nicht vollständig, sie fallen viel zu früh vom Baum. Von den geschwächten Bäumen leiden nur die wenigsten unter Wassermangel. Schuld sind Insekten und Bakterien, und deren Auswirkungen sind zwar unterschiedlich, doch man weiß in beiden Fällen nicht, was man dagegen unternehmen kann. Das angreifende Insekt ist eine Miniermotte, *Cameraria ohridella*, die in England erstmals im Jahr 2002 nachgewiesen wurde. Man kennt sie in Teilen des Balkans, sie bewies ihre Zähigkeit in Slowenien, und sie war in Teilen des antiken Makedonien aktiv. Sie hat das Stehvermögen eines Heeres von Alexander dem Großen, und es ist ebenso schwierig, sie zu zerstören. Manchmal frage ich mich, ob ich sie an meinen Wanderschuhen nach einer Reise importiert habe, die ich unternommen hatte, um die schwer zu erreichenden Herkunftsorte von Alexanders Offizieren im Hochland aufzusuchen. Aber womöglich stammen die Motten auch gar nicht vom Balkan. Bislang hat sich kein Fressfeind gefunden, der diesen Schädling verzehren würde, was unter Umständen daran liegt, dass sein Herkunftsland noch weiter entfernt ist. Man hat Westchina in Erwägung gezogen; das würde erklären, warum es in Europa noch keine natürlichen Feinde gibt.

Diese Miniermotten finden sich zu Tausenden zusammen und fressen sich durch die frühsommerlichen Blätter saftiger Kastanienbäume. Sie hinterlassen, während ihre Larven sich entwickeln, blasse Flecken auf den Blättern. Dann rollen sich die Blätter wie braune Zigaretten zusammen und sehen extrem krank aus. Außerdem gibt es noch einen Blattpilz, der Kastanienbäume befällt und an den Blattspitzen und -kanten bräunlich-rote Flecken hinterlässt, die allerdings leicht von den Spuren der Miniermotten-Aktivitäten zu unterscheiden sind. Zuerst sieht die Spur, die das Insekt hinterlässt, weiß und transparent aus, und wenn man das Blatt gegen das Licht hält, sieht man die Exkrete der Larven. Aus dieser Spur wird dann ein trockener brauner Fleck, was zur Folge hat, dass viele Blätter Anfang September abfallen. Das einzig Gute daran ist, dass sich dieser Prozess letztlich nicht tödlich auswirkt. Er verdirbt das Aussehen des Baums im Sommer, und nach mehreren Jahren wird er den Baum mit Sicherheit schwächen. Dann fallen womöglich einige Äste ab, doch der Baum insgesamt wird nicht sterben. Es ist erbärmlich, wenn ein Baum von diesen Insekten befallen ist, aber man kann eigentlich nicht mehr tun, als das Problem auszusitzen und darauf zu warten, dass sich ein Gegenmittel oder ein Fressfeind findet.

Geht das Insekt in einem kalten Winter ein? Leider nicht: Der Schädling überlebt Temperaturen von bis zu minus zwanzig Grad. Die beste Strategie besteht darin, sämtliche abgefallenen Blätter einzusammeln und zu verbrennen oder in einer Tüte zu verstauen und dann zu zerstören. Ein gewöhnlicher Komposthaufen erzeugt zu wenig Hitze, um die in den Blättern überwinternden Insekten zu killen. Wenn man kleinere Laubmengen mit ungefähr sieben bis acht Zentimeter Erde bedeckt, wird man bei vielen Larven das Schlüpfen verhindern. Wenn Sie allerdings mit einer großen Menge an Laub fertigwerden müssen, kommt man mit einer solchen grünen, »umweltfreundlichen« Offensive nicht weiter. Es ist zu mühsam, ausreichend Erde aufzuschichten, und die angemessene Abdeckung ist kaum aufrechtzuerhalten.

Die Miniermotte ist ein weiteres Gegenargument gegen die blauäugige Auffassung, dass Gärtner einfach nur »im Einklang mit der Natur arbeiten« sollten. Die Natur beschert uns absolut tödliche Schädlinge. Die Miniermotte kann aus ungefähr zwei Pfund toter Blätter über 4000 weitere Motten produzieren, und im Frühjahr legt jede dieser natürlichen Plagen weitere 80 000 Eier. Wir brauchen ein chemisches Gegenmittel, und zwar so rasch wie möglich. Man könnte die Stämme wichtiger Bäume mit der großartigen menschlichen Erfindung Imidacloprid impfen, das schon die Tomaten und Zitronen schützt, die wir zu uns nehmen. Am besten wird es eingebracht, wenn der Baum in Blüte steht, allerdings ist das Mittel teuer, und es müsste jährlich erneuert werden. Außerdem könnten sich daraus Folgeprobleme entwickeln. Die Injektionen könnten zwei andere Feinde der Rosskastanie, beide aus dem Bereich der Bakterien, bestärken. Während Miniermotten in Höhenlagen von mehr als 150 Metern seltener vorkommen, sind diese Bakterien auch in Nordengland, inklusive Schottland, aktiv.

Bakterien stehen weniger im Fokus der öffentlichen Aufmerksamkeit, dabei stellen sie für die Zukunft der Rosskastanie die schlimmste Bedrohung dar. Eine dieser beiden Bakterienarten, den »Rosskastanien-Bakterienkrebs« (bleeding canker), kennen wir seit Jahren: Er greift die Krone und die unteren Äste von Rosskastanien an, die bei Befall eine schwarze Flüssigkeit absondern. Diese Art von Angriff geht auf zwei Formen der Pilzklasse *Phytophthora* zurück, einem Wort, das sich von dem griechischen Wort für »Pflanzenvernichter« herleitet. Die Symptome sehen hässlich aus, doch diese Bakterien bringen größere Bäume nicht um, und es bleibt einem nichts anderes übrig, als sie, wenn möglich, zu ignorieren.

Die andere Bakterienart ist weitaus schlimmer. Sie ist noch nicht lange aktiv und wird momentan der Gruppe *Pseudomonas syringae* zugeordnet. Dieses Bakterium bewirkt, dass ein Großteil der Baumrinde abfällt, und es fräst schnell einen Kreis um dickere Äste herum. Es ist ein Killer und wird einen Baum innerhalb eines Jahres vernichten. Andere Mitglieder der *Pseudomonas*-Familie können unter Kontrolle gebracht, aber nicht zerstört werden, und fatalerweise ist auch dasjenige, das Kastanienbäume angreift,

Kränkelnde Kastanienbäume 293

noch nicht zerstörbar. Auch hier brauchen wir ein chemisches Gegenmittel, und wenn wir es gefunden haben, dann dürfen wir hinsichtlich der für krisengeschüttelte Bauern und Gärtner aufgestellten Einsatzregeln nicht zimperlich sein. Das einzige Positive an diesem Bakterium ist der Umstand, dass es offenbar an großen, alten Bäumen weniger aktiv ist. Normalerweise zerstört es Bäume, die zwischen zehn und dreißig Jahre alt sind.

Es gibt also vielfältige Gefahren. Wenn Sie einen Kastanienbaum haben, dessen Rinde locker und klebrig ist, sollten Sie zunächst herausfinden, ob es sich tatsächlich um den tödlichen *Pseudomonas* handelt. Wenn Sie Zweifel haben, unternehmen Sie erst einmal nichts, es könnte auch nur *Phytophthora* sein. Offenbar ist die rotblühende Rosskastanie für die Killervariante wesentlich weniger anfällig. Leider ist die wunderschöne weißblühende Kastanie am meisten gefährdet.

Wie immer kommen von unseren Nachbarn deprimierende Nachrichten. Einer meiner Nachbarn hat eine befallene Allee und meinte, es bestünde die Möglichkeit, dass meine Allee in absehbarer Zeit angesteckt würde. Ich habe eine Reihe hoher Linden, die in der Nähe von Häusern stehen. Es handelt sich also nicht um Rosskastanienbäume, aber mein Nachbar meint, das gefährlichere der beiden Bakterien könne sich womöglich mit dem Wind übertragen und auch Linden angreifen. Sein Haus steht von mir aus gesehen windabwärts, doch wenn es tatsächlich dazu kommen sollte, dass er seine Bakterien exportiert, dann werde ich wahrscheinlich in eine Hochhauswohnung umziehen.

Seerosen und Lotosblumen

Umgetrieben von der Sorge um die Kastanienbäume versuche ich mich abzulenken und richte meine Gedanken auf Gärten im Ausland, wo die Krankheit weniger in Erscheinung tritt. Hin und wieder mache ich, wenn ich einen Garten besuche, die Erfahrung eines transzendentalen Moments. Manchmal sind es sogar zwei, eine doppelte Erregung, die sich tief in die Annalen eines Gärtnerlebens einschreibt.

Eine solche Gelegenheit ergab sich im Zusammenhang mit einem Ausritt im südwestlichen Frankreich, einer Region, wo es sich bei den Kastanienbäumen um Esskastanien handelte und die Rösser für einen Ausflug ausgeliehen worden waren. Auf dem Heimweg rettete ich einen Prospekt davor, von meinen Reittier verzehrt zu werden, und stellte fest, dass wir beide nur einen Katzensprung vom Garten des Monsieur Latour-Marliac entfernt waren. Na und, fragen Sie sich jetzt vielleicht? Und fast alles, würde ich antworten, denn diesem Monsieur verdanken wir die von uns so geschätzten Seerosen. Bevor Latour-Marliac sich an sein Lebenswerk machte, gab es lediglich eine einzige kräftige, weißblühende Sorte in ganz Europa. Seit 1879 kreuzte er diese Sorte mit herrlich gefärbten Formen aus tropischen Klimazonen. Akribisch selektierte er die Ergebnisse und wagte im Jahr 1889 den Schritt, sie über einen Zeitraum von sechs Monaten im Wassergarten von Bagatelle am Rand des Bois de Boulogne in Paris auszustellen. Sie waren eine solche Sensation, dass er die Ausstellung wiederholte. Zwei Jahre später fielen sie dann dem begnadetsten Auge in der Geschichte der Seerosen auf: Claude Monet. Monet hatte gerade das Grundstück in Giverny gepachtet, das er dann in seinen berühmten Garten verwandelte. 1893 erwarb er das Recht, seinen Garten um den großen See zu erweitern, und der Rest ist

Seerosen und Lotosblumen 295

Kunstgeschichte. Wenn seine Seerosen-Gemälde in Ausstellungen gezeigt werden, sind sie der größte Publikumsmagnet überhaupt.

Und wo fand Monet die Seerosen, die er malte? Er bestellte sie direkt bei Latour-Marliac, und wundersamerweise existieren die Teiche und Blumentöpfe nach wie vor, die Pflanzschule wird immer noch kommerziell betrieben, und zwar in Temple-sur-Lot im Département Lot et Garonne, östlich von Bordeaux, nicht weit entfernt von der Stadt Agen. Hier lebte Latour-Marliac, und hier ging er, nachdem er seinen Anwaltsberuf an den Nagel gehängt hatte, seinen Forschungen und Experimenten nach. Er baute ein Wasserbecken nach dem anderen: Man kann die Überreste seiner Pflanzschule besuchen und die besten seiner Seerosen-Hybriden an Ort und Stelle bewundern. Man kann sogar, wenn man bis zum Geräteschuppen der Anlage vordringt, Abschriften der Antworten von Latour-Marliac auf Monets Bestellungen einsehen. Dieser Briefwechsel, in dem festgehalten ist, wie der berühmteste Seerosenteich der Kunstgeschichte mit Blumen beliefert wurde, ist von hohem dokumentarischen Wert. Monet hatte ein scharfes Auge, so ließ er etwa die japanische Brücke in Giverny bauen und fügte einen Baldachin für die Glyzinien hinzu. Man weiß nicht, ob Monet Latour-Marliac und dessen Seerosenteiche besucht hat. Umgekehrt hat Latour-Marliac mit Sicherheit Monet besucht, denn auch er ließ eine japanische Brücke bauen. Deren komprimierte Form steht noch immer in seinem Garten.

In Gärten weltweit folgt die Seerose dem täglichen Stundenplan von Spitzenakademikern: Die Blüten wachen am Vormittag nach zehn Uhr bei hellem Tageslicht auf, und um die Teezeit herum lassen sie sich wieder in angenehmen Schlummer sinken. Im Garten von Latour-Marliac wachsen über zweihundert Seerosen-Sorten, von denen viele noch von ihm selbst gezüchtet wurden. Sie treiben in langen, engen Wasserkanälen oder in runden Teichen, wo sie seit Jahren hingebungsvoll von der aus Korsika stammenden Sylvie Benedetti versorgt werden. Während sie mich über die Bedürfnisse der Pflanzen aufklärte, hielt sie ein scharfes, gezahntes Messer in der Hand, ein Instrument von der Art, wie ich es zuletzt bei der Kastration eines Schweins gesehen hatte. Sie war im Begriff, für den Verkauf an die zu erwartenden Gartenbesucher des Tages Ableger zu schneiden.

Zu Lebzeiten Latour-Marliacs konnten junge Seerosenpflanzen in Hunderten von niedrigen runden Wassertöpfen treiben, die er an den Rändern seines Kanalnetzwerks plazierte. Die Töpfe sind noch da, sie sind allerdings

296   *Sommer*

Abb. 58: Seerosen im Garten von Latour-Marliac

leer. »Voleurs« [Diebe], erklärte mir Sylvie: Die Franzosen würden sie stehlen, wenn sie so vertrauensvoll ausgestellt würden, wie Latour-Marliac das zu tun pflegte. Bevor bei Ihnen jetzt ein Überlegenheitsgefühl aufkommt, muss ich Ihnen allerdings mitteilen, dass die Engländer noch schlimmer sind. Als ich meinen Garten das letzte Mal der Öffentlichkeit zugänglich machte, verlor ich während nur eines einzigen Nachmittags einige meiner seltenen Alpenpflanzen, sehr wahrscheinlich an die älteren Damen mit den voluminösen Handtaschen.

In Latour-Marliacs Kanälen gibt es noch zahlreiche wunderbare Seerosen: die rosa-pinkfarbene ›Nigel‹, eine Züchtung aus dem Jahr 1892; die berühmte gelbe ›Chromatella‹; eine Sorte in intensiverem Gelbton namens ›Texas Dawn‹; und einige hübsche blaue Varietäten um die Seerose ›Victoria‹: *Victoria amazonica*, die nur in einem Gewächshaus überlebt. Sie werden hingerissen sein, wenn Sie Ihren Besuch zeitlich gut planen.

Im Jahr 2004 wurde der Garten vom Komitee der Parks und Gärten Frankreichs als *jardin remarquable* [bemerkenswerter Garten] ausgezeichnet, allerdings sind seine vor langer Zeit angelegten Teiche mittlerweile

Abb. 59: Rosablühender Lotos

undicht. Die Ehrung sollte französische Stifter dazu bewegen, sie wieder instandsetzen zu lassen, denn es gibt in der Pflanzschule noch eine weitere Besonderheit zu bewundern.

Die dortigen Seerosen sind nicht die einzige himmlische Attraktion. Latour-Marliac kultivierte auch bedingt winterfeste Formen von Lotosblumen, die Außentemperaturen von bis zu minus zwei Grad aushalten. Wir können den erhaltenen Rechnungen entnehmen, dass Monet auch Lotos bestellt hatte, die sich in seinem Garten allerdings nicht lange hielten, womit Latour-Marliacs Überzeugung widerlegt wurde, dass sie in der Region um Giverny den Winter überstehen würden. Im südlicher gelegenen Temple-sur-Lot fuhr Marliac jedoch fort, Lotospflanzen zu kreuzen und gelungene Formen weiterzuentwickeln. Für eine kurze Periode blühen sie hier nach wie vor über ihren glitzernden grau-grünen Blättern, und während meines Besuchs waren die Blüten der rosafarbenen Exemplare gerade in exquisiter Hochform.

Hinter dem rosafarbenen Lotos erscheint der Schatten eines weiteren Genies, Alexanders des Großen. Er war derjenige, der die Lotosblüte in Indien entdeckte und eine Schlussfolgerung zog, die ich jetzt verstehe. Als er die Blüte sah, befand er sich am Indus, war jedoch der Meinung, er sei am Oberlauf des ägyptischen Nil. Und er dachte, »ägyptische Bohnen« würden

Sommer

entlang des indischen Flusses wachsen, was beweise, dass es eine Verbindung zu Ägypten gab. Nach seinen Eroberungen gelangte ein rosafarbener Lotos nach Nordgriechenland in die Nähe von Alexanders Heimat Makedonien, wo die Blume große Bewunderung hervorrief. Letzteres kann ich ohne Weiteres verstehen, doch ich verstehe jetzt auch das Durcheinander mit den »ägyptischen Bohnen«. Der Nelumbo-Lotos hat eine ganz auserlesene Blüte, das heilige Symbol indischer Religionen; seine Samenköpfe sehen aus wie Brausemundstücke grüner Gießkannen, und wenn man genau hinschaut, was in Latour-Marliacs Garten möglich ist, wird man feststellen, dass die Samenkörner hart, schwarz und glänzend sind, genau wie einige Bohnensorten. Alexander war nicht der Idiot, als den ihn einige Historiker hinstellen. Bei genauer Betrachtung des rosafarbenen Lotos fand ich seine Erkenntnis durchaus naheliegend.

Gibt es im Reich der Natur irgendetwas, das schöner wäre als Blatt und Blüte einer Lotospflanze im Moment ihrer höchsten Vollendung? Ihre Schönheit inspirierte im elften Jahrhundert v. Chr. einen chinesischen Text über die »Liebe zum Lotos«, in dem der feine Duft und die Reinheit der Lotosblüte über dem schlammigen Grund eines Sees gepriesen wird. Besonders schön wirkt sie, wenn sie vor schlammigen Untergründen bewahrt bleibt, so wie in den betonierten Zuchtanlagen des französischen Genies, der unsere Wahrnehmung dieser Pflanzenfamilie verwandelte. Trotz Latour-Marliacs Optimismus nehme ich allerdings kaum an, dass ein rosafarbener Lotos in Oxford einen Winter im Freien – nicht einmal einen modernen Winter – überleben wird. Man wird ihn in einem Wasserbecken in einem frostfreien Raum überwintern müssen. Ich könnte mir vorstellen, ein Exemplar in einem Schaubecken als Objekt der Verehrung in der Vorhalle meines Colleges zu plazieren.

Seerosen und Lotosblumen   299

Gesellige Deutzien

Den Betrachter erfreuen nicht nur auf dem Wasser schwebende Blumen wie Seerosen und Lotospflanzen. Vor wenigen Jahren begann ich mich mit Deutzien zu befassen, einer Pflanzenfamilie, die Westchina-Reisende immer wieder aufs Neue fasziniert, die es aber trotzdem nie geschafft hat, ins Licht der Öffentlichkeit zu treten. Die Monate für Deutzien sind Juni und Juli. Es gibt Dutzende Sorten, und alle sind sehr einfach zu halten. Sie geben sich – im Unterschied zu vielen der besten weißblühenden Sträucher aus Südost-Asien – mit kalkhaltigem Boden zufrieden, und bei Trockenheit machen sie nicht schlapp. Es lohnt sich, nach den empfehlenswertesten Formen Ausschau zu halten; sie sind sehr viel besser als das begrenzte Angebot in einem durchschnittlichen Gartencenter. Deutzien sind umgänglich und kombinierfreudig und können zu passender Größe beschnitten werden. Sie sind klassische Begleiter für Rosenstöcke, in den meisten Fällen überschneiden sich die Blütezeiten. Sie machen sich gut in solcher Gesellschaft, aber noch besser kommen sie als Einzelstücke zur Geltung oder im Hintergrund eines gemischten Randbeetes. Zu meinen Lieblingssorten gehört die strahlendste und auffallendste Variante, die ausgezeichnete weiße Hybride *Deutzia x magnifica*. Sie ist eine mächtige Pflanze, ihre Blüten wirken sehr eindrucksvoll und widerlegen die Kritiker, die meinen, Deutzien-Blüten seien klein und nur etwas für Liebhaber. *Deutzia x magnifica* hat eine niedrige pinkfarbene Verwandte, die als *Deutzia x hybrida* ›Strawberry Fields‹ separat gelistet wird. Sie blüht außerordentlich üppig, dennoch schätze ich sie nicht so sehr wie ›Magicien‹, ihren Hybrid-Bruder, der in seiner Mischung aus Pinktönen noch einen Hauch Lila zeigt.

Die *Deutzia* in tiefem Pinkton wächst aufrecht und ist sehr nützlich in der Mitte oder im Hintergrund eines großen Beetes. *Deutzia x elegantissima* ›Rosealind‹ ist ein Produkt der alten irischen Pflanzschule Slieve Donard, sie hat kleine Blüten in einem intensiven Pink-Ton. Sie wird bis zu einein- halb Meter hoch und versetzt Besucher in Erstaunen, die vergessen haben, wie nützlich diese alte Variante nach wie vor ist. Doch so hübsch all diese Hybriden sind – ich ziehe solche Formen vor, die ihren wilden Ursprüngen in China noch näher sind. Sie müssen unter den niedrigen Büschen in Yunnan einen wunderschönen Anblick bieten, aber die ersten Sammler in China beschlossen, ihre geballte Bewunderung stattdessen auf die Rhodo- dendren zu konzentrieren. Ich entdeckte *Deutzia monbeigii* in den wilderen Teilen des Gartens meiner Hauswirtin, Nancy Lancaster, die sie in einer Umgebung aus rauhem Gras gepflanzt hatte, leicht beschattet von hohen Bäumen. Diese aus Yunnan stammende Pflanze steht Ende Juni in voller Blüte, sie ist winterhart und erreicht eine Höhe von gut zwei Metern. Ich bin froh, dass sie mir schon in frühen Jahren auffiel. Sie gehört zu einer Gruppe größerer Deutzien, die alle nach der Blüte beschnitten, sogar ausgedünnt werden können.

In den alten Handbüchern wird klassischerweise der Rat gegeben, die Pflanzen auszudünnen: Die Anweisung lautet, die Triebe unserer Deutzien zu kappen, wenn sie verblüht sind, und sie wie Himbeerzweige bis auf den Boden herunterzuschneiden. Manchmal dünne ich aus, aber ganz so drastisch gehe ich nie vor. Alternativ kann man einen großen Teil der aus- ladenderen Büsche etwas reduzieren, um sie zu verschlanken – ein Grund, warum sie für ein gemischtes Beet so gut geeignet sind. Wenn eine späte Sommerclematis neben einer Deutzie steht, wird sie sich nach der Deut- zien-Blüte anmutig durch die Zweige ihrer Nachbarin winden.

Zwei meiner besten Deutzien ergatterte ich in der ausgezeichneten Pflanzschule Longstock Park in der Nähe von Stockbridge in Hampshire. Eines goldenen Nachmittags kam ich mit einer großen, weißblühenden *Deutzia longifolia* ›Veitchii‹ zurück, deren Name an einen bedeutenden Pflanzschulgärtner erinnert. Sie ist spektakulär schön; außer ihr erstand ich noch die ungewöhnliche *Deutzia x wilsonii*, deren Name den des großen Pflanzenjägers Ernest Wilson aufgreift. Sie ist zwar kleiner als ›Veitchii‹, aber genauso gut. Die Stars der Familie sind allerdings zwei andere, sehr markante chinesische Formen. Seit ich Bücher über Pflanzenjagd lese,

Gesellige Deutzien

Abb. 60: Deutzia setchuenensis corymbiflora *in Kiftsgate*

schwebt mir ein inneres Bild von den Ningpo-Bergen vor. Dort wächst *Deutzia ningpoensis,* die mittlerweile von gut einem Dutzend Betrieben in England angeboten wird. Sie ist insofern ungewöhnlich, als sie lange, schmale Blätter hat und erst Ende Juli blüht. Sie ist offenbar sehr pflegeleicht, und ich erwarte, dass sie gut zwei Meter Höhe erreicht und mich mit später Blütenfülle erfreut.

Doch so schön *ningpoensis* ist, der absolute Favorit ist doch die vortreffliche Deutzie aus Sichuan *Deutzia setchuenensis,* vor allem die Varietät *corymbiflora.* Sie lässt sich nicht ohne Weiteres vermehren, was wahrscheinlich der Grund dafür ist, dass sie im Pflanzschul-Handel nur selten angeboten wird, und einen sehr kalten Winter übersteht sie möglicherweise nicht. Sie ist also nicht für einen kalten, exponierten Standort geeignet, aber sie blüht länger als die anderen Arten, und sie hat einen zarten Flaum auf ihren schmalen Blättern, der sich anmutig von den weißen Blüten abhebt. Ich nehme an, dass meine Pflanzen eine Höhe von ungefähr 1,20 Meter erreichen werden; so groß waren die spektakulären Exemplare, die ich in dem gepflasterten Teichgarten von Kiftsgate Court in Gloucestershire sah. Sie beginnen im Juli zu blühen und behalten ihre Blüten den ganzen Monat über, wenn die anderen Deutzien schon lang verblüht sind. Kritiker beklagen sich, dass diese Art von Deutzien nicht duftet. Dafür entschädigt aber ihr eleganter Wuchs, und die kleinen Büschel der noch ungeöffneten weißen Knospen sind einfach bezaubernd. Wir sind ungerecht gegenüber den Deutzien, die im Juli besonnen angelegten Gärten einen ganz eigenen Reiz verleihen.

Was wir außerdem vergessen haben, ist ein alter Trick, den kluge Gärtner bis in die 1930er Jahre angewendet haben. Jüngere Deutzien können in einem Extrabeet angepflanzt und Anfang November zur Überwinterung in einem mäßig (bis zu 14°C) beheizten Gewächshaus eingetopft werden. Anschließend können die Pflanzen unter Glas gebracht werden, einige Mitte November, andere im frühen Januar und Februar, und wenn man sie öfter mit warmem Wasser besprüht, werden sie Blätter und Knospen entwickeln, die sich als für die Jahreszeit ungewöhnlicher Anblick im Haus sehr schön präsentieren lassen. Wenn sie verblüht sind, sollten die abgeblühten Stiele ganz zurückgeschnitten werden, um neues Wachstum anzuregen und die Pflanzen im Rahmen zu halten. Natürlich sind für diesen Zweck die kleineren Deutzien-Arten am besten geeignet, und später, nach einigen Wintern im Haus, können sie dann nach draußen gepflanzt und durch jüngere Pflanzen ersetzt werden.

Gesellige Deutzien

Blauer Flachs

Wie würde die Welt aussehen, wenn der Himmel grün und die Erde blau wäre? Anfang Juli kann man in einigen wenigen begünstigten Teilen Englands ansatzweise sehen, wie das wirken würde. Weite Flächen im Süden des Landes sind, wenn der blühende Flachs im Wind erglänzt, ein schimmerndes Meer in Himmelblau. Wenn er ganz erblüht ist, sieht Flachs einfach himmlisch aus. Als Moses und die Ältesten den Gott Israels erblickten, »war die Fläche unter seinen Füßen wie mit Saphir ausgelegt und glänzte wie der Himmel selbst«. Ein Flachsfeld gibt davon eine Vorstellung.

Anfang Juli ist eine ausgezeichnete Zeit, um mit dem Flachsanbau zu beginnen. Man bekommt ohne Weiteres von führenden Saathändlern Saatgut von den besten mehrjährigen Sorten und sät sie in Kästen in leichten Kompost aus, wo man die festen, glänzenden Samen leicht verteilen und zum Keimen überreden kann. Sie sind außerordentlich dankbar: Sie wachsen schnell und bereiten sich auf die Blüte im Sommer des Folgejahrs vor. Die Samen brauchen keine Beheizung oder besonderen Schutz, und bevor die Jungpflanzen zu struppig werden, kann man sie in getrennte Kästen setzen, ungefähr zwanzig in eine normal große Saatkiste. Ende April können sie eingetopft und umgepflanzt werden.

Zur Flachs-Familie gehören einige erlesene Schönheiten und einige Besonderheiten. Eine der besten Sorten ist eine kleine Variante mit strahlend gelben Blüten, die sogenannte *Linum flavum* ›Gemmell's Hybrid‹, die nicht aus Samen gezogen werden kann. Sie muss durch Ableger vermehrt werden, die allerdings nicht leicht anwurzeln. Trotzdem habe ich über Jahre hinweg immer wieder Versuche unternommen, doch selbst auf dem kargen Boden, den ›Gemmell's Hybrid‹ eigentlich bevorzugt, wurden daraus über-

Abb. 61: Blick auf Flachsfelder in der Nähe von Stow-on-the-Wold, Gloucestershire

wiegend Fehlschläge. Sie ist keine Pflanze, die lange lebt, und Ausdauer gehört sicher nicht zu ihren Qualitäten. Sie ist wunderschön, pfiffige Gärtner sind aber fast genauso gut beraten mit *Linum arboreum* oder dem kleinen *Linum flavum* ›Compactum‹.

Diese gelbblühenden Varianten heben sich am Rand des Blumenbeets schön ab und lohnen die Mühe. Aber was wir uns als Entsprechung zum Sommerhimmel eigentlich wünschen, sind natürlich die blauen Sorten. Die bekannteste ist *Linum perenne*, es ist schimmernd himmelblau und teilt sich in mehrere Varianten auf, darunter ›Blue Sapphire‹ und ›Alice Blue‹. Beide sind gute Möglichkeiten, doch keine ist so schön wie das dunkelblaue *Linum narbonense*, das in Teilen Südfrankreichs auch wild wächst. Möchte man den Flachs aus Samen ziehen, dann sollte man die dunkelblaue Form wählen.

Pflanzen im Topf sind teuer und dabei nicht einmal besser als die Mengen an Setzlingen, die man sich aus Samen heranziehen kann; sie werden im Folgejahr dann blühen. Im Unterschied zum Flachs auf den Feldern unserer Bauern blühen diese blauen Formen noch viele Wochen weiter,

Abb. 62: Linum narbonnense
›Heavenly Blue‹

aber sie brauchen Sonnenschein, damit sich die Blüten zur Gänze öffnen können und den herrlichen Glanz ihrer Blütenblätter erstrahlen lassen. Die Pflanzen sind schlank, sie gedeihen unter kargen Rahmenbedingungen ohne viel Wasser, und die Blätter sind so klein, dass die Pflanzen überall da überleben, wo der Boden mager und steinig ist. Flachspflanzen fühlen sich in mediterraner Umgebung wohl, aber nur wenige englische Gärtner denken daran, es während des jährlichen Sommerlochs einmal mit ihnen zu versuchen. Ich beschneide sie im Spätsommer leicht, und statt sie im Herbst bis auf den Boden herunterzusäbeln, erlaube ich ihnen, im Frühjahr frei nachzuwachsen. Sie scheinen länger zu leben, wenn sie darben müssen und in Ruhe gelassen werden.

Vor meinem inneren Auge stelle ich mir einen mit Saphir ausgelegten Boden aus Flachs vor, der sich ab Ende Juli schnell ausbreitet. Die luftig rosafarbenen Blüten der niedrig wachsenden *Gypsophila* ›Rosenschleier‹ wären eine Möglichkeit, vielleicht mit den freier blühenden Formen von Fingerkraut, vor allem der unermüdlichen ›Gibson's Scarlet‹. Die letzten Flachspflanzen würden dann zusammenfallen mit den ersten Blüten des pinkfarbenen Rosenschleiers, und dann würde das strahlende Rot des Fingerkrauts die Regie übernehmen. Alle diese Pflanzen fühlen sich in trockenem Boden bei Sonnenschein am wohlsten.

Sommer

Die Gärten der Villa d'Este in Tivoli

Trotz der Schönheit des zur heißen Jahreszeit üppig blühenden Flachses träume ich in der Hitze vieler heutiger Sommer schnell von verschwenderisch fließendem Wasser. Damit meine ich nicht die Wassermassen, die gallonenweise aus den Leitungen der lokalen Wasserbehörde austreten. Vor meinem inneren Auge habe ich Wasserfälle, sprudelnde Fontänen und rauschende Ströme, die nur zu dem einen einzigen Zweck angelegt wurden, ästhetisches Wohlgefallen hervorzurufen. Kürzlich beschloss ich also während einer Hitzewelle, mich in das Wagnis eines Kurztrips zum berühmtesten Wassergarten Europas zu stürzen, zur Villa d'Este in Tivoli in der Nähe Roms.

Als ich einem namhaften Gartenarchitekten mitteilte, dass ich vorhatte, die Villa zu besuchen, meinte er mit gequältem Gesichtsausdruck, das solle ich mir doch lieber nicht geben, sei doch Tivoli einer jener Orte, an denen es von geführten Touristengruppen und -bussen nur so wimmle. Das gilt für viele der schönsten Orte auf der ganzen Welt, allerdings glaube ich, dass er die Villa mit jenen späteren Kopien verwechselte, die sich als Tivoli-Garten bezeichnen und einen zurückhaltenderen Gebrauch von Wasser machen. Die echten Gärten sind überwältigend. Sie sind heutzutage sogar noch überwältigender, da sie als Teil der Vorbereitungen Italiens auf die Jahrtausendwende einer umfangreichen Restaurierung unterzogen wurden. In England wurde uns aus diesem Anlass der Millennium Dome aufgezwungen. In Italien reinigten sie historische Gebäude und stellten in Gärten nicht funktionierende Wasserspiele wieder her. Um die Villa d'Este herum sind jetzt mehr Springbrunnen gleichzeitig im Betrieb, als ich es von früher in Erinnerung habe. Sie erheben sich auf große Höhen; die schwachen Fontänen am Marble Arch in London fallen im Vergleich dazu stark ab.

Besucher der Villa d'Este betreten einen Garten, der über vierhundert Jahre alt ist. Er wurde in den 1550er Jahren von einem Bauherrn angelegt, welcher Regeln die Stirn bot, die eine vergleichbare Anlage heutzutage völlig verunmöglichen würden. Seine Kandidatur für das Papstamt war erfolglos gewesen, und nun ließ er in souveräner Respektlosigkeit vor den gegebenen Verhältnissen alles wegschaffen, was sich ihm in den Weg stellte, und eignete sich in der Nachbarschaft alles an, was sich in den Dienst seiner Vorstellung stellen ließ. Man würde ihn heute wegen mindestens fünf Umweltsünden verklagen, und er gälte als absolutes Skandalon für den Ruf der katholischen Kirche. Sein Garten aber gehört zum Weltkulturerbe.

Ippolito d'Este war ein mächtiger Kardinal, zu dessen Herrschaftsbereich auch die Stadt Tivoli gehörte. Er war ein Sohn der skandalumwitterten Lucrezia Borgia und so ansehnlich, dass er in seiner Jugend ein Günstling des Königs von Frankreich war. Er stammte aus einer sehr bedeutenden Familie. Die d'Este waren seit Langem große Kunstmäzene und genossen in Ferrara, ihrem zauberhaften Familiensitz in Norditalien, alle Kultiviertheiten des höfischen Lebens. Nur wenige Familien kamen ihnen gleich; eine von ihnen waren die Farnese, die sich bereits in die Geschichte des Papsttums eingebracht hatten. Auch die Familie d'Este wollte einen Papst aus den eigenen Reihen, doch bislang war ihnen diese Ehre noch nicht zuteil geworden. Ippolito unternahm sogar zwei Versuche, und man kann seine Gartenanlagen unter anderem als Kompensation für dieses zweimalige Scheitern interpretieren.

Es war eine alles andere als unerfreuliche Kompensation. Ippolitos Name erinnert an Hippolytos, den griechischen, für seine Liebe zur Jagd berühmten Sagenhelden. Shakespeare formulierte: »Hunting he loved, but love he laughed to scorn.« [Er liebte die Jagd, der Liebe hingegen spottete er.] Ippolito d'Este folgte dem Beispiel seines Namenspatrons. Die 1550er Jahre waren eine Zeit, als jeder Kardinal, der auf sich hielt, während der Jagdsaison Rom verließ, um Blutsportarten zu frönen – bei aller Treue zum Evangelium machte man Jagd auf alles, was vier Beine hatte. Um die Villa d'Este herum eignete Ippolito sich ausgedehnte Landstriche an und reservierte sie für die Jagd auf Enten und Hirsche, die Kardinalfreuden seines Lebens. Er verfügte außerdem über beträchtliche Kenntnisse. Er bezahlte mehrere

Abb. 63: Fontänen vor der Villa d'Este

historische Berater, der gelehrteste von ihnen war Pirro Ligorio, päpstlicher Berater für klassische Archäologie. Ippolitos Villa in Tivoli lag unweit des ausgedehnten Parks des römischen Kaisers Hadrian, und wie bereits mehrere Päpste vor ihm besuchte Ippolito mit seinem archäologischen Berater diesen Ort und ließ sämtliche Säulen und Steinmetzarbeiten abräumen, die auf sein Interesse stießen.

Oben auf seinem Berg machte er sich sodann daran, die reizlose Fassade eines alten Benediktinerklosters zu verschönern. Die Mönche hatten keine Ahnung vom Potential ihrer Anlage gehabt. Während der folgenden zwanzig Jahre ließ der Kardinal den Abhang ausheben, um die Anlage steiler Treppen zu ermöglichen, die von einer Ebene zur nächsten hinunterführten. Jede Ebene bildete eine Aussichtsterrasse, auf der Ippolito außergewöhnliche Wasseranlagen plazierte. Während seiner Zeit in Frankreich hatte er grandiose Wasserspielanlagen in europäischen Gärten kennengelernt, deren Architekten sich die Errungenschaften eines neuen technischen Zeitalters zunutze machten. Er machte sich daran, sie zu überflügeln. Das Ergebnis war ein Garten, den heutige Besucher der Anlage nicht mehr so präsentiert bekommen, wie er ursprünglich geplant war. Zur Zeit des Kardinals befand

sich der Eingang am Fuß des Berges, die Besucher wurden also gleich zu
Beginn vom Aufstieg zur Hauptterrasse überwältigt. Heute erhalten wir den
ersten Eindruck lediglich aus den Fenstern des ersten Stockwerks, wo der
Abhang so steil ist, dass die Komplexität der absteigenden Terrassen kaum
sichtbar wird. Die kühne Eingangsvision bleibt uns vorenthalten.

An seinem terrassierten Hang ließ der Kardinal von Wasser überströmte
Treppen anbringen und eine lange Reihe von hundert Springbrunnen, neben denen Boote und Figuren, die auf mythologische Gestalten anspielten,
auf dem Wasser trieben. Vier enorme Anlagen trieben Fontänen in gewaltige Höhen und ließen sogar Musik erklingen. Ippolito wurde durch die
landschaftlichen Vorgegebenheiten der Umgebung von Tivoli unterstützt,
wo es schon in der Antike römische Aquädukte und elegante Villen gegeben hatte. Die lokalen Flüsse hatten bereits für die Wasserversorgung der
prunkliebenden römischen Eigentümer nahegelegener Landsitze gesorgt.
Der Kardinal leitete Tivolis wichtigste Wasserzulieferung in den Hügeln
teilweise um und ließ einen eigenen Aquädukt-Tunnel graben – mit einer
unchristlichen Gleichgültigkeit gegenüber der Gemeinschaft, die ganz dazu
angetan ist, bei den heutigen, durch moderne Gesetze gefesselten Gartenbesitzern sowohl Schrecken wie heimliche Bewunderung hervorzurufen.

Das Ergebnis ist eine der weltweit spektakulärsten Gartenanlagen. Wenn
man gleich morgens oder in der letzten Stunde vor der Schließung des
Gartens kommt, sind kaum Besuchermassen sichtbar, und man hat den
Eindruck, es würde überall Wasser fließen. Die Komplexität der Fontänen
kam in der Moderne noch nie so gut zur Geltung wie gegenwärtig. Einer
der wenigen Verluste ist die Nachbildung von Roms sieben Hügeln, doch
der mit ihnen verbundene Springbrunnen ist mittlerweile restauriert. Der
Vogelbrunnen rauscht wieder munter vor sich hin, und der felsige Sitz der
mythischen Sibylle von Tivoli ist in grandioser Form. Die gigantische Wasserorgel war nie besser hörbar, und daneben strömt das Wasser wieder die
zentralen Treppen hinunter und füllt drei heitere Fischteiche. Es gibt sogar
eine Diana-Grotte, welche den Diana-Schrein im Untergeschoss von Har-
rod's weit in den Schatten stellt. An den Abenden lasen sich Kardinal Ippolito und seine gebildeten Freunde Texte aus der Antike von Plutarch und die
unvergleichlichen lateinischen Gedichte von Horaz vor, dem eine der Villen
in der Umgegend gehört hatte. Ich nehme an, dass es hier viele Unterströ-
mungen gibt, die bislang noch keiner entdeckt hat. Zwei fielen mir ein.

310 *Sommer*

Auf einer der Terrassen befindet sich am einen Ende eine Darstellung der berühmten Brunnen Roms, das andere Ende wird von einer umfangreichen Darstellung Tivolis gebildet. Hier dachten der Kardinal und seine Besucher sicherlich an den Dichter Horaz, den Ersten, der das Gefühl heutiger Pendler unsterblich machte. »In meiner Wankelmütigkeit liebe ich, wenn ich in Rom bin, Tivoli – bin ich aber in Tivoli, so liebe ich Rom.« Diese berühmte Zeile kam den Besuchern sicher in den Sinn, wenn sie hier zwischen einem Modell von Rom und einem Modell von Tivoli auf einer und derselben Terrasse hin- und herwandeln konnten. Weiter unten ist die gewaltige Quelle, die die Wasserorgel antreibt, so gefasst, dass sie sich in einem Wasserfall ergießt und die Höhle einer antiken Sibylle verdeckt, die sich auf die dahinter gelegene Terrasse öffnet. Die damaligen Betrachter wussten, dass diese Sibyllen gewaltige apokalyptische Fluten vorhersagten, unter ihnen auch diejenige, die die Welt in der biblischen Sintflut-Geschichte hinwegspülte. Ich meine, der Kardinal hat in seinem Garten dieses Ereignis nachgestellt. Es würde erklären, warum die Besucher anschließend zu einem zweiten, friedlicheren Arrangement von Fontänen entlang der Fischteiche geführt wurden. Wenn sie dort saßen, brach sich das Sonnenlicht in diesen niedrigeren Fontänen, die, so wird berichtet, wie Regenbögen schimmerten. Dieser Effekt war meiner Meinung nach wohlüberlegt. Zuerst sagte die antike Sibylle die Sintflut voraus. Diese Flut wird dann von den Wasserströmen simuliert. Und schließlich lassen die kleineren Fontänen jenen Regenbogen erscheinen, mit dem Gott versprach, in Zukunft niemals mehr eine Sintflut über die Erde kommen zu lassen.

Ich möchte die Anlage des Gartens aber nicht über Gebühr verrätseln. Sie hat durchaus diese zum Nachdenken anregenden Dimensionen, aber auch ein Sinn für Humor ist ihr nicht abzusprechen. Im Jahr 2000 haben hervorragende Techniker die Voraussetzungen für die wasser- und windbetriebene Musik wieder hergestellt, die die Brunnen von sich geben. Wir können am Vogelbrunnen des Kardinals wieder die zwitschernden Vögel und den Ruf der Eule hören. Wir können sogar auf einer Version seiner ursprünglichen Wasserorgel ganzen Melodien lauschen. Bedeutende Gärten haben häufig komplexe verborgene Bedeutungen, doch wie hier bei den Gärten der Villa d'Este rührt ihr Charme nicht zuletzt daher, dass sie auch nur ganz unpathetisch Spaß machen können.

Die Gärten der Villa d'Este in Tivoli

Kegelblumen

Als Alternative zu Wasserfällen in heißen Sommern predigen mir »New Wave«-Gärtner und schreibende Gartenspezialisten, ich solle meinen Garten in eine Prärie verwandeln. Für mich hat dieser Tipp insofern einen ironischen Beigeschmack, als ich Jahre damit zugebracht habe, ein karges, flaches Stück Land in einen Garten zu verwandeln. Und mir steht auch der Sinn überhaupt nicht nach deren hochgeschätzten »Prärie«-Pflanzen, diesen giftig pinkfarbenen Vogelknöterich-Gewächsen mit Blütenständen, die aussehen wie Pfeifenputzer; oder jenen Ziergräsern, die sich anmutig im Wind wiegen und sich dabei an Stellen aussäen, wo man sie für die nächsten fünf Jahre am wenigsten haben möchte. Ich sehe mich gern bei den Präriepflanzen-Sortimenten um, klaue mir die besten Ideen und überlasse es den Enthusiasten, mit dem Meer von welken Blüten und schmuddeligen Blättern klarzukommen, nicht zu vergessen im Winter der stundenlange Kampf mit der Motorsense gegen triefendes Gestrüpp.

Die vergleichsweise beste Idee der Präriegärtner ist eine Pflanzenfamilie, die von Züchtern in jüngster Zeit optimiert wurde. Man wünscht sich als Gärtner etwas Hochwachsendes, Elegantes, das sich ab August gut hält, und hier kann die Familie der Sonnenhüte (*Echinacea*) voll zur Geltung kommen. Jahrelang war ich der Meinung, *Echinacea* würden sich nur auf feuchter Erde wohlfühlen. Weißblühende Sorten mit Namen wie ›White Lustre‹ und ›White Swan‹ wurden für kühle, feuchte Standorte empfohlen, wo sie sich gut neben der ebenfalls Feuchtigkeit liebenden blauen *Salvia guaranitica* ›Argentine Skies‹ machen würden. Die Präriegärtner bewiesen nun das Gegenteil: Viele *Echinacea*-Pflanzen brauchen eine solche feuchte Umgebung gar nicht.

Ich darf Sie daran erinnern, wie diese Blumen, die von der Form her an Gänseblümchen erinnern, aussehen. Es handelt sich um nahe Verwandte der Kegelblumen. Sie haben einen hochgewölbten gelben oder dunklen zentralen Kegel aus winzigen Einzelblüten. Die kräftigen kleinen Stacheln in der mittigen Wölbung, an denen die Blüten sitzen, sind die Erklärung für den kuriosen Namen, der sich vom griechischen Wort für Igel ableitet. Der Kegel in der Mitte ist umgeben von einem Kranz von Blütenblättern, die lila, rosa oder weiß sein können. Sind diese Blütenblätter gelb, spricht man von Rudbeckien. Einige der besten Exemplare kommen aus dem amerikanischen Mittelwesten, wo sie früher als Medizinpflanzen eingesetzt wurden. Wahrscheinlich bekam Häuptling Sitting Bull bei Erkältung eine Dosis *Echinacea*. Extrakte galten außerdem als Heilmittel bei Schlangenbissen, weshalb im Englischen auch der Name »Snakeroot« (Schlangenwurzel) verwendet wird. Am interessantesten ist die damalige Verwendung der Pflanze als Isoliermittel für Fußsohle und Mundinnenraum. *Echinacea*-Extrakt wurde zu einem Saft verarbeitet, der uramerikanische Feuerläufer und Feuerspucker bei ihren Kunststückchen vor Verbrennungen schützte. Naturheilkundler sind fasziniert von den Eigenschaften dieser Prärieblume, die noch immer nicht vollständig erforscht sind.

Nasse Wintererde mögen *Echinacea*-Pflanzen überhaupt nicht, trockene Sommererde vertragen sie hingegen gut. Sie fühlen sich also auf lehmiger Erde nicht wohl, gedeihen aber prächtig in Gärten, die ab Mitte Juli eher trocken sind. Bei den älteren Sorten und den Naturformen wachsen die Blütenblätter in einem stumpfen Winkel nach außen, so dass sie aussehen, als seien sie im Begriff, ihre Ohren vor Schreck zurückzuklappen. Ich finde diese Eigenart hübsch, Züchter haben sich allerdings Mühe gegeben, das zu korrigieren, indem sie Sorten entwickelten, bei denen die Blütenblätter horizontal stehen. In den meisten Gärten findet man Variationen des aus dem Osten Nordamerikas stammenden Purpur-Sonnenhuts *(Echinacea purpurea)*. Man erhält im Handel einige kräftige Farben, vor allem die neue ›Augustkönigin‹, die eher rosa-pink als purpurn ist und ihre Blütenblätter horizontal ausrichtet. Die ältere ›Robert Bloom‹ ist ungefähr 1,20 Meter hoch und blüht in einer sehr ansprechenden Kombination aus purpurnen Blütenblättern und einem orangenen Kegel; ich halte sie nach wie vor für empfehlenswert. Mittlerweile sind mehrere weiße Formen auf dem Markt, doch ist die schlichte *purpurea* ›Alba‹ immer noch eine der pflegeleichtesten und attraktivsten. Die am höchsten wachsende Varietät ist ›The King‹, sie hat strahlend rote Blüten auf Stielen, die bis zu eineinhalb Meter hoch wachsen. Mir gefällt diese Größe, obwohl die Bemühungen der Züchter dahin gehen, sie bei anderen Sorten zu reduzieren.

Heute warten interessante neue *Echinacea*-Varianten darauf, in unseren Gärten heimisch zu werden. Zu nennen wäre etwa ›Purple Knight‹ mit dunkelroten Stielen und flachen, rot-pinkfarbenen Blüten; die Pflanze wird rund sechzig Zentimeter hoch. Auf meiner Erde macht sich der blasse, aus dem amerikanischen Mittelwesten stammende Sonnenhut *Echinacea pallida* mit seinen pinkfarbenen Blüten sehr gut. Er hat subtil geteilte, gut sieben Zentimeter lange Blütenblätter und bewegt sich bei leichter Brise elegant im Wind, was sich am besten an der Varietät ›Hula Dancer‹ beobachten lässt. Mit knochentrockenem Boden kommt er gut zurecht und widerlegt die frühere Meinung, diese Familie gedeihe lediglich auf morastigem Untergrund. Andere attraktive Neuentwicklungen sind *purpurea* ›Rubinglow‹ und ›Rubinstern‹, zwei ausgezeichnete, kurzstielige Varianten, die eine mit großen, blütenblattreichen, purpurroten Blüten um eine dunkelbraune Mitte; die andere mit riesigen rubinroten Blüten, die sich von August bis in den frühen Oktober hinein halten. Rubinglow ist ungefähr sechzig Zentimeter groß, Rubinstern ein wenig größer. Beides sind ganz ausgezeichnete neue Züchtungen, allererste Wahl für kluge Gärtner.

Was mich weniger begeistert, sind die Neuentwicklungen hinsichtlich der Farben, die neuen Orange-, Gelb- und Rottöne mit Namen wie ›Art's Pride‹ und ›Harvest Moon‹. Im Moment freue ich mich an den Weiß- und Rubinrottönen, die in der Farbpalette des August weniger häufig vorkommen. Man braucht keinen ausgedehnten Prärieteppich dieser pflegeleichten, strahlenden Blumen. Nehmen Sie sie stattdessen als Bestandteil in Ihre Blumenbeete auf, wo sie für eine Verlängerung der Saison sorgen, wenn es keine Glockenblumen mehr gibt und der Phlox schon anfängt müde zu wirken. Ein neuer Stil des Gärtnerns war notwendig, um diese Blumen bekannt zu machen, aber man muss nicht den gesamten Stil übernehmen, um sich an ihrer Schönheit zu erfreuen. Vor fünfzehn Jahren hielt man *Echinacea*-Pflanzen noch für empfindlicher, doch mittlerweile wissen wir, dass sie einen heißen Sommer gut überstehen. Sie fügen im Zusammenspiel mit eleganten weißen Dahlien und dem zarten Schleier der ersten kleinen blauen Blüten der Michaeli-Astern eine eigene frische Farbnuance hinzu.

»Asphodelien der Neger«

Das Exil erweckt Heimweh nach der heimischen Blumenwelt. Während seines selbst auferlegten Exils in Südafrika wurde der große griechische Dichter George Seferis beim Blick über die ihn umgebende Landschaft von tiefster Sehnsucht nach seiner Heimat erfasst. Es gab um ihn herum keine Olivenbäume und keine Zypressen, weshalb er seine Erinnerung an griechische Blumen auf jene übertrug, die entlang der Straßen Afrikas wuchsen. In einem schönen Gedicht beschrieb er die Gruppen blauer und weißer Agapanthus (Schmucklilien) als die »Asphodelien der Neger«. Vom Mittelmeer bis hinauf in die Cotswolds ist Anfang August der Höhepunkt der Agapanthus-Saison. Ich mag deren Blüten sehr viel lieber als die »romantischen« Blüten des Affodill *(Asphodelus)*, die auf mich arg verwaschen wirken. Trotzdem hat die Schmucklilie in unseren Gärten ein wechselhaftes Schicksal durchgemacht. Gärtner des edwardianischen Zeitalters sahen in ihr eine empfindliche, exotische Schönheit, die die Wintermonate im Treibhaus verbringen musste und eine Blume nur für die Reichen war. Die ersten Schmucklilien, die von Südafrika nach England importiert wurden, waren sehr anfällig; erst in einer zweiten Welle von Importen kamen auch robustere Varianten auf den englischen Markt. Die Züchtung der widerstandsfähigen Sorten ist untrennbar verbunden mit den Experimenten, die Lewis Palmer in Hampshire unternahm, an dessen Ergebnisse der Name der Headbourne-Hybriden erinnert. Palmer setzte sich nachdrücklich dafür ein, die Robustheit dieser phantastischen Blumen bekannt zu machen: Er kreuzte sie, um sie widerstandsfähiger zu machen, und stellte fest, dass sie sich wunderbar an das Leben auf dem warmen Kreideboden in seinem Garten in Hampshire anpassten.

In den Jahren von Palmers Tätigkeit assoziierten viele Gärtner Agapanthus noch mit den Gärten der Schönen und Reichen an der französischen Riviera in den Jahren vor dem Krieg, wo Agapanthus-Sorten mit dicken Blättern an zum Meer hin abfallenden Hängen blühten. Agapanthus ist nach wie vor ein Star für jeden, der den Sommer in heißen Gefilden verbringen muss, doch Palmer öffnete der Pflanze den Weg zu breiteren Einsatzmöglichkeiten. Er züchtete Hybriden, die den Winter überstehen konnten. Headbourne-Hybriden werden heutzutage breit beworben, obwohl ihre Verbindung zu Palmers ursprünglichen Kreuzungen in vielen Fällen fragwürdig ist. Da Agapanthus ohne Weiteres aus Samen herangezüchtet werden kann, entstanden in den letzten fünfzig Jahren Dutzende natürlicher Hybriden. Echte Hybrid-Varietäten ergeben sich jedoch ausschließlich durch die kontrollierte Vermehrung von Mutterpflanzen. Jeder kann in großen Gartenzentren Agapanthus-Pflanzen erwerben, es gibt allerdings nur wenige Anbieter, die wissen, was sie anbieten und warum. Daher ist es so wichtig, auf die Bemühungen von Dick Fulcher in Mid-Devon hinzuweisen. Er ist im Besitz der nationalen Agapanthus-Sammlung und bietet über seine Pflanzschule Pine Cottage Plants (Fourways, Eggesford, Chulmleigh, Devon), auf seinen Listen rund vierzig Varietäten zum Verkauf an. Von September bis Juni verschickt er junge Pflanzen per Post, doch Exemplare der besten älteren Varietäten sind noch immer knapp, und seine Kunden müssen auf ihren Bestellungen Ersatzwünsche angeben. Grundsätzlich spürte Fulcher Elternpflanzen bekannter Herkunft auf, doch seine Liste reicht noch weit über die von Palmer eingeführten Hybriden hinaus. Er hat in seinem Sortiment sogar Jungpflanzen meines besonderen Favoriten, der winterharten ›Ardernei‹, die gezüchtet wurde, bevor Headbourne zu einem namhaften Spezialisten wurde. *Agapanthus* ›Ardernei‹ hat weiße Blüten mit einem grauen Streifen entlang der Mitte der Blütenblätter, und die Blüten halten sich länger als viele von denen, die vorgeben, *Agapanthus* ›Palmer's Blue‹ zu sein. Herr Ardern wurde in den Agapanthus-Annalen zu Unrecht vergessen, wir sollten ihm wieder zu der Bekanntheit verhelfen, die ihm gebührt. Neuere namhafte Formen präsentieren sich in Farben vom strahlenden Weiß der exzellenten ›Bressingham White‹, die zur Glanzzeit von Alan Bloom und seiner Pflanzschule gezüchtet wurde; bis hin zu der ungewöhnlichen ›Lady Grey‹ mit ihren violett-weißen Blüten; und der phantastischen, spätblühenden ›Lilac Time‹.

316   *Sommer*

Abb. 64: **Mein** Agapanthus x ›*Ardernei*‹

Nach wie vor wird außerdem in Neuseeland extrem wichtige Arbeit für diese Pflanzenfamilie geleistet. Die wunderbaren Ergebnisse könnte man auch unter der Bezeichnung »Asphodelien der Kiwis« in den Handel bringen. Diese antipodischen Agapanthen sind von markanter Farbigkeit, und viele der besten Varietäten sind winterhart. Außerdem blühen sie lang, länger als nur die kurzen zwei Wochen im August, wenn die winterharten Headbourne-Sorten in Hochform sind. Zwei Neuseeländer, nach denen man Ausschau halten sollte, sind ›Jack's Blue‹ und die lebhafte Sorte ›Timaru‹. Sie bringen noch Anfang Oktober Blüten hervor und blühen außerordentlich üppig, wenn auch in unterschiedlicher Höhe.

›Jack's Blue‹ ist eine große Pflanze, mit bis zu 1,20 Meter langen Stengeln, und die zahlreichen Blüten sind satt blau-violett. An den Beeträndern ziehe ich ›Timaru‹ vor, sie wird ungefähr sechzig Zentimeter hoch und entwickelt über lange Zeit immer neue kräftig blaue Blüten an vielen getrennten Stengeln. Die bemerkenswerteste Varietät ist die vorzügliche ›Purple

Cloud‹, mit der der Familie eine neue Farbpalette erschlossen wurde: Die robusten Blütenköpfe sind von einem dunklen Violett. Diese neuen Varietäten werden nicht krank, und sie bewältigen sämtliche Herausforderungen, vor die sie der englische Winter stellt. Im Freien haben sie Schnee und Frost zu Beginn und Ende des Jahres 2009 durchweg überstanden. Es gibt sogar eine produktive weiße Varietät, die nur rund dreißig Zentimeter hoch wächst: die ausgezeichnete Neuzüchtung ›Snowdrop‹. Ich kann sie für den Rand jedes Blumenbeets, das Mitte August einen eher müden Eindruck macht, nur empfehlen. Vor zwei Jahren kaufte ich außerdem ein Einzelexemplar von *Agapanthus* ›Streamline‹, das ich ebenfalls als Volltreffer einstufen kann. Die Blüten sind grau-blau mit dunklen Streifen, eine Kombination, die in Palmers Hampshire-Palette nie vorkam. Die besondere Qualität von ›Streamline‹ besteht darin, dass sie ungefähr zwei Monate lang nicht aufhört zu blühen. Sie ist jetzt mittlerweile im Handel recht verbreitet und besser als die niedrig wachsende ›Tinkerbell‹, die häufig in Verbindung mit ›Streamline‹ angeboten wird.

Diese herrlichen Blumen sind in der Pflege ganz unkompliziert. Ich habe nie erlebt, dass sie von Schnecken angegriffen worden wären. Sie mögen Sonne, einen Süd- oder West-Standpunkt, an dem sich Kälte nicht stauen kann, und leichte, kalkhaltige Erde. Der zentrale Wurzelballen entwickelt sich rasch zu einem dicken Knäuel und kann so mit Leichtigkeit in ein weiteres Dutzend Pflanzen geteilt werden, wenn sich im April neue Triebe zeigen. Wem der Preis einer bestimmten Sorte zu hoch vorkommt, der möge nicht vergessen, dass es sich dabei um eine Investition handelt, die mit Sicherheit wächst und sich vermehrt.

So schön diese Neuentwicklungen sind – die schönsten Agapanthus-Pflanzen der Welt wachsen nicht in Gärten. Sie finden sich auf den späten Gemälden Monets, wo sie sich glänzend von seinen lila-rosafarbenen Seerosen abheben oder von den gedämpften Darstellungen der Hauptwege seines Gartens in Giverny. Die besten Agapanthen leben auf der Leinwand im Untergeschoss des Musée Marmottan in Paris. Wenn jemand mir davon einen Ableger zukommen ließe, wären meine Dankbarkeit und mein Respekt grenzenlos.

Das Entfernen verwelkter Blüten

Wenn ich dereinst in einen gottlosen Himmel eingehe, hoffe ich, all-abendlich eine Stunde mit der Tätigkeit des Entfernens verwelkter Blüten zubringen zu können. Eine Stunde täglicher Hilfe von seelenver-wandten glaubenslosen Gärtnern sollte reichen, um eine ewig während Blühsaison zu garantieren. Verwelkte Blütenköpfe entfernen ist – vor allem Anfang August – die bezauberndste Gartenpflicht überhaupt.

Gärtner, die sich beklagen, dass ihre Gärten in der zweiten Julihälfte einen armseligen Eindruck machen, haben es meistens verabsäumt, der Aufgabe des Blütenentfernens in ausreichendem Maße nachzukommen. Sorgfältiges Schneiden ist in mehrerer Hinsicht sinnvoll. Es beseitigt die Unordnung auf den beliebten frühblühenden Pflanzen wie etwa den win-terharten Geranien. Jenen Geranien, die Ende Mai und im Juni blühen, wird manchmal von optimistischen Gärtnerei-Katalogen eine längere Blüh-zeit bescheinigt, allerdings kommt diese nur zustande, wenn die verwelkten Blüten entfernt werden. Eine gute neue Sorte ist *Geranium* ›Patricia‹, eine niedrig wachsende Variation des Schwarzäugigen Storchschnabels (*Geranium psilostemon*), Anfang Juli einem wichtigen Element in vielen Beeten. ›Patricia‹ reagiert großzügig auf das Entfernen welker Blüten ab August, und sie wird Anfang September ein zweites Mal blühen. Eine weitere gute Neuentwicklung, *Geranium* ›Nimbus‹ mit seinen tiefvioletten Sternenblü-ten, reagiert ebenfalls sehr dankbar. Die Pflanze wird von Juni bis Novem-ber in einer Höhe von rund fünfzig Zentimetern blühen, wenn ihr Umfang von ungefähr sechzig Zentimetern regelmäßig zurückgeschnitten wird. An-dere Sorten wie die violett-blaue ›Spinners‹ oder ›Johnson's Blue‹ müssen umgehend in Angriff genommen werden. Sie hören Anfang Juli auf zu

Abb. 65: Regelmäßig beschnittener Cosmos bipinnatus ›Purity‹ *im September*

blühen, und bevor Sie sie nicht bis zu einem zentralen Blätterbüschel von rund dreißig Zentimeter Höhe zurückgeschnitten haben, können Sie sich nicht vorstellen, welche Verbesserung sich mit dieser Ordnungsmaßnahme erzielen lässt.

Der erfreulichste Zweck des Zurückschneidens ist die Anregung einer zweiten Blühphase. Ich gehe die Sorten, die gut darauf reagieren, lediglich mit einer Küchenschere an, und ich schneide ebenso oft zurück, wie ich abschneide. Das Entfernen welker Blüten, das Ausgeizen und das Kürzen von Stielen sind eng verwandte Tätigkeiten.

Ganz ausgezeichnete Kandidaten für das Zurückschneiden zu Beginn des August sind die zitronengelben Formen von *Anthemis*, der Familie mit den an Gänseblümchen erinnernden Blüten, die potentiell sehr lang blühen können. Wenn Sie die Scheiben der ersten sterbenden Blüten abschneiden, werden Sie häufig feststellen können, dass eine zweite Runde Knospen bei den Blättern darunter bereits hervorlugt. Meine Favoritin ist nach wie vor die hohe, zitronengelbe *Anthemis tinctoria* ›Wargrave‹, die ein phantastisches Comeback liefert, wenn welke Blüten sorgfältig entfernt werden. Meistens ist es mit dem Entfernen der Blüten nicht getan, und man muss den Stengel der *Anthemis* weiter zurückschneiden bis zu einem Punkt, von dem aus sich Seitentriebe entwickeln können. Als Partnerin für diese Behandlung bietet sich die entzückende Sonnenbraut *(Helenium)* an. Diese Pflanze mit ihren gänseblümchenartigen Blütenständen entwickelt häufig Seitentriebe und blüht ein zweites Mal. Eine der besten Vertreterinnen dieser Familie ist die wunderhübsche ›Moerheim Beauty‹, die unterhalb der ersten zurückgeschnittenen Blüten rasch ein zweites Mal viele Knospen entwickelt. Sie wurde mittlerweile von ›Sahins Early Flowerer‹ überholt, einer noch leistungsfähigeren Sorte. Deren Blüten sind orange und rot-braun gezeichnet, und wenn man sie vernünftig zurückschneidet, wird sie bis in den Herbst hinein fröhlich weiterblühen.

Auch Phlox reagiert ergiebig auf eine kluge Beschneidungskur. Unmittelbar nach der Blüte müssen die Pflanzen bis auf das oberste Blattpaar zurückgeschnitten werden, und wenn das Wetter nicht zu trocken ist, dann kommt es zu einer stattlichen zweiten Runde an Blüten. Als Hilfestellung in dieser Phase empfiehlt es sich, die Pflanzen einmal wöchentlich mit Phostrogen-Spray zu füttern, das erhöht ihr Durchhaltevermögen. Dasselbe gilt für den Rittersporn, der einfach furchtbar aussieht, wenn er abgeblüht ist; auch aus diesem Grund ist es wichtig, die toten Blütenähren sofort zu kappen. Wenn die Blätter dann regelmäßig mit Phostrogen genährt werden, entwickeln sie kürzere seitliche Stengel mit Blüten, die sich im Frühherbst öffnen werden.

Jüngere Pflanzen sind eher zu einer weiteren Blühsaison in der Lage. Dieser traurige lebensweltliche Umstand zeigt sich besonders deutlich an der Gattung *Penstemon* (Bartfaden), bei der ältere Pflanzen in ihrem dritten Jahr oder darüber zwar früher, dafür aber nur noch einmal blühen. Bei jüngeren Pflanzen kommt es zu einer zweiten oder sogar zu einer dritten Blüte, wenn Sie die welken Blüten kontinuierlich entfernen und die Pflanze zurückhaltend düngen. Es bedarf wohl kaum einer Erwähnung, wie wichtig die Entfernung der verblühten Teile ab August für die einjährigen Pflanzen ist. Der botanische Mechanismus ist einfach zu durchschauen. Die Einjährigen möchten unbedingt innerhalb einer Saison Samen ausbilden, und wenn wir ihnen hier Einhalt gebieten können, dann werden sie – in der Hoffnung, uns austricksen zu können – weitere Blüten bilden. Dieser erfreuliche Wettlauf verlängert die Blütezeit der besten Beetpflanzen, von den himmelblauen Kornblumen über die braun-orangefarbenen Rud-

Abb. 66: Mein Penstemon ›Pensham Freshwater Pear‹ im September, bei dem ich regelmäßig die welken Blüten entfernt habe

beckien bis hin zu den fedrigen Korbblütlern und den Skabiosen. Wenn Sie gegen deren Samenköpfe kontinuierlich Krieg führen, können Sie die Blühperiode bis Anfang Oktober verlängern.

Das Entfernen verwelkter Blüten ist ein Krieg, den zu führen sich wirklich lohnt. Es beseitigt die Spuren des Todes und motiviert zu einer weiteren Blütenshow. Vita Sackville-West hatte dafür ein tiefes Verständnis. Sie schrieb: »An einem Sommerabend welke Rosenblüten zu entfernen, ist eine Tätigkeit, die uns in eine geruhsamere Zeit und ein anderes Jahrhundert zurückbefördert. Man könnte meinen, Queen Victoria säße noch auf dem Thron. Kein Geräusch ist zu hören außer dem Ruf einer Eule und dem rhythmischen Schnipp-Schnapp unserer Rosenschere.«

Gegenderte Landschaft

Mitte Juli, wenn das Entfernen welker Blüten zu einer dringlichen Aufgabe wird, sieht der Gärtner erste Blüten an seinen Phlox-Pflanzen. Als Gärtner an einer Universität assoziiere ich diesen Anblick mit der letzten der Fragen, die in den Fragebögen für die Universitätsexamen beantwortet werden müssen. Die Fragen sind schon schwer genug für die Studentenscharen, die sie beantworten müssen, aber man sollte auch einmal an jene denken, die sie sich ausdenken und formulieren. Der Sommer ist von unvorstellbaren Antwortversuchen durchsetzt und von den undenkbaren Fragen, die einige meiner brillanten Kollegen und Kolleginnen stellen.

Eine dieser Fragen verfolgt mich immer noch, lange über den Zeitpunkt hinaus, da die Prüfungsergebnisse mitgeteilt wurden. In einem Bogen mit Fragen zum Allgemeinwissen von Historikern möchte man annehmen, dass diese aufgefordert werden, sich ganz allgemein über den Klassenkampf, das Wirtschaftswachstum oder über soziale Identität auszulassen. Doch damit läge man falsch – sogar in Oxford. »Wie«, so geruhte eine meiner Mit-Prüferinnen kürzlich die unter Dreiundzwanzigjährigen zu fragen, »ist die Beziehung zwischen Gender und Landschaft beschaffen?« Bis jetzt blieb womöglich Ihre Interpretation grüner, hügeliger Landschaften unberührt von Gender-Studien. Dabei sind Letztere allgegenwärtig. Biologische Unterschiede sind vorgegeben, Gender-Unterschiede sind kulturell bedingt. Um es ganz unverblümt zu formulieren: Ihre Körperteile sind biologisch. Der Umstand, dass Frauen eher an den Kauf von Stöckelschuhen denken, ich hingegen Halbschuhe kaufe, ist genderabhängig. Wo also drückt sich Gender in der Landschaft aus?

Gegenderte Landschaft 323

Auch nach einer Stunde des Nachdenkens war mir als Antwort kaum etwas eingefallen, außer dass der britische »National Trust« getrennte Toiletten für Männer und Frauen entlang jener Bereiche der englischen Küste eingerichtet hatte, von denen aus die »Operation Neptune« gestartet worden war. Ich wendete mich daher brieflich an die besagte Prüferin und fragte sie, was ihr denn da vorgeschwebt hatte. Ihre Antwort: »Ich habe hier eine Liste, die Bereiche vorgibt, aus denen Fragen gestellt werden können: Da gibt es einen Bereich Landschaft, einen Bereich Gender, und da mir zu keinem von beiden separat etwas einfiel, fasste ich sie zusammen und formulierte eine Frage zu beidem.« Beantwortet wurde die Frage von keinem einzigen der Kandidaten und Kandidatinnen.

Aber die Frage hat mich weiter verfolgt. Wenn man erst einmal nach Antworten Ausschau hält, dann tauchen sie in allen möglichen Zusammenhängen auf, sogar in Berichten über die neuesten Forschungen zu zwei bedeutenden englischen Gärten, dem einen in Stow, dem anderen in West Wycombe. Die Theorie zu Stow geht heute dahin, dass die Inschriften auf einigen der Gartentempel einen Bezug haben zur alternden Libido und abnehmenden Leistungsfähigkeit des Gartenbesitzers im frühen 18. Jahrhundert. Man könnte sie also insgesamt unter dem Motto »Warten auf Viagra« zusammenfassen. In Reaktion darauf motivierten ebenso geistreiche wie dreiste Gäste im nahegelegenen Park von West Wycombe dessen Besitzer, einen Teil des Parks in der Form einer nackten, auf dem Rücken liegenden Frau anzulegen. Es gab an den entsprechenden Stellen Hügel sowie eine Art Eintrittstunnel, umgeben von Brombeergestrüpp. Dieser gegenderte Garten war eine kraftvolle Antwort auf die georgianischen gegenderten Inschriften von Stow. Würde dieser Forschungsbefund als Antwort der Extraklasse durchgehen?

Meine Prüferkollegin rümpfte allerdings eher die Nase. Nein, meinte sie, die Antworten müssten umfassender sein, sie sollten nicht nur die Kenntnis einiger weniger schrulliger Fakten über schrullige Orte mitten in England belegen. Nach dieser Abfuhr fing ich dann wieder von vorne an zu denken – und habe seither nicht aufgehört. Meine Schlussfolgerung lautet, dass Landschaft im höchsten Maße gegendert ist, wobei allerdings keiner darüber spricht. In England ist sie insgesamt ganz überwältigend männlich. Männern gehörte der größte Teil. Männer haben die Landschaft bebaut, gedüngt und kultiviert. Männer haben sie zum größten Teil nach ihren Vorstellungen gestaltet. Warum fällt uns das so spät erst auf?

324 *Sommer*

Abb. 67: Sechzig Jahre gegendertes Gärtnern in Kiftsgate Court: Anne Chambers und ihre Mutter, Mrs. Binny

Nun dürfte die Hälfte der dieses Buch Lesenden vielleicht schon protestieren und behaupten, dass diese Schlussfolgerung nicht stimmt. Es gab Gärtnerinnen und Landschaftsgestalterinnen, auch schon vor unserer Zeit, in welcher diese Berufe endlich allen offenstehen und beide Geschlechter ihre Gärten ganz nach eigenem Belieben gendern können. Die früheren Aktivitäten von Frauen lassen sich für die oberen Gesellschaftsschichten am leichtesten nachweisen, in denen es eine seit 1600 gut belegte Linie von adligen Frauen gibt, zu denen auch diverse Mitglieder der königlichen Familie gehören. Diese Linie beginnt mit Lucy, der Gräfin von Bedford, die im Jahr 1594 im Alter von 13 Jahren heiratete und dann das Glück hatte, dass ihr Ehemann nach einem Sturz vom Pferd unheilbar taub war. Sie tat sich mit der Gattin von König Jakob I., Anna von Dänemark, zusammen, die ein paralleles Problem – die Homosexualität ihres Mannes – hatte. Die beiden verlegten sich auf die Beschäftigung mit Gärten und freundeten sich mit Künstlern und Dichtern an, unter anderem auch John Donne und Ben Jonson. Das eindrucksvollste Ergebnis war Lucys zweiter Garten, Moor Park in Hertfordshire, dessen symbolhaltige architektonische Anlage ein Vermögen kostete. Lucy hat nie selbst einen Spaten in die Hand genommen, aber sie ist eine der ersten Engländerinnen, die das Gärtnern im großen Stil – eine sozialverträgliche Alternative für frustrierte Frauen – finanziell unterstützten.

Mehrere Mitglieder der königlichen Familien Englands entschieden sich später ebenfalls für diese Alternative. Zu nennen wäre vor allem Queen Mary II. sowie Queen Caroline, die Frau von George II. Queen Mary war an Pflanzen tatsächlich interessiert, obwohl ich bezweifle, dass sie je eigenhändig etwas anpflanzte. Caroline erfreute sich der Hilfe des bezaubernden William Kent und ließ einen berühmten Garten in Richmond Lodge anlegen, in dem es diverse Anspielungen auf bedeutende Briten der Vergangenheit gab. In einer mittelalterlich anmutenden Hütte hielt sie sich sogar einen poetischen Einsiedler, der für die angebliche Prophezeiung Merlins stand, die Könige des alten Britannien würden eines Tages wiederkehren, um als das Georgianische Haus von Hannover zu herrschen. Der Garten war insgesamt ein faszinierender Kommentar zur Vorstellung britischer Wesensart – ein Thema, das durchaus auch als mehrjähriger winterharter Vertreter in allgemeinen Prüfungsbögen für Studierende der Geschichtswissenschaften herhalten könnte.

Diese und andere Frauen hatten ganz offensichtlich eine Liebe zu Gärten, doch verboten ihnen die Anstandsregeln ihrer Zeit, sich auch für die Tätigkeit des Gärtnerns zu begeistern. Wann sich diese Regeln änderten, ist nicht eindeutig festzumachen. Wahrscheinlich liegt der Wendepunkt in der Mitte des 19. Jahrhunderts, er kommt zum Ausdruck in Texten mit Titeln wie *Every Lady Her Own Flower Garden* (1837) [Ein eigener Garten für jede Lady] und in der berühmten Initiative von Jane Loudon, die im Jahr 1840 mit der Herausgabe des *Lady's Magazine of Gardening* begann. Doch nach wie vor ging man davon aus, dass »Ladies« sich nicht selbst mit Gemüse-

326   Sommer

gärten abmühen oder ihr Obst selbst anbauen sollten. Mit einem Blumengarten würden sie zweifellos zurechtkommen – vorausgesetzt, sie hatten einen männlichen Untergebenen, der die körperliche Arbeit übernahm, denn man hielt es für nicht ratsam, dass Frauen sich längere Zeit vornüber beugten. Bis dahin hatte ihr Beitrag hauptsächlich darin bestanden, dass sie als Schirmherrinnen fungierten und das Geld ihrer Gatten ausgaben. Uns wird überliefert, dass es zwar im ersten Garten der Welt eine Frau gegeben habe, doch die Grabarbeiten wurden von ihrem Mann erledigt, während sie mit der Schlange spielte.

Soweit ich weiß, vollzog sich in England eine Veränderung der Praxis in den 1890er Jahren, als Frances Wolseley in Glynde in Sussex die erste Schule für Gärtnerinnen gründete. Man hielt Frauen nun also für fähig, die praktische Kunst des Gärtnerns zu erlernen. Seit den 1890er Jahren begannen dann ausgebildete Gärtnerinnen, in Adams Sphäre einzudringen. 1896 arbeiteten Frauen in den Kew Gardens. »Who wants to see blooms now you've bloomers at Kew?« [Wer ist nun, da wir Bloomers (Pumphosen für Frauen, benannt nach der Frauenrechtlerin Amelia Bloomer) in Kew haben, noch an Blumen interessiert?] Diese Frage stellte ein witziger Kommentator im Jahr 1900. Seit damals macht die Gender-Balance dann einen zunehmend ausgeglicheneren Eindruck. Landschaftsgärtnerinnen wie Sylvia Crowe und Brenda Colvin gestalteten ausgedehnte Gartenflächen. In Amerika gab es Beatrix Farrand, in Sissinghurst Vita Sackville-West, in Surrey Gertrude Jekyll. In Deutschland wäre Elizabeth von Arnim zu nennen, die mit ihrem Buch *Elizabeth und ihr Garten* berühmt wurde.

Es gab und gibt auch heute noch andere namhafte Gärtnerinnen, aber betrieben sie ihre gärtnerischen Aktivitäten nicht im Windschatten einer eindeutig männlich gegenderten Sphäre? Vita bekannte ganz offenherzig: »Allein hätte ich es nicht geschafft.« Sie war für Anlage und Gestaltung ihres grandiosen Gartens von ihrem talentierten Ehemann Harold Nicolson abhängig. Beatrix und Gertrude verstanden sich ausgezeichnet auf die Pflanzarbeit und die Anlage von einzelnen Beeten, aber nahmen sie je Einfluss auf weiträumigere Landschaftsgestaltung, oder erfanden sie einen explizit weiblichen Stil? Von Elizabeth in Deutschland kann man das gewiss nicht behaupten. Sie tippelte ständig um ihren überwältigend männlichen Partner herum, den sie als »den Grimmigen« bezeichnete. Ich bin sicher:

Gegenderte Landschaft 327

Wenn der Grimmige auf seinem Grundstück eine stattliche Allee zu haben wünschte, dann trieb er diese in herrschaftlicher, männlicher Art und Weise in die Landschaft hinein, ohne seine Frau um Rat zu fragen.

Es gibt einen berühmten, 1749 abgefassten Brief, der zunächst den Anschein erweckt, als widerlege er die Theorie von männlicher Dominanz, doch letztlich bestätigt er sie. Die tatkräftige Lady Luxborough zählte in ihrem Brief an den Dichter und Landschaftsgärtner William Shenstone sämtliche Veränderungen auf, die sie gerade in ihrem Garten vorgenommen hatte. »Im oberen Teil des Gartens, der in eine Rasenfläche für Bowling umgestaltet wurde, ist jetzt der Kies entfernt; als Nächstes wird das Gartenhaus aufgestellt.« Allerdings dankt sie Shenstone am Anfang und am Ende ihres Briefs für sein Buch und seine Planskizzen und bringt ihre Hoffnung zum Ausdruck, dass er ihr auch weiterhin mit Rat und Tat zur Seite stehen möge. Sie formuliert lediglich eine einzige eigene Idee, und auch diese nur als »Vorschlag«. Sie bittet ganz offensichtlich um Beistand von einer anders gegenderten Hand.

Den neuen, dysfunktionalen Prinzessin-Diana-Gedenkbrunnen habe ich bewusst ausgeklammert. Stattdessen möchte ich noch auf die Gestaltung der Maifeierlichkeiten im Bryn Mawr College zu sprechen kommen, Amerikas rein weiblicher Universität. Kürzlich verbannten die Damen den traditionellen Maibaum, weil er in all seiner stattlich-steilen Höhe offenkundig falsch gegendert war. Stattdessen gruben sie eine Spalte in die Erde und begingen den Anbruch des Monats Mai damit, dass sie um ihr Mailoch herumsaßen. Sie genderten die Feierlichkeiten, doch ihre Idee fand keinen Anklang. Um zu verstehen, warum das so ist, schlage ich Ihnen vor, aus dem Fenster zu schauen und über das nachzusinnen, was Sie vor Augen haben, während sich der Zug, in dem Sie sitzen, in Richtung des städtischen Beton-Dschungels bewegt. Diese Heuschober und Hecken, diese netten kleinen Gebüsche, die magischen Gruppen von Buchen: Alle verdanken sie sich Männern, die der Landschaft ihr maskulines Gender aufgeprägt haben – um der Kunst, des Profits und ihrer geliebten Country-Sportarten willen. Landschaft hat eine maskuline Ausrichtung. Landschaft ist so eindeutig maskulin, dass ich es sogar riskierte, diesen Umstand beim Lunch einer freidenkerischen Feministin zu unterbreiten und sie zu fragen, was sie dazu meinte. Wie sie sich denn bei der Heimfahrt fühle, nun, da sie anerkannt habe, dass Landschaft von der Tyrannei des Phallus und des

328   *Sommer*

Patriarchats geprägt sei? »Sexy«, war ihre Antwort, »wahnsinnig sexy: Es macht mich an.« Eine alternativ gegenderte Landschaft ist offenbar nicht das, was das andere Geschlecht wünscht.

Hortensien unter Bäumen

In einer Ecke meines männlich gegenderten Gartenbereichs, in der Nähe des Abflussrohrs meiner Waschmaschine, habe ich eine alte pinkfarbene Gartenhortensie, die mein Vater und ich im Jahr 1963 nach einem Besuch der Gärten von Hidcote Manor in Gloucestershire erstanden haben. Angelegt wurden diese Gärten von dem bedeutenden Amerikaner Lawrence Johnston. Unser Besuch damals fiel in den August, die beste Zeit für Hortensien. Meine Hortensie ist insofern von historischem Wert, als sie zu einem Anlass gehörte, bei dem sich mein gärtnerischer Blick deutlich erweiterte. Über fünf Jahre hinweg hatte ich schon eifrig Alpin- und einjährige Pflanzen kultiviert, doch in Hidcote stellte ich dann erstmals fest, dass es an Stauden und Kletterpflanzen unendlich viel mehr gibt, als unser Familiengarten zu Hause vermuten ließ. Mein Vater, der mich prinzipiell in meinen Aktivitäten zu ermutigen pflegte, war einverstanden. Wir pflanzten diese Hortensie in einen Winkel zwischen zwei immergrüne Thuja-Hecken, dort hatte sie es trocken und schattig. Bemerkenswerterweise überlebte sie. Später wurde sie einmal umgezogen, dorthin, wo ich mich als Erwachsener niederließ, und es ging ihr nie besser als jetzt, in den späteren Jahren ihres mittleren Lebensalters.

Das faszinierte mich, und ich machte mich auf die Suche nach Orten, wo Hortensien richtig phantastisch wirken. Ihre Eigenschaften sind nach wie vor Thema kontroverser Diskussionen. Einige von Ihnen meinen jetzt womöglich, ich hätte mich auf eine größere Pferderennbahn begeben müssen, wo Hortensien häufig als Dekoration der Stände herhalten müssen. Andere denken vielleicht an ein drittklassiges Strandhotel, wo die Hortensien im Vorgarten weder rosa noch blau sind. Ich begab mich allerdings in

330   *Sommer*

Abb. 68: *Meine mittlerweile 47 Jahre alte Gartenhortensie*

die Normandie, wo Hortensien ganz in ihrem Element sind. An der Küste der Normandie wachsen in fast jedem Garten Hortensien; sie schätzen die feuchte Luft und die Tage, an denen vom Meer her der Nebel kommt. Auf einem offenen Feld bei Varengeville-sur-mer züchtet man Hortensien in der National-Conservation-Sammlung der Shamrock-Gärten. Die Gärten stehen für Besucher an sämtlichen Wochentagen offen, denn französische Gärtner nehmen Hortensien sehr ernst. Die dortigen Pflanzschulen listen sehr viel mehr Varietäten auf, als in Amerika oder England erhältlich sind. In Angers gibt es sogar eine Vereinigung, die sich wissenschaftlich mit einem Hauptzweig dieser Pflanzenfamilie beschäftigt.

Der Jardin Shamrock ist höchst bemerkenswert. Er wurde angelegt von Robert Mallet, dessen Familie einen großartigen Garten, den Parc des Moutiers, besaß, der teilweise von dem Engländer Lutyens entworfen worden war. 2001 mussten Robert und seine Frau Corinne genau überlegen, wie sie ihre preisgekrönte Sammlung an einen anderen Ort verlagern konnten, und sie kamen auf eine überraschende Antwort. Sie pflanzten ein dickes Dach aus Paulownienbäumen, die große Blätter mit dem Aussehen von grünen Taschentüchern haben, und Blüten, die lilafarbenem Fingerhut ähneln, den der englische Frühlingsfrost verschont hat. Paulownien wachsen extrem

Abb. 69: Hydrangea macrophylla ›*London*‹

schnell, und ich hätte mir vorstellen können, dass Hortensien es gar nicht vertragen, wenn sie um ihre Stämme herum gepflanzt werden. Tatsächlich jedoch lieben sie es, sogar noch mehr als die Thuja-Hecke meines Vaters.

Die Mallets haben sich intensiv mit Paulownien beschäftigt und festgestellt, dass deren Wurzeln sehr tief in den Boden hinabgetrieben werden und von dort Wasser heraufpumpen. In den klassischen Tagen der alten japanischen Gärten schätzte man die Paulownie aus anderen Gründen, nämlich wegen ihrer Blüten und ihrem ausgezeichneten Holz. Eltern stellten Kästen aus Paulownien-Holz her und gaben sie ihren Töchtern, wenn diese heirateten. Sie konnten so das letzte Gewand ihrer Jungfrauenjahre an einem sicheren, trockenen Ort aufheben. Heutzutage wäre ein solches Gewand wohl eher ein alterndes Festkleidchen aus der Kindheit, aber dennoch ist die *Paulownie* ein Baum mit Zukunft. Ihre großen Blätter öffnen sich erst spät im Jahr und fallen bald wieder ab, doch die Wurzeln ziehen noch aus der sandigsten Erde Feuchtigkeit und verteilen sie um den Baum

Abb. 70: Hydrangea macrophylla ›*Blaumeise*‹

herum, beste Voraussetzung für einen Garten. Und mit dieser phantastischen Kombination arbeitet man nun also im Jardin Shamrock. Die dortigen *Paulownien*-Bäume sind erst sechs Jahre alt, aber es haben sich bereits ganze Hügel von Hortensien vertrauensvoll um ihre Stämme geschart. Diese Kombination funktioniert sogar auf sehr trockener Erde, und die Anlage bei Varengeville hat meine Vorstellungen von den Kultivierungsbedingungen der Hortensien-Familie grundlegend verändert.

Es ist eine sonderbare Vorstellung, dass es in Europa erst seit dem ausgehenden 19. Jahrhundert Hortensien gibt: Wordsworth und Milton haben diese Blumen nie gesehen. Heimisch sind sie in Asien und dort vor allem in Japan, wo es Hunderte von wildwachsenden Arten gibt, die noch der Erfassung und Erforschung harren. Ich erinnere mich, wie Germaine Greer einmal bemerkte, allein nur der Klang des Wortes *hydrangea* (Hortensie) in australischem Englisch hätte ihr das Gärtnern fast für ihr ganzes Leben verleidet. Die Pflanzenfamilie ist in Australien tatsächlich sehr beliebt, und es gibt mehrere namhafte australische Sorten. Ein Besuch in Shamrock verändert unsere Vorstellungen vom globalen Angebot. Weltweit arbeiten Züchter eifrig an der Entwicklung neuer Formen, und die Gärtner in Amerika und England hinken der Konkurrenz beträchtlich hinterher. Die Erde von Shamrock ist sauer, daher blühen die blauen Varianten in einem sehr satten Blauton. Ältere Varianten wie *macrophylla* ›Blue Wave‹ können Sie daneben vergessen. Die Schweizer haben eine blaue Hortensie namens ›Blaumeise‹ gezüchtet, die damit nicht zu vergleichen ist. In Deutschland entwickeln Züchter niedrig wachsende Formen mit großen Blüten, die sie nach europäischen Städten benennen. ›Eibtal‹ ist umwerfend blau, und ich bin gespannt, was sie uns erzählen, wenn die Variante ›London‹ großköpfig und in feuchtfröhlichem Weinrot daherkommt.

Es dürfte der Sammlung von Shamrock nicht leichtfallen, mit der Entwicklung Schritt zu halten. Neue Varianten kommen scharenweise auf, über einhundert jedes Jahr. Hinzu kommt die historische Verpflichtung, preisgekrönte Varianten aufzuspüren, die von bedeutenden Züchtern in den vergangenen Jahrzehnten entwickelt wurden. Einer dieser Züchter war der Engländer H. I. Jones, dessen Hertfordshire-Hortensien jedoch sogar aus den englischen Pflanzlisten fast verschwunden sind. Hinzu kommt das Problem der noch nicht erfassten Varianten. Kürzlich unternahm Corinne Mallet eine Reise in die Berge Japans und entdeckte dort mehrere niedrigwüchsige, nicht benannte Hortensien, die noch in keinem Garten weltweit wachsen.

In der Züchtung blieb kein Zweig der Hortensienfamilie von Verbesserungen verschont. Einige Gärtner kultivieren die *Paniculata*-Formen (Rispenhortensien, *Hydrangea paniculata*) mit ihren langen, spitzen Blütendolden, wobei den meisten nicht bewusst ist, dass es in dieser Gruppe je nach der Region, aus der sie stammen, Unterschiede bezüglich der Blühzeit und der Winterhärte gibt. Rispenhortensien aus Nordjapan blühen früh und müssen unmittelbar nach der Blüte beschnitten werden, da sie Knospen auf dem Holz des Vorjahrs ausbilden. Rispenhortensien aus Südjapan blühen spät und können später beschnitten werden. Es gibt sogar einige niederwüchsige Varianten mit Namen wie ›Dart's Little Dot‹. Viele ausgezeichnete Varianten, die englischen Züchtern ganz unbekannt sind, werden in Alabama kultiviert. Dasselbe gilt für die vielgeliebte eichenblättrige Hortensie *(Hydrangea quercifolia)*, die wegen ihrer Blattform und den weißen

334   *Sommer*

Blütenköpfen im August geschätzt wird. Auch hier wurden Verbesserungen erzielt, einige blühen jetzt früher und wirken eindrucksvoller. Was den Rest der Familie betrifft: Wenn Ihnen jemand eine *serrata* ›Miranda‹ oder eine *macrophylla* ›Mousseline‹ anbietet, dann sagen Sie nicht Nein.

Jeder, der mit Hortensien zu tun hat, steht vor zwei Fragen: Wie erzielt man bei den Blüten einen klaren Rosa- beziehungsweise Blauton? Und wie beschneidet man sie? Die meisten rosablühenden Formen brauchen alkalischen Boden, und man sollte ihnen zwischen April und Juli, wenn sie die Tendenz zeigen, in Richtung Lila-Blau auszuscheren, eine Extraportion Kalk verabreichen. Wirklich blaue Formen brauchen sauren Boden; ansonsten lässt sich ihre Farbe erhalten, wenn Sie ihnen Sequestrene geben oder auch ein Fabrikat, das es Azaleen ermöglicht, auf kalkhaltigem Boden zu überleben.

Das Beschneiden ist einfach, wenn Sie den Trick kennen. Es ist ein Fehler, die welken Hortensienblüten noch Monate nach der Blüte stehenzulassen, als könnten sie die Pflanze vor Frostschäden beschützen. In Shamrock schneiden sie sie so bald wie möglich ab. Bei jedem Stiel sollte man nach einem Blattpaar mit einem sichtbaren Paar von Knospen darunter suchen und bis zu diesem Punkt zurückschneiden. Wenn man genau hinschaut, sind die Knospen am Stiel recht einfach zu finden.

Ich brach zu meinen Reisen in der Meinung auf, Hortensien würden ewig leben, und das Exemplar meines Vaters würde auch nach meinem Tod noch weiterblühen. Bei meiner Rückkehr war mir klar, dass Hortensien insgesamt eine strahlende Zukunft vor sich haben und sehr viel mehr Varianten umfassen, als ich zuvor angenommen hatte. Wenn Sie meinen, Hortensien seien nur für küstennahe Standorte geeignet, dann entgeht Ihnen der Sinn einer weltweiten Erfolgsgeschichte.

Hortensien unter Bäumen   335

Le Jardin Plume

Nicht allzu weit entfernt von diesem Hortensiengarten liegt der beste Garten im modernen Stil, den ich in vielen Jahren besucht habe. Er ist die Umsetzung einer klugen Vision, die die Traditionen mehrerer Nationalitäten zu einer unabhängigen, intelligenten Form kombiniert. Darüber hinaus hat das Ganze einen grandiosen Pferdefuß. So ungern ich es zugebe: Hier wird ganz exzellent mit Ziergräsern gearbeitet. Es gibt fast nichts in Gottes vegetabilem Königreich, das in den letzten Jahren von mir eine schlechtere Presse bekommen hätte, doch sehe ich mich gezwungen, meinen Urteilsspruch abzumildern. Im Jardin Plume wurde mir klar, wie genial man mit Ziergräsern arbeiten kann.

Über die letzten gut zwanzig Jahre hinweg haben Patrick und Sylvie Quibel still und leise auf einem Flecken Land in der Normandie einen bemerkenswerten Garten angelegt – an einem Ort, wo ich nicht einmal gewagt hätte, überhaupt anzufangen. Zwanzig Jahre lang waren sie – mit einem kritischen Auge für die sich wandelnden Moden im modernen Gärtnereiwesen – als Betreiber einer Pflanzschule tätig. Im Jahr 1996 begannen sie, ihre persönliche Vision auf einem schwierigen Stück Land knapp fünfzehn Kilometer außerhalb von Rouen umzusetzen. An dem von ihnen gewählten Ort herrschen heftige Windverhältnisse, und die Erde ist sehr lehmhaltig. Gut drei Hektar wollten sie als Garten gestalten, wobei sie kaum Hilfe von außen hatten. Der Ort hätte mich als flacher, gottverlassener Pfannkuchen abgeschreckt, doch sie erkannten darin Möglichkeiten, die Perspektive, ihren Traum zu verwirklichen. Das Ergebnis ist Le Jardin Plume bei Le Thil, Auzouville-sur-Ry in der Normandie. Im Jahr 2003 gewannen die Quibels einen Preis für den besten modernen Garten in Frankreich. Sie müssen

336 *Sommer*

Abb. 71: Ein Bereich des Jardin Plume im Juli

wirklich mit Abstand die besten gewesen sein. Ich habe nirgends einen besseren modernen Garten gesehen. 2009 erhielten sie eine ähnliche Anerkennung des »Museum of Garden History« in London.

Im Jardin Plume haben sie geometrische Formstrenge mit naturbelassener Freiheit kombiniert und Symmetrie und Stabilität geschaffen, die in unregulierte Wildnis übergeht. Wie sieht diese Planung praktisch aus? Die Quibels fingen mit einer Fläche an, die sich von nicht weiter bemerkenswerten, mittlerweile modernisierten Gebäuden weg erstreckte: von Wohnhaus, Pflanzschule, Scheunen. Sie hoben den Erdboden um das Haus herum um die Höhe einer Stufe an und bepflanzten ihn in streng formaler Manier mit gestutztem Buchs in Kombination mit exakt kontrollierter Bepflanzung, überwiegend in strahlendem, reinem Gelb. Von diesem leicht erhöhten Standpunkt aus sieht man eine phantastische Neuanlage, einen rechteckigen Teich, der ohne Randfassung oder Pflaster wie ein Spiegel in der umgebenden Fläche ruht. Auf Französisch klingt es besonders hübsch: *un bassin miroir*.

Abb. 72: *Wiese mit mehrjährigen Pflanzen im Jardin Plume*

Jenseits davon zieht sich zwischen Obstbäumen eine sorgfältig geplante Abfolge von rechteckigen Beeten jener von mir eigentlich schärfstens missbilligten Ziergräser hin. Hier sehen sie phantastisch aus, da sie in rechteckige Beete eingefasst und mit blühenden mehrjährigen Pflanzen gemischt sind, die den Anblick der braunen, schwankenden Ähren beleben und den Eindruck einer von Menschenhand geschaffenen Wildnis vermitteln. Die Rechtecke erstrecken sich über gut fünftausend Quadratmeter weit über eine flache Prärie hin, und sie sind unendlich viel schöner als die Wildblumen-Wiesen, von denen viele Gärtner in England so besessen sind und die fünf Monate pro Jahr katastrophal aussehen. Hier stehen die »Wiesen« unter der strengen Kontrolle eines formbewussten französischen Blicks, und die gemähten Pfade zwischen ihnen sind in der Breite eines Boulevards angelegt. Es ist eine schöne Erfahrung, die zentrale Blickachse dieses außerordentlichen Gartens hinunterzuschauen, der keinerlei Abneigung gegen Blumen zu erkennen gibt. Es gibt keinen brutalen Modernismus, keine törichten Skulpturen, keinen lieblosen Beton, stattdessen den friedlichen Eindruck sorgfältig überwachter Natur. Ich liebe es.

Um das Haus herum ist die Farbgebung, in mehreren unterschiedlichen Abteilungen, sehr intensiv. Bei meinem Besuch erstrahlte die Hauptterrasse im kräftigen Gelb exzellenter *Coreopsis* (Mädchenaugen), gerade sich öffnender Rudbeckien, erlesener Dahlien und so weiter. Die kräftige Farbe passt wunderbar zu dem frischen Grün der beschnittenen Buchssträucher und bildet einen ausgezeichneten Kontrast zu der dahinter liegenden gezähmten Wildnis aus Gräsern und ausdauernden Pflanzen.

Die Quibels sind phantastische Gartenspezialisten. Sie haben sich intensiv mit der Frage auseinandergesetzt, welche Arten von *Veronicastrum* (Ehrenpreis), *Thalictrum* (Wiesenrauten) und der entzückenden *Sanguisorba* (Wiesenknopf) mit einer Umgebung von sich im Wind wiegenden Gräsern gut zurechtkommen. Wie alle, die einen Hang zu »les Graminées« [Gräsern] haben, die ich unter der Bezeichnung »Eurograss« kenne, weisen sie darauf hin, wie sich diese Art der Pflanzung wie Wellen bewegt, wenn leichter Wind durch die umgebenden Hecken streicht. Was den Stil von Le Jardin Plume zu etwas Besonderem macht, ist die intelligente Mischung mit mehrjährigen Blumen und die penible Kontrolle, der der Sinn für Form nicht abhanden gekommen ist.

Patrick wird Sie sehr wahrscheinlich durch seinen Garten führen und seinen Plan erläutern. Auf Französisch klingt das einfach formidabel, und es erinnert mich an den formstrengen Geist von Descartes, der hier auf ein flaches Stück Land der natürlichen Welt übertragen wurde. In diesem ganz und gar durchdachten Garten gibt man sich natürlich nicht mit Grasbeeten oder nur einer einzigen Saison zufrieden. Auf einer Seite des Hauses, in Richtung Osten, zur aufgehenden Sonne hin, liegt der Frühlingsgarten, er wird im Herbst durch die Bepflanzung mit der niedrigen *Aster divaricatus* aufgeheitert. An der Westseite des Hauses wachsen in einem abgegrenzten Herbstgarten sehr hohe Pflanzen mit speerspitzenförmigen Blütenständen. Strahlend gelbe Korbblütler erheben sich zwischen Büscheln tiefroter und rosafarbener Michaeli-Astern und einem zentralen Rückgrat aus silbernem Gras. Ich kann mir gut vorstellen, dass diese Kombination zur Zeit der Blüte einen spektakulären Anblick bietet.

Wenn man auf der Terrassenstufe steht und hinausschaut, befindet sich halbrechts ein entzückender Gemüsegarten, in dem Kürbisse, Koriander, die richtige Art von Flechtzäunen und eine stattliche Anzahl an Blumentöpfen zusammenkommen. Sie erinnern an die Töpfe, aus denen Laurence Olivier Ohrwürmer zu ziehen pflegte, als er in der Fernsehserie *Voyage Round My Father* John Mortimers blinden Vater spielte – dieser konnte die Ohrwürmer

Le Jardin Plume   339

Abb. 73: Teil des Gemüsegartens im Jardin Plume

fühlen, ohne sie zu sehen –; und sie wecken die Erinnerung an die bemerkenswerten Szenen, die sich zwischen jenen Dahlien abspielten, die Mortimers Vater nie würde sehen können. Die Anlage des Gemüsegartens ist sehr durchdacht, intim und unmittelbar ansprechend. Dahinter betritt man einen Wald aus *Miscanthus*-Gräsern, jener wild wuchernden Grassorte, die hier ausnahmsweise recht aufregend wirkt. Und jenseits dieser Fläche hat sich das weißblühende Weidenröschen – *Epilobium* – in grandioser Überfülle zügellos vermehrt. Im Frühjahr wachsen in den flachen Grasrechtecken an der Hauptachse Zwiebelpflanzen in den herrlichsten Farben. Ich wäre als salopper Engländer womöglich versucht gewesen, eine gewisse Variation in die Rechtecke einzubringen und ein Rechteck mehrjähriger Blumen mit zwei Grasrechtecken abwechseln zu lassen. Es hätte zweifellos scheußlich ausgesehen, aber versucht hätte ich es gern.

Im Gespräch mit Patrick und Sylvie werden Sie feststellen, wie wohlüberlegt ihr Engagement für die Natur und für Gärten ist, und wie ernst sie es damit meinen. Diese Eigenschaften sind bei Menschen, die besonders berühmt sind oder besonders viele Bücher schreiben, nicht unbedingt immer anzutreffen. Die Quibels wussten genau, was sie wollten. Sie studierten die neuen Stilrichtungen wilder Gärten in den Niederlanden, übernahmen und transformierten Ideen, die sie dort kennenlernten, und gaben ihnen eine persönliche Färbung. Immer wieder fiel mir auf, dass sie im Französischen etwas zum Ausdruck bringen, das ich mir selbst im Englischen schon gedacht hatte. Ich bin sicher, dass sie nie bei einer schicken »Chelsea-Show« ausstellen werden, aber von mir erhalten sie auf jeden Fall eine Goldmedaille.

Sie unterhalten außerdem noch eine ganz ausgezeichnete Pflanzschule. Dort bieten sie nicht weniger als vierzehn Sorten der ausgezeichneten *Helenium* (Sonnenbraut) an, von denen ich acht noch nicht kannte, und elf Varianten der *Sanguisorbas* (Wiesenknöpfe), die sie selbst mit viel Geschick anpflanzen, die jedoch in der Vermehrung eher schwierig sind. Wenn Sie ein Auto haben, so empfehle ich Ihnen, es vollzuladen, denn es wird hier vieles angeboten, das Sie andernorts kaum finden werden. Alle Pflanzen sind fachgerecht aufgezogen, nicht in Substraten auf Torfbasis, sondern in echter Erde – dem, was auf Französisch *terre universelle* genannt wird.

Le Jardin Plume   341

Was tun mit trockenen, schattigen Plätzen?

Im August können diejenigen unter uns, die zu Hause geblieben sind, ihren Garten einer kritischen Revision unterziehen. Bei sonnigem Wetter sind trockene, schattige Regionen das erste Problem, das uns auffällt. Wir alle haben solche Zonen, und kaum jemand macht etwas daraus. Wenn die Sonne richtig heiß herunterbrennt, ziehen wir uns dorthin zurück und stellen dann fest, dass wir hier doch eine Menge Platz vergeuden. Nach vielem Herumprobieren weiß ich jetzt einen Grundbestand an verlässlichen Pflanzen, die man dort ansiedeln kann und die mit den widrigen Umständen zurechtkommen. Dabei denke ich nicht an den trockenen Schatten unter einer Mauer, sondern an den Schatten, den hohe Bäume werfen, was besonders auf leichtem Boden zu Problemen führt. Die Lösung besteht nicht darin, irgendwelche exotischen Pflanzen zu nehmen, auch nicht Phlox, der leichten Schatten zwar gut verträgt, nicht aber Trockenheit. Entscheiden Sie sich stattdessen für etwas Zurückhaltenderes, das nicht aussieht, als müsse es um sein Leben kämpfen.

Eine der besten Optionen ist eine nahe Verwandte unserer Michaeli-Astern, eine Aster mit dem Beinamen *schreberi*. Sie hat sternenförmige, weiße Blüten über Blättern in einem sehr schönen Dunkelgrün. *Aster schreberi* wird praktisch nie krank, und auch Mehltau kommt bei ihr nicht vor. Sie blüht, angefangen im Juli, über drei Monate und ist sogar noch robuster als ihre markant blaue Verwandte *Aster macrophyllus* ›Twilight‹, die es ebenfalls durchaus mit schwierigen Umständen aufnehmen kann. Twilight ist nicht bodendeckend, zeigt aber ab August einen schönen Blauton. Es ist immer schön, ihre frischen Blüten zwischen anderen überlebenden Pflan-

342   *Sommer*

zen zu sehen, die ihre Saison schon hinter sich haben. Davor pflanze ich Gruppen von *Aster divaricatus*, die sich hübsch ausbreiten; sie ist ebenfalls eine vernachlässigte, dabei durchaus beachtenswerte Pflanze mit kleinen, sternförmigen weißen Blüten, dunklen, schwarzen Stielen und einer ausgeprägten Fähigkeit, mit Trockenheit fertigzuwerden.

Die besten Überlebenskünstler sind die winterharten Geranien, von denen allerdings viele Varietäten lange Blütenstengel entwickeln und sich dann in der zweiten Sommerhälfte unschön hängenlassen. Sie müssen sofort mit einer Rasenschere zurückgeschnitten und auf einen zentralen Klumpen reduziert werden. Einige dieser Wucherpflanzen werden sich in schwierigen Verhältnissen gut entwickeln, doch meine Stütze ist ein ordentlicheres Exemplar: *Geranium macrorrhizum album*. Es handelt sich dabei um eine anspruchslose Pflanze, die offenbar keine Schwächen kennt, wobei die Blüten allerdings nicht weiß sind, wie der dritte Teil ihres lateinischen Namens vermuten lässt, sondern ab Mai eine blassrosa-weiße Schattierung zeigen. Die Blätter riechen nach dem Geranienöl, das für Badezusätze verwendet wird. Eine oder zwei Pflanzen können bald geteilt und zu einer langen Reihe von Nachfolgern vermehrt werden. Diese adrette Pflanze ist für trockene Standorte ein Geschenk des Himmels.

Wenn man noch schattenliebende Pflanzen mit dazu nimmt, die eine gewisse Höhe erreichen, dann werden sie diese untere, bodendeckende Schicht durchbrechen und verhindern, dass sie aussieht wie ein Versuch, den Erdboden abzudichten. Eine exzellente Möglichkeit ist die tiefer blaue Form der Pflanzen, die manchmal fälschlich als »Zichorien« bezeichnet werden. Die unverwüstliche *Cicerbita plumieri* (Milchlattich) bereitet mit ihrer Wachstumshöhe von rund 1,20 Meter im Hochsommer viel Freude. Sie ist nicht so himmelblau wie die Zichorien, die man häufig an Straßenrändern in Mittelmeerländern findet. Ihre Blüten sind tiefer gefärbt, fast violett-blau, und ihre dicken, wasserspeichernden Wurzeln werden mit widrigen Umständen gut fertig.

Auch Stauden fügen Höhe hinzu, und die besten Exemplare blühen im späteren Frühjahr. Die bekannte *Choisya* (Mexikanische Orangenblume) macht sich unter hohen, sommergrünen Bäumen phantastisch, was ich erst relativ spät entdeckt habe. Die Blätter der Orangenblume haben einen glänzend grünen Belag, und sie sind zwar noch nicht in ihrer Bestform, wenn sich im Mai die Blüten entfalten, doch sie holen schnell auf und be-

Was tun mit trockenen, schattigen Plätzen?

wahren ihr glänzendes Grün, das ab Juni einen erfreulichen Anblick bietet. Die ganze Pflanze ist widerstandsfähiger, als man noch vor vierzig Jahren annahm; damals befürchtete man, dass sie eventuell nicht winterhart ist. Im Schutz hoher Bäume werden ihr die modernen Winter kaum etwas anhaben können, und es ist schön zu entdecken, dass ein knochentrockener Sommer ihr ebenfalls kaum etwas ausmacht.

Mich erstaunt auch, dass eine ähnlich widerstandsfähige Form der Geißblattgewächse nicht häufiger angeboten wird. *Lonicera tatarica*, vorzugsweise die Form ›Hack's Red‹, ist ein solider Strauch mit einer extrem ausgeprägten Fähigkeit, an Standorten, wo sich ausbreitende Baumwurzeln Probleme verursachen, praktisch völlig auf Wasser verzichten zu können. Die Blätter sehen bei Trockenheit staubig aus, doch sie ist nahezu unzerstörbar; die roten Blüten sind ein schöner Anblick, und sie versetzen Leute, die Geißblatt nur als Kletterpflanze kennen, in Erstaunen.

Wenn Sie es vorziehen, dass ein kleiner, schmaler Abschnitt eines Trockenbeets so eingenommen wird, dass es keinerlei Aufmerksamkeit braucht, dann empfehle ich einen Verwandten des Beinwell *(Symphytum)*, der sich großzügig ausbreitet, ohne sich in weitem Umkreis selbst auszusäen. *Symphytum cooperi* ist im *Plant Finder* der »Royal Horticultural Society« nicht aufgeführt, aber er ist Gold wert, wenn er sich in einer dunklen, trockenen Ecke ausbreiten kann. Die Blüten sind röhrenförmig, sie verbinden einen Hauch Dunkelviolett mit Blau und Weiß, ohne aufdringlich zu wirken. Eine Alternative ist die immergrüne *Phlomis russeliana*, sie hat recht große Blätter und entwickelt bis zu einer Höhe von knapp einem Meter grün-gelbe Blüten. Die Blätter lassen etwas nach, wenn das Wetter chronisch trocken ist, doch die Pflanze geht nicht ein.

Im August ist es einfach, nur an immer noch mehr Blühpflanzen für den August zu denken, die besten Pflanzen für trockenen Schatten blühen jedoch viel früher. Selbst wenn er sich gegen Platanenwurzeln durchsetzen muss, entfaltet sich Nieswurz von Februar bis April auf trockenem Boden ganz prächtig. Die besten Sorten sind die vielen Varietäten der Lenzrose *Helleborus orientalis*. Ab August empfiehlt es sich für trockene Standorte, die Wurzelballen alle vierzehn Tage mit Flüssigdünger zu versorgen, was im folgenden Frühjahr für eine spektakuläre Blütenpracht sorgen wird. Einige Fachleute vertreten die Meinung, die Pflanze bräuchte tiefe Erde und leichten Schatten, tatsächlich aber wächst sie in weniger als dreißig Zentimeter

Abb. 74: Aster schreberi

tiefer Erde auf steinigem Untergrund, lediglich knapp zwei Meter entfernt von den Stämmen hoher Platanen und Kastanienbäume. Ich weiß das, weil ich es selbst ausprobiert habe – anfangs eher verzagt, da ich die Pflanzen bestellt hatte, bevor ich mit Hilfe eines Brecheisens festgestellt hatte, wie ungeeignet der gewählte Standort war. Sie wurden unterstützt durch eine zusätzliche Düngergabe im Herbst, doch auch unter diesen schwierigen Bedingungen sind sie so schön wie diejenigen, die an günstigeren Standorten stehen.

In den letzten zehn Jahren haben Kreuzung und Selektion den Reiz dieser ausgezeichneten Pflanzen deutlich erhöht. Die gute Arbeit wurde durch die Aufgeschlossenheit der Ashwood Nurseries in Kingswindford in der Nähe von Kidderminster beschleunigt, deren Besitzer eine phantastisch gegenteilige Auffassung zur üblichen vertraten. Jahrelang wurde nämlich befürchtet, die Qualität von Nieswurz würde abnehmen, wenn ihre berühmten Hüter aufgaben oder starben. Zwei bedeutende Expertinnen waren Helen Ballard in Worcestershire und Elizabeth Strangman in Kent, doch glücklicherweise war ihnen die Großzügigkeit echter Fachleute zu eigen, und sie waren bereit, ihre besten Pflanzen dem Ashwood-Team zur Verfügung zu stellen. Während andere Experten dazu neigten, zu beklagen, dass alle guten Formen ausstarben, stellte sich Ashwood der Herausforderung und machte sich daran, noch bessere zu züchten. Man kann jetzt ihre ausgezeichnete Pflanzschule besuchen und die Ergebnisse in ausgesuchten Farben käuflich erwerben. Die Ashwood-Kreuzungen garantieren, dass Sie nur erstklassige Spitzenprodukte einkaufen, wobei andere Formen, die häufig ebenfalls sehr gut sind, auch andernorts gezüchtet wurden. Ich habe ausgezeichnete Erfahrungen mit einer Hybride mit dem hässlichen Namen *Helleborus x nigercors* gemacht, einer Kreuzung zwischen der Christrose und der kräftigen, grünblühenden Korsischen Schneerose. Die großen weißen Blüten entfalten sich büschelweise und bleiben lange schön; aufgrund der korsischen Herkunft laufen die Blätter spitz zu, und die Pflanze ist besonders widerstandsfähig.

Trockener Schatten ist also für Gärtner durchaus keine Katastrophe. Er ist vielmehr eine Herausforderung, die die Optionen begrenzt und, wenn etwas Schönes entstehen soll, zum Nachdenken anregt.

Wiedersehen mit Rosemary

Trockener Schatten war die Art von Herausforderung, der Rosemary Verey gern mit einem vergessenen Heilmittel zu Leibe rückte. Sie war nie um einen Einfall verlegen und regierte bis zu ihrem Tod im Juni 2001 als Königin des englischen Gärtnereiwesens. Nach wie vor beschäftigen mich ihr Ruhm und ihr Stil. Als Schriftstellerin, Vortragsrednerin und Gärtnerin wurde sie in der gesamten englischsprachigen Welt für ihren dicht bepflanzten Garten bei Barnsley House in Gloucestershire berühmt. Das Anwesen wurde von ihren Erben umgehend verkauft, doch Nachbarn – Bewunderer von Rosemarys Schaffenskraft – kauften es und wandelten es in ein Hotel um. Der Garten ist in Erinnerung an sie nach wie vor für das Publikum geöffnet.

Berühmt wurde Rosemary mit dem Buch *The Englishwoman's Garden*, das sie gemeinsam mit der talentierten Gärtnerin Alvilde Lees-Milne verfasste, die für ihren ausgezeichneten, ebenfalls in Gloucestershire gelegenen Garten bei Alderley Grange in der Nähe von Wootton-under-Edge bekannt war. Das Buch fing die Stimmung eines dezenten Feminismus und recht protzigen Gartenstils in den frühen 1980er Jahren ein, obwohl man im Nachhinein feststellen kann, dass viele Gärten in dem Buch von Männern oder gemeinsam mit männlichen Partnern angelegt worden waren. Da das Buch so ein Erfolg war, begann Alvilde als Gartenarchitektin für Mick Jagger zu arbeiten, und auch Rosemary sollte bald als Beraterin in der Welt männlicher Prominenz tätig werden. Mit steigendem Bekanntheitsgrad entwickelte sie sich zu einer einflussreichen Gartenarchitektin. Immer mehr Leute wollten eine von gelben Blüten triefende, aus Goldregen geformte Pergola, der derjenigen in ihrem Garten in Gloucestershire nachgebildet

Abb. 75: Rosemary unter ihrem Goldregenbogen

war. Bekanntheit erreichte sie erst im mittleren Alter, eine Leistung, die auf uns heute ungewöhnlich wirkt: Weibliche Gartenkoryphäen werden mittlerweile überwiegend durch das Fernsehen berühmt, für das Jugend und Schönheit ausschlaggebend sind. Alvilde hatte bereits Jahrzente als Gärtnerin hinter sich, sie hatte in den 1950er Jahren Vita Sackville-West gekannt (und geliebt), wohingegen Rosemary erst mit Anfang fünfzig anfing zu gärtnern, als ihre Kinder erwachsen waren und ihr Ehemann sie dazu ermunterte, die Leerräume im Garten mit Blumen aufzufüllen. Eine ihrer herausragenden Eigenschaften war die Tatsache, dass sie sich immer klar und großzügig über die Menschen äußerte, die sie dazu inspiriert hatten, die Arbeit in Gärten wirklich ernst zu nehmen. Sie erinnerte sich daran, wie Russell Page, der Landschaftsgärtner, gerade sein klassisches Buch *The Education of a Gardener* veröffentlicht hatte und wie begeistert sie davon war. Häufig erzählte sie mir auch von der Ermutigung, die sie von Arthur Hellyer erhalten hatte, dem Impulsgeber hinter so vielen namhaften Gärtnern und Gärtnerinnen.

Ihre Karriere als Gartenexpertin startete sie in einem Alter, in dem viele ihrer Altersgenossen sich daranmachen, ihren Garten zu verkleinern oder ganz aufzugeben. Mutig zeigte sie, was eine Gärtnerin mit ihrem Talent auch in fortgeschrittenem Alter zu leisten vermag. Rosemary war extrem gut organisiert und hatte einen klaren, raschen Verstand. In ihrer Jugend hatte sie in London Wirtschaftswissenschaften studiert, und in den Jahren ihrer Mutterschaft war sie eine begabte Reiterin, die ihre Talente für die Organisation der Reitturniere und der Treffen des lokalen Pony-Clubs in ihrem Umfeld in Gloucestershire einsetzte. Der Tod ihres geliebten Mannes David, einem Architekten und Mann mit Stil, motivierte Rosemary, ihre Fähigkeiten auf eine neue, anspruchsvollere Beschäftigung zu übertragen. Sie entschied sich für das Gärtnern, wo sie bereits erste Schritte getan hatte; zu einer anderen Zeit, an einem anderen Ort hätte sie sich womöglich für eine öffentliche Laufbahn entschieden.

Rosemary Verey begann zwar erst spät, doch traf sie mit ihrem Stil genau den Nerv der Zeit. Damals entstand gerade eine neue Welle englischen Gärtnerns, angetrieben von wirtschaftlichen Faktoren und bestimmten technischen Veränderungen. Letztere hatten zunächst mit Gartenbau nichts zu tun. Es handelte sich um einen Wandel in der Buchherstellung, der mit dem Aufkommen von Buchdesignern einherging: Englische Verlage erkannten, dass gute, billige Farbdrucke in Italien oder Hongkong eingekauft werden konnten. Infolgedessen war Rosemarys Garten der erste, der herausragend fotografiert und auf ganzseitigen Farbabbildungen dargeboten und vermarktet wurde, und das in erschwinglichen Büchern wie ihrem *Making of a Garden* (1995) und *Garden Plans* (1993), um nur die einträglichsten ihrer Titel zu nennen. Bald begann sie in fotografischen Kategorien zu denken. In den 1960er Jahren waren die meisten Bücher mit farbigen Bildern viel weniger überzeugend: Rosemarys Bücher gaben durch die Art, wie ihre Gärten präsentiert wurden, einen neuen Standard vor.

Diese Revolution in der Aufmachung fiel zusammen mit diversen sozialen Neuerungen und einem spezifischen Charakterzug Rosemarys. Bis spät in die 1970er Jahre hinein war das Hauptthema in den meisten Gärten der anhaltende Drang gewesen, Arbeit zu sparen. Gärtner mühten sich noch damit ab, mit »Bodendeckern« zu arbeiten und den Schock ihrer Eltern oder auch ihren persönlichen Schock zu verwinden, dass es seit 1945 keine billigen Arbeitskräfte mehr gab. Rosemary ging in genau die entgegengesetzte Richtung, wobei sie von einem ständig wachsenden Team von Gärtnern unterstützt wurde. Sie schätzte themenzentrierte Darstellungen, Farbe, dicke Pflanzschichten und alles, was nicht irgendwie glanzlos wirkte. Als ihr Ruf und ihr Vermögen größer wurden, nahm auch die Unterschiedlichkeit der Ausstattungen in Barnsley zu, und die Üppigkeit der Anpflanzungen und deren Pflege wurden finanziert von den Erträgen, die sie aus ihrer Arbeit als Beraterin bezog.

In den frühen 1980er Jahren machte die neue marktliberale Stimmung in England Reichtum und seine Darstellung einfacher und allgemein akzeptierter, und das Gärtnereiwesen gewann einen Umfang und eine Extravaganz zurück, wie es sie seit den 1930er Jahren nicht mehr gekannt hatte. Der frisch verheiratete Prince of Wales gab der High Society mit der Gestaltung seines neu erworbenen Anwesens in Highgrove das Beispiel einer Gartenanlage im großen Stil vor; zu den dortigen Themengärten hatte Rosemary schon früh ihre Ratschläge gegeben. In dem neuen sozialen Klima erwachte in wohlhabenden Gartenbesitzern der Wunsch, mit der illusionären Perfektion wettzueifern, die in den Fotos von Rosemarys Anpflanzungen zum Ausdruck kamen. Sie stand für das neue Bekenntnis zu einem großzügigen »English style«, einem Stil, der sich fünfzig Jahre lang auf dem Rückzug befunden hatte.

350   *Sommer*

Die englische Gartenkunst war in Amerika, vor allem an der Ostküste, immer beliebt gewesen, und Rosemarys neuer, verschwenderischer Ziergartenstil sprach auch amerikanische Gartenbesitzer an, die ebenfalls in einer Phase des freien Welthandels immer reicher wurden. Rosemary knüpfte innerhalb kurzer Zeit transatlantische Kontakte, die sich durch gemeinsame Freunde vervielfachten, welche von ihrem Garten, ihren Kontakten zum Königshaus und ihrem klaren Blick beeindruckt waren. Sie verband in ihrer Person die vorteilhaften Eigenschaften, eine Frau zu sein, auf gutem Fuß mit der High Society zu stehen, und außerdem über eine echte Begabung als Vortragsrednerin zu verfügen. Sie wurde so zu einer wichtigen Brücke zwischen eifrigen amerikanischen Gärtnern und englischen Gärtnern, die zuvor einen Großteil dessen, was in amerikanischen Gärten geschah, aus Ignoranz abgetan hatten. In Gloucestershire fand sie in ihrem Freund und Nachbarn, dem Modedesigner Hardy Amies, genau den richtigen Mann, der sie für Vorträge und Begegnungen auf ihren transatlantischen Rundreisen passend einkleidete. Sie hatten eine wunderbare Beziehung zueinander, da auch Sir Hardy ein Gärtner mit scharfem, unabhängigem Blick und viel Geschmack war, der ein gutes Auge für alte Rosen hatte, seine »letzte Kollektion«, wie er sich mir gegenüber ausdrückte, während er mir stolz seine Rosen mit den französischen Namen vorstellte, in einer Manier, als habe er vornehme Damen vor sich, die in einem Salon bei Hofe versammelt sind.

Es war typisch für Rosemary, dass sie gern von den vielen herrlichen amerikanischen Gärten lernte, die sie jetzt besuchen konnte: Sie bewunderte vor allem den künstlerischen Stil von Bob Dash auf Long Island und die exzeptionelle Gartenanlage von Ryan Gainey in Atlanta. »Die trockenen braunen Hügel«, so schrieb sie einmal, »des Yakima-Reservats in Oregon, mit ihrem rötlichen Ton, erinnern mich an die braunen Stämme und Äste meiner Winterstauden und Bäume in Barnsley. Das hat mich gelehrt, über den großen Reichtum der Natur nachzudenken.«

Durch die Reisen der Bücher und ihrer Autorin wurde Rosemary in ihrer Eigenschaft als Gartenarchitektin und -bepflanzerin in einem Ausmaß nachgefragt wie sonst keine englische Frau in den letzten Jahrzehnten. Ihre Vorliebe für natürliche Lösungen auf dem Feld der Kunst des Gärtnerns blieb ihr erhalten. Sie suchte nach solchen Lösungen gern in älteren Gartenbüchern, die bis ins 17. Jahrhundert und noch weiter zurück reichten. Ihre

Wiedersehen mit Rosemary 351

Stärke lag darin, Ideen vorzuschlagen, nicht auf Papier Pläne zu zeichnen – Letzteres eine Kunst, die sie nie beherrschte. Sie konnte nicht zeichnen. Stattdessen experimentierte sie gern mit neuen Richtungen, und das bis zu dem Punkt, dass sie mich drängte, meinen Garten mit Kakaoschalen zu mulchen, ein schicker Kriegsruf in der Schlacht gegen Torf, und ich bin froh, dass ich dem nie Folge geleistet habe. Ihre »Countrywoman's Notes« aus Gloucestershire gehören zu ihren unterhaltsamsten Schriften, doch auch hier wirken ihre Einfälle für unsere moderne Welt manchmal etwas sonderbar. In einem Artikel schlug sie vor: »Wenn Ihrem Sohn oder Ihrer Tochter eine wichtige Prüfung bevorsteht, dann unterstützen Sie sie mit Engelwurz (›Inspiration‹), Rotklee (›Fleiß‹) und pinkfarbenen Kirschblüten (›Bildung‹).« Ich meine aus meinen konkreten Beobachtungen schließen zu können, dass der erste Gedanke, der den jungen Adressaten in den Sinn käme, wohl dahin ginge, diese Pflanzen in der Pfeife zu rauchen.

In Barnsley hatte sie mit ihrem Knotengarten eine alte Mode brillant wiederbelebt. Sie setzte außer Buchs auch die in Vergessenheit geratenen Gamander-Sträucher ein. Ihre Goldregen-Pergola war keine eigene Erfindung, allerdings war die Idee genial, sie mit den großen violetten Zwiebelköpfen von *Allium aflatunense* zu unterpflanzen, worauf sie, wie sie mir erzählte, der holländische Pflanzschulbetreiber van Tubergen gebracht hatte. Sie selbst war auf die vortreffliche Idee gekommen, den langen befestigten Weg, der von den Haupträumen ihres Hauses wegführte, mit strahlenden Sonnenröschen *(Helianthemum)* zu bepflanzen, eine durchaus nachahmenswerte Maßnahme. Bis Mitte der 1980er Jahre hatte sie dann auch einen repräsentativen Gemüsegarten angelegt, der durch fotografische Aufnahmen seiner Stachelbeerbäume und der Mangoldpflanzen in grandiosen Farben Berühmtheit erlangte. Es war ein Bereich, den zu besuchen nicht einfach war, vor allem nicht mit der Besitzerin, die sich um die eleganten Frühbeetabdeckungen schlängelte und bei ihrem Besucher das Gefühl hervorrief, um Platz kämpfen zu müssen wie ein Einparker in der City von London. Vor allem hier hatte sie an den fotografischen Effekt gedacht und nicht daran, dass man in einem auf Dauer angelegten Gemüsegarten Platz genug zum Arbeiten haben muss.

Monarchen sind außerdem Meister darin, Personen zu übersehen oder sie herunterzumachen, beides Künste, die zu besitzen Rosemary sich nicht immer bewusst war. Denjenigen gegenüber, die sie akzeptierte, war sie extrem loyal und großzügig, doch bei ihrem äußerst gut besuchten Gedenkgottesdienst in Cirencester erinnerte sich einer ihrer vielen Wohltäter, der exzellente Pflanzenfotograf Andrew Lawson, an eine Begebenheit, die sich zutrug, als er sie einmal aufsuchte, um Fotos von ihrem Garten zu machen. Wie es sich für einen Gartenfotografen gehört, fing er sehr früh morgens an zu fotografieren. Er begab sich zu der Goldregen-Pergola und sah, dass einige wenige Blüten auf den Boden gefallen waren, die er entfernte, weil sie auf dem Bild störend gewirkt hätten. Beim anschließenden Frühstück überraschte Rosemary ihn mit einer Bemerkung über seine Bereinigung ihrer Pergola. Es folgte eine Pause, und während Andrew noch überlegte, was er erwidern sollte, bemerkte sie nur unwirsch: »Mir gefiel es besser so, wie es vorher war.«

Ich bin nicht sicher, dass ihr Garten ihr grundsätzlich besser so gefiel, wie er sich dann entwickelte. Die Winter in Gloucestershire können sehr trostlos werden, und als sie älter wurde, halfen ihr ein oder zwei Flaschen alkoholischer Getränke durch dunkle, einsame Abende. Ihr Garten wurde letztlich zu einem Opfer der Fotografie, jener Technik also, die ihn auch so berühmt gemacht hatte. Fotografien halten einen perfekten Augenblick fest, doch im Lauf der Zeit, als sich die Pflanzen allzu ungehindert entwickelten, gewöhnte sie sich an, den Dschungel ihrer späteren Jahrzehnte zum »Wiesenstil« zu erklären. Sie konnte reden wie ein Wasserfall und war eine scharfe Beobachterin, doch wie ausgedehnt war ihr Faktenwissen? Als wir einmal von einem Gang zurückkehrten, den wir unternommen hatten, um ihre orangeblühenden Asklepien zu bewundern, erinnerte ich sie an ihr Angebot, mir eine Staude aus ihrem Bestand zu überlassen. Ich bat sie um eine *Ceratostigma*, die Fürstin der blaublühenden Herbststauden, die in Barnsley sehr eindrucksvoll zur Geltung kommt. Rosemary überraschte mich mit der Antwort, sie kenne diese Pflanze nicht, und ganz sicher besitze sie sie auch nicht.

Fernsehzuschauer werden sich vielleicht an eine andere Episode erinnern. Vor der Kamera wirkte Rosemary Verey immer äußerst selbstsicher und klassenbewusst. Einmal wurde im Rahmen einer sehr beliebten Sendereihe gezeigt, wie sie die breiten Beete eines herrlichen Gartens in Cumberland mit dessen Besitzer abschritt. Man war an einigen schönen Urnen vorbeikommen, und nun wandte sich der Besitzer an sie, um sie um Rat zu fragen – er hatte das Gefühl, sein Garten könne an der Stelle, wo sie nun standen, eine gewisse Auffrischung vertragen. Es folgte ein kurzes Schweigen, und dann antwortete sie: »Urnen. Mehr Urnen.«

Rosemary wird sowohl hier als auch in Amerika nach wie vor zu Recht als bedeutende Botschafterin des englischen Gartenstils geehrt. Einer ihrer Kunden war der Sänger Elton John, und sie schrieb einmal, dass sie seine Lieder sehr schätze und sogar hoffe, »eines Tages ein Lied über die orangefarbene Ringelblume von ihm zu hören, die ihren Weg in seinen weißen Garten gefunden hat«. Tadelte sie ihn dafür, dass er etwas übersehen hatte, oder freute sie sich über das eigenwillige Wirken der Natur? Beides entspräche der Art ihres Umgangs mit Gärtnern und Gärten.

Die Bezwingung der Natur

ie Franzosen bauen Gärten, und die Engländer sagen gern von sich, dass nur sie allein sie pflanzen können.« Trifft diese volkstümliche historische Gartenweisheit zu? Ich habe sie beim Besuch eines dieser verträumten französischen Landschlösschen überprüft, die die Pflanzinstinkte englischer Gärtner wachrufen, sobald ihr Blick auf die Avenuen aus beschnittenen Linden und Buchen fällt.

In der Nähe von Bayeux und in Sichtweite des »Gold Beach«, wo im Jahr 1944 die Alliierten landeten, liegt das entzückende Château de Brécy. Die Anlagen französischer Barockgärten sind meistens räumlich so ausschweifend, dass heutige Gärtner es schwer haben, sie auf ihren beschränkten Rahmen zu übertragen. Diese Anlagen »bezwingen die Natur«, so wird uns vermittelt, doch in Brécy macht die Natur den Eindruck, als habe sie sich der Unterwerfung gerne gefügt. Weder das Schloss noch der Garten ist von überwältigender Größe. Trotzdem kommen auf den drei Terrassen, die in maßvollen Proportionen von der Hauptblickachse aufsteigen, das schöne Mauerwerk und die mathematische Planung zur Geltung. Jacques de Lacretelle, der frühere Besitzer, der auch teilweise als Restaurator tätig war, charakterisierte den Garten als »den prunkvollen Putz einer italienischen Prinzessin, der über die Schultern eines kleinen normannischen Bauernmädchens gelegt ist«. Diese Verwandlung geschah in den 1660er Jahren und hat wunderbar als Rückgrat eines mittelgroßen Barockgartens überlebt, der heute wieder in Höchstform ist. Ich wünschte, ich könnte ihn übernehmen.

Geplagt von kleinen schwarzen Stechmücken stand ich mit dem gegenwärtigen Genius Loci, Didier Wirth, auf dem Dach des Schlosses und bat

Die Bezwingung der Natur 355

ihn, mir die Entwicklungsgeschichte des Gartens zu schildern, der sich unter uns erstreckte. Man weiß bis heute nicht, von wem der Entwurf stammte, obwohl einige sich für François Mansart aussprechen, jenen genialen Meister der Landschaftskunst, der in der Nachbarschaft tätig gewesen war und zu den Lehrern des großen Le Nôtre gehört hatte. Sein Förderer ist besser bekannt, es handelt sich um einen damals dort ansässigen Juristen, Jacques Le Bas. Seine Zusatzeinnahmen während seiner Amtszeit wären ein faszinierendes Thema für die heutige englische Presse, doch diese Einnahmen waren es auch, die die Grundlage abgaben für seine Pläne für das Château de Brécy und seinen ansteigenden Garten aus Stufen, Repräsentationsbeeten und Brüstungen. Die zentrale Blickschneise ist ein Triumph rationaler französischer Rechenkunst und ein Beleg dafür, dass mathematische Proportionalität sich auf sämtliche Anwesen, ungeachtet ihrer Ausdehnung, anwenden lässt.

Der Garten von Brécy befindet sich an einem Ort, wo früher benediktinische Mönche gelebt haben. Sogar heute noch stoßen Didier Wirth und seine Gärtner auf die Knochen heiliger Brüder, wenn sie für Neuanpflanzungen in der Nähe der erhaltenen Klosterkirche die Erde aufgraben. Während der Französischen Revolution wurden diese Kirche und ihre Ländereien von den Bauern übernommen. Die skulptierten Eingangstore und die Grundstruktur des Gartens von Brécy überlebten zwar, verfielen jedoch im Lauf der Zeit allmählich, bis die bekannte französische Schauspielerin Rachel Boyer sie entdeckte, die im Sommer 1912 hier ihre Ferien verbrachte. Sie war so hingerissen von dem Ort, dass sie ihn kaufte, sogar inklusive des nicht mehr genutzten Klosters. Das Eigentum aller war auf den Wert eines Besitzes heruntergesunken, der niemandem mehr gehörte. Sie bezahlte in einem der historisch bedeutsamen nachrevolutionären Kaufakte 101 Francs für die Kirche.

Unter ihrer Schirmherrschaft profitierte Brécy erstmals von der Aufmerksamkeit französischer Fachleute, von Experten, die für die Erhaltung der *Monuments Historiques* zuständig waren. Dann folgte eine Ruhepause, zu der auch der glückliche Umstand gehörte, dass es nicht zu Kriegsschäden kam: 1944 wurde Brécy im Zuge der ersten Welle gelandeter Alliierter kampflos eingenommen. 1955 kaufte der Schriftsteller Jacques de Lacretelle den Ort und fing mit der Arbeit an der Gartenanlage in der Nähe des Hauses an. Er ließ erneut einen gepflegten Buchsgarten anlegen sowie ein

356 *Sommer*

Abb. 76: Der Hainbuchen-Kreuzgang in Brécy

ornamentales Muster diagonaler Linien auf den Hauptterrassen. Er stützte sich bei seinen Mustern auf Zeichnungen des Meisterarchitekten André Mollet, die in den klassischen Handbüchern aus jener Zeit überliefert waren, als Brécy gebaut wurde. Brécy begann wieder zu lächeln, und sein Lächeln wurde dann noch einmal vertieft und entscheidend verschönert durch Barbara und Didier Wirth, die Besitzer seit 1992.

Als ich mir die herrlich ausgesuchten alten Rosen um die Kirche herum ansah, kam mir das Klischee über englisches Pflanzen und französisches Bauen wieder in den Sinn. Dem heutigen Brécy wird es nicht gerecht. Zu Hause habe ich an den Hecken meines alten englischen Pfarrhauses Flächen weißer Blüten von der kräftigen Kletterrose ›Rambling Rector‹. Neben der »Kirche für 101 Francs« haben auch die Wirths ›Rambling Rector‹ angepflanzt. Ich war nach Frankreich aufgebrochen, während zwei wackere Baumpfleger sich damit abmühten, meine englischen Hainbuchen und den immergrünen *Pyrus* ›Chanticleer‹ wieder in Form zu bringen, eine selbst auferlegte Bußübung, die jedesmal, wenn sie ansteht, Unsummen verschlingt. In Brécy unterhalten die Gärtner der Wirths eine lange Reihe

Die Bezwingung der Natur 357

Hainbuchen in der Form eines grünen Kreuzgangs, Rundbogenfenster inklusive. Sie steigen über Leitern durch die grüne Decke dieses Kreuzgangs ein und beseitigen jedes Zweiglein, das ihnen vor die Schere kommt. Saubere Hainbuchen-Kegel flankieren einen Weg bei der Kirche, und sie sind so straff gestutzt, dass sie einen Ball abprallen lassen würden. In England werden meine Hainbuchenhecken vor dem Beschneiden so fluffig, dass ich manchmal schon darüber nachgedacht habe, ob ich sie nicht besser ganz entfernen sollte. Der Unterschied ist darauf zurückzuführen, dass die Hainbuchen der Brécys dreimal pro Jahr von einer französischen Arbeitsplattform aus beschnitten werden, im Vergleich mit der meine heimische Plattform aussieht wie die klobige Parodie einer Guillotine. Brécy ist der beste Beweis dafür, dass sorgfältig beschnittene Hainbuchenhecken die richtige Wahl für Orte mit voller Sonneneinstrahlung sind, während Buchenhecken am besten im Halbschatten gedeihen.

Brécy hat es mit seinen gegenwärtigen Besitzern gut getroffen. Sie haben die prägenden architektonischen Linien des Gartens betont, indem sie die Heckenbepflanzung klug ausweiteten. Am entfernten Ende der Hauptachse fügten sie in einem Stil, der mich entfernt an England erinnerte, klare Grenzen aus Linden und Hainbuchen hinzu. Eine Reihe weit auseinanderstehender geflochtener Bäume mit sauber beschnittenen Stämmen erhebt sich als Spalier im Hintergrund. Davor verläuft eine Reihe sorgfältig beschnittener Hecken, die zu der Baumsorte dahinter passen. Mir fielen bei diesem Anblick die eleganten grünen Reihen ähnlich beschnittener Hecken im Buckinghamshire-Garten des berühmten Designers und Dekorateurs David Hicks ein. Das war kein Zufall. Ich erfuhr, dass Barbara Wirth als Geschäftsführerin im Pariser Laden von David Hicks gearbeitet hatte und mit dem Designer eng befreundet gewesen war, dessen Garten ihren Stil also tatsächlich beeinflusst hatte.

So fangen die Klischees allmählich an zu verschwimmen. Wir haben hier einen französischen Barockgarten vor uns, der für englische Gärtner Lektionen in Pflanzung und Instandhaltung bereithält. Der Stil der Anlage ist ein überragendes Zeugnis für das klassische Zeitalter französischen Planens, eines der Elemente verdankt sich jedoch dem Vorbild eines englischen Designers. In glücklicher Verwirrung wandte ich mich um und sah mich mit dem ungewöhnlichsten Leitmotiv des Gartens konfrontiert: den kugeligen, in Stein gehauenen Artischocken an den eindrucksvoll restaurierten

358 ❦ *Sommer*

Springbrunnen. Wirth erklärte mir die zugrunde liegende Idee. Sie sollen an die runden Artischocken erinnern, die oben an der benediktinischen Klosterkirche in Stein gehauen sind. Spätere Historiker standen vor einem Rätsel. Die Antwort findet sich in mittelalterlichen Bibeln der Benediktiner. Die Artischocke ist kein Symbol für die Vorspeisen, die uns in einem französischen Sternelokal im Paradies erwarten. Sie steht für das Verhältnis von uns Menschen zu Gott. Gott ist das Herz der Artischocke, verborgen unter den Schichten aus widerborstigem Flaum und Stacheln. Wir sind die Blätter der Artischocke, die um die Anwesenheit Gottes in der Mitte angeordnet sind. Ist das also der Grund dafür, dass ich das Herz der Artischocke häufig so ungenießbar finde? In Brécy genügt mir die Interpretation, dass die Gestaltung der neuen Brunnenanlagen die Himmelsnähe des Gartens zum Ausdruck bringt.

Die Bezwingung der Natur 359

Späte Clematis

Im Spätsommer blühende Clematis sind die verlässlichsten Mitglieder dieser Familie. Die besten von ihnen werden nie vom Clematissterben befallen und überstehen auch eine lange Trockenperiode. Die beste Varietät überhaupt ist *Clematis* ›Bill Mackenzie‹. Es handelt sich dabei um eine *Tangutica*-Hybride mit gelben Blüten, die jedoch größer und offener sind als bei nahen Verwandten. Sie sollten also unbedingt auf dieser Sorte bestehen. *Clematis tangutica* stammt aus der Mongolei und Nordwestchina und darf nicht mit *Clematis orientalis* verwechselt werden, die kleinere Blüten hat. Der Name ›Bill Mackenzie‹ erinnert an einen bedeutenden Gärtner, der sich während der 1960er Jahre intensiv für Londons beliebten Chelsea Physic Garden engagierte. Er war derjenige, der diese außerordentliche Varietät im Zusammenhang mit einem Besuch bei Valerie Finnis am florierenden »Horticultural College« in Waterperry, Oxford, selektierte. Es war eine überragende Selektion, bestehen Sie also bei Ihrem Einkauf unbedingt auf genau dieser Varietät.

Diese Clematis blüht spektakulär, wächst kräftig und bietet einen umwerfenden Anblick. Die Blüten haben vier strahlend gelbe »Blütenblätter«, die sich nach außen öffnen und in ihrer Mitte ein kontrastierendes Büschel zeigen. Die Pflanze wird über viereinhalb Meter hoch und hat nichts gegen einen trockenen Standort am Fuß einer hohen Mauer einzuwenden. Jahrelang war mir nicht klar, dass sie vor einer nach Süden weisenden Hausfront gut gedeihen würde. Heute frage ich mich, warum ich mich mit Alternativen aufhalte. ›Bill Mackenzie‹ blüht immer weiter, und selbst Anfang Oktober ist sie an meinen Mauern noch in Höchstform. Sie hat nicht nur die besten Blüten in der Gruppe der Gelbblüher, sondern außerdem noch

360   *Sommer*

die entzückenden grau-silbernen, flaumigen Fruchtstände dieser Pflanzen-
gattung. Ein Leser meiner Gartenkolumne in der *Financial Times* schrieb
mir in einem Leserbrief, sie erinnerten ihn an »mittlerweile in die Jahre
gekommene Imitatoren des Haarschnitts der frühen Beatles«. Sie sehen
tatsächlich aus wie grauhaarige Nachkömmlinge jener sorgfältig gestylten,
kreischenden Fans, die ich Ende 1963 im Hammersmith Palais sah. Glücklicherweise gibt Bill Mackenzies Clematis keine Töne von sich.

Einer meiner weiteren Favoriten ist ein nützlicher Bodendecker. *Clematis
x jouiniana* entstand aus der Kreuzung zweier wilder Eltern, eine von ihnen
die kräftige, an Hecken wachsende ›Traveller's Joy‹. *Jouiniana* breitet sich
wunderbar auf dem Boden aus und bildet einen Hügel, aus dem sich lange
Seitentriebe ausstrecken. Die kleinen Blüten in einem angenehmen milchi-
gen Blau-Weiß-Ton haben die Form eines X. Der Vorzug dieser Pflanze
besteht darin, dass sie sich ausbreitet und Lücken oder hässliche Stellen
auf dem Erdboden zudecken kann. Sie ist nicht immergrün, bringt es aber
gut fertig, einen alten Baumstumpf oder einen Ablaufdeckel zu verstecken,
wenn Sie sie in einem gewissen Abstand pflanzen und über dem störenden
Objekt ein weitmaschiges Netz fixieren. Wenn Sie den Deckel öffnen müssen, lassen sich die Stengel von *Jouiniana* ohne Weiteres beiseite schieben.
Sie können auch einen Rahmen aus Bohnenstangen bauen und die Pflanze
zu einem länglichen Dickicht von ungefähr einem Meter Höhe hochklettern
lassen. Sie wird auch eine Mauer hochwachsen, doch ich schätze sie vor allem als späten Bodendecker. Ich habe herausgefunden, dass sie auf kargem
Boden sehr viel kleinere Blüten entwickelt und sich in nassen Jahren wohler
fühlt. Es gibt eine frühere, üblicherweise *jouiniana praecox* genannte Form,
doch ich bin der Meinung, dass dieser Name im Handel recht freizügig vergeben wird und mit dem Beginn der Blühsaison der betreffenden Pflanze
nichts zu tun hat. Eine echte *Praecox*-Form müsste schon im Juli blühen.

Eines der Hauptanliegen der Züchter besteht heute darin, eine Spätsom-
mer-Clematis zu bekommen, die klein bleibt und sich als Topfpflanze eignet. Keiner der Kandidaten hat mich bisher überzeugt, doch es findet sich
ein hübsches kleines Exemplar darunter, die aus Guernsey stammende ›Petit Faucon‹. Ihre besondere Qualität ist ihre außerordentliche Blühdauer,
die bis zu drei Monate umfassen kann. Sie wird nicht höher als ungefähr
einen Meter, doch hat sie viele Blüten, die sich zu einem angenehmen Dun-
kelblau öffnen. Wenn sie offen sind, kommen schöne orange-gelbe Staubge-

Späte Clematis 361

Abb. 77: Beatles-Köpfe von Clematis ›Bill Mackenzie‹

fäße zum Vorschein, und die Farbe vertieft sich noch. ›Petit Faucon‹ eignet sich gut für die mittlere Reihe eines Beets, wo sie zentral mit einer Stange gestützt werden kann. Geeignet ist sie aber auch für die Auffüllung von kahlen Stellen, die sich unter vielen Kletterrosen bilden, vor allem, wenn die Rosen in ihren Anfangsjahren nicht ausreichend beschnitten wurden. ›Petit Faucon‹ ist eine ausgezeichnete Pflanze, die in Gärten und in der eigenen Pflanzenfamilie eine Lücke füllt.

Über frühblühende Sträucher lasse ich spätblühende Clematis wachsen, einen Mantel, der den Sträuchern eine zweite Blühsaison beschert. Am besten geeignet sind für diesen Zweck Mitglieder der *Viticella*-Gruppe, die in Farben von Weiß bis zu einem tiefen, samtigen Bordeauxrot erhältlich sind. Die praktische Umsetzung ist einfach. Im Februar müssen die Clematis auf dreißig Zentimeter über dem Boden zurückgeschnitten werden, eine Maßnahme, durch die verhindert wird, dass ihre Stiele dem Blütenwachstum der Forsythien, Schneeballsträucher und frühen Rosensträucher in die Quere kommt. Wenn die Sträucher ausgeblüht haben, fangen die *Viticellas* an, sich in sie hinein auszubreiten, aber nicht so schnell, dass nicht auch die Sträucher selbst nach der Blüte leicht beschnitten werden können. Im August würde meine weißblühende *Viburnum carlcephalum* ohne ihren Überzug aus weißblühender *Clematis* ›Luxurians‹ staubig und reizlos wirken. Diese weißblühende Varietät mit grüner Zeichnung macht

362 *Sommer*

sich an einem Strauch am besten, wohingegen die dunkler violetten und roten *Viticella*-Formen sich nur undeutlich von den Zweigen abheben, über die sie wachsen. Zu diesem Zweck sollte eine Clematis an einem Stützstock ungefähr einen Meter entfernt von den zentralen Stämmen des Strauchs eingepflanzt werden. Der Stock wird in Richtung der unteren Zweige des Strauchs geneigt, so bringt man die Clematis dazu, in die richtige Richtung zu wachsen.

In einer ganz anderen Größenordnung wurde vor knapp fünfzig Jahren auf der Krim ein weiterer Favorit gezüchtet, wobei man auch hier von der kräftigen ›Traveller's Joy‹ als einem Elternteil profitierte. Heute wird er korrekt als ›Paul Farges‹ bezeichnet (vormals *fargesioides* ›Summer Snow‹), und man sollte ihn im Auge behalten. Die cremefarbenen, kleinen Blüten verströmen einen leichten Duft und haben eine lange Blühsaison. Bei Bienenzüchtern ist dieses Exemplar verbreitet, weil die Bienen es lieben und in wohlschmeckenden Honig verwandeln. Ich schätze ›Paul Farges‹ wegen der Energie, mit der er sich an einem hohen Baum oder einer Hecke hocharbeitet. Ich habe ihn sogar auf eine struppige Leyland-Zypresse losgelassen, und er war so erfolgreich, dass ich erwäge, ihn in eine hohe Kiefer zu schicken, die ein Passant umbrachte, indem er vom Spazierweg aus eine Zigarette über die Gartenmauer schmiss.

Ein Ort, wo dieser kraftstrotzende Russe sicher nicht hingehört, ist ein Blumentopf auf der Terrasse, wie ich es – penibel beschriftet – in Fulham gesehen habe. Kluge Gärtner haben ein weites Feld an Möglichkeiten, um alte und neue Clematis-Züchtungen zu plazieren. Aber ein Blumentopf ist wirklich überhaupt nicht geeignet, um Pflanzen mit so viel Energie aufzunehmen.

Späte Clematis

Vierter Teil

HERBST

Ich erinnere mich an einen klaren Morgen im neunten Monat, es hatte die ganze Nacht geregnet. Trotz der strahlenden Sonne fielen noch die Tautropfen von den Chrysanthemen im Garten. An den Bambuszäunen und Heckengittern sah ich Spinnwebfetzen hängen; und an den gebrochenen Enden der Fäden hingen die Regentropfen wie weiße Perlen an einer Kette. Der Anblick bewegte und erfreute mich sehr.

Als die Sonne wärmer wurde, verschwand der Tau allmählich vom Klee und den anderen Pflanzen, auf denen er gelastet hatte: Die Zweiglein begannen sich zu bewegen und richteten sich dann plötzlich aus eigener Kraft auf. Später beschrieb ich anderen, wie schön das alles war. Was mich am meisten beeindruckte, war, dass sie nicht im mindesten beeindruckt waren.

Sei Shōnagon, *Das Kopfkissenbuch* (ca. 1000 n. Chr.)

Vita Sackville-West, die Verführerischste in der Zunft der Gartenautoren und -autorinnen, verglich einmal die Jahreszeiten mit Phasen des menschlichen Lebens. März und April seien die Jugend, im Mai/Juni nähere man sich »dem unerfreulichen Meilenstein« des dreißigsten Geburtstags. Juni und Juli »sind die Zeit zwischen dreißig und vierzig, oder sagen wir besser fünfzig?«. Im August »kommen wir in das quälende Stadium, wo wir absehen, dass wir sechzig werden, und dann folgt der September, wo wir auf siebzig zugehen«. Ihr Garten in Sissinghurst hatte im September und Oktober einige Schönheiten zu bieten, darunter ein Beet mit pinkfarbenen Nerinen und blauen *Aster x frikartii*, zwei für uns ganz wichtige Herbstpflanzen. Ihr Pessimismus hat unsere neuen Gewohnheiten in fortgeschrittenem Alter und unsere breitere Auswahl an Gartenpflanzen nicht überlebt.

Die ersten sechs Herbstwochen sind häufig die schönsten Wochen im gesamten Gartenjahr, und sie sind, seit diverse Vorurteils-Barrieren weggefallen sind, ins Zentrum der Aufmerksamkeit gerückt. Ich komme in diesem Teil meines Buches auf die außerordentliche Schönheit von Dahlien, Michaeli-Astern und Chrysanthemen zu sprechen, wobei alle diese Schönheiten von Gärtnerkollegen argwöhnisch beäugt wurden, die ohne Bezug zum Floristengewerbe fahle Farben und Pflanzen bevorzugten. Wenn sie blühen, sind die unübertrefflichen blauen Blüten von *Ceratostigma willmottianum* (Chinesische Bleiwurz) einer der Höhepunkte des gesamten Gartenjahrs. Dieser Strauch ist in den heutigen Wintern vollkommen winterhart und gehört zu den unverzichtbaren Pflanzen in jedem Garten. Ich lasse ihn im Winter unbeschnitten, eingedenk des alten Ratschlags, dass diese Maßnahme die Pflanze im Fall von extremem Frost schützen wird. Bei vielen *Hebe*-Arten bin ich hingegen nicht so sicher, dass sie rauhes Wetter überleben, aber da sie so schnell wachsen und so jung schon blühen, sind sie das Risiko und den regelmäßigen Austausch wert. Meine beiden Lieblingsarten gehören zu den robustesten, *Hebe* ›Watson's Pink‹, ein großartiger

Herbst 367

Überlebenskünstler auf der Anhöhe von Kiftsgate Court in Gloucestershire, das sogar noch höher liegt als mein Garten in den Cotswolds; und ›Nicola's Blush‹, die bis Anfang Dezember blassrosafarbene Blüten an Stauden von ungefähr einem Meter Höhe hervorbringt. Meistens wird an Kiftsgates exzellentem Pflanzenverkaufsstand im Sommer eine ›Watson's Pink‹ angeboten. Ich habe dort mein ursprüngliches Exemplar erstanden und die Erfahrung gemacht, dass es sich um eine ganz ausgezeichnete Pflanze handelt. ›Nicola's Blush‹ stammt aus der Rushfields Nursery in der Nähe von Ledbury in Herefordshire. Die Besitzer erzählten mir, sie hätten sie nach einer jungen Gartenhelferin benannt, die in Unterhaltungen häufig rot zu werden pflegte. In ganz England wird man nun also an Nicolas Namen und Angewohnheit erinnert, und ich halte ihre Namensvetterin für eines der besten Angebote für das zu Ende gehende Jahr.

Die zitronengelbe, hohe *Helianthus* ›Lemon Queen‹ kehrte vor ungefähr zwanzig Jahren in die Reihe der Favoritinnen zurück, eine ausgezeichnete Wahl für die hintere Reihe eines Beets, die problemlos mit dem Spaten kontrollierbar ist, obwohl sie sich in nicht zu trockener Erde am wohlsten fühlt. Sie bietet mit ihren zwei Metern hinter mittelhohen Astern wertvolle Höhe und geht sehr gut mit den Blautönen der robusten Eisenhut-Exemplare zusammen, wobei hier die *Carmichaelii*-Varietäten meine Hauptstützen sind. Mittlerweile gibt es neuere, nach englischen Flüssen benannte Züchtungen, die erst seit Kurzem zum Verkauf angeboten werden; man sollte sie sorgfältig beobachten. September und Oktober sind die Monate, in denen es am einfachsten ist, ein klassisches Beet mit gestuften Wachstumshöhen anzulegen: einer rückwärtigen, einer mittleren und einer Frontreihe. Wie im Frühling muss man sich auch jetzt nicht nach dem »Farbenrad« richten, denn das Herbstlicht ist überwiegend weicher, und der Effekt eines vielfarbigen Finales muss nicht den künstlichen Regeln einer angeblichen visuellen »Harmonie« gehorchen.

Ältere Gärtner in England betrachteten den 15. Oktober als Schlusspunkt für bedingt winterharte Beetpflanzen, den Termin, an dem Salbei, Heliotrop und Margeriten nach drinnen genommen werden müssen. Heute dürfen sie bis Ende des Monats weiterblühen, oft sogar noch länger, vor allem in Londoner Gärten, wo sie von der heißen Luft ihrer Nachbarn gewärmt werden. Ich erwähne im Folgenden nur fünf der besten Salbeipflanzen, es hätten auch gut und gerne zwanzig werden können; einige von ihnen über-

Abb. 78: Herbst im Picton Garden, Colwall, in der Nähe von Malvern

Abb. 79: Herbst auf der Wiese des Jardin Plume

Abb. 80: Hebe ›Watson's Pink‹ in Kiftsgate

stehen mäßig kalte Winter im Freien. Vergessen Sie nicht, dass Pflanzen, die in Töpfen wachsen, geschützter sind, wenn die Töpfe im Spätsommer gegen eine sonnige Mauer zurückgezogen werden. Terrakotta-Töpfe halten sich über den Winter auf hartem Pflaster am besten, wenn man sie auf Ziegelsteine stellt: So kann der Winterregen gut abfließen. Lässt man sie direkt auf dem Pflaster stehen, dann kann es passieren, dass der Topf auf der harten Oberfläche aufgrund des abfließenden Wassers festfriert, und wenn der Topf bei Tauwetter bewegt wird, springt der Boden womöglich ab. Ich liebe solide Terracotta-Stücke und besitze selbst zwei große, in Impruneta in der Nähe von Florenz hergestellte Urnen, die früher Nancy Lancaster gehörten. Allerdings ist ihr Dekor in mehreren Wintern abgefroren, und ich würde heute nur für den Einsatz im Garten keine Terracotta-Töpfe mehr kaufen. Zu Preisen bis zu 10 Pfund bieten Baumärkte dünne, dabei akzeptable Alternativen aus Ton an, die recht lange halten. Wenn Sie die Farbe stört, dann

370   Herbst

bemalen Sie sie in Ihrer Lieblingsschattierung in Majorelle-Blau oder Taubengrau. Farbe wird auch den Horror plumper Plastik-Surrogate verstecken, so dass auch sie in der grünen Umgebung eines Gartens hübsch wirken.

Bis Mitte Oktober bekomme ich noch Blüten der mehrjährigen Bartfaden *(Penstemon)*, der entscheidenden Pflanzenfamilie für die vorderen Reihen in Herbstblumenbeeten. Junge Pflanzen blühen am besten, es lohnt sich also, Ableger von einer Elternpflanze zu nehmen und sie im September Wurzeln treiben zu lassen, so dass sie für die nächste Saison eingetopft und herangezogen werden kann. Ich erinnere mich noch an das Gewese um die scharlachrote *Penstemon* ›Schoenholzeri‹, schon bevor der Handelsname zu ›Firebird‹ geändert wurde. War sie winterhart? Wie passte ihr kräftiges Rot zum damals herrschenden gedämpft-geisterhaften Gartenstil? Einige Gärtner ließen sich sogar – mit dem Argument, deren Purpurrot sei hinreichend zurückgenommen – dazu überreden, stattdessen *Penstemon* ›Garnet‹ anzupflanzen. ›Garnet‹ veränderte dann den Namen korrekterweise zu ›Andenken an Friedrich Hahn‹, wodurch die Pflanze für die englischsprachige Welt unverkäuflich wurde. Darüber hinaus aber liegt ihre fade Tristesse jenseits dessen, was ich nervlich ertragen kann. Die scharlachrote ›Firebird‹ hingegen entpuppte sich als komplett winterhart, sie blühte über mehrere Jahren hinweg sehr schön und brachte in einer Jahreszeit, wenn heitere Farben gebraucht werden, einen hochwillkommenen Rotton ein. Dutzende weniger widerstandsfähiger Bartfaden sind nach ›Firebird‹ im Handel aufgetaucht; schöne Exemplare sind die dunkelviolette ›Blackbird‹ und die weiße ›Snowstorm‹, doch gehören sie auch zu denen, die am wenigsten winterhart sind. Man wird zukünftig die neuen ›Pensham‹-Varietäten beobachten müssen, die lange blühen und fast vollständig winterhart sind; sie werden in unterschiedlichen Wuchshöhen angeboten und sind bis Oktober ausgesprochen blühwillig. Sie wurden im Vale of Evesham gezüchtet und stellen eine vortreffliche Erweiterung des Herbstsortiments dar. Aus Anfang September genommenen Ablegern lassen sie sich leicht vermehren.

Die ersten Herbstfröste beenden durchaus nicht den Reiz eines mit Bedacht angelegten und gepflegten Gartens. Beeren eignen sich nicht nur als Thema für Kolumnisten außerhalb der Saison. Ich wiederhole es hier und gehe im Kapitel »Zierapfelblüten« näher darauf ein: Sie sind ein jährlicher Höhepunkt. Meine Beerenfavoriten beginnen mit der bewunderungswürdigen Amerikanischen Eberesche *Sorbus americana* im August, einem in

diesem Buch völlig zu Unrecht vernachlässigten Baum. Das Ende bilden die
späten Zwergmispeln *(Cotoneaster)*, vor allem die ausgezeichnete, prachtvoll rote *lacteus Cornubia*, und *Exburiensis* mit ihren gelben Beeren, die sich
beide in jeder Art von Boden großartig entwickeln. Dazwischen kommen
die *Malus*-Sorten (Zieräpfel), zu denen ich mittlerweile mehr und Besseres
beizutragen habe. Ich bedaure jetzt, dass ich mich aus den gelbblühenden
Sorten für *Malus* ›Golden Hornet‹ entschieden habe, und ich werde erklären, warum das so ist. Bücher über kluges Gärtnern sind nicht von unfehl-
bar klugen Gärtnern verfasst.

Umschwärmter Schmetterlingsflieder

Wenn es in englischen Gärten zu kalt und nass und in den amerikanischen zu heiß ist – gibt es im August irgendetwas, das sich in beiden Sphären wohlfühlt? Die Antwort auf diese Frage ist eine meiner floralen Lieblingsfamilien: Die Buddlejas (Schmetterlingsflieder). Viele Gärtner sehen in Buddlejas lediglich hochgewachsene, pflegeleichte Büsche mit kräftigen Blättern und Blütendolden in Lila- oder Weißtönen, die gerne von Schmetterlingen besucht werden. Sie säen sich freizügig aus und haben die lästige Angewohnheit, sich in Mauern oder zwischen Pflastersteinen festzusetzen. Sie siedeln sich ungebeten auf Trümmergrundstücken an, dabei haben die Mitglieder dieser Familie sehr viel mehr Reize zu bieten. Sie wurden in den Gärten der »Royal Horticultural Society« in Wisley einer fünfjährigen Versuchsphase unterzogen, doch bevor die Ergebnisse dieses Tests ausformuliert sind, ziehe ich es vor, einen Züchter zu konsultieren, für den diese Pflanzenfamilie die Lebensgrundlage bildet. Die umfangreichste Buddleja-Sammlung in England befindet sich in der hervorragenden Pflanzschule von Longstock Park in der Nähe von Stockbridge in Hampshire. Der Besitzer von Longstock Park ist die John Lewis Partnership, und die Pflanzschule befindet sich auf dem Gelände des verstorbenen John Spedan Lewis, seinem erleuchteten Gründer. In das Angebot der anderen Filialen der John-Lewis-Gruppe müssen Buddlejas noch aufgenommen werden, die Pflanzschule hingegen verkauft jährlich über eintausend in Töpfen gezüchtete Exemplare. Ausgewachsene Exemplare können in Beeten außerhalb der Gartenmauern der Pflanzschule an jedem Tag der Woche besichtigt werden, denn die Besitzer von Longstock haben das große Glück, den Buddleja-Fanatiker und -Züchter Peter Moore zu ihrer Belegschaft zu zählen. Peter arbeitete jahrelang in der nahegelegenen Pflanzschule Hilliers, fand dann jedoch seine wahre Heimat im übersichtlicheren Longstock-Unternehmen. Hier kann er versuchen, die Natur zu verbessern, indem er neue aufregende Hybriden beliebter Stauden-Familien züchtet.

Ich hatte angenommen, ich hätte mich bereits hinreichend über die Eltern-Buddlejas der Longstock-Kollektion informiert, bis ich es wagte, Moore, der in der Nähe beschäftigt war, in seiner Arbeit zu unterbrechen. Wir brachten geschlagene eineinhalb Stunden damit zu, die Buddlejas aufzusuchen, die ich übersehen hatte. Die Lektionen umfassten viele der wichtigsten Exemplare vor Ort. Es gibt Buddlejas, die im Frühling blühen; Buddlejas mit blass rosafarbenen Blüten; und es gibt sogar eine mexikanische Buddleja, *Buddleia cordata*, die eher Fliegen als Schmetterlinge anzieht. Ich entwickle mich zu einem monomanischen Buddleja-Langweiler – nicht zuletzt deswegen, weil ich zu viele Varietäten erstanden habe, ohne eine Ahnung zu haben, wo ich sie in meinen Gärten unterbringen kann.

Die populärsten Buddlejas sind völlig pflegeleicht. Sie mögen Sonne, und was den Boden anbelangt, stellen sie keine Ansprüche. Die meisten schneidet man am besten jedes Frühjahr bis auf ungefähr dreißig Zentimeter über dem Boden zurück. In Longstock werden sie Ende März zurückgeschnitten – ein Akt, für den man einen beträchtlichen Vertrauensvorschuss leisten muss, weil der obere Teil einer Buddleja einen so prachtvollen Eindruck macht. Er ist so dicht, dass erfahrene Gärtner den Schnitt sogar mit ihrer motorbetriebenen Heckenschere durchführen. Die Pflanzen überleben das gut, sie wachsen wieder zu einer kontrollierbaren Größe heran und blühen dann üppig im August. Außerdem darf man nicht vergessen, welke Blüten zu entfernen, damit verlängert man die Blühperiode entscheidend. Während wir durch die Sammlung gingen, sah ich, wie Peter Moore bei all seinen Buddleja-Kindern die welken und halb welken Blüten herausschnitt und selbstkritisch anmerkte, er habe das seit mindestens zwei Tagen nicht gemacht. Gärtner sind besessen davon, die welken Blüten bei ihren Rosen zu entfernen, denken aber nie daran, ihren Buddlejas dieselbe Sorgfalt angedeihen zu lassen. Viele Varietäten haben abgestorbene braune Blütenstände zwischen den frischen Blüten; wenn die welken Blüten aber herausgeschnitten werden, treiben die Zweige normalerweise neue, kurze Blütenstände aus den darunter liegenden Blattknoten. Bei regelmäßiger Entfernung welker Blüten blühen Buddlejas bis Mitte September.

Abb. 81: Buddleia ›Autumn Surprise‹, eine spätblühende neue Hybride von Peter Moore in den Longstock Gardens

Wenn Ihr inneres Bild der besten Buddlejas noch auf alten *davidii*-Hybriden wie ›Royal Red‹ oder ›Black Knight‹ beruht, dann haben Sie die Vorstellung von groben, unordentlichen Blättern und einer Wuchshöhe, die sich schlecht in ein Beet einfügen lässt. Am Eingang der Longstock-Sammlung ging mir auf, wie weit ich hinter dem neuen Zeitalter herhinkte. Eine eineinhalb Meter hohe Schönheit namens *davidii* ›Adonis Blue‹ zeigte dunkle, schieferblaue Ähren eleganter Blüten über ordentlichen schlanken Blättern. Sie stammte aus der Notcutts Pflanzschule in Suffolk. Davor präsentierte sich ›Silver Anniversary‹ mit ihren kurzen, umwerfend weiß-grauen Blättern, eine neue, silberblättrige Buddleja, die sich markant von ihrer Umgebung abhebt. Die endständigen weißen Blüten verströmen sogar einen Honigduft. Sie wurde in Longstock von Moore selbst gezüchtet, ich kaufte also je ein Exemplar jeder Varietät und stellte mir vor, wie gut sie in den trockensten Teilen meines Gartens wirken würden. ›Adonis Blue‹ und ›Silver Anniversary‹ sind winterhart und würden in einem heißen Garten in größerer Nähe zum Mittelmeer vorzüglich gedeihen. Viele Buddlejas stammen aus trockenen Gegenden Chinas, und in Europa stehen sie auf trockenem, ungepflegtem Untergrund entlang von Eisenbahnschienen. Wenn die Blütenähren bei heißem Wetter schlapp werden, geben Sie den Pflanzen abends Wasser, dann erholen sie sich und locken wieder Schmetterlinge an. Für uns riechen die Blüten wie das Haaröl eines altmodischen Großstadtdandys, aber für männliche Schmetterlinge riechen sie wie schicke weibliche Schmetterlinge.

Nun war ich mit Buddlejas in meinem Garten mehr als üppig versorgt, und ich bat Moore, mir seine Favoriten für eifrige Gärtner zu nennen. Ich überredete ihn auch dazu, zwei seiner eigenen zu nennen: die strahlend weiße ›Silver Anniversary‹ und die blassblaue *davidii* ›Summerhouse Blue‹. Er empfiehlt Erstere sogar für große Töpfe, die man im November ins Haus nehmen kann, so dass die ›Silver Anniversaries‹ dazu gebracht werden können, im Winter weiterhin wohlriechende weiße Blüten hervorzubringen. ›Summerhouse Blue‹ ist eine etwas größerwüchsige Varietät, aber sie ist in keiner Weise grob und lässt sich durch jährliches Beschneiden leicht im Zaum halten. Sie entstand in Longstock zufällig als Setzling beim Golfplatz des Geländes, war also nie Teil eines Züchtungsprogramms. Das sind die Wunder der Pflanzen in nationalen Sammlungen, wo es zu freien und leichten Paarungen kommen kann. Dann sprachen wir über den dritten Favoriten, wobei wir uns auf die *davidii*-Varietäten konzentrierten. Ich schätze den neueren Sommerflieder ›Nanho Blue‹ sehr, er hat elegante Blätter und schöne blaue Blüten. Moore nannte stattdessen ›Nanho Purple‹: Die purpur-pinkfarbenen Blüten würden viel besser aussehen, wenn spätes Sonnenlicht sie beschien. Wir waren uns einig, dass ›Camberwell Beauty‹ eine weitere pink-purpurne Möglichkeit wäre mit der erfreulichen Eigenschaft, dass die Blüten in kleinen Sträußen angeordnet sind. Viele wissen, dass das auch für ›Dartmoor‹ gilt, ›Camberwell Beauty‹ wächst jedoch weniger wild. Bei den weißen Exemplaren sollten Sie ›White Profusion‹ wählen, nach wie vor die beste in dieser Gruppe. Unter den gelben Buddlejas mit Blütenbällen ist die beste *Buddleia x weyeriana* ›Sungold‹.

Ich hörte zu, machte mir Notizen und prüfte Blüten wie ein glücklicher Schmetterling, während sich viele weitere Varietäten zum Kauf anboten. Buddleja gibt es mittlerweile in so vielen verschiedenen und verbesserten Formen, dass sie es verdient, über ganz Europa ausgebreitet zu werden.

Sauerampfer-Suppe

Wann haben Sie das letzte Mal in einem Supermarkt Sauerampfer gesehen? Ich habe seit fünfzehn Jahren dieselben drei Pflanzen, und
wenn Archäologen je darauf verfallen sollten, meine Ernährungsgewohn-
heiten zu analysieren, dann dürfte es ihnen schwerfallen, die Quelle von
deren Säurelastigkeit herauszufinden. Die Antwort lautet Sauerampfer, als
frische Blätter gepflückt und in enormen Mengen verzehrt. Ich habe sogar ein Rezept für eine Suppe, das der französische Meisterkoch Raymond
Blanc mit Kugelschreiber auf die Rückseite eines alten Lohnzettels schrieb.
Da heißt es, man soll eine gehackte Karotte und eine gewürfelte Zwiebel in
Butter anschwitzen und erst relativ spät die Sauerampfer-Blätter hinzufügen. Als ich später einmal mit knurrendem Magen in dem unübertroffenen
Klassiker *French Provincial Cooking* von Elizabeth David blätterte, stieß ich
auf ein vergessenes Wunder: das Rezept für ein Sauerampfer-Omelett. Man
macht dafür in der gewohnten Pfanne ein Omelett und gibt, unmittelbar
bevor man es aufrollt, einige gehackte Sauerampfer-Blätter in die Mitte.
Sauerampfer-Omelett ist eine Delikatesse und verblüfft sogar die einge-
fleischtesten Kostverächter. Miss Davids nachdrücklicher Hinweis wird oft
vernachlässigt: Man darf nie zu viel Füllung in ein Omelett geben, vor allem
nicht in ein Sauerampfer-Omelett. Einige wenige fein gehackte Blätter verleihen den Hauch von zitroniger Säure, der das schlichte Gericht verwandelt. *Omelette à l'oseille* trifft man auf Speisekarten in Frankreich heutzutage
nicht an. Der einzige Gast an meinem Tisch, der es wiedererkannte, war ein
Besucher aus Russland. In Russland ist Sauerampfer ein Nahrungsmittel,
das den Bauern das Überleben sicherte.

Mein dritter Sauerampfer-Trick stammt aus Griechenland: Man über-

Sauerampfer-Suppe 377

zieht einen Lamm-Eintopf mit Sauerampferblättern, die man zu schaumig geschlagenen Eidottern gegeben hat. Dieses Dressing wird in letzter Minute zugegeben und darf sich nicht setzen. Ich habe dieses ausgezeichnete Gericht in den frühen 1990er Jahren in einem einfachen Lokal in Athen genossen und das Rezept, festgehalten auf der Rückseite der Rechnung, mitgenommen. Es begegnete mir dann unter der Bezeichnung »Arni Fricassée« in Claudia Rodens *Mediterranean Cookery* wieder, obwohl man die Sauerampfer-Blätter erst später zugeben sollte, als sie es vorgibt, denn sonst ziehen die Blätter zu viel Wasser. Lamm und Sauerampfer kamen immer gut an – mit Ausnahme nur von dem einen Gastmahl, wo ich meinen weiblichen Gast, eine phantastische Köchin, vorwarnte, dass es sich um ein griechisches Rezept handele. Sie argwöhnte daraufhin, dass die Lammstücke von einer Ziege stammten, und rührte sie nicht an.

Diese drei Einsatzmöglichkeiten verschlingen zwischen April und September jede Menge des Sauerampfers in meinem Garten. Es ist schön, dass die Pflanzen sich als so nützlich erweisen – ich kaufte die drei ursprünglichen Sauerampfer-Exemplare als Topfpflanzen zu einem geradezu lächerlichen Preis. Man kann Sauerampfer auch ohne Weiteres aus im Freien ausgebrachten Samen züchten, der unter anderem über die interessante »Heirloom«-(Erbe-)Liste von Gemüsesamen von Pennard Plants in East Pennard, Shepton Mallet, Sommerset erhältlich ist. »Growing the dream« [Einen Traum anpflanzen] lautet deren Slogan, und sie bieten zwei Arten von Sauerampfer zum Preis von jeweils einem Pfund pro Päckchen an. Mir gefällt die Charakterisierung des rotadrigen Sauerampfers nicht: Er wird beschrieben als »elementarer Bestandteil der französischen Küche« und mit knackigem Spinat oder Mangold verglichen. Die grüne Sorte ist besser, obwohl sie auf der Liste den Namen »Cuckoo's Sorrow« [Kuckuckskummer] trägt. Dahinter steht die Annahme, dass Vögel das scharfe Blatt benutzen, um ihren Rachen zu reinigen. Ich hatte gerade meine alten Sauerampfer-Pflanzen heruntergeschnitten und das Abgeschnittene weggeworfen, als ich zum ersten Mal seit Jahren wieder einen Kuckuck rufen hörte. Ich glaube nicht, dass er davor meinen Komposthaufen besucht hatte, aber ich glaube, es ist wichtig, die hochgewachsenen Stiele der Sauerampfer-Pflanzen Mitte Mai zurückzuschneiden. Sonst fangen sie an zu wuchern, bilden Samen, und die Qualität nimmt ab. Pennard Plants hat noch weitere seltene Arten vergessener Gemüse, darunter Erdbeerspinat mit Blättern, die als Salat genossen werden können, und glänzenden, maulbeerähnlichen Früchten.

Elizabeth David ist meine Quelle für ein weiteres klassisches Sommergericht: Estragon-Huhn. Ihre Version scheut nicht vor der nötigen Sahne zurück und ist unübertroffen. Entscheidend bei diesem Rezept ist die Estragon-Sorte. Supermärkte bieten manchmal ein nutzloses Kraut, den Russischen Estragon, in Töpfen an; er ist überwiegend winterhart und vergleichsweise geschmacksarm. Der einzige für die Küche verwendbare Estragon ist der frostanfällige Französische Estragon, der genau den richtigen Geruch hat, wenn man ein Blatt zwischen den Fingern zerreibt. Ich kaufe ihn in zuverlässigen Gartenmärkten, die etwas von ihrem Geschäft verstehen und beide Arten separat anbieten. Die Pflanzen wachsen in leichter Erde ergiebig bis Mitte November, ab dann sind sie jedoch durch Winterfröste gefährdet. Graben Sie einige Exemplare aus und setzen Sie sie in Töpfe, wo sie über den Winter bis zum Frühjahr geschützt sind.

Ein anderer Bauernfängertrick ist der in Supermarktketten angebotene Spinat, er trägt die Bezeichnung »French spinach« [Französischer Spinat]. Dabei handelt es sich um blasse, herzförmige Blätter, die verpackt verkauft werden. Dieses fade Zeug kann man höchstens seinem Hamster geben. Zu Recht wird dieses reizlose Gemüse als »Beta« bezeichnet, wie der Aufkleber auf der Plastikverpackung in Kleindruck mitteilt. Echter »Alpha«-Spinat ist dunkelgrün und etwas völlig Anderes. Um ihn zu finden, müssen Sie ihn selbst aus Samen ziehen: Nur so bekommen Sie den echten dunkelgrünen englischen Spinat, die einzige Art, mit der sich der klassische Salat mit klein geschnittenem, dunkel ausgebratenem Bacon und einer Sauce mit viel Essig herstellen lässt, die zu den Blättern gegeben wird, nachdem man das Bacon-Fett aus der Pfanne darüber gegossen hat. Echter Spinat gedeiht gut in einem niederschlagsreichen Sommer und nährstoffreichem Boden.

Selbst wenn Sie nur Kleinstgärtner sind, dürfen Sie Ihre Fähigkeiten unter Beweis stellen, indem Sie Radieschen säen. Die Samen gehen ohne Weiteres auf und entwickeln sich später zu einer Ernte, die ideal ist für Kinder, die im Sommer zu Hause beschäftigt werden wollen. Wie alle Pflanzen von Basilikum bis zu den Tomaten gibt es Radieschen und Rettiche heute in Formen und Farben, die den Prototyp weit hinter sich gelassen haben. Die ersten Jahre, in denen ich Radieschen anbaute, sind für mich mit einer Short Story von H. E. Bates verbunden, der heiße englische Sommertage

Sauerampfer-Suppe 379

so überragend schildern konnte. Die Geschichte handelt von einem älteren Mann, dessen kugelrunder, kahler Schädel in der Sonne rot wie ein Radieschen geworden ist. Dieser Mann drang in den Garten einer Nachbarin ein, woraufhin sie ihm Arbeit gab, er sollte Salat putzen und ihr in der Küche helfen. Ein wenig angesäuselt von ihren Cocktails verliebte er sich ein wenig in sie und blieb, soweit ich mich erinnere, tagelang. Die heutigen Radieschen lassen sich mit seinem Glatzkopf nicht mehr vergleichen, denn sie sind weiß und lang oder kurvig oder präsentieren sich unter dem Namen ›Mooli‹.

In ehrendem Andenken an die Geschichte von H. E. Bates habe ich ›Rougette‹ ausgesät, eine ausschließlich rote, runde Varietät, die an einen sonnenverbrannten Glatzkopf erinnert. Sie ist nicht besonders scharf, trotzdem verwende ich sie für ein klassisches Pasta-Gericht, das ich in der Nähe von Neapel, einem Radieschen-Anbaugebiet, kennengelernt habe. Man schwitzt eine Zwiebel an und fügt dann ungefähr zwei Dutzend in feine Scheiben geschnittene Radieschen sowie die gehackten Blätter hinzu, außerdem noch Knoblauch. Köcheln lassen, bis die Blätter zusammengefallen sind. Zur Mischung gibt man einen Esslöffel des Kochwassers, in dem man währenddessen die Tagliatelle gekocht hat. Mit den Pasta vermischen, geriebenen Käse hinzufügen (sehr gut eignet sich ein kräftiger Cheddar), und mit frischer Petersilie bestreuen. Das Ergebnis ist bemerkenswert überzeugend, eine *Pasta del giardino*, die wir alle mit Leichtigkeit nachkochen können.

Auf Liebe gegründet

Der bedeutendste Garten auf Long Island für Leser und Leserinnen ist der Feder eines Literaten entsprungen. »Die Sommernächte hindurch drang Musik aus dem Haus meines Nachbarn«, Musik, die als Echo noch immer nachklingt bei den Lesern von Scott Fitzgerald und seiner Geschichte vom Aufstieg und Fall des Jay Gatsby *(The Great Gatsby)*, der »mir einst mitteilte, er habe in Oxford studiert«. An Montagen arbeiteten auf seinem Anwesen acht Angestellte, einschließlich eines Extragärtners, und an Wochenenden fanden die Partys statt. »In seinen blauen Gärten schwirrten Männer und junge Frauen wie Falter zwischen dem Geflüster und dem Champagner und den Sternen umher.« Junge Engländer sprenkelten die Menge, »alle ein wenig hungrig aussehend, redeten sie allesamt mit leiser, ernster Stimme auf solide und wohlhabende Amerikaner ein. ... sie waren sich des leichtverdienten Geldes in ihrer Nähe schmerzlich bewusst und davon überzeugt, nur ein paar Wort im richtigen Tonfall würden reichen, und es wäre ihres.«

Für praktizierende Gärtner gibt es einen noch schöneren Garten auf Long Island; er ist auf Liebe gegründet, nicht auf dem Wunsch, Eindruck zu schinden oder Geschäfte auf der falschen Seite des Gesetzes zu machen. Im Jahr 1903 fiel der Sohn von Andrew Carnegies erstem Geschäftspartner in der schottischen Heidelandschaft auf die Knie und machte seiner jungen englischen Braut einen Heiratsantrag. Er versprach ihr, wenn sie ihn heiraten und mit ihm nach Amerika gehen würde, dann würde er ihr einen Garten anlegen, der einen Vergleich mit Gärten im Ausland nicht zu scheuen brauchte. Sie nahm seinen Antrag an, und ihr Gatte J. S. Phipps nahm sie mit nach Long Island, in die Old Westbury Gardens, wo Wahrzeichen

Abb. 82: Frühsommer in einem Teil der Westbury Gardens

des Jagdsports in die Tore eingemeißelt sind und man auf den von Linden gesäumten Straßen das Meer riechen kann. Phipps hielt sein Versprechen und begann, jenen Garten anzulegen, der mittlerweile 80 000 Besucher pro Jahr anzieht. Ich verdanke die Geschichte des Versprechens, das Phipps seiner Braut gab, der Autorität seiner noch lebenden Tochter, die – damals in ihren Neunzigern – als vorsitzender Genius loci nach wie vor präsent war.

Wie andere bedeutende Gärten entstand auch die Anlage von Westbury Gardens aus einer glücklichen Verbindung englischer und amerikanischer Talente. Phipps' englische Braut führte einen englischen Bepflanzungsstil ein und betraute mit der Gestaltung von Haus und Garten George Crawley aus England, der in den Annalen englischer Gartenanlagen mittlerweile nicht mehr den Platz einnimmt, den er eigentlich verdient. Crawleys Plan in seiner amerikanischen Umsetzung ist nach wie vor eindrucksvoll; kennzeichnend sind breite Hemlock-Hecken, herrliche Bäume, auffallende Stufen und ein eleganter Einsatz von Wasser. Die Familie Phipps wirkte als Mäzen von Crawley, und sie übt noch immer Einfluss auf den Garten aus, den Schauplatz glücklicher Tage seit 1903. Der Old Westbury Garden wird mittlerweile von einem Gremium geleitet, das auf den Fundus der Familienstiftung zugreift, doch ist sein ursprünglicher Charakter erhalten geblieben, da nie durch Gruppierungen von außen Druck ausgeübt wurde, von dem familieneigenen Stilempfinden abzuweichen.

Westbury Gardens verbraucht jährlich ein Budget von 2,6 Millionen Dollar. Davon stammt ein Fünftel aus Eintrittsgeldern, ungefähr ebenso viel aus Spendensammlungen. Vier Hortikulturisten und fünf Gärtner werden von stundenweise bezahlten Teilzeitkräften unterstützt. Außerdem gibt es bis zu sechs Praktikanten pro Jahr. Ein wirklich bedeutender Garten entsteht nie nur aus den zur Verfügung stehenden finanziellen Mitteln, und als ich in einem gewissen Abstand vom Haus die mit Mauern umgebene Anlage betrat, war ich entzückt von der für englische Augen ungewohnten Kombination der Pflanzen und Farben. Riesige violettfarbene Tibouchina-Sträucher bildeten den Hintergrund für die hängenden Blüten hoher weißer Tabakpflanzen. Vertraute Korbblütler wiegten sich neben ungewohnten Salbeiarten und Gruppen von *Pentas lanceolata*, einer Pflanze, die in England meines Wissens nie aus Saatgut gewonnen wird. In Beeten in der Nähe der Mauer stand ein hoher Bisameibisch mit Blüten, die aussahen wie strahlend gelbe Hibiskusblüten. Die Aufseherin meinte mir gegenüber mit erfrischender Offenheit, diese Pflanze wäre in der Haltung so einfach, dass selbst ein Engländer nichts falsch machen könnte. Himmelblaue Bleiwurz bedeckte neben in Spalierform beschnittenen Zwergmispeln eine weitere Ziegelmauer. Vielleicht sollten wir Engländer auch diese Kombination einmal ausprobieren. Die Blickachse des ummauerten Gartens ist geteilt, und an einem Ende beschließt eine geschwungene Pergola jenseits eines halbrunden Teichs den Blick. Durch die Blätter und Fruchtstände der herrlichen Lotosblumen, die darin wachsen, wirkt dieses Gewässer so exotisch wie der Lotus Club in New York.

Das Meeresklima auf Long Island ist nicht so erbarmungslos, dass der Garten im Herbst durch Stürme beeinträchtigt würde. Große Ahornbäume, Linden und Buchen gedeihen prachtvoll, unter anderem auch eine riesige Buche, die in jener längst vergangenen Zeit, als der Umzug eines so gewaltigen Baums lediglich einhundert Dollar kostete, näher an die Seitenterrasse heranbewegt wurde. Bei sehr großen Gärten besteht die Gefahr, dass die Atmosphäre verlorengeht, was man hier nicht befürchten muss, da die Beete sorgfältig geplant und bepflanzt werden und auch die grünen Durch-

Auf Liebe gegründet 383

blicke durch die Parklandschaft und die beschnittenen Hecken, die vom Haus wegführen, mit großer Sorgfalt gepflegt werden. Maß und Ordnung wurden im Verhältnis zu den einzelnen Pflanzengruppen nie aus dem Blick verloren, selbst dort, wo ungewohnte Trichterwinden sich neben *Clematis terniflora* und großen Gruppen der bleichen *Salvia coccinea* ›White Nymph‹ breitmachen.

Die Bäume, der Grundriss und die jährliche Abfolge dieser klug ausgesuchten Pflanzen erinnern uns daran, dass Gärten wohl tatsächlich am besten gedeihen, wenn sie auf einem Liebesschwur aufgebaut sind. Nie könnte daraus ein Ort wie das Anwesen Gatsbys werden, wo »eine plötzliche Leere … den Fenstern und Flügeltüren entströmte und … die Gestalt des Gastgebers, der auf der Veranda stand und die Hand zu einer förmlichen Abschiedsgeste erhoben hatte, in vollkommene Einsamkeit hüllte«. Westbury war als Ort für glückliches Familienleben angelegt worden, und damit wurde es später auch beschenkt.

384 ❧ *Herbst*

Formidable Fuchsien

Wenn Sie der Meinung sind, die europäischen Winter würden immer wärmer, dann sollten Sie sich Fuchsien zulegen. Viele Varietäten waren am Rand der Winterhärte angesiedelt: bereit, Frost – wenn auch nicht extremem Frost – standzuhalten. Nun, da Frost nicht mehr so ein großes Problem ist, haben sich die Grenzen der Familie der Fuchsien merklich ausgeweitet. Infolge dieser Veränderungen komme ich auf sie zurück und profitiere auch von den kühleren Sommern, die sie schätzen.

In Kalifornien ist die Lage seit Jahren eindeutig. In Teilen Kaliforniens, wo die Wintertemperaturen von Minusgraden weit entfernt sind und die Luftfeuchtigkeit im Sommer jene Höhe erreicht, die ihnen so behagt, hat die Pflanzung von Fuchsien eine lange Geschichte. Daher erstaunt es nicht, dass viele der besten Varietäten nach Orten benannt sind, die in der legendenumwobenen Bay Area liegen. In den 1930er Jahren entwickelten Züchter kräftige Varietäten mit Namen wie ›Beverly Hills‹ und ›Hollywood Park‹, die das ganze Jahr hindurch blühen und durch beherztes Zurückschneiden im neuen Jahr gestoppt werden müssen.

Wenn Sie eine junge Fuchsie kaufen, können Sie sie schnell in eine spezielle Form bringen. Im Frühjahr werden Standard-Fuchsien mit hohen Stämmen zu Preisen bis zu einhundert Dollar verkauft, dabei ist es kein Hexenwerk, eine Fuchsie in diese Form zu bringen – man braucht lediglich Geduld und ein gewisses Grundwissen. Nehmen Sie eine normale Staudenvarietät und schneiden Sie sämtliche Seitentriebe außer dem mittleren Stamm und seiner oberen Spitze ab. Der Stamm wird zweckmäßigerweise mit einem Stützstock verstärkt, und wenn er bis zu einer Höhe von sechzig bis neunzig Zentimeter gewachsen ist, ungefähr dreißig Zentimeter weni-

Formidable Fuchsien 385

ger als die Höhe, die Sie letztlich haben wollen, dann lässt man die Seitentriebe stehen, sie sollen sich jetzt frei entwickeln, ohne beschnitten zu werden. Traditionellerweise lässt man vier oder fünf Paar Seitentriebe stehen, die in dieser Höhe frei wachsen können, und dann wird die nachwachsende Spitze herausgeschnitten, um das Höhenwachstum der Pflanze zu stoppen. Das gesamte Procedere ist einfach, doch das Resultat sieht exotisch aus, und irgendwo wird irgendjemand für dergleichen exorbitante Beträge hinlegen. Diese sogenannten Standard-Fuchsien sind weniger winterhart als die normal verzweigten Varietäten, und da sie zu ausladend sind, um während des Winters unter Glas geschützt zu werden, empfiehlt es sich, für diesen Zweck nur winterharte Formen zu wählen. Diese können auch in unbeheizter Umgebung überleben.

Eines der besten Exemplare ist die exzellente, rotblühende Fuchsie ›Rufus‹, die 1952 erstmals gezüchtet wurde. Sie blüht üppig und wächst sehr aufrecht, lässt sich also gut zu einem kleinen Baum formen. Wenn Sie mit einem gewöhnlichen Exemplar anfangen und es beschneiden, haben Sie innerhalb von achtzehn Monaten eine ausgezeichnete Pflanze mit Stamm. Sie verträgt sich gut mit ›Blue Gown‹, die größere, doppelte Blüten hat, eine klassische Kombination aus Scharlachrot und Blau, das sich zu Violett verändert. ›Blue Gown‹ blüht üppig, und da sie sowieso hochgebunden werden muss, kann sie auch gleich zu einem Bäumchen hochgebunden werden.

Auf Bodenhöhe gibt es eine hübsche Kombinationsmöglichkeit für Gärtner, die fauler sind, als sie es zugeben möchten. Wenn Sie buchsbegrenzte Beete in einem Muster aus immergrünen Abteilungen anlegen, dann können Sie die Zwischenräume mit winterharten Fuchsien für den Sommer bepflanzen und unter die Fuchsien kleine Narzissen für den Frühling setzen. Ende Mai, wenn die Blätter der Narzissen absterben und die toten Stämme der Fuchsien erst anfangen zu wachsen, sieht das grässlich aus. Wenn Sie diese tristen zwei Wochen aushalten, dann bekommen Sie zwei Blühperioden mit minimalem Aufwand und ohne die Anstrengung, jedes Jahr neu auszupflanzen. Im Herbst übernehmen die Fuchsien; sie sehen in voller Blüte vor dem beschnittenen immergrünen Buchs bezaubernd aus. Eine gute Gruppe für diesen Zweck sind die niedrig wachsenden Fuchsien, die nach den sieben Zwergen aus dem Disney-Film *Schneewittchen* benannt sind. Zum Frühlingsanfang bilden die kleinblütigen Narzissen in der nackten Erde zwischen den kahlen Stämmen der Zwerge ein Blütenpatchwork.

Zwei weitere Hinweise – einen ernährungstechnischen, einen histori-schen – habe ich noch. Es lohnt sich, sämtliche Fuchsien mit regelmäßigen, ausgewogenen Phostrogen-Gaben zu düngen, die ihnen durch Gießen ab Juli zuzuführen sind: Fuchsien lieben Feuchtigkeit und eine anorganische Nahrungsergänzung.

Historisch gesehen ist die Fuchsienfamilie Thema einer Geschichte, die für Unternehmer interessant sein dürfte. Flüssigdünger kommt darin nicht vor, doch hat es mit produktiven Business-Strategien zu tun: Traditioneller-weise nimmt man an, dass die Pflanze in den 1780er Jahren von Wapping in Ost-London aus ihren Siegeszug antrat. Ein bedeutender Pflanzenzüchter, James Lee aus Hammersmith, soll von einer exotischen neuen Pflanze mit hängenden Blüten erfahren haben, die im Blumenkasten am Fenster einer Hausfrau in Wapping entdeckt wurde. Die Frau sagte, ihr Mann habe ihr die Pflanze von den Westindischen Inseln mitgebracht. Zwar wollte sie die Fuchsie nicht unbedingt hergeben, doch die Farbe des Geldes von Mr. Lee übte letztlich den größeren Reiz aus, und sie händigte die Mutterpflanze gegen ungefähr zehn Pfund Bezahlung aus. Der Züchter stellte daraus Ableger her, vermehrte die Pflanze und startete in die nächste Saison mit dreihundert Pflanzen, die bereits Knospen angesetzt hatten. Die elegante Gesellschaft, angetrieben von wetteifernden Damen, reagierte begeistert. Ihre »Pferde preschten in den Vorort«; um ein Exemplar der Pflanze zu ergattern, wurde die Geschwindigkeitsbegrenzung durchbrochen, doch fairerweise überließ Lee der Hausfrau eines der ersten Exemplare aus der neuen Serie, so dass sie es bis zur Rückkehr ihres Ehemanns aufheben konnte. Lee hingegen verkaufte innerhalb eines Jahres so viele Fuchsien, dass er aus zehn Pfund über dreihundert Pfund machte – alles aus dem Erinnerungsstück einer Frau.

Diese Geschichte ist sehr wahrscheinlich übertrieben. Sie kam erst fünfzig Jahre später durch einen Kurator der Botanical Gardens in Liverpool auf, und in der ersten veröffentlichten Form unterlief der Zeitung, die die Episode abdruckte, offenbar ein Druckfehler, indem als Ursprungsort der Pflanze nicht ein »window« [Fenster] in Wapping, sondern eine »widow« [Witwe] an-geführt wurde. Einige Autoritäten vertreten daher die Auffassung, die Haus-frau habe nicht nur ihre Fuchsie, sondern auch ihren Mann verloren. Völlig unbestreitbar hingegen ist, dass der Unternehmer James Lee den Gärtnern eine Blume bescherte, mit der sich unablässig Freude erzielen lässt.

Formidable Fuchsien 387

Das botanische Palermo

Für ganz Europa gilt ein Grundsatz, der leider von vielen praktizierenden Gärtnern ignoriert wird: Suchen Sie in jeder Stadt, die Sie besuchen, grundsätzlich den Botanischen Garten auf. In der Vergangenheit wurden deren Gründer von den Erkenntnissen der Pflanzenheilkunde inspiriert, und die Ergebnisse sind immer noch erkennbar: Gärten, in denen es nicht primär um die Kunst des Gärtnerns geht, und Botanikzentren, die sich nicht im Zentrum der Wissenschaft der Genetik befinden. Seit Jahrzehnten besuche ich solche Gärten – von Leiden bis Wien, von Urbino bis Berlin. Noch viel mehr Gärten warten auf einen Besuch, aber es gibt einen Garten, wo Pflanzen, Geschichte und Anlage an einem Ort, an dem man es nicht erwarten würde, ein in die Jahre gekommenes Paradies bilden.

In Palermo im Nordwesten von Sizilien ist der Botanische Garten Zeuge der aufgeklärten Ideen der 1790er Jahre. Er ist immer noch von einer klassizistischen Atmosphäre geprägt. Am Eingang bringen drei ebenmäßige klassische Gebäude die Werte Ordnung und Vernunft zum Ausdruck, die durch die senfgelbe Farbe nicht zu verbergen sind. Sie haben noch Friese, Pilaster und Giebel, mit Sphingen vor dem Eingang und Statuen im Inneren. Am ursprünglichen Eingang des Gartens erheben sich zu einer Höhe von zehn Metern auf zwei Pfeilern aus honigfarbenem Stein Statuen der bedeutenden Botaniker der Antike, Theophrast und Dioskorides. Die beiden klassischen Koryphäen blicken über eine Anlage, deren Beete nach dem Sexualsystem des schwedischen Botanikers Linnaeus angelegt wurden.

In der architektonischen Form dieses Gartens verbirgt sich eine interessante Zeit- und Kulturironie. Die Arbeit daran begann Anfang des Jahres 1789, unmittelbar vor den Ereignissen in Frankreich, die in die Revolution mündeten. Ein französischer Architekt erstellte die Pläne für die Gebäude des Gartens, er wurde kompetent unterstützt von italienischen Bildhauern und Mitarbeitern, außerdem von König Ferdinand I. aus dem Hause Bourbon und dessen Hofbeamten ermutigt. Lokale Honoratioren aus Palermo und bedeutende Kleriker steuerten ebenfalls Geldmittel bei, als dann der Garten jedoch im Jahr 1795 eröffnet wurde, hatte sein klassizistischer Stil nach sechs Revolutionsjahren in Frankreich neue Obertöne hinzugewonnen.

Das Rückgrat des Gartens ist eine kühn angelegte Struktur schnurgerader Alleen, die die Namen von Personen tragen, die in der Geschichte des Gartens eine wichtige Rolle spielten. Diese Alleen, *viali* genannt, sind gesäumt von je einer eigenen Baumart. An einer Allee wachsen immergrüne Eichen, an einer anderen Palmen und Pelargonien.

Die Wurzeln riesiger alter Exemplare von *Ficus magnoloides* und seines Verwandten, des Banyan-Baums, bilden neben hohen orientalischen Platanen und seltenen Nachbarn aus dem Osten einen aufregenden Rand am zentralen Weg. Einige dieser phantastischen Bäume sind über zwei Jahrhunderte alt, grandiose Überlebende kluger Kuratoren der Vergangenheit. Wenn man diese uneinheitlichen Alleen entlanggeht, erweckt das Erinnerungen an die zentrale Allee in dem herrlichen Garten von Tresco auf den Scilly-Inseln, bevor ein Sturm in den späten 1980er Jahren seinen Baumbestand zerstörte.

Die Alleen stellen für Baumspezialisten eine Herausforderung dar, doch sind sie nicht die einzige Attraktion des Gartens. Der zentrale *viale* endet an einem runden Wassergarten, gestiftet vom Erzbischof von Palermo im Jahr 1796. Eisblaue Seerosen, Lotos, Papyrus und noch viele andere Wasserpflanzen treiben in säuberlich abgeteilten Sektionen auf dem Teich; das Ganze ist umgeben von einem Bambuswald, der einen hohen, grünen, wogenden Vorhang bildet. Im Hintergrund erheben sich große Banyan-Bäume, und nicht einmal der skelettartige Umriss der modernen Gasanstalt jenseits der Gartengrenzen kann den Anblick stören. Entlang den Alleen sind Hunderte sorgfältig beschrifteter Blumenkübel aufgestellt, die im Herbst allerdings nur wenig Wachstum erkennen lassen. Der trotz Inhaltslosigkeit beschriftete Blumenkübel ist eine Spezialität italienischer botanischer Gärten, in Palermo befinden sich in den Töpfen jedoch Zwiebeln für alle Jahreszeiten, sie sind also durchaus belebt. Einige wenige herbstblühende Sorten deuten

Das botanische Palermo 389

Abb. 83: Gewächshaus im Botanischen Garten von Palermo

an, was dann auch der Frühling bringen wird. Auf den Blumentöpfen ist als Kennzeichen die Büste einer Sphinx angebracht, entsprechend der Sphinx, die als Skulptur vor den Hauptgebäuden des Gartens steht. In den 1790er Jahren erhielten Sphingen im Zusammenhang mit den ägyptischen Eroberungen Napoleons eine neue Bedeutung, allerdings bezweifle ich, dass der Botanische Garten von Palermo diese Mode mitmachte.

In Palermo gibt es zwischen April und Mitte September praktisch überhaupt keinen Regen, was einige spektakuläre hier beheimatete Pflanzen aber nicht im Geringsten beeinträchtigt. Riesige Vertreter von *Dracaena draco* (Kanarischer Drachenbaum) erheben sich neben einem künstlich aufgeschütteten Felshügel. Alte Exemplare von *Yucca elephantipes* (Riesen-Palmlilie) erheben sich zu einer Höhe von zehn Metern, während Hunderte Kaktuspflanzen, Sagopalmfarne und Agaven in noch mehr Pflanzkübeln gehalten werden. Ich schätze besonders den Anblick einer scharlachroten Bougainvillea, die in Gesellschaft himmelhoher Yuccas über ein Nebengebäude klettert. Der nahegelegene Garten hat ordentliche Gewächshäuser; eines davon ist ein Geschenk von Königin Maria Christina aus den 1830er

Jahren, und es beruht auf einem französischen Entwurf. Ebenso wie die Blumentöpfe werden die Gewächshäuser liebevoll gepflegt, und das in einer Stadt, in der die öffentlichen Versorgungsbetriebe sicher nicht im Geld schwimmen. Die Gewächshäuser dürfen als Begründung für noch mehr Blumentopfsammlungen herhalten, in denen alles Mögliche wächst, von Aloen bis zu Mimosen.

Zwischen den trockenen Blättern auf dem Boden und den hohen und niedrigen Bäumen blüht eine spektakuläre Allee im September besonders üppig. In einem weit entfernten Bereich des Gartens haben die Kuratoren eine lange Reihe des blühenden Falschen Kapokbaums *(Chorisia)* aus Südamerika gepflanzt. Die riesigen Bäume sind mittlerweile zu einer Höhe von zehn bis dreizehn Metern herangewachsen. Ihre Stämme schwellen mit zunehmendem Alter an, so dass sie an die Form bauchiger Flaschen erinnern, und sie sind mit Stacheln besetzt, um Tiere abzuschrecken. Ihre Blüten, die zu Hunderten auf die Gartenwege fallen, sind eine fünfblättrige Mischung aus Pink und Gelb. Wenn die Bäume ganz ausgereift und zu vollem Umfang geschwollen sind, bieten sie einen erstaunlichen Anblick.

Man nahm in diesen Botanischen Garten auch die Mutter aller Pflanzen von Palermo auf, eine Pflanze, die Goethe, der erste Bewunderer des Gartens aus dem Ausland, bei seinem Besuch in den 1790er Jahren noch nicht zu Gesicht bekam. Ungefähr fünfzig Jahre nach Goethes Besuch entdeckten die Gärtner in Palermo die Stärken der *Plumeria* (›Frangipani‹). In Palermo trifft man überall auf diese grandiose Blume. Sie war Thema einer Sonderausstellung im Botanischen Garten, und sie wächst als herrlicher Baum vor vielen älteren Häusern in Palermo und dutzendweise auf privaten Balkonen. Sie hat sogar ihre eigene Kulturgeschichte. Experten im Botanischen Garten beschrieben mir Frangipani als Objekt eines ausschließlich weiblichen Kults. Sie klärten mich auf, dass Frauen »die für ihre Pflege zuständigen Priesterinnen« sind. Wenn ein Mädchen heiratet, überlässt die Mutter ihr traditionellerweise ein Stück der familieneigenen Pflanze für ihren neuen Balkon. Wenn sie dort nicht gedeiht, ist das ein schlechtes Vorzeichen. Frangipani auf Balkonen »bleiben eine Domäne der Frauen, von der die Männer der Familie ausgeschlossen sind«. Männer dürfen sich lediglich außerhalb des Hauses darum kümmern, und zwar vorzugsweise »pensionierte Männer und erfahrene Gärtner«.

Die Pflanze hat eine ganz außerordentliche Geschichte. In Gärtnerei-

Das botanische Palermo 391

katalogen wird sie als *Plumeria* geführt. Der Name ›Frangipani‹ erinnert an einen Grafen dieses Namens, der im Frankreich des 17. Jahrhunderts ein ähnlich duftendes Parfum erfand. Die Leute von Palermo nennen sie ›Pomelia‹. Diese wundervoll duftende Blume lässt sich bis zum brutalen Reich der Azteken in Südamerika zurückverfolgen, die sie verehrten, vor allem, weil sich Rinde und Saft so vortrefflich zur Wundheilung eigneten. Das früheste Bild der Pflanze stammt aus dem berühmten *Codex Badianus*, der im Jahr 1552 entstand und Pflanzen zeigt, die die Azteken kannten. Es gibt vier Hauptarten, die alle aus Südamerika oder der Karibik stammen. Heute ist der Baum in ganz Indien und im Fernen Osten verbreitet; außerdem wurde er als Blütenlieferant für die Halsketten auf Hawaii berühmt, wo die Mädchen auf den Bildern von Paul Gauguin sie um den Hals tragen. Im Fernen Osten nahmen spanische Reisende Stücke der Pflanze mit und machten sie abseits ihres ursprünglichen Lebensraums heimisch. Auf Hawaii glaubt man, Frangipani stamme von Pflanzen ab, die ein amerikanischer Diplomat 1860 auf die Insel mitbrachte.

Das milde Klima in Palermo war ideal für die Pflanze, sie vermehrte sich schnell und war zu Beginn des 19. Jahrhunderts dann auch außerhalb der Gärten reicher Adliger zu finden. Frangipani ist als reisende Exportpflanze grandios geeignet, weil Ableger leicht Wurzeln treiben und sogar in der Lage sind, auf einem Zweig zu blühen, der von einem Elternbaum abgeschnitten wurde. Im Fernen Osten waren die Menschen von dieser Fähigkeit begeistert; sie verstanden sie als Symbol des ewigen Lebens, weshalb Frangipani auf Begräbnisstätten und in Tempelbezirken angepflanzt wurde. Im Botanischen Garten in Palermo gibt es nicht weniger als achtzehn Typen, die vor einer Mauer neben den Gewächshäusern präsentiert werden. Die Blüten changieren farblich von pink über gelb bis zu weiß, und der Garten spielte eine wichtige Rolle, um diese Pflanze auf den Balkonen sizilianischer Frauen heimisch zu machen. Es ist einer der vielen südamerikanischen Importe, die die Pflanzen des Botanischen Gartens bereichern, weit über das Maß hinaus, das sein Architekt mit seiner damaligen Klassifikation vorgab.

Frangipani lässt sich in einem geschützten Gewächshaus gut anpflanzen. Die Pflanzen sollten in Töpfen wachsen, die nicht unbedingt mit einer Sphinx geziert sein müssen, und sie werden auch die behutsame Pflege eines englischsprachigen Mannes sicherlich überleben. Im Spätherbst verlie-

Abb. 84: Frangipani in Palermo

ren sie ihre Blätter und sollten, bevor ab Oktober mit Nachtfrösten gerechnet werden muss, in eine beheizte Umgebung gebracht werden. In Palermo beschützen die Frauen die Zweigspitzen ihrer Balkonpflanzen manchmal, indem sie leere Eierschalen darüberstülpen, wodurch eine Art Eierbaum entsteht. Mit weiblicher Findigkeit haben sie herausgefunden, dass dieser ovariale Trick die Vegetationspunkte gegen Frost schützt. In England ist das Klima zu kalt, um die Pflanzen im Freien zu belassen, der Eierschalen-Trick erübrigt sich also.

Wichtige moderne botanische Gärten brummen nur so von Technologie, Ordnung und Forschung. Palermos botanischer Garten wird momentan mit Unterstützung der Europäischen Union umgebaut, und es besteht die große Gefahr, dass er modernisiert wird. Noch besitzt er sein großartiges Grundkonzept, seine vielfältigen Inhalte und seinen bezaubernden Kontrast zwischen Alter und Jugend. Um meine Begeisterung zu teilen, ging ich auf einen der im Garten tätigen Praktikanten in seinem blauen Overall zu und sagte ihm, dieser botanische Garten sei der beste in ganz Italien. Nein, korrigierte er mich mit gewinnendem Lokalpatriotismus, nicht lediglich in Italien, sondern in Europa, und womöglich überhaupt weltweit. So viele Töpfe sind zu gießen, ein Umbau muss überlebt werden – trotzdem hat die notwendige Knochenarbeit die Liebe der Belegschaft für ihre Heimat nicht schmälern können.

Der Hort des Friedens alter Zeiten

Bei heißem Wetter leiden Blumengärten sichtbar – im Gegensatz zu Architekturgärten, die ihren Stil beibehalten. Letztere sind von massiven immergrünen Elementen geprägt, einer soliden Grundstruktur und dem eleganten Einsatz von Stein und anderen harten Oberflächen. Die besten ihrer Art sind häufig die Gärten von Architekten, deren Gespür für Raum und Proportion verhindert, dass ein Garten ohne Blumen langweilig wirkt.

Der Garten von Iford Manor, südlich von Bath und noch innerhalb von Wiltshire gelegen, ist ein stilles architektonisches Meisterwerk. Der Entwurf dazu entstand im Jahr 1899, als das Gelände von dem Architekten Harold Peto erworben wurde, einem Genie des Landschafts-Designs. Seine Ausbildung und die ersten Berufserfahrungen fielen in die zu Ende gehende viktorianische Epoche, eine Zeit, deren Gartenstil viele heute noch für bizarr halten. Peto hatte ein phantastisches Auge, eine Architekturausbildung, und er war frei von einengenden Familienbanden. Mit Mitte dreißig hatte er bereits weite Reisen unternommen und den Zauber und das künstlerische Geschick Italiens entdeckt. Außerdem hatte er sich von Gärten in Nordafrika und Japan beeindrucken lassen. Zwanzig Jahre bevor die große Gärtnerin Miss Jekyll ihre Blumenbeete anzupreisen begann, hatte Harold Peto mit einer architektonischen Meisterschaft Gärten angelegt, die die Fähigkeiten der berühmten alten Dame weit hinter sich ließen. Einer seiner ersten Mitarbeiter war Lutyens, der Mann, der später zahlreiche Anlagen von Miss Jekyll mit einer Grundstruktur versah.

In Iford Manor überlebt die Gestaltungsweise dieses Architekten im Umkreis um das Haus herum, das er für sich selbst wählte. Es steht an einem steilen Hang, den er landschaftsgärtnerisch mit großem Geschick gestaltete

394 *Herbst*

und umgestaltete. Das Ergebnis ist weit mehr als nur ein Garten für Blumen. Im zentralen Bereich fand Peto Platz für grandiose Treppenfluchten, eine elegante Terrasse im italienischen Stil, komplett mit antiken Säulen, ein kleines Haus in mediterranem Stil (seine *casita*) und einen sehr bemerkenswerten privaten Kreuzgang.

In den 1880er Jahren schätzte man für die Anlage von Blumenbeeten geometrische Muster, auch wenn diese zwischen Muster aus Kieseln und Spiegelglas gesetzt wurden. Davon hielt der Architekt Peto nichts. Er führte in die englische Gartengestaltung den architektonisch ausgerichteten italienischen Stil wieder ein, während dieser selbe Stil unabhängig davon durch die Arbeit von Charles Platt die neuen Herrenhäuser an der Ostküste der USA erreichte. Gartenhistorisch ist dieser Stil ein Vorläufer des Formalismus, der die Theorien von Sir George Sitwell in Derbyshire prägte und so dramatisch in Hidcote Manor zum Ausdruck kommt, wo er sich in den Anlagen von Sitwells amerikanischem Zeitgenossen Lawrence Johnston entfaltete. Iford verblieb bis zum Jahr 1964 im Besitz der Familie Peto, und dank den Instandsetzungsarbeiten und der Hingabe der gegenwärtigen Besitzer, Elisabeth Cartwright und John Hignett, zieht die Anlage jährlich 10 000 Besucher an. Bis Mitte der 1980er Jahre hatte John als Bauer einen Hof in der Nachbarschaft bewirtschaftet, steckte seine Energie dann jedoch in die Restaurierung der Mauern von Peto, die nach Jahren der Vernachlässigung anfingen zu verfallen, nicht zuletzt weil sie an einem geologisch instabilen Hang stehen. Elisabeth Cartwright war als Mittzwanzigerin aus dem klassischen georgianischen Anwesen Aynho in Northamptonshire nach England gekommen. Auch sie hatte einen Familienhintergrund, der es mit der Herausforderung aufnehmen konnte, die Iford darstellte. In ihrer Begleitung befand sich Leon Butler, ein Gartengehilfe ihrer Mutter. Er wurde als Obergärtner beschäftigt und hat sich nach fast vierzig Jahren Arbeit für Iford in den Ruhestand verabschiedet.

Diese vierzig Jahre wurden gut genutzt. Der Ort atmet eine natürliche Heiligkeit, die durch Petos Stil unterstrichen wird. Peto war der Meinung, ein Garten, der aus nichts anderem als Blumen bestünde, sei langweilig, weshalb er Steinarbeiten einfügte – Stein kann ebenso ausdrucksvoll wirken wie Pflanzen. Er verwendete in Iford einige äußerst bemerkenswerte Steine, die Beute seiner Reisen und Sammelaktivitäten in Spanien und Italien. Jedes Stück war auf ehrliche Weise käuflich erworben worden, und bis

Der Hort des Friedens alter Zeiten

Abb. 85: Mediterran inspirierter Bereich in Iford Manor

jetzt hat keiner unnötigen Wirbel darum gemacht, dass die Peto Marbles in ihre ursprüngliche Heimat zurückgeführt werden müssten. Dabei ist es schon erstaunlich, was diese kunstsinnige Elster alles nach Wiltshire schaffen konnte. Auf seiner Terrasse stehen einige wertvolle antike römische Sarkophage, und zu seinem Treppenaufgang gehört eine freistehende Säule aus einer im 6. Jahrhundert entstandenen Kirche, einer der bedeutendsten Kirchen von Ravenna. In seinem Kreuzgang befinden sich Fragmente herrlicher italienischer Portale, Wappenschilder, seltene Marmorpfeiler und ein Relief der Jungfrau Maria, die die Überlebenden einer Pestepidemie beschützt. Heute wären das alles begehrte Antiquitäten, doch zu Beginn des 20. Jahrhunderts konnte Peto sie käuflich erwerben, weil sonst niemand Interesse daran hatte. Er erstand sogar aus dem 12. Jahrhundert stammende Steinlöwen und einige Stücke aus der Ca' d'Oro in Venedig.

Iford Manor ist ein bezauberndes Anwesen, auf dem unterschiedliche Perioden zusammenkommen, ihren spezifischen Charakter erhielt die gesamte Anlage jedoch durch Peto. An einem heißen Nachmittag gibt es keinen friedlicheren Landschaftseindruck in England als den Blick von seiner antiken Kolonnade auf die grünen Wiesen an den Ufern des Flusses Frome. Peto hatte einen fein ausgebildeten, kultivierten Geschmack, von dem er sich bei seinen klugen Anschaffungen leiten ließ. Er war nicht überspannt, und seine Kunst hatte durchaus eine öffentliche Dimension: Im Jahr 1907 errichtete er ein ungewöhnliches Denkmal für König Edward VII. in seiner Eigenschaft als Friedensstifter und brachte damit seine zunehmende Bestürzung über den Zusammenbruch der intrikaten europäischen Machtbalance zum Ausdruck. Später baute er seinen Kreuzgang, der auf den Inspirationen beruhte, die er vom Kreuzgang der Alhambra in Granada empfangen hatte. Er war entzückt von den großen Gärten Granadas, denn – wie er zu Recht feststellte – Granada war ein Ort, der es mit den künstlerischen Ansprüchen, die von Venedig, Rom und Florenz ausgingen, durchaus aufnehmen konnte. Als er nach einer Spanienreise nach London zurückkehrte, beschrieb er, wie er einmal »beim Dinner neben einem Spanier saß, der London besucht hatte und sagte, er würde sterben, wenn er hier ein Jahr lang leben müsste: Alles ist schwarz, die Schafe, das Gras, die Häuser, sogar die Vögel«. Spanier haben einen Hang zum Makabren. Petos Stil der Landschaftsgärtnerei ist Ausdruck einer helleren Vision, die im Unterholz des zeitgenössischen englischen Geschmacks verwurzelt war. In seiner Jugend

Der Hort des Friedens alter Zeiten

hatte die feine englische Gesellschaft die Stadt Florenz wiederentdeckt, Millionäre wetteiferten mit Geboten für die Gemälde italienischer Meister, und Florenz galt als führend in den schönen Künsten und im Kunsthandwerk. Wieder einmal hatte Italien England aus der Barbarei herausgerissen.

Iford ist nur einer der Gärten Petos, aber es ist sein persönlichster. Sein öffentliches Meisterstück befindet sich auf der Insel Illnacullin in der irischen Bantry Bay. Er erhielt auch Aufträge von reichen edwardianischen Auswanderern, die sich sein Talent reichlich zunutze machten, nicht zuletzt im südfranzösischen Cap Ferrat. Wäre heutzutage ein neuer Peto denkbar? Iford ist kein Garten mit großer Öffentlichkeitswirkung, doch hat unser Zeitalter eines globalen Tourismus die Wahrnehmungsfähigkeit für die klassische Unterfütterung abendländischer Kunst geschwächt, weshalb Petos italienischer Geschmack für moderne Augen einen anderen Akzent hat. Für uns sind seine Voraussetzungen keine Selbstverständlichkeit mehr. Ich teile sie, und daher liebe ich so sehr seine Inschrift, die er in jenem Jahr anbringen ließ, als er die Arbeit am Kreuzgang von Iford beendete. Er meißelte in den Stein: »Der Hort des Friedens alter Zeiten«. Man schrieb das Jahr 1914. In unseren Spätsommern haben diese Worte eine aktuelle Resonanz.

Herbst

Unerwünschte Eindringlinge

Gärtner ziehen einige feine Trennlinien, und keine ist subtiler als die Grenzlinie zwischen Natur und Kultur. Aus der Distanz betrachtet, gewinne ich den Eindruck, dass Teile meines Gartens endlich von Pflanzen bevölkert sind, die sich um sich selbst kümmern. Sie verbinden sich miteinander und breiten sich zu autarken Gemeinschaften aus. Sie sind nicht übertrieben ordentlich, aber sie überleben den Winter, und eines Tages werden sie vielleicht sogar mich überleben.

In Europa ist dieser Pflanzstil anerkannt und wird gern fotografiert. In Amerika hingegen, so stelle ich jetzt fest, werden viele seiner Bestandteile als »Bedrohungen« eingestuft. Ich habe das anhand von *Invasive Plants* überprüft, einem faszinierenden Handbuch, veröffentlicht vom Brooklyn Botanic Garden in New York. Das US-amerikanische Office of Technology Assessment hat einen Bericht mit dem Titel »Harmful Non-Indigenous Species in the United States« [Schädliche, nicht heimische Arten in den Vereinigten Staaten] zusammengestellt, mit dem versucht wird, die größten Gefahren zu benennen und den von ihnen angerichteten Schaden zu quantifizieren. Die Studie kommt zu dem Schluss, dass 79 dieser Arten 97 Milliarden Dollar gekostet haben und dass – pessimistisch gerechnet – 15 »hoch wirksame Arten« in Zukunft einen Schaden von weiteren 134 Milliarden Dollar anrichten werden. Was weder Sie noch ich wussten: Einige der hier aufgezählten gefährlichsten »Unkräuter im globalen Garten« habe ich liebevoll zu meinem Privatvergnügen angepflanzt. Es muss ein Killerkommando rüberkommen und meinen anti-globalen Garten vergiften – unter Einsatz von Mitteln wie Picloram oder Imazapyr, was in Amerika unter dem ungehobelten Namen Arsen vertrieben wird. Natürlich pflanze ich nicht den grauenvollen Japanischen Staudenknöterich an. Ich besitze einen Verwandten des hübschen Riesen-Bärenklau, doch sind seine Gewohnheiten maßvoll. Ich bin auf der Suche nach Giersch, aber es geht mir dabei um eine elegante Varietät, und ich führe wachsam Krieg gegen die grünblättrige Art. Ich habe fast sämtliche Wolfsmilchpflanzen verbannt, deren Saft starke Schmerzen hervorruft, wenn er mit der Haut in Berührung kommt. Meine Invasoren sind Pflanzen, die auch von anderen englischen Gärtnern geschätzt und angepflanzt werden.

Wie so viele meiner englischen Gärtnerkollegen freue ich mich im Mai auf die Blüten der Schmalblättrigen Ölweide *(Elaeagnus angustifolia)* mit ihren silbernen Blättern, die intensiv duftende, kleine gelbe Blüten hervorbringt. Die Sorte ›Quicksilver‹ ist im Mai besonders silbern. Im Juni wird die Ölweide ziemlich unansehnlich, weshalb sie sich als Strauch, der sofort ins Auge fallen soll, weniger eignet, und sie breitet sich etwas aus. Die amerikanischen Gutachter aber halten überhaupt nichts von ihr. Seit sie in den Staaten aufgetaucht ist, »erstickt sie unsere einheimische Vegetation«, vor allem in den Ebenen im Westen, und man solle gegen sie vorgehen mit Maßnahmen wie »Ringelung, Verbrennung der Baumstümpfe und Einbringung von Steinsalz in Löcher, die in den Stumpf gebohrt wurden«. Jahrelang lag mir der grünblättrige *Elaeagnus umbellata* noch mehr am Herzen, dessen Blüten ebenfalls einen feinen Duft verströmen. Im Mittleren Westen, wo er 1917 aufkam, wurde er jetzt zum Feind erklärt, und fatalerweise, so entnehme ich der Liste, richtet man mit »periodischem Niederbrennen« nichts aus. Und wie steht es um den guten alten Gewöhnlichen Schneeball *Viburnum opulus*, den die in England verehrte Miss Jekyll so liebte? Die Berater des Pennsylvania Department of Conservation wären ohne Zögern in Munstead Wood einmarschiert und mit Schutzhelmen darauf losgegangen: »Verwalter von Naturgebieten empfehlen eine zwanzigprozentige Lösung aus Glyphosat-Herbizid auf dem abgehauenen Stumpf und Zerspanung des Gestrüpps, um der Verbreitung der Samen vorzubeugen.« Offenbar hat die Pflanze mittlerweile angefangen, sich mit dem ortsansässigen Amerikanischen Schneeball zu kreuzen, und womöglich entsteht bald »ein völlig innovativer Nachwuchs«.

In Südengland schätzen wir die hohen Paulownien-Bäume und – falls sie die späten Frühlingsfröste überlebt haben – ihre lavendelblauen, an Fingerhut erinnernden Blüten. In kälteren Regionen verwenden viele diesen Baum mit seinen großen Blättern als imposanten Strauch für ein Beet, wo wir ihn jedes Jahr zurückschneiden und so dazu bringen, erneut üppig Laub zu bilden. Meiner Meinung nach sollten wir noch weitere Sträucher um ihn herum pflanzen, da seine Wurzeln so vortrefflich dafür geeignet sind, Wasser aus dem Untergrund hochzupumpen. Aus dem Great Smoky Mountains National Park jedoch erfahren wir, dass wir diesem »Fürstinnen-Baum« den Krieg erklären müssen, der dazu in der Lage ist, 20 Millionen Samen zu produzieren und sich an Ufern, Straßenrändern und Wegen mit Durchfahrtsrechten anzusiedeln. »Behandeln Sie die Stümpfe umgehend mit dem Herbizid Triclopyr, um eine weitere Verbreitung zu verhindern.« Letztes Jahr habe ich – in Unkenntnis dieser Warnung – drei weitere Paulownien gepflanzt, um drei strategische Punkte meines Gartens markant hervorzuheben.

Stattdessen könnten Sie sich womöglich von Gedanken an die schimmernden Blätter einer Silberpappel verlocken lassen oder verrückt genug sein, die fernöstliche *Acer ginnala* (Feuerahorn) als Zierbaum in Erwägung zu ziehen. Beide können Sie vergessen. Die Pappel sät sich mit grauenhafter Hemmungslosigkeit aus und hat sich in amerikanischen Landstrichen seit der Kolonialzeit breitgemacht. Der Feuerahorn produziert Tausende von Samen, die »das Potential besitzen«, sich – sogar in Kanada – zu einem durchsetzungsfähigen Unkraut zu entwickeln. Man fordert die Amerikaner warnend dazu auf, sie beide zu verbrennen und die Stümpfe mit Herbizid einzusprühen. Was die gute alte Englische Stechpalme betrifft: Vergessen Sie sie. Sie gilt mittlerweile als »neuerer Eindringling in den amerikanischen Nordwesten« und verändert die Struktur der Wälder – leider nicht, indem sie einen aparten Vorgeschmack auf Weihnachten bietet, sondern indem sie eine massive Vegetationsschicht einbringt, die Schatten wirft und in Konkurrenz zu heimischen Pflanzen tritt. Wenn Vögel die Früchte verzehren, verbreiten sie die Samen im großen Umkreis, doch immerhin hat dieser Eindringling den Vorteil, verwundbar zu sein. »Glücklicherweise kann die Englische Stechpalme ohne Weiteres mechanisch entfernt werden.« Ein Glück ist aber auch, dass dafür eingesetzte Maschinen sich nicht im Umkreis englischer Friedhöfe herumtreiben.

Ich erfahre, dass viele meiner Pflanzen auf der amerikanischen Liste der am wenigsten erwünschten Immigranten stehen: Der Chinesische Liguster *(Nandina domestica)*; der Himmelsbambus, ein immergrüner Bambus,

Unerwünschte Eindringlinge ❦ 401

der »Kiefernwälder im Südosten unterwandert«; und sogar der Besenginster, der »gegenwärtig über zwei Millionen Morgen in Washington, Oregon, und Teilen Kaliforniens befallen hat« und mit einem »Bürstenhäcksler« entfernt werden muss. Es war eine echte Schinderei, in meinem kargen Cotswold-Garten überhaupt irgendetwas anzupflanzen, und ich kann nur um Gnade flehen, wenn die meisten der von mir angepflanzten Stauden als anti-amerikanische Terroristen eingestuft werden.

Nun haben Sie womöglich den Eindruck, dass wenigstens die englischen Blumenbeete verschont bleiben. Ich bin froh, dass ich auf meinem nährstoffarmen Boden Ende Mai *Hesperis matronalis*, die Gewöhnliche Nachtviole, anpflanzen kann; Fingerkraut im Juni und im Juli Schleierkraut [engl.: Baby's Breath], mit einigen Büscheln der hübschen, silberblättrigen Zierdistel ›Cardy‹ und der einen oder anderen Asternsorte im Herbst. Sagen Sie das aber bitte nicht dem U. S. Office of Technology Assessment weiter. Sonst fallen womöglich amerikanische Einsatzkräfte nach einer Mohn-Besprühungs-Aktion in Afghanistan über meinen Garten her und sprühen diese Pflanzen alle tot. ›Cardy‹ trat in den 1950er Jahren in »31 Countys« auf und wird in Amerika als agrarwirtschaftlicher Schädling eingestuft. Die Nachtviole breitet sich rasch durch Samen aus und »sollte nie für Straßenrand-Bepflanzungen mit Wildblumen eingesetzt werden«. Dabei gefallen mir meine blassgelbe *Potentilla recta sulphurea* und die lebhaft gelbe *recta warrenii* so ausnehmend gut. Ein hochdekoriertes Mitglied der »Royal Horticultural Society« vertraute mir einmal an, diese beiden seien ihre Lieblingsblumen. In den nördlichen Rockies denkt man ganz anders: Diese *Potentilla* entwickelt sich zu »einem ernstzunehmenden Eindringling«, und die Menschen werden dazu aufgefordert, sie zu beseitigen, indem sie »mit einem robusten Grabwerkzeug die Wurzelkrone entfernen«. Michaeli-Astern sind ein Schädling an Waldrändern, und was »Baby's Breath« angeht, so wird die Pflanze in Michigan als Problem gefürchtet, das wahrscheinlich versuchen wird, das »offene Dünen-Biotop« um die Großen Seen herum zu terrorisieren.

Gerade erst habe ich *Gypsophila* ›Rosy‹ (›Rosenschleier‹), meine Lieblingsart aus der »Baby-Breath«-Familie, zurückgeschnitten und dankbar an den Tag zurückgedacht, an dem ich diese Pflanze entdeckt habe, deren Stiele sich im Spätsommer so vortrefflich ausbreiten. Das Michigan Department of Natural Resources ist da ganz anderer Meinung. »Schon zu Beginn

402 ❧ *Herbst*

der Wachstumsperiode sollten Sie sämtliche Pflanzen mit einem portablen Propangasbrenner vernichten.« Die Grenze zwischen Gärtnern und Wildnis wird in unseren beiden alliierten Nationen unterschiedlich gezogen. Im Garten tragen England und Amerika wie auch auf anderen Gebieten je unterschiedlich geartete Kriege aus.

Odyssee in Odessa

Gärten müssen nicht perfekt sein, damit uns ihr Anblick bereichert. Häufig wirken sie auf eine Art und Weise, die vom Betrachter abhängt und nicht von ihrem objektiven Wartungszustand. Beim Blick unter die Oberfläche wird jeder etwas anderes sehen, und häufig ist es einfacher, in ausländischen Gärten tiefer zu blicken, zum Teil, weil dort andere Pflanzen wachsen; zum Teil aber auch, weil der Anblick solcher Orte eine Welt wachrufen kann, die aus der Erinnerung des rastlosen Blicks eines Außenstehenden kommt.

Als ich mich vor einiger Zeit in ukrainischen Gartenanlagen umtat, erwachte in mir ein Interesse, das den äußeren Schein durchbrach. In Odessa, der Stadt am Schwarzen Meer, wirken die ersten Eindrücke seltsam vertraut. Viele innerstädtische Straßen sind mit Rosskastanienbäumen gesäumt, und ebenso wie ihre englischen Brüder werden sie – für Herbstboten zu früh – im August schon braun. Auch sie sind von dem Kastanienschädling befallen, der sich in den letzten zwanzig Jahren mit einer ähnlichen Geschwindigkeit ausgebreitet hat wie das Internet. Dass dieser Schädling auch in der südlichen Ukraine zugeschlagen hat, bestätigt die Theorie, dass seine Heimat weiter im Osten liegen muss, wahrscheinlich in China. Leider steht noch aus, dass seine natürlichen Feinde ihre Sachen packen und hinterherkommen.

Die Stadtgärtner Odessas überraschten mich damit, dass sie unter den welkenden Kastanienbäumen Reihen schmalblättriger Funkien anpflanzten. Amerikanische Gärtner reservieren diese Pflanzen für nährstoffreichere Erde und pflanzen sie nie um Bäume herum, doch in Odessa setzt man sich über unsere Regeln hinweg. Ich schaute zu, wie Hunderte Fun-

404　　*Herbst*

kien ausgepflanzt wurden, und beobachtete, wie die Gärtner zuerst eine Spatentiefe von der Oberflächenerde wegnahmen und durch Kompost ersetzten. An zentralen Orten bringen sie unter der Oberfläche dünne Zulaufschläuche an, um die frisch gesetzten Pflanzen zu bewässern. Auch in Odessa ist Vorbereitung schon die halbe Miete.

Am eleganten Hauptplatz der Stadt müssen die Gärtner außerdem ihre grandiosen Blumenrohre *(Cannas)* bewässern. Aus früher zur Sowjetunion gehörenden Ländern pflegten Zeitungsleser mir Postkarten – häufig mit einem Ausrufezeichen auf der Rückseite der Karte – zu schicken, auf denen abscheulich hässliche *Canna*-Beete abgebildet waren. Ihr Anblick erfüllte mich immer mit Freude darüber, dass ich im freien Westen lebte. Dann begann Christopher Lloyd, sich in seinem Garten in Great Dixter für den Zauber von Blumenrohren einzusetzen, aber vor meinem inneren Auge erschien immer ein über den Blumen dräuendes Lenin-Denkmal, wenn Lloyd von Cannas sprach, als seien sie etwas völlig Neues. Die Gärtner in Odessa kennen Lloyds Bücher nicht. Formen mit violetten Blättern und rosa-violetten Blüten kommen bei ihnen nicht in Frage. Auf dem großen Platz in der Innenstadt werden lediglich rein rote oder gelbe Cannas in großen Mengen verwendet, und nur solche mit Blättern in einem reinen Grün.

Dann fragte ich mich, was ich wohl in dem Botanischen Garten von Odessa, der als »Botanichesky Sad« auf meinem Stadtplan verzeichnet war, vorfinden würde. Der Botanische Garten in Kiew ist wegen seiner ausgezeichneten Zusammenstellung der wenig bekannten ukrainischen Pflanzenwelt bekannt. Auf der Krim, in unmittelbarer Nähe von Jalta, kann man im großen Botanischen Garten Nikita (»Nikitsky Sad«) eine über fünfhundert Jahre alte Eibe bewundern. Diese riesige gartenbauliche Enklave wurde in der Sowjet-Ära zu einem landwirtschaftlichen Versuchszentrum ausgebaut, das sich über zweihundertfünfzig Hektar mit weiteren sechshundert Hektar an Außenstationen erstreckt. Unter westlichen Pflanzenliebhabern ist die Anlage praktisch unbekannt.

Der botanische Garten von Odessa hat hingegen eine ganz andere Atmosphäre. Grandiose Vertreter unserer geliebten Englischen Eiche ragen über einem Garten auf, dessen vernachlässigter Zustand Erinnerungen heraufbeschwört. In Odessa, einer Hafenstadt, ist der Stolz des botanischen Gartens die Eiche, die einst die englische Kriegsflotte groß gemacht hat. Unter den Eichen finden sich weitere Funkien, frisch gegossen, als ob es immer noch irgendwo irgendjemanden gäbe, der sich nach Kräften bemüht, sein Bestes zu geben. Mir fiel eine Bemerkung des Gartenhistorikers Edward Hyams im Jahr 1969 über genau diesen Garten ein: »Er tröstete uns über seinen vernachlässigten Zustand hinweg, indem er uns mit Wiedehopfen erfreute.«

Statt den Wiedehopfen in den Akazien tröstete der Garten mich mit seinem Personal. Im Zentrum des Gartens beobachtete ich die einzige dort tätige Person, eine ältere Dame, die mit einem Schlauch die letzten Hibiskuspflanzen und rosa-pinkfarbenen Gladiolen goss. Sie trug einen Arbeitskittel, an dessen Stil sich in den vergangenen hundert Jahren sicherlich nichts verändert hatte. Eine bejahrte Magnolie welkte im Hintergrund vor sich hin, und im nahegelegenen Gewächshaus, dessen Heizrohr verrostet war, fehlten Scheiben. Im Innern des Gewächshauses standen Kakteen und empfindliche Pflanzen in großen Tontöpfen unordentlich herum. Draußen sahen Birnen- und Pflaumenbäume über das Schwarze Meer hinweg, und ganz unvermittelt fiel mir mit gelindem Schrecken auf, dass ich schon einmal in einem solchen Garten gewesen war. Er ließ für mich den Garten der Familie Bolkonski vor den Toren Moskaus lebendig werden, in den Fürst Andrej auf den makellosen Seiten von Tolstois *Krieg und Frieden* vor der Schlacht noch einmal zurückkehrt. Auch Andrej sah, dass am Gewächshaus Scheiben fehlten und dass Pflanzen mitsamt ihren Kübeln umgefallen waren. Auch in seinem Garten gab es eine Magnolie mit abgebrochenen Ästen, und lediglich eine arbeitende Person war sichtbar: keine Frau, die den Hibiskus goss, sondern ein alter Mann, der aus Bast Schuhe herstellte. Auch er ließ sich von den widrigen Umständen nicht beeindrucken – das Leben musste eben einfach weitergehen. Und auch im Garten der Bolkonskis gab es Obstbäume. Andrej bemerkte, dass zwei kleine Mädchen sie in der Abwesenheit ihres adligen Besitzers geplündert hatten. Die Mädchen stießen auf ihren ehemaligen Herrn, als sie versuchten, eilig mit den gestohlenen Früchten in ihren Röcken wegzurennen.

Andrej war gekommen, um sich von seinem heimatlichen Gut zu verabschieden, »mit dem für ihn typischen Wunsch, seinen Kummer wieder aufzuwühlen« [Übersetzung: Barbara Conrad], wie uns Tolstoi wissen lässt. Ich war gekommen, um – einfach aus gärtnerischer Neugier heraus – Hallo zu sagen. Da hörte man aus den Büschen raschelnde Geräusche, und aus Fiktion wurde Wirklichkeit. Drei Mädchen kamen neben einem Schuppen

406   *Herbst*

hervor, zwei trugen Pflaumen, wie die Mädchen in Tolstois Roman. Die alte Frau machte einfach mit ihrer Arbeit weiter – zwar goss sie Blumen, statt Schuhe herzustellen, war aber ebenso ungerührt von der Anwesenheit eines Beobachters wie der alte Mann bei Tolstoi. Die riesigen Platanen, unter denen wir fünf uns befanden, waren alt genug, um schon in jenem Jahr hier gestanden zu haben, als Tolstoi dieses Kapitel verfasste.

Andrej hatte sich abgewandt, »er wollte die Mädchen nicht merken lassen, dass er sie gesehen hatte«. Er empfand Sympathie für sie, und »ein neues, freudiges und beruhigendes Gefühl ergriff Besitz von ihm, als er beim Anblick dieser Mädchen erkannte, dass es noch andere, ihm vollkommen fremde und ebenso legitime menschliche Interessen gab wie diejenigen, die ihn beschäftigten«. Die Mädchen in seinem Garten liefen mit den erbeuteten Pflaumen auf braungebrannten, nackten Beinen schnell über die Wiese weg. Meine Mädchen hingegen schubsten die älteste nach vorn, damit sie mich fragte, ob ich einen Führer durch den Garten brauchte. Sie schob ein im Westen hergestelltes Fahrrad neben sich her. Wie Andrej »wünschte auch ich ihnen Erfolg bei ihrem Unternehmen«, aber ich brauchte keinen Führer: Ich fand meinen Rückweg allein, indem ich den englischen Eichen folgte.

Odyssee in Odessa 407

Begehrenswerte Dahlien

Der September ist der Monat, in dem Dahlien sich in ihrer strahlenden Bestform zeigen. Sie haben eine wechselvolle Geschichte hinter sich, denn zunächst fanden sie bei Gärtnern überhaupt keinen Anklang, und noch heute gibt es viele, die ihre Schönheit verschmähen. Dahlien wurden von spanischen Siedlern in Mexiko entdeckt, zunächst sah es allerdings so aus, als hätten sie eine Zukunft als Gemüse vor sich. Die dortigen Indianer aßen die dicken Knollen, und als einige Pflanzen nach Madrid geschickt wurden, hoffte man, darin eine Variation des Modegerichts Kartoffeln vor sich zu haben. Es dauerte seine Zeit, bis die Engländer von ihnen Notiz nahmen: Erst in den 1810er Jahren hören wir von Dahliensamen und -sorten, die einer adligen Londoner Lady zur Probe geschickt wurden. Ihr Gärtner konnte nichts damit anfangen, und es blieb Josephine, der Gattin Napoleons, vorbehalten, das Potential der Dahlien zu erkennen. Französische Zeitgenossen nannten Josephine hinter vorgehaltener Hand »die lüsterne Kreolin«, dabei hatte sie, was Pflanzen anging, einen ausgezeichneten Geschmack. Sie erstand für ihren Garten in Malmaison exzellente Rosen und Fliederbüsche, die durch ihren Maler Pierre-Joseph Redouté Unsterblichkeit erlangten. Außerdem förderte sie neue Dahlien-Formen, Blumen, die genau wie sie eine Verbindung zur Neuen Welt hatten. In Mexiko hatten die Indianer die Dahlie *cocoxochitl* genannt. Ich würde ja zu gern hören, wie Kaiserin Josephine mit ihrem kreolischen Akzent diesen Zungenbrecher ausgesprochen hat. Glücklicherweise verfielen die Botaniker auf einen Namen, der einfacher auszusprechen ist. Er ehrt Andreas Dahl, einen jener Lieblings-»Apostel«, die die Welt bereisten, um neue Pflanzen zur Klassifizierung durch Linnaeus nach Schweden zu bringen.

Dennoch brachten viele Gärtner diesem neuen Wunder auch weiterhin nur Geringschätzung entgegen. Die Dahlie verfing sich im Gestrüpp des Standesdünkels, angeblich passte sie nur in die Gärten von Arbeitersiedlungen. Die feine englische Gesellschaft verbannte viele der verfügbaren Farben in Küchengärten, wo sie unauffällig als Schnittblumen wachsen durften. Die Züchter setzten ihre Arbeit fort, doch im Südosten Englands hatte man Vorurteile gegen viele neue Schattierungen, als handle es sich durchweg nur um Kugeln in jenem in England gar nicht geschätzten Lila-Mauve-Ton. Es dauerte Jahre, bis Dahlien in gemischte Beete aufgenommen wurden, wo sie die Saison mit einem Rausch herrlicher Farben verlängern.

Die ganze Bandbreite des Dahlien-Potentials lernte ich, wie so viele andere Gärtner, durch die Herbstausstellungen kennen, die die Firma Ayletts aus Hertfordshire in den Hallen der »Royal Horticultural Society« veranstaltete. Im September ist es immer noch ein Vergnügen, diese Dahlien an ihrem Heimatstandort im Ayletts' Garden Center in der Nähe von London Colney in Hertfordshire zu bewundern. Hinter der Abzweigung 22 von der M25 und der A414 haben die Aylett-Pflanzschulen ihren hohen Standard in der Dahlienzüchtung seit über fünfzig Jahren beibehalten. Im Jahr 2005 besuchte ich das Fest, mit dem sie – in einem Partyzelt, das in der Nähe des Gartenzentrums aufgestellt war – ihr fünfzigjähriges Bestehen feierten. Das Zelt war erfüllt von der Musik einer Jazz-Brassband.

Ayletts begann mit seinem Betrieb im Jahr 1955, als Roger Aylett und seine Familie ein drei Hektar großes, nacktes Stück Land in der Nähe von London Colney in Hertfordshire übernahmen und in einem ehemaligen Hühnerstall Geschäftsräume einrichteten. Schnell verlegten sie sich auf Dahlien als Spezialität und stellten fest, dass sie geborene Aussteller waren. Ihre erste Ausstellung wurde von Muriel, der Mutter, in der Harpenden Public Hall organisiert. Später veranstalteten sie ihr eigenes Dahlien-Festival: Der Eintritt betrug 15 Pence, eine Tasse Tee gab es gratis dazu. 1977 gewann die Gesellschaft eine der wichtigsten Medaillen der RHS. Man organisierte bis in die späten 1990er Jahre hinein weitere Ausstellungen, dann hörte man auf – die meisten bedeutenden Medaillen hatte man mittlerweile ohnehin gewonnen. Es machte keinen großen Unterschied mehr, ob die Ausstellungen in London stattfanden oder daheim.

Vor Ort war das Garten-Center weit über die Grenzen des alten Hühnerstalls hinausgewachsen. Heute arbeiten dort 120 Personen, und es wird ein

Begehrenswerte Dahlien 409

Abb. 86: *Roger Aylett bei der Organisation seiner Dahlienfelder im Juni*

Umsatz von über fünf Millionen Pfund pro Jahr erwirtschaftet. Nach wie vor befindet sich das Geschäft im Besitz der Familie, die klare Vorgaben für das Angebot macht, allerdings sind es die Dahlien, die die Kunden von weit her anlocken. Im Frühjahr kommen die Interessenten sogar aus Norfolk, denn Ayletts verkauft in Töpfen herangezogene Jungpflanzen. Für diejenigen unter uns, die kein frostsicheres Gewächshaus haben, sind sie äußerst praktisch.

Wie umwerfend Dahlien in einem gemischten Beet wirken, wurde mir zum ersten Mal klar, als ich sie, phantastisch gepflanzt und gepflegt von dem ausgezeichneten Obergärtner Jimmy Hancock, in Powys Castle in Shropshire, dem Anwesen des »National Trust«, sah. Dahlien in herrlichen Farben füllten die mittleren und hinteren Reihen der dortigen großen Beete an den Hauptterrassen – mein August-Garten sah im Vergleich dazu einfach nur langweilig aus. Seit damals haben Dahlien von den wärmeren Wintern profitiert. Konvertiten zur Familie der Dahlien fanden heraus, dass sie heutzutage normalerweise die Knollen auch ruhig in der Erde lassen können, selbst dann, wenn das, was oberirdisch wächst, durch Frost vernichtet wurde. Bis Anfang 2009 waren die Winter so mild, dass die Pflanzen in einem zweiten Jahr kräftig wiederkamen. Ich bin, was diese lässige Haltung betrifft, noch etwas zurückhaltend, und im Jahr 2009 waren die ersten Monate dann auch so kalt, dass sich diese Faulheit als schlechte Angewohnheit entpuppte. Wenn Sie das Risiko trotzdem eingehen wollen, dann bedecken Sie die Dahlien, nachdem Sie die Triebe heruntergeschnitten haben, mit Stroh oder zerkleinertem Kompost. Versuchen Sie nicht, sie – in der Hoffnung, sie würden den Winter dann besser überstehen – tiefer einzugraben. Diese Hoffnung trügt.

Bei seinem fünfzigjährigen Jubiläumsfest fragte ich Mr. Aylett, welche Dahlien mittlerweile seine Favoriten waren. Während im Hintergrund eine Tuba und eine Posaune spielten, wich er der Frage zunächst aus, indem er mir die Varietät nannte, die seiner Frau am besten gefiel. Mrs. Ayletts Liebling ist die eierschalen-rosafarbene dekorative Varietät ›Dawn Sky‹, vielleicht weil sie einen langen Stiel hat und sich ausgezeichnet als Pflückpflanze eignet. Dann nannte ihr Ehemann seine eigenen drei Favoriten. An erster Stelle steht die Lachs- und Pinkfarbe von ›Scaur Swinton‹, eine Farbe, die ich nie gewählt hätte, aber er kennt die Pflanze als Züchter und garantiert, dass sie sehr gut und gleichmäßig wächst. Die zweite ist meine persönliche Nummer eins, obwohl es nicht mehr viele davon gibt und meine Pflanzen mittlerweile eine Rarität sind: die phantastische ›Maltby Whisper‹, eine kleinblütige Kaktus-Varietät mit kleinen Blüten in klarem Gelb, die in großen Töpfen oder in der vorderen Hälfte eines Beetes üppig blüht. Bei Ausstellungen in den 1990er Jahren fiel mir die verführerische ›Vicky Crutchfield‹ auf, eine rosafarbene Varietät, die mir seither viel Freude gemacht hat. Mr. Aylett ist allerdings der Auffassung, dass Vickys Zeit vorbei ist und dass die Dahlie ›Pearl of Heemstede‹ mit ihrem silbrig rosafarbenen Ton sehr viel besser ist. Ich hatte das Gefühl, am Stehbüffet fünfzig Jahre Weisheit in komprimierter Form erhalten zu haben. Den Ayletts geht es wie mir: Sie trauern vielen alten Varietäten nicht nach, nicht zuletzt aus dem Grund, dass sie eigene Erfahrungen mit ihnen machen konnten und wissen, dass es darunter viel Mittelmäßiges gab. Sie haben das erkannt, noch lange, bevor konservative Dahlienverehrer die Befürchtung äußerten, diese alten Varietäten seien »verloren«, und den Versuch machten, sie zurückzuholen.

Ob alte oder neue Sorten – Dahlien wachsen nur dann gut, wenn Sie sie

Begehrenswerte Dahlien 411

ausgiebig gießen. Wenn ich sie einpflanze, gebe ich darunter eine Schicht des Düngerpulvers Vitax Q4, und bis Ende Juli nähre ich sie mit einem wachstumsfördernden Dünger; meine Wahl ist Miracle-Gro. Dann wechsle ich – ein Spezialisten-Tipp – zu einer Spezialnahrung für Tomatenpflanzen, um gute Knospen und Blüten zu bekommen. Davor fasse ich mir ein Herz und pinziere die jungen Pflanzen mindestens einmal; zweimal ist sogar noch besser. Pinzieren heißt: Man schneidet die Spitzen des Haupttriebs ab, nachdem ungefähr vier Paar Blätter gewachsen sind. Anfänger hassen das, aber es ist entscheidend. Damit wird die Ausbildung von starken Seitentrieben angeregt, die ihrerseits auch wieder Blüten tragen. Wenn Ihre Dahlien nur zwei oder drei Blütenknospen haben, dann haben Sie sich vor dem Pinzieren gedrückt. Mr. Aylett empfiehlt außerdem ein vorsichtiges Entfernen jener Knospen, die zwischen Mitte Juli und Anfang August an den Seitentrieben erscheinen. Solange Sie dann die größeren Dahlien ordentlich hochbinden, werden Sie nur eitel Freude haben.

Wie beliebt sind Dahlien heutzutage? Ayletts stellt 120 000 Stecklinge pro Jahr her, wobei allerdings Dahlien lediglich ein Prozent des Gesamtumsatzes ausmachen. Dahlien leiden darunter, ausgesprochene Pflanzen für aktive Gärtner zu sein – in einer Ära, in der die Tätigkeit des Gärtnerns im Vergleich mit der Vorstellung von Gärten so viel an Popularität verloren hat. Sie bereiten mir außerordentlich viel Freude und erfüllen mich jedes Jahr mit dem beruhigenden und schönen Gefühl von Befriedigung, dass ich im Umgang mit ihnen mein Bestes getan habe. Und was das Aylett-Repertoire angeht, so kann ich mich rühmen, dort meinerseits eine Innovation eingeführt zu haben. In den späten 1980er Jahren ließ ich neben meiner Kolumne ein Bild der preisgekrönten Aylett'schen Londoner Dahlien-Ausstellung abdrucken, auf dem auch die junge Julie Aylett abgebildet war, die Tochter des Chefs. Das Bild fiel Adam Wigglesworth auf, der zu jener Zeit als Handelsvertreter von Pflanzenöl tätig war und auf einem Flughafen in Holland auf einen verspäteten Flug warten musste. Er hatte Miss Aylett bereits umworben, als er jedoch ihr Konterfei in der *Financial Times*, seiner täglichen Bibel, erblickte, wurde ihm klar, dass die Spezialität, für die sie stand, noch mehr geschätzt wurde als seine eigene. Kurze Zeit später heirateten sie, und heute ist er als einer der Leiter des familiären Gartenbetriebs tätig. Sie sind seit dreißig Jahren verheiratet, und nach wie vor machen sich die Dahlien glänzend. Als mein Sohn heiratete, durfte ich den Blumenschmuck für die kirchliche Zeremonie organisieren. Natürlich entschied ich mich im September für Dahlien, und abgesehen von der Braut waren die Schönsten des Tages Ayletts' zart cremefarbene Dahlie ›Cameo‹ und die wundervoll gelbe ›Glorie van Heemstede‹. Sagen Sie's mit Dahlien, und auch Sie werden sich der wiederbelebten Mode unserer Zeit anschließen.

Anmutige Astern

Wenn ich es irgendwie einrichten kann, mache ich Ende September einen Besuch bei der nationalen Sammlung von Michaeli-Astern, die von der Familie Picton in der Colwall-Pflanzschule in der Nähe von Malvern, Worcestershire liebevoll unterhalten wird. Paul Picton ist das jüngste Mitglied einer angesehenen Gärtner-Familie, die sich schon seit mehreren Generationen mit Astern beschäftigt. Er hat seit seiner Kindheit Astern, aber auch andere Blumen angepflanzt, ist mittlerweile ein anerkannter Fachmann und Züchter, und die Pflanzschule seiner Familie in Old Court beherbergt Englands beste Asternsammlung. Pictons Buch *The Gardener's Guide to Growing Asters* erschien im Jahr 1999 in England und Amerika und ist nach wie vor eines der von mir am häufigsten konsultierten und am meisten bewunderten Gartenbücher der letzten Jahre.

Wenn Sie Michaeli-Astern eher kritisch beäugen, müssen Sie einfach nur näher hinschauen. Der traditionelle Feind der Astern war der Mehltau. Wenn er die alten Varietäten befiel, bildeten sie eine schwere Masse dunkler Blätter und blockierten ein Beet zwei Monate vor der Blüte. Die meisten der von Mehltau befallenen waren hybride *novi-belgii*-Varietäten. Sie blühten in strahlenden Farben und hatten Namen, die von ›Percy Thrower‹ bis ›Winston Churchill‹ reichten. Ab August sahen sie aus, als seien sie mit grauem Puder bestäubt worden, und wurden zusehends immer schwächer. Vor dreißig Jahren erwähnten sensible Gärtner in den Erinnerungen an die Entwicklung ihrer Gärten Astern nicht einmal. Man sah in ihnen Pflanzen, die die Menschen des edwardianischen Zeitalters klugerweise für spezielle Michaeli-Beete reserviert hatten und die dann am besten auf die Sorte von Häusern beschränkt blieben, die von violetten Dahlien umgeben waren.

Abb. 87: Aster ›Kylie‹

Dabei hat diese Familie so viel mehr zu bieten als Mehltau, Milben und unaufhaltsames Welken. Jahrelang gab ich Belgien die Schuld an der Schwäche der *novi-belgii*-Astern (Neubelgische Astern). Dabei haben sie mit Belgien gar nichts zu tun. Wir haben hier die New-York-Astern vor uns, die an der Park Avenue und auf dem Times Square wucherten, bevor die menschlichen Astors das Zepter in die Hand nahmen. Noch heute wachsen sie an der amerikanischen Ostküste bis nach Maine hinauf wild.

Paul Pictons Buch liefert kluge Ratschläge zum Umgang mit den Problemen, vor die dieser entzückende Teil der Familie den Gärtner stellt, von der frühen lila-blauen ›Ada Ballard‹ bis zur purpurroten ›Winston Churchill‹, die nasses Wetter überhaupt nicht verträgt. Ich kann Ihnen nur dringend empfehlen, seine Anweisungen zu lesen und auch seiner persönlichen Liste am Ende des Buches Ihre Aufmerksamkeit zu schenken. Darin finden sich die Varietäten, die, wie Picton in langjähriger Erfahrung herausgefunden hat, für Mehltau weniger anfällig sind. Sein persönlicher Favorit ist die gefüllte blaue ›Marie Ballard‹, sie bringt das beste Blau sämtlicher As-

Abb. 88: Aster novi-belgii ›*Ada Ballard*‹

tern und ist eine phantastische Varietät, wenn sie gesund bleibt. New-York-Astern wurden von New Yorkern oder Amerikanern nicht nennenswert weiterentwickelt, obwohl die Varietäten im amerikanischen Handel stark vertreten sind.

Merkwürdig ist auch, dass der andere bedeutende Zweig der Familie, die *novae-angliae*-Varietäten, ebenfalls in amerikanischen Gärten unterrepräsentiert ist. Immerhin sind es amerikanische Astern; ihr Name leitet sich von Neu-England ab, und als Wildpflanzen kommen sie bis hinunter nach Nord- und Südcarolina vor. In Europa haben Gärtner der Neu-England-Aster zunehmend Beachtung geschenkt, da sie sehr viel kräftiger und nicht anfällig für Mehltau ist. Die besten Varietäten haben lila- bis purpur-blaue Blüten, doch gibt es auch weiße Varietäten und die bekannte ›Harrington's Pink‹. ›Rosa Sieger‹ ist eine herrliche, hohe pinkfarbene Aster, und die purpurrote ›Lou Williams‹ macht sich mit ihren 1,80 Metern Wuchshöhe gut im Hintergrund eines Beets. Gezüchtet wurde sie erst im Jahr 1995. Ich finde viele dieser Varietäten recht schön, aber sie sind nicht so beeindruckend wie die New-York-Formen. Die beeindruckendste entpuppte sich allerdings als Enttäuschung. *Aster* ›Andenken an Alma Pötschke‹ versprach anfangs, einen brillanten Farbspritzer in die englische Herbstfarbenpalette einzubringen, doch öffneten sich die Blüten, vor allem in Jahren mit viel Regen, nur zögerlich, und in den Herbstmonaten der vergangenen Jahre sah die Pflanze ganz schlecht aus. Die Hoffnungen auf ihre kirschroten Blüten, die sich im Oktober öffnen sollten, schwanden in den letzten Jahren zunehmend dahin.

Die aufregenden Neuentdeckungen gehören zu verwandten Arten, zu denen Pictons Buch viel Interessantes zu sagen weiß. Die Lieblingsaster in Amerika ist *Aster frikartii*, und auch viele englische Gärtner würden diese lavendelfarbene Varietät in ihre Top Six sämtlicher Beetpflanzen aufnehmen. Unklarheiten, was die eigentliche Varietät anbelangt, werden in Pictons Text penibel aufgeklärt, und ich möchte nur hinzufügen, dass diese Aster ausgezeichnet geeignet ist, ab Juli zwischen anderen Pflanzen hochgebunden und gestützt zu werden, während der erste sommerliche Blütenrausch an der Vorderseite eines Beets so langsam zurückgeht. Damit sie gut zur Geltung kommen, ist es für fast alle Astern entscheidend, dass sie hochgebunden werden; am besten eignen sich dafür geschickt plazierte, gut gesicherte Bambusrohre moderater Höhe.

In Amerika hat die langblühende, violett-blaue ›Fanny's Aster‹, die in England kaum Beachtung findet, zahlreiche Anhänger. Sie verdankt ihren Namen dem Hausmädchen eines Züchters – wobei es eigentlich früher eher in England üblich war, die Namen von Hausangestellten zur Benennung einzelner Varietäten zu verwenden. In Florida und im Südosten pflanzen Gärtner auch die bemerkenswerte kletternde *Aster carolinianus* an. Sie sieht eher unordentlich aus, trägt aber Tausende von Blüten in einem blassen Purpurton, und sie kann über drei Meter hoch werden. In England ist es nicht einmal den Pictons gelungen, sie anzupflanzen. Dafür haben englische Gärtner endlich die Schönheit der frühblühenden *Aster sedifolius* und die kleinblühenden Varietäten von *Aster cordifolius* erkannt. Wenn ich mir eine von ihnen aussuchen dürfte, dann würde ich mich für die blaue ›Little Carlow‹ mit ihren einfachen Blüten entscheiden, eine phantastisch kräftige Pflanze.

Mein Wissen verdanke ich in diesem speziellen Fall einer flüchtigen Bemerkung von John Sales, dem ehemaligen Berater der Gärten des »National Trust« in England. Als er sich meilenweise mit Blumenbeeten konfrontiert sah, die bis zum Ende der Besuchersaison Farbe brauchten, schlug er ›Little

Abb. 89: Aster x frikartii ›*Wunder von Staffa*‹

Abb. 90: Aster ›*Little Carlow*‹

Carlow‹ vor, eine großartige Aster mit Tausenden zierlicher Blüten in einem metallenen, klaren Blauton, der so intensiv ist, dass er meiner Meinung nach am besten vor dem Hintergrund einer grünen Eibenhecke zur Geltung kommt. ›Little Carlow‹ wird im frühen Frühjahr gepflanzt und geteilt, da sie einen nassen Winter nicht verträgt und als Jungpflanze für Schnecken anfällig ist. Während sich meine Astern vermehren und der schönsten Gartenzeit einen ganzen weiteren Monat hinzufügen, muss ich sagen, dass diese einfache Varietät ihren Platz ganz oben auf meiner Liste beibehält.

Meine zweite Hauptattraktion ist die hohe, blassblaue ›Chieftain‹, die – mit einer Höhe bis zu eineinhalb Metern – im hinteren Teil des Beets einen geeigneten Platz hat. Sie ist sogar noch höher als die feinen Blütenzweige von *Aster turbinellus* oder die wunderbare *Aster tradescantii* mit ihren kleinen weißen Sternen. Auch diese Varietäten ziehen die den modernen, von Mehltau befallenen Hybriden entgegengesetzten Bedingungen vor. Sie schätzen leichte, gut entwässerte Erde und halten trockenes Wetter aus, allerdings werden dann ihre Blätter braun.

Die erweiterte Bandbreite an Astern zeigt uns, dass die Saison sehr viel länger ist, als wir üblicherweise annehmen. Für mich beginnt die Astern-Phase mit der blassblauen *Aster thomsonii nanus* Anfang August, wozu sich dann die bewundernswert einfach zu haltende *Aster sedifolius* gesellt. Ohne von Mehltau behelligt zu sein, bewegt sich die Aufmerksamkeit zu den *novae-angliae*-Varietäten, und normalerweise wird es Mitte Oktober, bevor wir *Aster* ›King George‹ mit ihrem wundervollen Violett-Blauton in ihrer Bestform erleben. Im Oktober ist auch die Zeit für die niedrig wachsende *Aster lateriflorus* ›Prince‹ gekommen. Sie hat sehr kleine, rosa-weiße Blüten sowie Stiele und Blätter in einem bemerkenswert dunklen Rotton. Diese dunkelstieligen Astern sind ein echter Blickfang, und ich schätze besonders die hohe ›Calliope‹.

Von August bis weit in den Oktober hinein können besonnene Gärtner gesunde Michaeli-Astern in einem breiten Spektrum erstklassiger Farben genießen. Die robustesten Exemplare dieser Familie verleihen einem Garten gut zwei Monate Farbe, ohne dass sie auf das Michaeli-Fest beschränkt bleiben müssten.

Brillante Beeren

In England fallen die Farben des Herbstlaubs, verglichen mit denen des amerikanischen Herbstes, vielleicht etwas ab. Doch unsere Beeren und Früchte können sich durchaus sehen lassen. Mit ihnen lässt sich die Gartensaison wirkungsvoll verlängern, und sie sind unersetzlich für diejenigen, die gern Blumenarrangements für drinnen herstellen. *Sorbus americana*, die amerikanische Eberesche, ist ein aufrecht wachsender Baum, dem trockene Sommer nichts ausmachen; er ist einer meiner Favoriten und produziert bereits im August unberührte Beerendolden. Was seine Qualität gegenwärtig noch erhöht, ist der Umstand, dass sich mittlerweile so viele Gartenvögel verdrückt haben. Womöglich nehmen sie ja vor dem aggressiven Wildlife-Stil Reißaus, zu dem wir Gärtner heutzutage ermutigt werden.

Um mit Beerenpflanzen einen schönen Gesamteffekt zu erzielen, empfiehlt es sich, sorgfältig zu planen. Außer der amerikanischen Eberesche sind *Euonymus*-Formen für ländliche Umgebungen phantastisch geeignet, vor allem für grobe Graslandschaften, an denen Sie ohne großen Aufwand Ihre Freude haben wollen. Am verbreitetsten ist der einheimische Spindelbaum, von dem es auch hervorragende Strauch-Varietäten gibt. Ich schätze sie in locker gestalteten Anpflanzungen aufgrund ihrer bescheidenen Ansprüche: Die wichtigste Bedingung ist, einen Umkreis von rund einem Meter Durchmesser um den Busch herum freizumachen. Früher war *Euonymus planipes* (Großfrüchtiges Pfaffenhütchen) meine erste Wahl, da seine vielen Hundert scharlachroten Früchte so kräftig leuchten, wenn die Blätter ihre Farbe verändern. Er ist immer noch großartig, allerdings muss man Geduld mitbringen: Die Pflanzen tragen erst nach fünf oder sechs Jahren wirklich ergiebig Frucht. Ungeduldige Gärtner haben jetzt

Abb. 91: Malus x robusta ›Red Sentinel‹

eine bessere Option. Die beste ist *Euonymus hamiltonianus* ›Winter Glory‹, der nicht bestäubt werden muss und nicht allzu hoch und breit wird. Er trägt bereits sehr früh Früchte, grandiose Büschel pinkfarbener Beeren, und ist sogar dem ebenfalls produktiven *Euonymus europaeus* ›Red Cascade‹ (Pracht-Pfaffenhütchen) überlegen. ›Red Cascade‹ hat orangerote Samen in roten Früchten, braucht allerdings für ein optimales Ergebnis in seiner Nachbarschaft einen Geschwisterbusch. Die nächstliegende Wahl eines Partners ist *Euonymus europaeus intermedius*, der gut zu ›Red Cascade‹ passt. Diese Sträucher sind ziemlich ausladend, aber eine ausgezeichnete Wahl, wenn Sie den Reiz eines zwanglosen Gartens bis in den November hinein aufrechterhalten wollen.

   Sorbus americana ist ebenfalls nur ein Vertreter in einer größeren, üppig Beeren tragenden Familie. Der kräftige *Sorbus sargentiana* ist auch ganz ausgezeichnet, er behält seine großen roten Beerendolden bis in den Dezember hinein. Er muss von einem Spezialisten bezogen werden, da die meisten Gartenzentren ihn nicht im Sortiment haben. Sein Vorteil ist, dass er recht schnell wächst und in den ersten fünf oder sechs Jahren eine Höhe von dreieinhalb Metern erreichen kann. Die Blätter färben sich zu einem leuchtenden Orange-Rot-Gemisch, und während des gesamten Winters bleiben an den Triebspitzen große, dunkelrote Knospen zurück. Dieser extrem kräftige Baum entfaltet bald nach seiner Anpflanzung eine prächtige Wirkung.

Brillante Beeren

In größerer Bodennähe produziert der zähe alte Feuerdorn ergiebig Früchte. Diese althergebrachte Familie wurde durch neue Varietäten revolutioniert, die gegen Feuerbrand, die schlimmste Bedrohung für den Feuerdorn, resistent sind. Früher starben ganze Äste eines Feuerdorns ohne Vorwarnung ab, und selbst ein umfangreicher alter Busch vor einer Einzäunung wurde plötzlich braun. Schuld war der Feuerbrand, und die Gewohnheit, die Büsche stark zurückzuschneiden, hatte eher eine Verschlechterung zur Folge. Da die Krankheit durch die Luft übertragen wird, setzt sie sich gerade in Ästen, die im Spätwinter beschnitten wurden, leicht fest. Ich habe deshalb – aus Angst, die älteren Formen würden ihre Verwandten, die anfälligen *Sorbus*-Arten, anstecken – aufgehört, diese älteren Formen anzupflanzen. Mittlerweile bin ich aber zum Feuerdorn zurückgekehrt, da es jetzt die ›Saphyr‹-Serie gibt, die eigens auf Immunität gegen Feuerbrand gezüchtet wurde. Ich kann diese Serie – sei es in gelber, orangeroter oder roter Beerenfarbe – nur nachdrücklich empfehlen. Sie ergeben eine phantastische schmale Hecke vor einem Drahtzaun und sind immer eine gute Wahl als Begrenzung für einen Vorgarten in der Stadt. Sie sind immergrün, katzensicher und problemlos zu beschneiden. Die Beeren halten sich auch an Zweigen, die für Vasen geschnitten wurden, sehr gut.

Blumen, die sich im Haus so lange halten wie diese Beerenzweige, werden Sie kaum finden. In Blumenhandlungen bekommen Sie kaum einmal kräftigere Zweige dieser ausgezeichneten, beerentragenden Sträucher, dabei sind sie ein grandioser Hintergrund für ein Arrangement, wenn die Zeit der Michaeli-Astern vorüber ist. In kleineren Vasen benutze ich als Rahmen Zierapfelzweige. Zwei Favoriten sind der kleine hängende ›Red Jade‹ mit glänzend roten Früchten und der gewölbte ›Red Sentinel‹, dessen dunkler rot gefärbte Früchte manchmal bis Februar am Baum bleiben. Und Jahr für Jahr erstrahlt schließlich auch eine bestimmte Rose auf das Ende ihrer Saison hin in großem Glanz. Womöglich kennt man sie zu gut und schätzt sie deshalb gering: Die Rose ›Blanc Double de Coubert‹ kommt eben häufig auf den Mittelstreifen von Hauptstraßen vor, dabei hätte es diese ausgezeichnete Rose nie verdient, so in Ungnade zu fallen. Sie ist eine grandiose Strauchrose, deren weiße Blüten betörend duften. Sie wächst überall, doch ihre anderen Vorzüge werden häufig übersehen. Im Herbst wird sie leuchtend gelb, und in guten Jahren entwickeln sich glänzend rötlich-gelbe Hagebutten. In vielen Jahren trägt sie reiche

Frucht, doch diese Frucht ist in keinster Weise ein Omen – außer für die Weisheit derjenigen, die diese Pflanze nach wie vor schätzen und anpflanzen.

Brillante Beeren

Zierapfelblüten

Wenn ich einen eher bescheidenen Baum für einen kleinen Garten in England, Europa oder Amerika nennen müsste, dann würde mir als Erstes die Familie der *Malus* oder Zieräpfel einfallen. Die besten dieser Art sind außergewöhnlich widerstandsfähig. Ihre Blüten ebenso wie ihre Früchte und ihr Herbstlaub sind wunderschön, man hat also zwei Perioden, in denen sie ihre Wirkung entfalten. Die meisten wachsen in trockenen, auch kalten Witterungsbedingungen und sind mehr oder weniger idiotensicher. Mein vertieftes Wissen basiert auf Besuchen in einer ausgezeichneten Pflanzschul-Sammlung der besten *Malus*-Sorten, wo ich feststellte, dass ich meine diesbezügliche Einstellung revidieren muss. Ich habe meine Lektionen bei Landford Trees in Landford Lodge, Salisbury, Wilts, gelernt, deren Katalog im Lauf der zwanzig Jahre, in denen ich ihn benutzt und weiterempfohlen habe, erfreulich angewachsen ist.

Die Bäume wachsen auf zwölf Hektar ungeschützten Wiltshire-Ackerlands, und sie sind das Rückgrat dieser Pflanzschule, die praktisch nie Bäume von außen bezieht. Eine alphabetische Sammlung der *Malus*-Sorten im Angebot wurde im ummauerten Gartenbereich des Betriebs und außerhalb kontinuierlich weiterentwickelt. Ich traf Christopher Pilkington, den Besitzer, bei seinem begehbaren Apfelbaum-Katalog. Wir schritten zwischen den dicht bepflanzten Reihen auf und ab und versuchten, eine Ordnung zu erstellen, die Gärtnern die Entscheidung für die besten Exemplare etwas vereinfachen würde. Ich war erleichtert, dass wir uns bezüglich des Baums einig waren, der seine schönen roten Früchte am längsten behält und auch durch den ganzen Winter hindurch ein Blickfang bleibt. *Malus* ›Red Sentinel‹ ist schon lange ein Favorit und rangiert in Landfords be-

Herbst

sonnener Beurteilung vieler seiner Rivalen ganz oben. Er behält in meinem College-Garten in Oxford seine roten Früchte von November bis Februar – oder jedenfalls so lange, bis Personen aus dem Kollegen- oder Studentenkreis herausbekommen, dass die Früchte zu Marmelade verarbeitet werden können. ›Red Sentinel‹ ist robust; sein Umriss ausladend-gewölbt, und er hat hübsche rosa-weiße Blüten. Er ist erste Wahl – es sei denn, Sie möchten einen Baum, der einfach nur aufrecht wächst.

Wir waren uns auch in Bezug auf eine weniger bekannte Art einig, eine vortreffliche Kombination aus Blüten, frischen, jungen Blättern und ausladendem Wachstum. *Malus transitoria* hat meiner Meinung nach in der gesamten Familie das schönste Laub. Der Baum ist extrem robust, hält Trockenheit gut aus und sieht im Frühjahr mit seinen jungen Blättern zauberhaft aus. Auch die gelben Früchte sind dann im Herbst sehr reizvoll, und es wäre ihm eine größere Verbreitung zu wünschen.

Es stellte sich dann allerdings heraus, dass einige meiner anderen Favoriten doch nicht so klug gewählt waren. ›Golden Hornet‹ ist im Handel so verbreitet, wie es *transitoria* zu wünschen wäre. Er ist eine widerstandsfähige Sorte, doch wächst er aufrecht, die Blätter sehen staubig und langweilig aus, und die strahlend gelben Früchte verflüchtigen sich ab Anfang November. Jahrelang habe ich die Vögel dafür verantwortlich gemacht, Pilkington klärte mich hingegen auf, dass daran grundsätzlich der erste strenge Frost schuld ist. Er hält sehr viel mehr von *Malus robusta* ›Yellow Siberian‹; er ist für ihn die erste Wahl unter den Bäumen mit gelben Früchten. Mir bleibt nichts anderes übrig, als mit den beiden ›Hornets‹, die nun einmal in meinem Garten wachsen, für den Rest meines Lebens Buße zu tun.

Viele der beliebtesten *Malus*-Arten haben dunkellila getönte Blätter. Ich hätte wohl ›Profusion‹ als die beste Varietät innerhalb dieser Gruppe genannt, der Fachmann klärte mich allerdings auf, dass sie im Sommer zusehends kläglicher aussieht und nicht besonders widerstandsfähig gegen Krankheiten ist. Von *Malus x moerlandsii* hört man sehr viel weniger – im Handel spielt sie, im Gegensatz zur Pflanzschule von Landford, kaum eine Rolle. Ich sah, dass sie zu einer stattlichen Höhe von rund viereinhalb Metern heranwuchs, und ihre rot-violetten Blätter und ihre Robustheit verdienen größere Aufmerksamkeit. Eine Kombination aus dunkelroten Blüten und glänzend violetten Blättern ist ebenfalls eine attraktive Möglichkeit; sie ist am schönsten ausgebildet an ›Liset‹, einer aufrecht wachsenden Varietät,

Zierapfelblüten 425

die aus *moerlandsii* gezüchtet wurde, aber einfacher erhältlich ist. Die Rotfärbung der Blätter vieler Zierapfelbäume hat die Tendenz, im Lauf der Jahre auszubleichen und müde auszusehen. Das dauerhafteste Rot hat man bei ›Royalty‹, die zunächst aufrecht wächst, um sich dann in späteren Jahren auf angenehme Art seitwärts auszubreiten. Die dunkelsten Rottöne entwickeln sich an den Früchten, nicht an den Blättern; am besten kommen sie an *Malus* ›Indian Magic‹ zur Geltung, einer Neuentwicklung mit dunklen, großen Früchten. Sie sind eine echte Attraktion, und wenn der Bestand an Exemplaren von dieser gelungenen Varietät aufgestockt ist, dann wäre ihr weite Verbreitung zu wünschen.

So erfuhr ich, dass meine Hochschätzung von ›Golden Hornet‹ und ›Profusion‹ verfehlt war. Da ist es dann erfreulich, wenn man sich über Varietäten einig ist, die auf den ersten Blick ziemlich durchschnittlich wirken. *Malus robusta* ist der Sibirische Zierapfel, aus dem ›Red Sentinel‹ und andere gezüchtet wurden. Er ist nach wie vor ein großartiger Baum, sowohl hinsichtlich seiner Blüten als auch der Früchte, und die krebsroten Äpfel halten sich bis weit in den Winter hinein. Er ist so robust, wie es sein Name verheißt, und mit seinen Blüten und später den Früchten eine ausgezeichnete Wahl für eine doppelte Saison. Eng verwandt ist der japanische Zierapfelbaum *Malus floribunda.* Zur Zeit der Blüte sieht dieser angenehm kleine und sehr kräftige Baum phantastisch aus. Seine purpurroten Knospen öffnen sich zu weißen Blüten. Er wird eher breit als hoch und kann sehr schön in Form geschnitten werden. Als er mir zum ersten Mal angeboten wurde, hielt ich ihn für zu gewöhnlich, aber mittlerweile schätze ich ihn, wenn er blüht, als einen der besten aus seiner Familie.

Schließlich gewinnen momentan noch zwei moderne Varietäten an Beliebtheit, die kaum umzubringen sind. Pilkingtons erste Wahl ist ›Evereste‹, eine transatlantische Varietät mit weißen Blüten und grünen Blättern, die auch mit zunehmendem Alter ihre Schönheit behält. Ihre zahlreichen orange-roten Früchte sehen im Oktober sehr hübsch aus. Ich bin dankbar für das Taktgefühl, mit dem der Fachmann sie als »idiotensicher« bezeichnete – ›Evereste‹ ist die Varietät, die seit einigen Jahren einen zentralen Platz in meinem Garten einnimmt, und ich habe mir immer eingebildet, ungewöhnlich erfolgreich im Umgang mit ihr gewesen zu sein. Dieser Stolz ist, wie ich jetzt gelernt habe, an anderer Stelle besser angebracht. In Landfords Maloretum gibt es eine neue Varietät, die besonders gut zu mir passt. Sie heißt *Malus x zumi* ›Professor Springer‹ und bringt Unmengen von orange-roten Früchten an einem sehr gesunden Baum hervor. In Landford bezeichnen sie den Baum als den »zoomy professor«. Natürlich habe ich mich da herangezoomt und ihr im heimischen Garten einen Spitzenplatz eingeräumt.

Krisenfreier Chrysanthemen-Start

Besonnene Gärtner können die späte Blühphase in ihren Gärten durch den überlegten Einsatz von Chrysanthemen verlängern. Diese Blumen wurden von China bis Frankreich mit allen möglichen symbolischen Assoziationen belegt. Sie stehen für Liebe oder für Tod oder für akademische Perfektion, und in Teilen Chinas goss man ihre Blätter mit Wasser auf; man versprach sich von diesem Sud ewige Jugend. In anderen Gebieten Chinas untersuchten Bewunderer die Blumen und teilten sie nach einer Skala ein, die auch bei der Prüfung für den Eintritt in die chinesische Beamtenlaufbahn Anwendung findet. Mir gefällt die Vorstellung, Chrysanthemen für einen akademischen Abschluss in Oxford zu züchten und zu entscheiden, welche einen unteren zweiten Platz verdient hat. Hier in England gibt es allerdings ein Hindernis: Ebenso wie Dahlien haben Chrysanthemen einen nicht sonderlich guten Ruf im britischen Klassenbewusstsein.

Gartenbesitzer am oberen Ende der sozialen Leiter stufen sie als zu gewöhnlich ein. Verächtlich blicken sie auf die Chrysanthemen in schlichten Vorgärten herunter und lehnen die in Blumenläden in Plastiktöpfen angebotenen gelbblühenden Exemplare ab. [Ein anderer Begriff für Chrysanthemen in England ist »(Chrysanthe)Mum«.] Was sich als »Mum« bezeichnen lässt und Blüten hervorbringt, die eher als Stickerei auf ein kitschiges Sofakissen passen, ist jenseits des Akzeptablen. Diese Einstellung hatte zur Folge, dass Chrysanthemen sich in Gemüsegärten zurückgezogen haben, wo man ihnen zwar einen Besuch abstatten darf, aber dass sie den Blicken dargeboten werden, kommt nicht in Frage.

Man sollte nun aber nicht die Familie als Ganze verdammen, nur weil einige ihrer Vertreter in sonderbaren Zusammenhängen verwendet werden.

Die Alternative ist nicht das Outing einer Mum oder die komplizierte Heranzüchtung von Freiland-Chrysanthemen unter Glas. Ich genieße zehn Wochen lang die Pracht Dutzender von Chrysanthemen, weil ich schummle. Ich beginne mit Chrysanthemen erst Ende April und habe nicht den ganzen Stress mit Verwurzelung, Fäulnis oder verlängerter Beheizung, die Anfänger so abschreckt. Wenn sie selbst genug zu tun haben, lassen umsichtige Gärtner die Anfangsarbeiten von anderen erledigen. Ich wende mich an Halls of Heddon in Heddon on the Wall, Newcastle-upon-Tyne, die sich auf Dahlien und Chrysanthemen spezialisiert und der Aufgabe verschrieben haben, ihren Kunden das Leben zu erleichtern. Wenn dort vor Märzbeginn Chrysanthemen-Bestellungen eingehen, liefert Halls verwurzelte Ableger namhafter Varietäten Ende April oder Anfang Mai. Jedes verwurzelte Exemplar muss dann in einen Topf von zehn Zentimetern Durchmesser, angefüllt mit gutem Gartenkompost, eingepflanzt werden, der an einen geschützten Ort gestellt wird. Auf Frostwarnungen ist unbedingt zu achten: Dann müssen die Pflanzen – lediglich über Nacht – ins Haus genommen werden. Ich verwende weder zusätzliche Wärme noch Glas, ich bekomme meine Pflanzen Ende April, topfe sie ein und setze sie dann am 15. Mai ins Freie. Das ist kinderleicht, und im Lauf von zehn Jahren ist mir nicht eine einzige Pflanze eingegangen.

Die Ergebnisse putzen ganz ungemein, vor allem bei frühblühenden Varietäten, die den Garten ab der dritten Augustwoche merklich aufwerten. Meine Gewinner sind die alte und beliebte bronzefarbene ›Max Riley‹, die feuerrote ›Membury‹ und die blassgelbe ›Dana‹, die sich auch gut als Schnittblume eignet. Die Farbpalette wird durch ›Allouise‹ und die frühblühende ›Pamela‹ erweitert, zwei weitere gleichbleibend verlässliche Sorten. Es gibt sie in Weiß-, Rot-, Pfirsich- und Goldtönen, und sie blühen so früh, dass sie schon lange, bevor sich das Wetter Mitte November ändert, ihre schönste Zeit hinter sich haben. Fachleute weisen darauf hin, wie wichtig es ist, die frühen Varietäten zu hemmen, indem man die Triebspitze einer jungen Pflanze oder einige wenige Zentimeter an deren Spitze entfernt (pinziert), um die Ausbildung von Seitentrieben und zusätzlichen Blüten anzuregen. Ich pinziere meine Pflanzen Ende Mai, anschließend vervielfachen sich die Seitentriebe, und die Blühsaison verlängert sich. Auch Nähren und Einsprühen sind wichtig. Einen Tag, bevor ich die jungen Ableger einpflanze, arbeite ich den Dünger »Fish Blood and Bone« in die Erde ein. Von

Abb. 92: Chrysantheme
›*Bronze Max Riley*‹

Mitte Juli bis Mitte August sprühe ich die Pflanzen mit verdünntem Phostrogen ein; sobald die Knospen Farbe annehmen, höre ich mit Düngen auf. Schädlinge sind nur deshalb ein Problem, weil die jungen grünen Blätter zwischen Mai und Juli so appetitlich aussehen. Das *RHS Wisley Handbook* bezeichnet Blattläuse als »Virenüberträger«, man kann sie aber vom Übertragen abhalten, indem man frühzeitig »Tumblebug« sprüht. Wenn man die Pflanzen nicht einsprüht, werden außerdem Miniermotten die Blätter befallen, diese rollen sich dann auf und sehen aus, als wären Tunnel durch sie hindurchgegraben worden. Auch gegen Miniermotten setzt man wirksam »Tumblebug« ein.

Diese Feinde bilden ein gewisses Risiko, aber sie lassen sich vermeiden. Die Frage ist jetzt: Können wir auch faul sein und die Chrysanthemen trotzdem durch den Winter bringen? Das ist möglich, wenn wir nicht vergessen, dass eine Elternpflanze im November auf ungefähr 15 Zentimeter zurückgeschnitten werden muss, bevor man sie ausgräbt und in guten, torfigen Kompost bettet. Dann überwintert sie in einem ungeheizten Gewächshaus; das Wachstum wird dann erneut angeregt, indem man Anfang März wieder Wasser gibt und die Temperatur steigert. Innerhalb von drei Wochen werden überall junge Triebe kommen, die ohne Weiteres als Ableger für das nächste Jahr herangezogen werden können. Oder man kann zu Beginn des Frühjahrs wieder bei Halls bestellen – die moderaten Kosten sind durch die gesparte Zeit aufgewogen. Wenn Sie sich nicht mit dem Umpflanzen im Herbst belasten wollen, können Sie die Pflanzen aber auch zurückschneiden, mit einer mehrere Zentimeter dicken Schicht aus sandiger Erde, Stroh oder Torf bedecken und sich auf Ihr Glück verlassen. Die frühen Varietäten überleben unter einer solchen Decke auch stärkeren Frost; es ist in leichter Erde ein lohnendes Risiko.

Man kann natürlich auch Varietäten aus der Gruppe winterharter Chrysanthemen wählen, die ab Ende September bis in den November hinein blühen und normalerweise den Winter überleben. Heutzutage werden wieder ausgezeichnete Varietäten angeboten, die von unermüdlichen Pflanzenschützern gerettet wurden. ›Anne Lady Brockett‹ mit ihren einfachen, dunkel pink gefärbten Blüten ist eine echte Attraktion, allerdings musste sie von den Experten der Pflanzschule Monksilver in Cottenham, Cambridge, erst wieder ausfindig gemacht werden. Ihre Ladyship hatte sich nach Frankreich davongemacht, wo man gesunde Exemplare fand und wiedereinbürgerte. Zugegebenermaßen hatte sie schon seit jeher eine Eigenschaft, die in Pflanzkatalogen als »running habit« [Hang zum Ausbrechen] bezeichnet wird. Zwei der verbreitetsten winterharten Varietäten sind ebenfalls ihr Geld wert: die gelb-aprikosenfarbene ›Mary Stoker‹ und die gefüllte rote ›Duchess of Edinburgh‹.

Die schönste Chrysantheme ist die spätblühende ›Emperor of China‹, sie wird bis zu 1,20 Meter hoch und kombiniert den Rotton ihrer Blätter mit herrlich geformten Blüten in Blassrosa-Schattierungen. Wenn ich diese herrlichen Chrysanthemen anschaue, dann ist mein Blick allerdings nicht chinesisch beeinflusst, sondern geprägt von der unübertroffenen *Geschichte vom Prinzen Genji*, dem japanischen Klassiker der Hofdame Murasaki vom Beginn des 11. Jahrhunderts. Im düsteren alten Nordeuropa wäre zu jener Zeit ein derart feinfühliges Werk völlig undenkbar gewesen, doch in Japan war es bereits althergebrachte Sitte, sich über die jeweiligen Vorteile von Gärten im Frühjahr und im Herbst auszutauschen. Die Moden änderten sich ständig, und Dame Murasaki formuliert sehr treffend: »Frauen, die vom Frühlingsgarten verführt werden (so ist es nun einmal in dieser Welt), sind jetzt vom Herbst verführt.«

Sie erzählt uns, dass Prinz Genji in seiner Jugend während des Ausflugs, den der Hof immer im Herbst unternahm, für die Hofgesellschaft zu singen und zu tanzen pflegte. Er trug damals an seiner Mütze einen Ahornzweig, doch da die Blätter abfielen, »passte das nicht zu seinem hübschen Gesicht«. Eine unpassend wirkende Figur, der sogenannte General der Linken, ersetzte diesen Zweig durch Chrysanthemen, die »an seiner

Mütze befestigt waren, zart vom Frost berührt, und der Gestalt und den Bewegungen des Prinzen neue Schönheit verliehen«. Alle waren zutiefst bewegt. »Sogar die ungebildeten Knechte«, die an »Felsen und Zweige« dachten, wurden von dem Anblick zu Tränen gerührt. Ich stelle mir Genji vor, sein Haar geschmückt mit ›Anne, Lady Brockett‹, und kann die Reaktion der Knechte gut nachvollziehen.

Genjis Kusine war eine Konkubine des Kaisers, und in ihrem Garten »blühte eine Chrysanthemen-Hecke im Morgenfrost des beginnenden Winters«. Ein Prinz, in der Geschichte »Efeu« genannt – wahrscheinlich Genjis Sohn –, versucht, eine abgesondert lebende Tochter des Achten Prinzen zu verführen. Sie wirft hinter einem seidenen Vorhang einen schnellen Blick auf ihn und fängt hinter ihrem Fächer an zu weinen. Sie tut ihm leid, doch ihm ist klar, dass ihr Zauber andere Männer anlocken würde. Infolgedessen »kehren seine Zweifel zurück und auch sein Unmut«. Er wendet sich zu den Chrysanthemen um und stellt fest: Je besser sie gepflegt werden, desto länger dauert es, bis sie ihre letzte, hochgepriesene Farbenpracht entfalten. Während er die Blumen betrachtete, näherte sich eine ihrem großen Finale, was beim Prinzen eine poetische Regung auslöste. »Ich liebe von allen Blumen nicht nur die Chrysantheme«, begann er – ein Zitat aus einem berühmten alten japanischen Gedicht. Mir geht es genauso wie ihm, doch er war dann derjenige, dem das Glück hold war. Er eroberte sein junges Zielobjekt und verbrachte mit ihr einige Tage bei den Blumen, »mit Musik und anderen Abwechslungen, um die Eintönigkeit zu unterbrechen«.

Herbst

Noble Nadelbäume

Wenn Weihnachten naht, sieht sich der Gärtner mit dem Nadelbaumproblem konfrontiert. Jeder Weihnachtsbaum lässt uns klar erkennen, dass Nadelbäume eine Klasse für sich sind. Sie haben keine richtigen Blätter. Sie sind definiert als Bäume und Sträucher, die ihre Samen in Zapfen tragen, in der Realität verstreuen viele jedoch ihre Nadeln über den ganzen Teppich, wenn sie als abgehauene Exemplare dekoriert in Wohnzimmern stehen. Zivilisierte englische Gärtner sehen in ihnen eher unpflanzbare Schrecknisse. In Anbetracht der Jahreszeit allgemeinen Wohlwollens unternahm ich einen brüderlichen Versöhnungsvorstoß, indem ich die eindrucksvollste Nadelbaum-Präsentation der zeitgenössischen Gartenbaukunst besuchte.

In der Bronx hat der New York Botanical Garden vor einigen Jahren auf sechs Hektar seines Geländes eine grandiose neue Landschaft eröffnet, die überwiegend Nadelgewächsen vorbehalten ist. Der Garten ist ein Zufluchtsort für alle, die sich im Wolkenkratzergewirr von Manhattan verloren fühlen, denn er liegt teilweise auf natürlichem Felsgestein zwischen Bäumen, die über zweihundert Jahre alt sind. Lediglich zwanzig Minuten Zugfahrt von der Grand Central Station entfernt vermittelt er all jenen, die sich in der großen Stadt nach einem Garten sehnen, das Gefühl grüner Natur. In den vergangenen dreißig Jahren wurden die einzelnen Abteilungen phantastisch ausgebaut, und die Nadelbaum-Abteilung ist nur die letzte in einer langen Reihe gelungener Umgestaltungen. Wo könnte man seine Vorurteile besser überprüfen als an einem Ort, der von einem fünf Millionen Dollar teuren Facelifting profitiert hat und der Todd Forrest, dem Vizepräsidenten des Botanischen Gartens, besonders am Herzen liegt?

Auch hier entspringt das Vorurteil, wie so häufig, aus einer Wurzel des Nichtwissens. Feinde sehen, wenn sie an Nadelbäume denken, ins Gigantische angewachsene Affenschwanzbäume in kleinen Vorgärten städtischer Randgebiete vor sich, mit blauer Farbe besprühte Weihnachtsbäume in einem Rahmen unbehaglicher Geselligkeit oder diese ominösen Koniferen-Vertreter der Siskiyou-Fichte mit dem vielsagenden englischen Namen ›Brewer's Spruce‹ [Bierbrauer-Fichte] mit ihren unschön schlaff herabhängenden Ästen. Einige dürften auch mitverfolgt haben, wie »Zwerg«-Koniferen sich zu massiven Sträuchern ausgewachsen haben, die alles andere als zwergenhaft sind. Die hängenden Varietäten wirken in der grünen, angenehm gemäßigten englischen Landschaft normalerweise absurd, und gar nicht erst anfangen will ich mit dem schlimmsten aller Schrecken, der struppigen Leyland-Zypresse: Sie ist kaum unter Kontrolle zu halten, einen schönen Anblick bietet sie schon gar nicht, stattdessen ist sie häufig ein Brutplatz für Blattläuse.

Diese Schurkenparade ist aber nur ein ganz kleiner Teil des gesamten Bereichs. Der New York Botanical Garden hat seine bestehende Sammlung mit hervorragend ausgesuchten Varietäten aufgestockt, und das Ergebnis sollte allen Gärtnern Anlass geben, ihre Vorurteile zu überdenken. Es gibt sogar einige passable Nadelbäume, die im Schatten wachsen. In New York ist der Schatten normalerweise ausgesprochen trocken, doch die unbekannte Pflaumeneibe *Cephalotaxus harrgintonia* gedeiht in trockenem Schatten sehr schön, ohne ihr adrett immergrünes Aussehen zu verlieren. Ihre Äste sehen aus wie eine frische grüne Eibe, deren »Blätter« weit auseinanderstehen. Warum trifft man sie in unseren Gärten so selten an? Andere hervorragende Schattenexemplare sind die in Nordamerika häufig vorkommenden Hemlock-Tannen. Die amerikanische Ostküste wurde von einer bestimmten Art wolliger Blattläuse heimgesucht, die ausgewachsene Hemlock-Tannen angegriffen und große Bäume vernichtet haben. Die Katastrophe war mit dem Ulmensterben vergleichbar, Todd Forrest erklärte mir allerdings, dass die Blattläuse vom Wind transportiert werden und sich daher am ehesten in den Ästen hoher, ausgewachsener Bäume festsetzen. Kleine Exemplare der Hemlock-Tanne blieben überwiegend verschont. Sie sind leicht zu pflanzen und im Schatten höherer Bäume ein hübscher Anblick.

Eines der Probleme mit diesen »Zwerg«-Varietäten ist darauf zurückzu-

Herbst

führen, dass viele sozusagen rückfällig werden und im Garten nach mehreren Jahren langsamen Wachstums auf einmal mächtig an Höhe zulegen. Normalerweise kommt es zu einem solchen Wachstumsschub nach ungefähr zwölf Jahren, und häufig zirkulieren Pflanzen einer »Zwerg«-Varietät im Handel, ohne dass eingehende Nachforschungen angestellt werden, was ihre Herkunft betrifft. Wenn sie von einem Elternteil stammen, das lediglich ein Pseudo-Zwerg war, werden sie ihrem Ursprung treu bleiben und ebenfalls irgendwann zu groß werden. »Nadelbäume von beschränktem Wuchs« pflegte man als passenden Bestandteil von Alpingärten anzusehen, die sich am Nadelbaumbewuchs der Alpen orientieren wollten. In diesem fingierten Alpenkontext nahmen dann Bäume, die von Pseudo-Zwerg-Eltern abstammten, in späteren Jahren unerfreulich viel Platz weg.

Dieses Problem ist jedoch vermeidbar. In der New Yorker Sammlung gibt es eine ganze Reihe phantastischer Hybriden, die Sidney Waxman von der University of Connecticut, ein weltweit anerkannter Experte, in den vergangenen fünfzig Jahren gezüchtet hat. Eine seiner klugen Techniken bestand darin, in ausgedehnten Anpflanzungen von Nadelbäumen nach Bäumen Ausschau zu halten, an denen sich jene dicken Wachstumsbüschel gebildet hatten, die wir als »Hexenbesen« bezeichnen. Er entnimmt von diesen dicht wachsenden Gebilden Samen und zieht aus ihnen Bäume heran, die besonders kompakt und attraktiv sind. Wenn die »Hexenbesen« in größerer Höhe wachsen, greift Sidney zum Gewehr und schießt Äste herunter, von denen er Samen abnehmen kann. Sein Programm ist mittlerweile weltberühmt. In den neuen Pflanzarealen des New Yorker botanischen Gartens kann man die ansprechende Anpflanzung seiner ausgewählten Miniatur-Formen von *Pinus strobus* bewundern, etwa die kompakten Kissen von ›Sea Urchin‹ und ›Green Shadow‹. Das sind vielversprechende Gartenpflanzen, und diejenigen, die Nadelbäume prinzipiell ablehnen, kann man nur als engstirnig bezeichnen.

Eine ganz andere Größenordnung bietet der Nadelbaumbereich des Gartens mit einigen markant hohen Bäumen. Neben dem Hauptweg steht eine große Gruppe Mammutbäume, ein Nadelbaumtypus, den man lange Zeit für ausgestorben hielt. *Metasequoia glyptostroboides* wurde dann im Jahr 1941 von einem chinesischen Botaniker in Zentralchina wiederentdeckt, und 1947 wurden Samen an ausgesuchte Gärten verschickt. In Winterthur in Pennsylvania trifft man in den wunderbaren Gärten des ehemaligen Du-

Pont-Anwesens ebenfalls auf einen grandiosen Bestand dieser Mammut-bäume. Sie sind mit den Mammutbäumen in New York verwandt und wur-den auf Veranlassung der Landschaftsarchitektin Marian Coffin gepflanzt, die beide Gärten betreute. Nach über fünfzig Jahren sind diese Bäume jetzt 25 Meter hoch, die eindrucksvollsten Exemplare in »Gefangenschaft«. Man darf von diesem beliebten Baum nie die unteren Äste abschneiden. Wenn Mammutbäume im unteren Bereich des Stamms beschnitten werden, ent-wickeln sie nicht dieses hübsche geriffelte Muster am Hauptstamm, das mit zunehmendem Alter einen so reizvollen Anblick bietet.

Von den Mammutbäumen lassen sich zwei wichtige Lektionen lernen. Erstens: Nicht jeder Nadelbaum ist immergrün. Wie die Lärche wechselt der Mammutbaum im Herbst zu einer schönen Herbstfärbung und wirft seine dunkelrot-braunen Nadeln dann ab. Zweitens ist eine Nachbildung des »natürlichen« Lebensraums nicht notwendig. Die letzten Mammut-bäume wurden in einer tief gelegenen, feuchten Region aufgefunden, aber in Gärten brauchten sie kein ähnlich geartetes Biotop. Das liegt daran, dass Pflanzensammler manchmal auf die letzten abgelegenen Mitglieder einer bestimmten Familie stoßen, die in einer entlegenen oder nicht befallenen Zone wachsen. Es ist also falsch, wenn Gärtner davon ausgehen, dass diese Pflanzen in ihrem eigenen Garten dieselben Verhältnisse vorziehen. Diese Sonderfälle überlebten gerade nicht in ihrem ursprünglichen Lebensbe-reich und häufig unter atypischen Rahmenbedingungen.

Ein besonders markantes Beispiel dieses Faktums ist die sogenannte Sumpfzypresse. Sie wurde tatsächlich in sumpfigem Gebiet entdeckt, doch *Taxodium distichum* ist in Gärten nicht auf Sumpf-Verhältnisse angewie-sen. Wie als Beweis dafür gibt es in der New Yorker Anlage phantastische Sumpfzypressen, die auf ordentlich entwässertem Erdreich wachsen. Und um hier zu überleben, müssen sie stark sein. Die New Yorker Winter der letzten Jahre waren bitterkalt, und eisige Winde zausten die hohen Bäume des Gartens. In kalten Wintern muss die Belegschaft ins Freie und den Schnee von den Bäumen schütteln. Im Sommer stellen hohe Temperaturen eine weitere Bewährungsprobe dar, die nur durch Bewässerung aus den tiefen natürlichen Quellen zu bestehen ist. In England sind die Umstände weniger herausfordernd, trotzdem sind englische Gärtner, was die Sumpf-zypresse betrifft, immer noch skeptisch, so als handle es sich um einen Baum, der nur in Feuchtgebieten gedeiht.

436 *Herbst*

Der ausgezeichnete Schaugarten der New Yorker Anlage rückt eine unverdient als hässlich geltende Verwandte in ein ansprechenderes Licht. Natürlich musste ich den geduldigen Todd Forrest fragen, welche Sorte er wählen würde, wenn er einen Nadelbaum als Weihnachtsbaum erwerben müsste. Er schreckte merklich vor dem Gedanken zurück, einen Baum abzusägen, nur um ihn für kurze Zeit aufzubrezeln und dann wegzuwerfen. Dann bekannte er, dass er für diesen Zweck die Familie der Tannen bevorzuge. Wenn ihm nichts anderes übrigbliebe, würde er sich nach einem Exemplar von *Abies procera* umschauen und im Wohnzimmer pietätvoll dessen Ableben begehen.

Noble Nadelbäume 437

Bei Hellyer zu Hause

Erst im Jahr 2002 stieg ich aus einem der angenehmsten Verträge meines ganzen Lebens aus. Er lief über 25 Jahre und beschützte mich davor, mich ernsthafter Sachkenntnis aussetzen zu müssen. Während der gesamten Laufzeit teilte ich mir die Aufgabe, wöchentliche Gartenkolumnen für die *Financial Times* zu verfassen, mit meinem Seniorpartner Arthur Hellyer. Hellyers Laufbahn als Gärtner und Schriftsteller hatte über fünfzig Jahre vor der meinen begonnen. Geboren wurde er im Jahr 1902, und er war die oberste Koryphäe, als ich 1970 zu schreiben begann, der Vertrag aber ging auf seinen Vorschlag zurück.

Die Konditionen waren entzückend schlicht. Keiner würde während der Amtszeit den Garten des anderen besuchen. Vielleicht wollte Hellyer nicht unterbrochen werden. Vielleicht hatte ihn einer meiner ersten Beiträge erschreckt, in dem ich die gesamte Familie blühender Heidekräuter angegriffen hatte. Er kannte sich damit viel besser aus als ich und hatte einige schöne Sorten in der Nähe seines Hauses angepflanzt. Während der Phase meines früheren Lebens, als ich öfter umzog, war ich froh, dass er mich nie aufsuchte, um meine weniger gelungenen Versuche zu besichtigen. Später besuchte er die Gärten meines Colleges in Oxford, meinte aber anschließend, er habe nicht gewusst, dass ich für sie verantwortlich war. Eine Meinung dazu hat er nie geäußert.

Ich besuchte dann schließlich ungefähr zehn Jahre nach seinem Tod seinen Garten Orchards in Rowfant in der Nähe von Crawley in West Sussex. In Arthurs späteren Lebensjahren mussten Einsparungen vorgenommen werden, doch seit seinem Tod im Jahr 1993 hatte seine Tochter Penelope sich nach Kräften bemüht, der gesamten Anlage gerecht zu werden und die unvermeidlichen Wiederbepflanzungen vorzunehmen. Mein Besuch damals war sehr bewegend. Eine lang vergangene Epoche wurde da lebendig. Bereits als Schuljunge in Dulwich hatte Arthur Hellyer einen gesunden, praktischen Verstand. Dann erkrankte er an Tuberkulose, und man empfahl ihm, sich eine Arbeit zu suchen, die er im Freien ausüben konnte. Im Ersten Weltkrieg erging bald der Aufruf an die Engländer »to dig for victory« [für den Sieg zu graben]. Viele Männer schaufelten sich in den Schützengräben in Frankreich ihr Grab, und hinter den Linien wurden die Zivilisten dazu aufgefordert, Gemüse anzubauen, um bei der Ernährung der Nation zu helfen. Hellyer hat mir einmal anvertraut, dass sein erstes Interesse an der Arbeit im Garten sehr viel dem Umstand verdankte, dass es nötig war, im Jahr 1916 den Rasen der Familie umzugraben und England zu retten.

Sein Garten in Orchards überlebte als Zeuge dieser ganz eigenen Vision von Selbstgenügsamkeit und Selbstversorgertum, die dann in den dunklen Tagen der frühen 1970er Jahre als Mode wieder auflebte. Mit 30 Jahren, 1933, heiratete Arthur Gay, die am John Innes Research Institute arbeitete. Gay hatte einen Bachelor in Naturwissenschaften und den klaren, praktischen Verstand einer geborenen Lehrerin. Sie war die ideale Partnerin für Arthurs praktisch-wissenschaftliche Grundeinstellung und seinen Glauben an die Möglichkeit eines autarken Lebens. 1934 setzten sie um, wovon viele von uns einst geträumt haben: Sie kauften drei Hektar Land, das für den Rest des Lebens ihre Heimat werden sollte. Darauf pflanzte der Gärtner Arthur herrliche Magnolien, Kamelien und Ahornbäume; der Plan für seine Anpflanzungen entstand unmittelbar vor Ort, nicht am Reißbrett. Außerdem baute er das Haus von Orchards. Viele Jahre lang arbeitete er nach einem Tagesplan, neben dem ein heutiger Bürojob wie eine Kuschelnummer wirkt. Im Sommer begann sein Tag um fünf Uhr. Er arbeitete bis Viertel vor sieben im Garten. Dann richtete er mehrere Tassen Tee, von denen er eine seiner kleinen Tochter Penelope gab. Um sieben Uhr brach er auf zum täglichen Zug nach London. Wenn es sich anbot, nahm er einige Früchte vom eigenen Feld und andere Produkte mit, um sie dem Gemüsehändler auf seinem Weg zum Bahnhof zu verkaufen. In London wirkte er als Herausgeber des unsterblichen Magazins *Amateur Gardening*. Erst kurz vor sieben Uhr abends kehrte er nach Hause zurück, wo er ein frühes Abendessen zu sich nahm. Dann schrieb er, unterbrochen nur durch die einzige Fernsehsendung des Tages, die *Nine O'Clock News*.

Bei Hellyer zu Hause 439

Abb. 93: Arthur und Gay Hellyer in ihrem Garten in Jersey

Eine alte Schwarzweiß-Fotografie aus den 1930er Jahren hält die Entschlossenheit dieses Pionierpaares fest: Er schiebt einen Pflug durch unberührte Erde, sie folgt ihm und glättet den Boden ein. Damals lebten Arthur und Gay übergangsweise in einem Schuppen am Fuß des Abhangs von Orchards. Es entzückte mich, dass ihre erste Behausung auch siebzig Jahre später noch stand, umgeben von Orangenblüten, Maiglöckchen, Himbeeren und unverwüstlichen Sträuchern. Natürlich hatten sie eine Ziege, eine Kuh und diverse Hühner. Arthur bediente die schweren Geräte, doch bei jeder anderen Gartenarbeit stand Gay ihm zur Seite. Im besonders heißen Sommer des Jahres 1976 verfasste auch sie einen Beitrag für die *Financial Times*: Sie teilte den Lesern ihr phantastisches Rezept für Gurkensuppe mit. Dahinter steckten die diesem Landmädchen mit wissenschaftlichem Verstand eigene Sachlichkeit und ihr unermüdlicher Fleiß, dem keine Anstrengung zu groß war.

Manchmal blättere ich alte Exemplare des Magazins *Country Life* durch, die zwischen 1935 und 1955 veröffentlicht wurden, und bei den Preisen für die angebotenen Häuser kann einem übel werden vor Neid – »5000 Pfund für ein entzückendes Pfarrhaus aus dem 18. Jahrhundert mit zwei Cottages, Ställen und vier Hektar Land« in einer Region, die heutzutage die höchst begehrte, hochpreisige Country Side für Londoner Berufspendler ist. Die Artikel in diesen Magazinen atmen den Geist der Ethik Hellyers, den Wagemut des »Zurück zur Scholle« und die Tugend, sein Gemüse selbst anzubauen und völlig selbstgenügsam zu leben. Wie die Hauspreise jener Zeit klingen solche Ansätze für heutige Ohren wie ein fernes historisches Echo. Wir heutzutage gehen zum »Selberpflücken« auf irgendwelche fremden Felder oder grasen gleich den Supermarkt ab. Hellyers Leben hingegen war ganz geprägt von der Grundausrichtung von *Country Life*, was in seinem Fall allerdings noch eine zusätzliche persönliche Tiefendimension hatte. In seiner Jugendzeit hatte er eine Zeitlang Verbindungen zu den Zeugen Jehovas, die er nur mit Mühe lösen konnte. Dass er sich in Orchards ansiedelte, markierte für ihn ein persönliches Entkommen, doch den von den Zeugen Jehovas gepredigten Werten persönlicher Verantwortlichkeit und hingebungsvoller Arbeit blieb er sein Leben lang treu. Nur einmal, als ein von mir verfasstes Buch über antike Religion erschien, erwähnte er mir gegenüber, wie viel Angst er noch vor dieser Sekte habe, zu der er früher gehört hatte: Er fürchtete, sie würden kommen und ihn aufstören, während er sich befleißigte, den ihm zugefallenen Teil der Natur zu verwandeln.

Arthur und seine Frau waren beide in ihrer Einstellung und ihrer klaren Art des Lehrens von einer naturwissenschaftlichen Grundhaltung geprägt. An Effekthascherei hatte Arthur nicht das geringste Interesse; was er jedoch auf seine stille Art durchaus zu schätzen wusste, war Stil. Diese klare, praktische Bescheidenheit verlieh ihm einen ganz eigenen Stil. Sie öffnete ihm die Augen für die vielen Tücken des Gärtnerns und machte ihn damit großmütig für die Anstrengungen anderer. Wenn er unsere Abmachung durchbrochen und mich besucht hätte, hätte ich sicher unendlich viel von ihm lernen können – und irgendwo hätte er auch bestimmt etwas gefunden, was ihm gefallen hätte.

Bei Hellyer zu Hause

Welche Sorte Salbei?

Noch vor fünfundzwanzig Jahren machte mein Garten alljährlich eine finstere Phase durch: die herbstliche dunkle Zeit. Mittlerweile haben Pflanzenjäger und Züchter das Angebot an spätblühenden Pflanzen jedoch völlig umgekrempelt. Eine der erfreulichsten Erweiterungen war die Entdeckung zahlreicher neuer Salbeisorten. Die besten sind nur sehr bedingt winterhart, aber ab Mitte Juli blühen sie so üppig und in so phantastischen Farben, dass sich die Anstrengung, sie vor schlimmem Frost zu schützen, im Vergleich dazu sehr gering ausnimmt.

Welche Sorten würde ich wählen, wenn ich aus den über hundert auf dem Markt erhältlichen Sorten lediglich fünf auswählen dürfte? Die Farbe mag überraschend wirken, doch glaube ich, dass die lebhafte *Salvia involucrata* es sicher in die Top Five schaffen würde. Die Blüten dieser kräftigen Mexikanerin strahlen in einem grandiosen Lippenstift-Violett. Sie verträgt auch noch ziemlich starken Frost und blüht bis weit in den November hinein. Ich schätze sie vor allem in Randbeeten: Die Kunst besteht hier darin, einzelne Pflanzen in Abständen so ins Beet zu setzen, dass sie sich vollständig entwickeln können und damit den Blick über die gesamte Länge des Beets führen. Jede *involucrata* wird am besten an einen zentralen Stab angebunden, doch es ist unnötig, die oberen Stengel anzubinden, denn sie sehen schöner aus, wenn sie sich in einem rechten Winkel natürlich ausbreiten können. Sie wachsen kraftvoll bis zu einer Höhe von über einem Meter und nehmen es sogar noch mit leichtem Schatten auf.

Meine Favoriten für kleine Töpfe sind die diversen Formen einer natürlichen Hybride, *Salvia x jamensis*, die ebenfalls aus Mexiko stammen. ›La Luna‹ bringt einen exzellenten Gelbton ein, und es gibt schöne Pinkfarben und Creme-Schattierungen, darunter ›Moonlight over Ashwood‹ mit gelben Blättern und sehr hellen, gelben Blüten. Diese hübschen kleinen Pflanzen sind in einem englischen Winter nicht winterhart und brauchen in den dunklen Monaten als eingewurzelte Ableger den Schutz des Hauses. Mein Liebling bei den blauen Sorten ist *Salvia cacaliifolia*. Das Blau der Blütenähren ist außerordentlich tief und intensiv und hat die Beschreibung »königsblau« durchaus verdient. Zwei Dinge müssen hier beachtet werden. Die Pflanze braucht viel Wasser, und beim geringsten Frost geht sie ein, sie muss also unbedingt geschützt überwintert werden. Ich nehme sie einfach nach drinnen. Bei einem Mittagessen mit Züchtern und Gärtnern bei der »Chelsea Flower Show« lernte ich, dass man sie am einfachsten vermehrt, indem man um den zentralen Wurzelstock eine Schicht aus Kompost anhäuft und dann die Stiele mit Wurzeln abnimmt, die aus der Unterlage herauswachsen.

Auch *Salvia microphylla* muss in den Top Five auftauchen, allerdings nur eine Form mit Blüten in echtem Rot. ›Kew Red‹ ist ausgezeichnet und blüht reichlich über glänzend mittelgrünen Blättern. Seit Jahren pflanze ich auch ›Newby Hall‹ in meinem Garten, die bis zu einenhalb Metern hoch werden kann und strahlend rote Blüten sowie gelbliche Blätter hat. Diese Pflanzen halten bis zu zwei Wochen ohne Wasser aus. Bei einer Großen Herbstausstellung der »Royal Horticultural Society« in London habe ich vor Kurzem Pflanzen der kleinen *Salvia Chamaedryoides* erstanden, ein hübsches Exemplar aus Texas mit kleinen, tiefblauen Blüten, das ungefähr dreißig Zentimeter groß wird. Als Ausgleich würde ich die zarte *Salvia darcyi* wählen mit ihren großen, bis Ende Oktober strahlend roten Blüten. Die Blätter sind ziemlich klebrig, und die Pflanze muss hochgebunden werden, um sich in ihrer ganzen Schönheit und einer Höhe bis zu einem Meter zeigen zu können. Der unvermeidliche erste Frost in den derzeitigen November- oder Dezembermonaten wird sie ruinieren, doch ist die Rettung all dieser Salvien einfach. Ab Ende Oktober bringe ich *Salvia darcyi* und *cacaliifolia* und Verwandte in Töpfen ins Haus und habe einen oder zwei weitere Monate lang meine Freude an ihnen als Zimmerpflanzen. Wenn man die verwelkten Blüten regelmäßig entfernt, blühen sie bis in den Dezember hinein weiter. Dann schaffe ich sie ins Gewächshaus, wo sie dann im Frühjahr, wenn sie wieder anfangen zu wachsen, Dutzende Ableger produzieren. Wenn Sie diese lebhaften Neuankömmlinge gut schützen, wird es Ihnen nie an Pflanzen mangeln, um Ihnen den Winter zu verschönern.

Welche Sorte Salbei?

Gute Nacht in Gamberaia

Das Ende jeder Gartensaison lebt in der Erinnerung gedankenvoller Gärtner weiter. Einen der erinnerungswürdigsten Abschlüsse beging ich auf einem Hügel in der Nähe von Florenz, dem Standort der Villa Gamberaia, die weithin als grandioses Beispiel eines Gartens mit Renaissance-Elementen gerühmt wird. Man erreicht den Ort vom Hauptbahnhof Florenz aus problemlos im Bus Nummer 10. Er befördert einen in die kleine Stadt Settignano, die Heimat bedeutender Bildhauer und Maler. Der Garten der Villa Gamberaia verdankt seine kontinuierliche Weiterentwicklung mehreren hingebungsvollen privaten Besitzern und Besitzerinnen, und heute freut man sich über zahlende Besucher. In diesem wohldefinierten Areal belebten Chinarosen, Zitronenbäume und einige übermütige Damen die letzte Szene meines Gartenjahrs.

Zunächst einige Worte zur Geschichte dieses berühmten Gartens, dem in den letzten Jahren erstaunliche Aufmerksamkeit widerfuhr. Im Jahr 1944 wurden Haus und Garten schwer beschädigt, als ein deutscher Offizier dort, bevor er den Ort verließ, einen Brand legte. Drei Jahre später fiel das geschulte Auge des großen Kunstkritikers Bernard Berenson auf die Villa und ihren Garten, und trotz der Zerstörungen und des vernachlässigten Zustands schrieb er über den Ort, er sei noch immer fähig, »Sehnsucht und Träume, süße Träume, zu erwecken«. Ich glaube nicht, dass Berenson viel von Gärten verstand, aber er hatte einen Blick für Strukturen, und die Struktur der Gesamtanlage hatte überlebt. Zu seinen Lebzeiten erlangte der Ort in englischen Kreisen große Bekanntheit durch das Buch der Romanschriftstellerin Edith Wharton, *Italian Villas and Their Gardens*, in dem Gamberaia als »vollkommenstes Beispiel für die Kunst, mit begrenzten Mitteln eine

444 ❧ *Herbst*

großartige Wirkung zu erzielen« bezeichnet wird. Die Villa wäre selbst dann einen Besuch wert, wenn es den Garten nicht gäbe, und zwar wegen des Blicks, der von hier oben über eine bezaubernde Landschaft möglich ist. Man kann kaum glauben, dass man sich in großer Nähe zu den Ausläufern des modernen Florenz befindet; sie bleiben unten im Tal dem Blick gnädig verborgen. Von den Wiesen des Gartens aus hat man eine ungestörte Sicht auf die Chianti-Berge, und an einer bestimmten Stelle breitet sich vor dem Betrachter eine Landschaft aus, die perfekt in ein Florentiner Gemälde aus dem 15. Jahrhundert passen würde.

Was wir heute sehen, ist lediglich einer von vielen Übergangszuständen in einer langen Geschichte. Wie so oft verblassen vor einem attraktiven Garten holzschnittartige Ideen über die Konservierung historischer Zustände. Der Garten, den wir heute so bewundern, wurde immer wieder verändert, und bis zu welchem Punkt in der Vergangenheit würden Puristen zurück-kehren wollen, um einen früheren Zustand wiederherzustellen? Der Name der Villa – Gamberaia – geht zurück auf ein altes italienisches Wort für Lan-gusten, und da der Ort mit Wasser immer gut versorgt war, legt der Name nahe, dass statt der Villa ganz früher einmal ein einfaches Bauernhaus auf einem Gelände stand, wo diese Tiere gezüchtet wurden. Vielleicht gab es eine Verbindung zwischen den Teichen und den Nonnen eines nahegelege-nen Konvents. Andere wiederum nehmen an, der Name leite sich lediglich vom Namen einer Florentiner Familie ab. Die Villa, wie wir sie heute ken-nen, entstand in dieser Form erst später, im Jahr 1610.

Wie Experten des edwardianischen Gartenstils richtig festgestellt haben, ist der Garten der Villa von seiner Ausdehnung her recht begrenzt. Auf einer Seite ist die Hauptattraktion die phantastische Sicht auf Florenz. Auf der anderen Seite hat man einen langen Durchblick über eine Rasenfläche, die früher einmal als Kegelbahn benutzt wurde und jetzt in einer Grotten-imitation endet. Es gibt immer noch Meinungsverschiedenheiten über die Ursprünge dieses hübschen Weges, welcher der Liebe englischer Besucher zu Rasenflächen entgegenkommt. In der edwardianischen Ära schrieb ein amerikanischer Student, der den Ort besuchte, dessen Anlage einem Mit-glied der Familie Lapi im ausgehenden 17. Jahrhundert zu. Andere sind der Auffassung – die auch ich teile –, dass sie sich Scipione Capponi verdankt, einem späteren Besitzer und Mitglied einer bedeutenden Florentiner Fami-lie. Er war ein Mann mit sicherem Geschmack und einer Vorliebe für klassi-

Gute Nacht in Gamberaia ෴ 445

sche Antiquitäten; sein Bruder war an der Gründung der Botanischen Akademie Florenz beteiligt. Mit Sicherheit kann man sagen, dass Scipione den Ort verändert und verbessert hat, und ein Plan aus der Mitte des 18. Jahrhunderts lässt vermuten, dass der bekannteste Teil des heutigen Gartens bereits zur Zeit Scipiones seine Grundstruktur besaß. Der Plan zeigt einige kunstvoll verschlungene Immergrün-Muster und, umgeben von Wasser, eine kreisrunde Insel für Kaninchen.

Was wir heute sehen und bewundern, verdankt sich allerdings ganz anderen Händen. 1896 wurde die Villa von einer Rumänin gekauft, der Prinzessin Giovanna Ghika, die in Paris Kunst und Skulptur studiert hatte. Sie übernahm das Gelände, das bis dahin zum Anbau von Gemüse genutzt worden war, und legte ein ansprechendes Arrangement von Teichen an, die sie mit Rosen und Oleander umgab, um ein Parterre zu schaffen. Jenseits davon pflanzte sie eine abschließende Wand aus immergrünen Zypressen, und vielleicht schnitt schon sie die großen Fenster in das Grün. Diese luftigen Unterbrechungen eröffnen bis zum heutigen Tag phantastische Durchblicke durch die Hecke.

Damals wohnte Harold Acton, der Ästhet und Historiker aus Oxford, in der wunderschönen Villa La Pietra auf einem Hügel in der Nähe. Er liebte die Atmosphäre des benachbarten Gamberaia und beschrieb in seinen Erinnerungen, wie er »dieses Paradies immer häufiger aufsuchte, das damals einer narzisstischen Rumänin gehörte, die auf geheimnisvolle Weise wahrscheinlich in sich selbst verliebt war, ganz sicher aber in ihre Kreation, den Garten«. An dieser Stelle ist in Actons Erinnerung ein Element wegretuschiert, nämlich die am innigsten geliebte Begleitung der Rumänin, die schwer greifbare Mary Blood mit ihrer blau-grauen Angorakatze. Ich glaube, dass in der Beziehung zwischen diesen beiden Frauen mehr als nur Narzissmus eine Rolle spielte. Man sollte wohl den Garten von Gamberaia als einen Vorläufer des englischen Sissinghurst ansehen, als eine Episode in der Geschichte des Verhältnisses zwischen Frauenliebe und Landschaftsgärtnerei. Acton klammerte Miss Blood übrigens nicht absichtlich aus. An anderer Stelle erinnert er sich an sie als »eine große Künstlerin«. Er hält sogar eines der wenigen von ihr überlieferten Worte fest. Sie sagte ihm, als er noch ein Knabe war, er solle »Schirmtannen pflanzen. Davon kann man nie genug haben«. Das ist kein schlechter Ratschlag. Die Prinzessin und Miss Blood trugen das meiste zu dem Parterre-Garten bei, den Besucher heute noch bewundern, doch Mitte der 1920er Jahre vereinfachte die nächste Besitzerin, Baroness von Kettler, einige ihrer Pflanzungen und führte mehr immergrüne Eiben ein. Keine dieser Damen gehörte allerdings zu jenen, die die abschließende Szene meines Gartenjahrs bevölkern.

Im Sonnenschein des späten November stieg ich eine Treppe zu den höher gelegenen Ebenen des Gamberaia-Gartens hinauf, wo die Bepflanzung formeller ist. Im Sommer wachsen hier in ausladenden Terracotta-Töpfen schöne Zitronenbäume. Jetzt aber erscholl über die Gartenmauer ein geradezu opernartiger Chor aus Gelächter, Rufen und gelegentlichen Schimpfwörtern. In den Ölbäumen wimmelte es von Frauen in Schürzen, die die Zweige schüttelten und mit Besen an langen Stielen die Früchte ablösten. Die Oliven fielen auf große Tücher, die um den Stamm gebreitet waren; zweifellos wurden die Tücher später zusammengenommen und die Früchte ausgepresst. Die Pflückerinnen waren sich meines männlichen Blicks durchaus bewusst, sie konnten allerdings nicht wissen, dass ich in Gedanken mit der Technik des Olivenerntens beschäftigt war, an der sich in Jahrtausenden nichts verändert hatte. Auf antiken griechischen Vasen sind Menschen zu sehen, die die Früchte der Ölbäume in ähnlicher Weise auf ausgelegte Tücher schütteln. Sie haben Stöcke, keine Mopps, und natürlich sind die Akteure ausschließlich männlichen Geschlechts.

Die großen Zitronenbäume in ihren schweren Töpfen waren gerade ins Zitronenhaus, die *Limonaia*, gebracht worden. Dort standen sie nebeneinander, geschützt vor dem Novemberfrost. Am Abhang Richtung Florenz stand noch eine Reihe China-Rosen in pinkfarbener Blüte und bewies, wie großartig sich diese Rosensorte in einer trockenen, schwierigen Jahreszeit hält. Das Novemberlicht schwand allmählich, und nun ertönte der Stundenschlag der Glocken von der Stadt herauf. Ich fühlte mich als Teil der Evolution, die die Geschichte jedes bedeutenden Gartens prägt. Der Landschaftsarchitekt Geoffrey Jellicoe bemerkte einmal, die Villa Gamberaia sei »italienischer als die Italiener«. Hätte er meine Damen gesehen, die ihr italienisches Temperament voll auslebten, dann hätte er seine gönnerhafte Meinung wohl zurückgenommen. Sie sind genau das richtige Finale für die Blumen eines Gartenjahrs, und noch immer sehne ich mich im Stillen nach ihrer Gegenwart in den Bäumen. Es wäre zu schön, wenn ich mich in Begleitung ihres Gesangs an die Beschneidung meiner Zierbirnen-Allee machen könnte.

Gute Nacht in Gamberaia

Abb. 94: Die Zukunft klugen englischen Gärtnerns: Mein Sohn und mein Enkel pflanzen ihre erste Tomate.

Weiterführende Literatur

Besonders viel verdanke ich älteren Büchern, die heute zum größten Teil nicht mehr aufgelegt werden, auf die ich mich aber immer wieder beziehe. Vor allem empfehlen kann ich J. Coutts, *Everyday Gardening* (London 1945), mit dem ich zum ersten Mal Gartentechniken erlernte; und die beiden Meisterwerke von A. G. L. Hellyer, *Your Garden Week by Week* (London 1936) [dt.: *Freude am Garten rund ums Jahr* (Hamburg 1982)] und *Amateur Gardening Pocket Guide* (Feltham 1971). Auch *The Well-Tempered Garden* von Christopher Lloyd (London 1970) ist voller praktischer, auf Erfahrung basierender Ratschläge und bleibt unverzichtbar. Diese praktischen Bücher sind preiswerter und nützlicher als später erschienene Enzyklopädien, die von vielen Autoren verfasst und durch zu viele Farbabbildungen verwässert wurden.

Als weit ausgreifende Ratgeber zu einzelnen Pflanzenarten sind die Bücher von Martyn Rix mit den Fotos von Roger Phillips eine Klasse für sich. In ihnen vereint sich Expertenwissen zu jeder Pflanze mit hervorragenden Farbabbildungen, die häufig im ursprünglichen Lebensraum der Pflanzen in freier Natur aufgenommen wurden. Roger Phillips und Martyn Rix, *Bulbs* (London 1989), *Perennials* (London 1994–1996), *Roses* (London 1988), *Shrubs* (London 1989) [dt.: *Sträucher* (München 1989)] und das bemerkenswerte Werk *Summer Annuals* (London 1996) sind ihr Geld unbedingt wert. Stärker spezialisiert und häufig von mir konsultiert ist Paul Picton, *The Gardener's Guide to Growing Asters* (Devon 1998), und nur unwesentlich seltener benutze ich die anderen Titel dieser exzellenten Reihe; man wird sie alle mit Gewinn lesen. In der alten, mittlerweile eingestellten Serie der Penguin Handbooks sind E. B. Andersons *Rock Gardening* (London

1960); Lanning Roper, *Hardy Herbaceous Perennials* (London 1960) und
E. B. Anderson, *Hardy Bulbs*, Bd. 1 (London 1964) nach wie vor unüber-
troffen. Peter Beales, *Classic Roses* (London 1985) ist unschätzbar und hat
meine Liebe zu dieser herrlichen Pflanzenfamilie beträchtlich erweitert.
Die Bücher von Helen Dillon, einer unserer bedeutendsten Gärtnerinnen –
Helen Dillon on Gardening (Dublin 1998) und *Helen Dillon's Gardening Book*
(London 2007) –, kombinieren großen Witz mit klarem, schnörkellosem
Gespür. Zu zwei Büchern über Gartendesign habe ich ein Vorwort verfasst:
zu demjenigen von Russell Page, *The Education of a Gardener* (New York
Taschenbuchausgabe 2008) [dt.: *Ich schuf Gärten in aller Welt* (Köln 1992)];
und zu Vita Sackville-West, *The Illustrated Garden Book, A New Anthology by
Robin Lane Fox* (London 1986). Tracy DiSabato-Aust, *The Well-Tended Peren-
nial Garden* (London, Neuauflage 2006) bietet wertvolle Ermutigung, neue
Methoden des Zurückschneidens von Beetpflanzen auszuprobieren und
ihre Blühzeiten zu verändern. Jane Taylor, *Plants for Dry Gardens* (London
1993) ist sehr fundiert und bezieht sich auch produktiv auf ältere deutsche
Fachbücher. Unter den vielen jüngst erschienenen Darstellungen über die
Frage, wie man als Anfänger oder Ahnungsloser einen Garten anlegt, gefällt mir vor allem Roy Strong, *The Laskett: The Story of a Garden* (London
2003).

Meine Kollegen und Kolleginnen im englischen Zeitungs- und TV-Be-
reich bringen auch weiterhin viele Bücher heraus, die diverse Aspekte des
Gärtnerns in zugänglichem Stil präsentieren; teilweise handelt es sich um
Zusammenstellungen von Artikeln ihrer jeweiligen Zeitungskolumnen:
Ursula Buchan, *Good in a Bed* (London 2001) [dt.: *Gut im Beet: Über die Lust
am* Gärtnern (Salzburg, Wien, Frankfurt am Main 2003)] und *Better Against
a Wall* (London 2003); Monty Don, *The Ivington Diaries* (London 2009) und
Hugh Johnson, *Hugh Johnson on Gardening: The Best of Tradescant's Diary*
(London 1993), sind in den letzten Jahren erschienene Sammlungen sol-
cher Artikel, die an unterschiedlichen Ausgangspunkten ansetzen. Zu den
allgemeineren Werken gehören Stephen Anderton, *Rejuvenating a Garden*
(London 1998); Rachel de Thame, *Gardening with the Experts* (London 2003);
Jane Fearnley-Whittingstall, *Peonies: The Imperial Flower* (London 1999) [dt.:
Päonien: Die kaiserliche Blume (Hamburg, 2000)]; Mary Keen, *Creating a
Garden* (London 1996) [dt.: *Mein Gartenparadies* (München, 1997)]; Stephen
Lacey, *Real Gardening* (London 2002); Anna Pavord, *Anna Pavord's Garde-*

ning Companion (London 1992); und Alan Titchmarsh, *The Complete How to Be a Gardener* (London 2005). [Das Turgenjew-Zitat auf Seite 248 aus *Väter und Söhne* folgt der Übersetzung von Frida Rubiner, herausgegeben von Peter Thiergen, Stuttgart (Philipp Reclam Jun.) 1989, S. 66 f.]

Ausgewählte Hinweise

Zur Überprüfung der Pflanzennamen in diesem Buch bin ich vom *RHS-Plant Finder 2009–10* ausgegangen und lediglich in solchen Fällen davon abgewichen, wenn die dort verzeichneten Namen neuerdings revidiert wurden oder offensichtlich im Widerspruch zu Pflanzschullisten und gärtnerischen Gepflogenheiten stehen. Die meisten thematisierten Pflanzen sind darin aufgeführt, in Verbindung mit Lieferanten in England, an die der Leser sich wenden kann. Darüber hinaus gibt es die hilfreiche Website www.britishplantnurseryguide.co.uk, auf der sich detaillierte Informationen von englischen Pflanzschulen aller Größen finden, in Verbindung mit Listen von deren Angebot und geplanten Veranstaltungen. Eine allgemeinere Informationsquelle ist die Website www.gardenersclick.com, ein nützlicher Ausgangspunkt für eifrige Gärtner, die »digital inkludiert« sind.

Zu zwei der französischen Gärten, die ich beschrieben habe, möchte ich noch einige Informationen geben. Shamrock Garden liegt an der Route du Manoir d'Ango, 76119, Varengeville-sur-Mer, Telefonnummer 02-35-04-02-33. Brécy liegt zwischen Caen und Bayeux westlich der Départementstraße 82 zwischen Rocqueville und Saint Gabriel-Brécy. Die Öffnungszeiten sind (von Ostern bis Allerheiligen) momentan nachmittags von 14:30 Uhr bis 18:30 Uhr jeweils Dienstag, Donnerstag, Sonntag und (im Juni) Samstag. Die Faxnummer in Frankreich für weitere Informationen: 02-31-80-11-90.

Ganz ausgezeichnet kann man diese und andere französische Gärten auf einer Tour mit French Gardens Today (www.frenchgardenstoday.co.uk) kennenlernen, einer Organisation, bei der sich viele eifrige Gärtner begegnen. Ich bin der Gründerin und bewundernswerten Organisatorin Clare Whately dankbar für alles, was ich von ihr und ihrem Team gelernt habe.

Die Öffnungszeiten der hier vorgestellten Gärten in England sind im aktuellen *RHS Garden Finder* verzeichnet; Kiftsgate Court in Gloucestershire, ganz in der Nähe von Hidcote Manor, hat außerdem seine besonders hilfreiche Website www.kiftsgate.co.uk.

Der grandiose Garten von Helen Dillon in 45 Sandford Road, Ranelagh, Dublin 6 in Irland ist hauptsächlich an Nachmittagen im März, Juli und August geöffnet, an Sonntagnachmittagen allerdings lediglich zwischen April und Juni und im September. Die Zeiten können unter der Telefonnummer 01-497-1308 erfragt werden.

Noch einige Hinweise zu in diesem Buch zitierten Texten:

Thoughtful Gardening, S. 18 ff.: L. Wittgenstein, *Zettel*, hrsg. v. G. E. M. Anscombe und G. H. von Wright (Oxford 1967), die Abschnitte 100–107 über gedankenvolles Wirken [dt. *Zettel* (Werkausgabe Bd. 8), Frankfurt am Main, 1984], §§ 100–107]. L. Wittgenstein, »The Brown Book«, in *The Blue and Brown Books* (Oxford 1960) [dt. *Das Blaue und das Braune Buch* (Werkausgabe Bd. 5), Frankfurt am Main 1984], thematisiert Stiefmütterchen, ein Hinweis, den ich Peter Hacker verdanke. Die Beschreibung von Blumen in literarischer Terminologie durch Erasmus findet sich in dessen Colloquia, *Opera Omnia 1* (Amsterdam 1972), S. 235. Diesen Hinweis entnehme ich William Marx, *Vie du Lettré* (Paris 2009), S. 78.

Jardin Majorelle, S. 110 ff.: Alain Leygonie, *Un Jardin à Marrakech: Jacques Majorelle, Peintre-Jardinier 1886–1962* (Paris 2007).

»Ach, wie ich doch Gärten liebe!« S. 115 ff.: Katherine Mansfields Beschreibung der Geranien findet sich im *Journal of Katherine Mansfield*, hrsg. v. J. Middleton Murry (London 1954), S. 156–157; den Hinweis verdanke ich Laura Marcus. Die hervorragende Edition der Briefe besorgten Vincent O'Sullivan und Margaret Scott: *The Collected Letters of Katherine Mansfield*, Bde 1–5 (Oxford 1984–2008). Die Briefe aus ihren letzten Tagen: Bd. 5, S. 303–348.

Sollen sie doch Eichhörnchen essen, S. 140 f.: Julia Drysdale, *Classic Game Cookery*, ein Klassiker als Taschenbuch (London 1983, mit mehreren Wiederauflagen); die erste Auflage als Hardcover erschien unter dem Titel *The Game Cookery Book* (London 1975).

»Gepeinigt von anhaltendem Überdruss«, S. 161 ff.: Die einzigartigen Briefe von John Clare sind am besten verfügbar in *The Letters of John Clare*, hrsg. v. Mark Storey (Oxford 1985), ich zitiere die Seiten 630 und 643.

Ausgewählte Hinweise 453

Als Connie Oliver traf, S. 186ff.: Ich habe D. H. Lawrence, *Lady Chatterley's Lover*, in der Cambridge-Ausgabe benutzt, erstmals herausgegeben von Michael Squires (Cambridge, 1993); für die früheren Versionen: *The First and Second Lady Chatterley Novels*, hrsg. v. Dieter Mehl und Christa Jansohn (Cambridge, 1999).

Coronas Gepräge, S. 196ff.: Altamont ist an der N80 von Carlow nach Wexford ausgeschildert. Der Garten liegt in der Nähe von Tullow im County Wicklow, die wöchentlichen Öffnungszeiten können unter der Telefon- und Faxnummer 0503–59444 erfragt werden. Während der Gartensaison ist der Garten auf jeden Fall samstags geöffnet.

Valerie Finnis, S. 205ff.: Ich habe mich auf Ursula Buchan, *Garden People: Valerie Finnis and the Golden Age of Gardening* (London 2007) [dt.: *Als die Gärtner Tweed trugen. Valerie Finnis und der englische Gartenadel* (Hildesheim 2009)], gestützt, das durch einen unschätzbaren Überblick über einzelne »Garten-Lebensläufe« von Brent Elliott beschlossen wird.

Getrennte Betten, S. 233ff.: Ich beziehe mich auf Statius, *Silvae* 2.2, 2.7 und 3.1, herausragend interpretiert von R. G. M. Nisbet, *Felicitas* at Surrentum, *Journal of Roman Studies* LXVIII (1978): S. 1–11.

Iris auf Drogen, S. 253ff.: Aldous Huxley, *Die Pforten der Wahrnehmung* (München 1954).

Die Gärten der Villa d'Este, S. 307ff.: David R. Coffin, *The Villa in the Life of Renaissance Rome* (Princeton, NJ, 1979) enthält die historischen Fakten zur Villa d'Este. Ich zitiere Horaz, *Briefe* 1:8–12; zu Sibylle und Sintfluten vgl. J. L. Lightfoot, *The Sibylline Oracles* (Oxford 2007), S. 116–117 und 416–417.

»Asphodelien der Neger«, S. 315ff.: Ich beziehe mich auf das Gedicht »Stratis Thalassinos Among the Agapanthi« in George Seferis, *Collected Poems*, übers. v. Edmund Keeley und Philip Sherrard (Princeton, London 1995), S. 144–145 [dt.: Giorgos Seferis, *Poesie – Gedichte*, griechisch und deutsch, übertr. v. Christian Enzensberger (Berlin 2016)]. Verfasst wurde das Gedicht in Transvaal am 14. Januar 1942.

Gegenderte Landschaft, S. 323ff.: Eine sehr gute Überblicksdarstellung der Tätigkeit englischer Gärtnerinnen bietet Sue Bennett, *Five Centuries of Women and Gardens* (London 2000), auf das ich dankbar zurückgegriffen habe. Das Buch erschien im Zusammenhang mit der großartigen Ausstellung in der Londoner National Portrait Gallery im Jahr 2000.

Wiedersehen mit Rosemary, S. 347ff.: Rosemary Verey, *A Countrywoman's Notes* (Gloucestershire 1989) bietet eine Zusammenstellung einiger ihrer monatlichen Beiträge für *Country Life*, entstanden zwischen 1979 und 1987. Es wurde seit 1993 in London in Miniaturausgaben neu aufgelegt.

Die Bezwingung der Natur, S. 355ff.: Eric T. Haskell, *The Gardens at Brécy: A Lasting Landscape* (Paris 2007), stellt die Geschichte des Gartens dar.

Der Hort des Friedens alter Zeiten, S. 394ff.: Robin Whalley, *The Great Edwardian Gardens of Harold Peto: from the Archives of Country Life* (London 2007), ist eine großartige Darstellung von Petos Wirken.

Unerwünschte Eindringlinge, S. 399ff.: Ich beziehe mich auf John M. Randall und Janet Marinelli (Hrsg.), *Invasive Plants: Weeds of the Global Garden* (New York 1996).

Dank

Besonders danken möchte ich Peter Beales, von dem man so viele wunderbare Rosen beziehen kann: Peter Beales Roses, London Road, Attleborough, Norwich NR17 1 AY (https://www.classicroses.co.uk); außerdem Thompson and Morgan Ltd., den Anbietern vielfältigen Saatguts in der Poplar Lane, Ipswich, Suffolk (https://www.thompson-morgan.com/seeds). Paul Picton hat mich mit herrlichen Bildern von Astern und Herbstblumen unterstützt, die man in den Picton Gardens in den »Old Court Nurseries«, Colwall, nr. Malvern, Worcestershire WR13 6Q, bewundern kann. Anne Chambers stellte die Fotografien aus Kiftsgate Court in Gloucestershire zur Verfügung, Englands schönstem seit Langem im Besitz derselben Familie befindlichen Garten. Die Öffnungszeiten für Besucher finden sich auf der Website www.kiftsgate.co.uk. Andrew Lawson, König der englischen Gartenfotografen, war eine geduldige Bezugsquelle für Bilder aus seinem Archiv. Lucy Waitt und ihre Mitarbeiterinnen und Mitarbeiter in der RHS Lindley Library haben die von Valerie Finnis(-Scott) aufgenommenen Fotografien zur Verfügung gestellt, die sich gegenwärtig in den Händen der RHS befinden. Clare Whately war eine unschätzbare Hilfe bei den Fotografien aus Frankreich. Die dortigen Gärtner habe ich im Zusammenhang mit ihren Gruppenreisen kennengelernt, die auf www.frenchgardenstoday.co.uk angeboten wurden. Ich habe mich bemüht, eventuell existierende Abdruckrechte ausfindig zu machen – wenn etwas übersehen wurde, wird es gegebenenfalls in zukünftigen Auflagen berücksichtigt.

Bildnachweis

Michael Walker: Abb. 1, 2, 6, 7, 12, 57, 64, 66, 68
Didier Wirth: Abb. 3, 45, 76
Thompson and Morgan: Abb. 4, 5, 34, 56, 62, 65
Robin Lane Fox: Abb. 8, 16, 17, 19–22, 24, 26, 33, 38, 55, 58, 63, 77, 82–85, 91
Caroline Thomas: Abb. 9
Valerie Finnis (Scott und RHS Linly Library): Abb. 10, 39, 40, 41, 42, 43
Melissa Wyndham: Abb. 11
Anne Chambers: Abb. 13, 60, 80
Andrew Lawson: Abb. 14, 18, 29, 30, 32, 44, 51, 59, 61, 67, 75
Kim Wilkey: Abb. 15
Arabella Lennox-Boyd: Abb. 23
Marquis of Lansdown: Abb. 25, 36
David Astor: Abb. 27
Patrick and Sylvie Quibel: Abb. 28, 35, 71–73, 79
Melinda Manning, NY Botanical Garden: Abb. 37
Brunetière: Abb. 46
Peter Beales: Abb. 47–50, 53, 54
Harriet Rix: Abb. 52
Robert Mallet: Abb. 69, 70
Paul Picton: Abb. 74, 78, 87–90
Peter Moore: Abb. 81
Ayletts: Abb. 86
David Hall: Abb. 92
Peter Hellyer: Abb. 93
Tara Lane Fox: Abb. 94

www.klett-cotta.de

Stefano Mancuso
Die unglaubliche Reise der Pflanzen

Aus dem Italienischen von Andreas Thomsen
152 Seiten, gebunden, Halbleinen, komplett vierfarbig illustriert, Lesebändchen
ISBN 978-3-608-98192-6
€ 22,– (D) / € 22,70 (A)

Pflanzen sind die großen Reisenden auf unserer Welt. Sie sind überall angekommen, obwohl sie unbeweglich zu sein scheinen.

Sie machen den Blauen Planeten zur grünen Insel im Weltall. Die faszinierende, verblüffende Geschichte der größten Gruppe von »Lebewesen«, die wir als solche gar nicht wahrnehmen und (noch) nicht hinreichend wertschätzen. Am weitesten verbreitet auf unserem Planeten sind nicht Menschen, sondern Pflanzen, deren Intelligenz uns das Leben und Überleben überhaupt ermöglicht.

www.klett-cotta.de

Rachel Carson
Magie des Staunens
Die Liebe zur Natur entdecken

Aus dem Amerikanischen von
Wieland Freund
88 Seiten, gebunden, Leinen,
eingeklebtes Titelschild, mit zahlreichen Abbildungen, Lesebändchen
ISBN 978-3-608-96410-3
€ 20,– (D) / € 20,60 (A)

Höre auf dein Herz und lerne das Staunen!

Rachel Carson, die legendäre Pionierin der Umweltbewegung, schrieb Menschheitsgeschichte. Dieses Buch ist ihr Vermächtnis: Einfühlsam und mit einem feinen Sinn für die uns umgebende Welt beschreibt sie, wie wir unser Verhältnis zur Natur heilen und unsere Entfremdung überwinden können.

www.klett-cotta.de

Charles Darwin
Der Ursprung der Arten
Erste komplette Neu-
übersetzung seit 100 Jahren

Mit einem Nachwort von
Josef Helmut Reichholf,
aus dem Englischen von Eike Schönfeld
612 Seiten, Leinenband mit Prägung
im Schuber, Fadenheftung,
Lesebändchen, 10 Illustrationen,
Innenteil mit Schmuckfarbe gedruckt
ISBN 978-3-608-96115-7
€ 48,– (D) / € 49,40 (A)

»Das Buch, das unser Weltverständnis veränderte« *Ludwig von Friedeburg*

Mit seinem am 24. November 1859 erstmals publizierten Werk »Der Ursprung der Arten« leitet Charles Darwin eine entscheidende Wende in der modernen Biologie ein. Diese brillante Neuübersetzung würdigt einen der bedeutendsten Naturwissenschaftler, dessen bahnbrechende Forschung unsere Sicht auf die Welt revolutioniert hat.

Klett-Cotta